恋する武士
闘う貴族

関 幸彦

山川出版社

はしがき

常識化された記憶から脱するための提案、これが本書の目的である。少し茫洋とした表現だが、意図したのはそういうことである。『恋する武士　闘う貴族』という奇妙な書名は、右の思惑を端的に表明したものだ。

しばしば指摘されることがある。中世は武士の時代だ、と。けれども貴族もまた健在だった。公武対抗のうちに推移した中世の諸相を見極めるうえで、唆《そそ》られる書名かもしれない。通り相場は〝武士は闘うもの、そして貴族は恋するもの〟だが、これを逆転させることで、通念と異なる世界を紡ぎたい。こんな想いから著名な貴族・武士たちの動きを、歴史上の事件にからませ論じようとした。いささか軽妙な書名で恐縮だが、中身は必ずしも軽いものではない。軽くないことの前口上をこの場をかりて少しだけ述べておきたい。

一つは「恋する」あるいは「闘う」ことの意味である。ともどもが人の生き方にかかわる象徴的行為を語るものだろう。「恋する」には文字どおり男女の色恋沙汰についての艶聞・醜聞がふくまれる。そこでは色恋を超えた我欲・物欲的話題も挿入した。「闘う」云々にしてもそうだ。闘うという行為は当然ながら出世競争や所領相論など、いずれも争いとして現象する。その限りでは、「恋」

「闘」それぞれの底流にあるものは共通する。〝武士は闘い、貴族は恋する〟ものという常識を離れることで、中世の豊かなる諸相を切り取ることができればと思う。

二つは本書で扱う時代についてである。十世紀から十四世紀、平安・鎌倉・南北朝にわたる人物たちを介して、中世の流れを俯瞰できるように構成した。そこでは各時代の画期となるような事件と人物の相互の関係性に意を注いだ。当該人物の伝説・伝承も取り入れることで、時代の記憶を広く〝文化〟として考えようとした。史実の確定は歴史学の生命線であることは疑わないにしろ、加工された人物像も後世の人々が共有した記憶であるわけで、その豊かさを捨象せずに〝中世の記憶のアルバム〟にくわえようとした。

そして三つは、材料・素材に関してのものだ。中世を画する代表的な二つの軍記『平家物語』と『太平記』を軸にテーマに即した逸話や説話を取り上げた。もちろん『今昔物語』『吾妻鏡』『大鏡』『増鏡』さらには謡曲などの関係史料にも目配りすることで虚実の皮膜におおわれた中世人の声に耳を傾けたつもりである。正史ではカバーできない野史・外史的方向にも意を注いだ。要は記録と記憶の相互作用にも留意しようとした。

最後に本書の構成についてである。「目次」をご覧いただければわかるように、大きくⅠ部・Ⅱ部の構成となっている。各項の見出しをつうじ当該人物たちを配したが、人物の叙し方という点で工夫がなければはなはだつまらない。そこで小見出しの各人物たちをリンケージ（連鎖）で繋げるように考えた。時代や制度といった人物を超えた内容にも言及することで、水割り風味の叙述をさけたつもりである。

以上、本書をお読みいただく前に意のあるところを述べさせてもらった。歴史的意義ばかりが強調される著名な人物たちだが、そうした彼らの多様な表情を本書をつうじ少しでも掘り下げ、深めることができればと思う。

恋する武士　闘う貴族——目次

装丁・山崎　登
製作協力・角谷　剛
系図地図作成・曽根田栄夫

恋する武士　闘う貴族

平敦盛　「一の谷合戦図屛風」(埼玉県立歴史と民俗の博物館蔵)

第Ⅰ部　恋する武士

平安後期の摂関期の「兵《つわもの》」とよばれた時代の王朝武士たちの原像をかわきりに、院政期さらに源平内乱期の武士像を文字どおり〝恋〟を軸に取り上げた。この第一章につづき、鎌倉期をあつかう第二章では『吾妻鏡』などを主な材料に鎌倉武士の色恋事情について述べる。恋にまつわる事件簿的な描写をつうじ、武家社会の裏面史にも言及した。そして最後の第三章では鎌倉末・南北朝期の武士たちの恋の諸相について、『太平記』を題材に議論を提供した。

武士の恋をあつかう各章で話題とした人物たちの過半は著名な人物たちであるが、そこに盛り込まれている話から、どのような切り口を提案できるのかは一律ではない。その点では「恋」にかかわる内容は、当該人物と時代を考えるための入口でしかない。したがって、文学的あるいは小説的世界を投影しようとしても、本書の守備範囲の外でしかない。とはいえ、記録（史実）もさることながら記憶（観念）の交差をどのように紡いでゆくかも大きな課題となっているため、文芸的な史料も取り込みながら中世前期の武士たちの世界を耕してみよう。

第一章　王朝武士の色とりどり

藤原秀郷　近江、三上山のムカデ退治　『御伽草子』(国立国会図書館蔵)

平安後期以降の兵・武士たちの恋愛事情について、歴史的事件と関連させせつつ話をすすめたい。摂関期から院政期をふくめ十世紀後半から十二世紀の段階は、中世のかたちが形成された時期にあたる。王朝武者たちの色恋沙汰を紹介しながら、初期中世の時代を読み解きたいと思う。本章の中軸はもちろん『平家物語』の主役をなす平家一門およびこれにかかわる人物たちだが、平家以前の武士も射程に入れることで、内乱期における武士像の助走としたい。

以下では（1）「王朝武者の恋の系譜」と題し、藤原保昌・渡辺綱など摂関期から院政期に活躍した王朝武者たちの姿を恋を軸に語りたい。そして（2）「内乱期、武士の恋模様」では、『平家物語』に点景化されている武士たちの恋の色々に関してふれることになる。そこには恋ゆえに出家遁世したとされる西行、文覚をはじめとして、平家一門の武人たちの恋する姿も語られることになる。

（1）王朝武者の恋の系譜

〈藤原保昌と和泉式部の恋事情〉

月岡芳年《つきおかよしとし》（一八三九―九二）の「月下弄笛図《げっかろうてきず》」をご存じの方も多いと思う。盗賊の袴垂《はかまだれ》と藤原保昌《ふじわらやすまさ》を描く有名な浮世絵だ。都大路を笛を吹き悠然と歩む保昌を襲おうとする袴垂の緊迫感が伝わってくる。構図の見事さという点で歴史画の代表といえる。ここに登場する保昌は王朝武者として知られる。「勇士武略之長《ゆうしぶりゃくのちょう》」（『尊卑分脈』）と評されるだけに、この人物にまつわる武勇説話は多い。色恋世界にあって保昌を有名にしたのは、多情多恨の女房歌人として知られる和泉式部との恋だった。彼女にとって最後の男性ともいえるのが、保昌だったとされる。

あらざらむこの世のほかの思ひ出に　いまひとたびの逢ふこともがな

和泉式部の右の歌は『百人一首』にも見えている。本来は『後拾遺和歌集』（巻十三、恋三）所収のもので、「心地《ここち》れいならず侍りける頃、人のもとにつかはしける」との詞書《ことばがき》にあるように、病篤きおりに恋した相手に贈ったものだった。こんな歌を贈られるほどの果報者の候補の一人が、保昌だった。この歌を晩節に臨んだ彼女の想い人への独白と解する向きもあるので、その恋の遍歴からすれば保昌も対象から遠くない。〝恋の数は別れの数に対応する〟とは名言だが、和泉式部にもあてはまるかもしれない。

けれども、相手が保昌ではなかったとしても、両人の大人の恋が色あせるものでもない。彼らが生きた時代は、摂関政治の立役者藤原道長の活躍したころだった。この時期は「女房の時代」としばしば形容される如く女流歌人が輩出した。紫式部・清少納言をはじめ『百人一首』に名をつらねる人々には、右大将道綱母《うたいしょうみちつなのはは》や儀同三司母《ぎどうさんしのはは》（高階貴子）たちがいた。とりわけ和泉式部に関しては冷泉《れいぜい》天皇の皇子弾正宮為尊《だんじょうのみやためたか》親王・帥宮敦道《そちのみやあつみち》親王兄弟たちとの恋、あるいは最初の夫たる和泉守　橘《たちばなの》道貞《みちさだ》との恋もよく知られている。この道貞との離別後、彼女は為尊・敦道両親王たちの想い人となった。

『和泉式部日記』は帥宮敦道との恋の世界が濃密に語られている。そして酸いも甘いも知り尽くした彼女の最後の男性が保昌その人ということになる。保昌との出逢いは式部が道長の娘彰子のもとに出仕した寛弘六年（一〇〇九）のことで、保昌五十三歳、式部三十五歳前後とされる。保昌と式部の関係を〝大人の恋〟と語ったのは、保昌自身が何よりも「分別の人」として語られているからだ。冒頭で紹介した袴垂を威圧した冷静・沈着なる場面もそうであろうし、あるいはまた『十訓抄《じっきんしょう》』（第三）や『古事談』（第四「勇士」）に見える話からも〝らしさ〟が伝わる。

保昌が丹後国司に任ぜられ下向の途上、与謝山《よさやま》で白髪の老武者と出会う。保昌の郎従らは下馬もしないこの不遜をただよわせた人物の非礼を咎めだてするが、保昌はその立ち居振る舞いから名あ

月岡芳年　「藤原保昌月下弄笛図」（国立国会図書館蔵）

る武者たることを見ぬき慎重に扱い通り過ぎたとある。危険を察知した保昌の分別ある行動が賛えられていた。この丹後下向には妻の立場で和泉式部も同行しており、その夫唱婦随ぶりが推測される。保昌が丹後守となったのが治安元年（一〇二一）のことだから、両人が結婚してほぼ十年後のころだろうか。時に保昌は暦が還る年になっていたし、式部は不惑を超える年齢だった。

多情に過ぎたかつての妻の記憶が、保昌の感情にいささか影響を与えたかどうかは不明だが、彼女は保昌に疎んぜられたことを嘆いてもいた。そうした夫婦の危機が丹後への同道を決意させたのかもしれない。出逢いによる情熱が過ぎ去ったとき、しばしの虚しさも訪れる。その点では大人の恋を標榜する彼らの間にも夫婦の危機はあった。ただし救いもあった。娘小式部内侍《こしきぶのないし》（父は橘道貞）の存在だ。「大江山いく野の道の遠ければ　まだふみも見ず天橋立」と『百人一首』にのせる著名な歌は彼女のものである。懸詞《かけことば》や縁語《えんご》を多用したこの歌には母の遺伝子を受け継ぐだけの歌才があふれている。

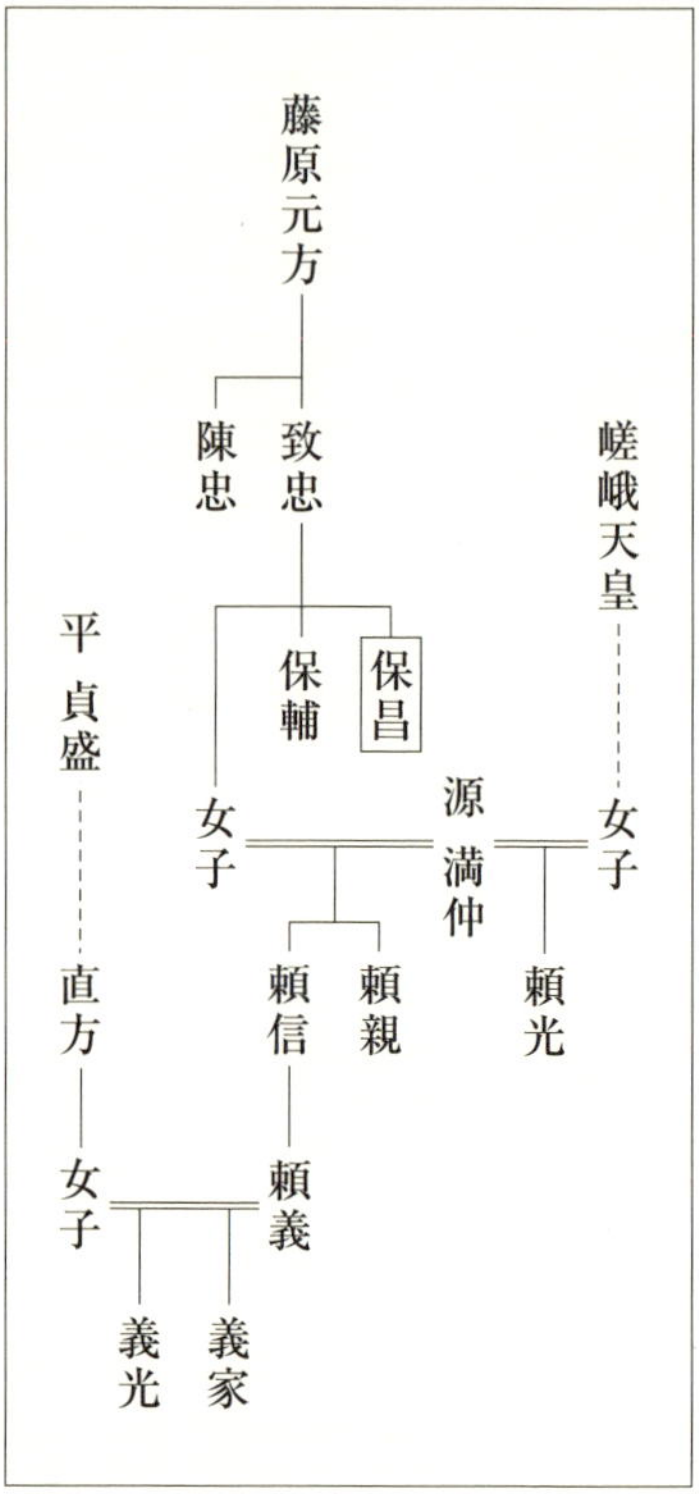

系図1　保昌関係略系図

藤原定頼（父は公任）からの小式部への戯言《ざれごと》・皮肉（丹後にいる母の和泉式部から歌の指導があったにちがいない）に対し、母とは「文《ふみ》」（踏みの語句を懸ける）のやりとりさえしていない旨を歌に託した話は、『十訓抄』にも見えている。小式部の存在は、保昌にとっても妻和泉式部との関係を取り持つ役割をはたしたと思われる。その小式部も万寿二年（一〇二五）に出産のおりに二十七歳で急死、保昌夫妻をおおいに嘆かせた。

　道長・頼通の二代に仕えた保昌は「都《みやこ》ノ武者《むしゃ》」として知られ、摂津の平井に住したことから平井保昌とも呼称される。南家武智麻呂流に属した家系は、まことに興味深い。父致忠《むねただ》の弟陳忠《のぶただ》は、『今昔物語』の「受領は倒るるところに土をつかめ」（巻二十八―三十八）で知られる人物で、時代の申し子ともいうべき受領の典型だった。

祖父の元方《もとかた》も怨霊となった人物として知られる。元方の娘祐姫《ゆうひめ》は村上天皇との間に広平《ひろひら》親王をもうけていたが、師輔《もろすけ》の娘安子《あんし》が生んだ憲平《のりひら》（冷泉天皇）が皇太子とされたため、悲嘆のうちに父娘ともに死去した（『大鏡』）。これが怨霊譚の発端とされた。

そうした血筋を引きずったのか、保昌の弟保輔《やすすけ》は兄とは真逆の生き方をした。『尊卑分脈』には「強盗の張本」「本朝第一の武略」「追討宣旨を蒙ること十五度」とあるようなアウトローの典型だった。それゆえに例の盗賊袴垂と重なることもあり、説話などでは両者が混同して登場することもしばしばだった。

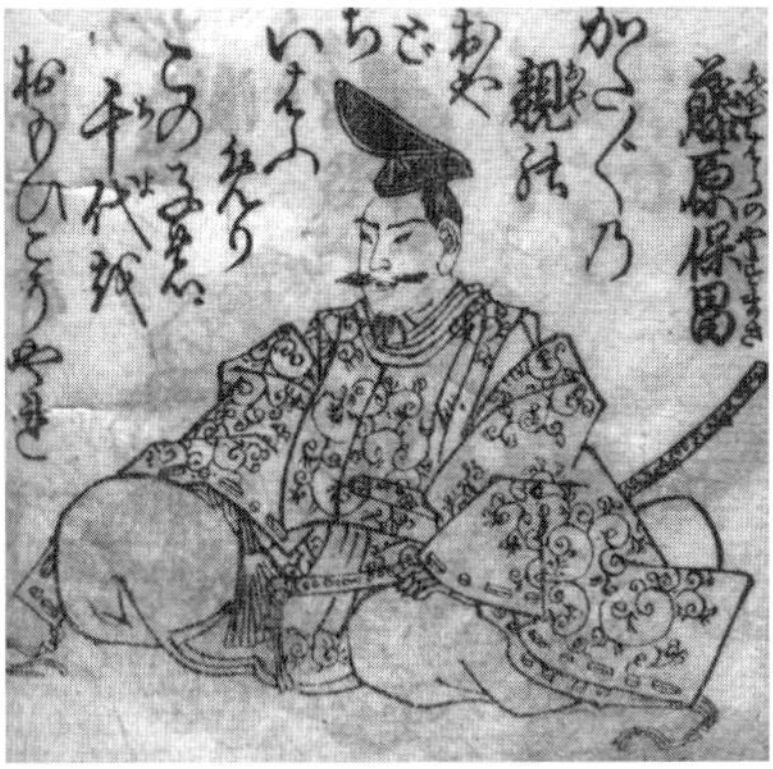

藤原保昌　「英雄百人一首」（国立国会図書館蔵）

文人・武人両者の性格を有した保昌は、後世の軍記作品などに平安武者の原点に数えられる。「田村《たむら》・利仁《りじん》が鬼神《きじん》を攻め、頼光《らいこう》・保昌《ほしょう》の魔軍《まぐん》を破りしも……」（『保元物語』上）とあるように、である。一般に「都ノ武者」の典型とされるこの人物は、源平藤橘《げんぺいとうきつ》の武人の系譜からはわずかながら距離があった。ひとえにそれは「家ヲ継ギタル兵」ではなかったがゆえだった。

保昌が登場した王朝国家期は、「兵《つわもの》」とよばれた武的領有者が都鄙《とひ》の世界に登場した。律令的軍制が解体した時期でもあり、中央・地方を問わず武力紛争が激しさをまし、これに対応するための武力の請負化がすすんでいた。

「家ヲ継ギタル兵」とはそうした軍事的要請のなかで形成された。平安後期の十世紀以降の王朝国家の段階は、その「兵」たちの時代でもあった。彼らの多くは都鄙往還のなかで地方に留住《りゅうじゅう》・土着しつつ地域領主としての風貌を強め、武士へと成長することになる。ただし、なかには、保昌のように武者・兵としての性格を有しながらも、子孫がその武性を継承しなかったがために、「兵ノ家」を形成しない場合もあった。

次に同じく王朝武者について説話世界に取材しながら、「恋する武士」の世界の奥行きをさらに広げておこう。

〈王朝武者の系譜〉

奥行き云々《うんぬん》と述べたが、保昌に関連して坂上田村麻呂・藤原利仁などの説話的ヒーローたちに関しても少しふれておきたい。史実からは若干離れるかもしれないが、王朝武者の記憶のされ方としては、参考となるはずである。王朝武者の原点ともいうべき彼らを語る場合、後世共有された武者像こそが問題とされるべきだろう。時代的にズレがある両人がともども武士の原像として位置した点は興味深い。彼らを主題とした作品にお伽草子『田村草子』がある。

中世小説の宝庫ともいうべきお伽草子の世界には、それ以前の軍記作品が巧みに融け込み、虚構ながら後世での武士像にそれなりの輪郭を与えている。鬼神討伐を主題としたとする『田村草子』には、恋にまつわる話も豊かなのである。堀川中納言の娘「てる日の御前」や「鈴鹿御前」といった関係者たちが説話に彩りを与えている。

藤原利仁ゆかりの鞍馬寺（京都市左京区）

　それはともかく、田村麻呂や利仁に仮託されている俊《とし》仁《ひと》および俊宗《としむね》父子は、陸奥外ヶ浜の「悪路王《あくろおう》」征伐さらに唐土《もろこし》征討、あるいは冥界再訪譚に語られているように、異域異類の鎮圧・征討が強調されている。史実の面で田村麻呂の蝦夷《えみし》征討も、鎮守府将軍藤原利仁の新羅《しらぎ》・高麗《こうらい》遠征も、ともに異域や異類への関与ということで共通していた。

　このことの深い意味はやはり見逃されるべきではない。説話世界で堅固に観念化されている武士の記憶は、重要だろう。少なくとも兵・武士とは何かを探るうえで、異類・異域という非日常的無縁性の世界とのかかわりは注目される。鬼神征伐譚に象徴化されている共通の属性には、人々に共有された観念の記憶があったのだろう。幕府という武家の首長が、「征夷大将軍」なり「鎮守府将軍」なりを自らの内なる官職的表徴としたのは、おそらくはこの点とかかわっている。

例のお伽草子的世界に主題を戻すと、『田村草子』に投影されているこの二人の武人は観念としてはともかく、史実レベルでは武士成立以前の人物たちである。長大なストーリーを略記すれば二つのパートに分けられる。一つは「日りう丸」こと田村俊仁が陸奥へと征討、やがて唐土に渡り敗北するまでの話。もう一つは俊仁将軍の子「ふせり殿」こと俊宗が伊勢鈴鹿山の鬼神を退治し、さらに近江の「あくじのたか丸」を陸奥「外ヶ浜」へと追放する話である。

前段は「てる日御前」に恋した俊仁が天皇の嫉妬心から遠流に処せられるが、近江の勢多橋で大蛇を退治、その功績で彼女と比翼の契りを許される。その後、「悪路王」につれ去られた御前を救出すべく鞍馬山に籠もり神通力を得た俊仁は、多聞天《たもんてん》の力で勝利してやがて異国征討におもむくが、遂に調伏され敗死する。ここには前述したように、田村麻呂の征夷の記憶、さらには利仁の『今昔物語』（巻十四―四十五）に所見する新羅征伐譚が下敷となっている。

そして後段の俊宗の話にも鈴鹿御前なる美女が登場する。彼女との契りをかわすことで鬼神大岳《おおたけ》丸《まる》の所持の宝剣を盗み出し、鬼神を外ヶ浜へと追放するが、鈴鹿御前は冥界へといざなわれてしまう。悲嘆のあまり俊宗は冥界へとおもむき、閻魔王の許しを得て再生する。竹生島の弁財天はこの鈴鹿御前の化身だとされる。

荒唐さをただよわせるものの受信する側にとって、そこには多くの興味深い内容が用意されている。一つは比翼の契りをなした女性たちの存在であろう。「恋する武士」の雛型が語られているとみてよいはずだ。伝説・伝承のなかで多重化されたスーパーヒーローたちの恋の相手役は右の鈴鹿御前もそうなのだが、「御前」と称せられる存在が多い。義経の静御前、義仲の巴御前、曽我五郎の虎御前、多くが軍記物のなかで登場する著名人だろう。白拍子・女武者・遊女の出自を有し、ともども一種の危うさを以って記憶のなかに定着している。

「御前」とは本来高貴な身分への呼称なのだが、実際の身分はそうではない。むしろ遠い存在だった。その反転する対峙性から恋の対象者はいずれも悲運で倒された人々だった。彼女たちはその悲劇を語り継ぐ存在であり、漂泊性と同居している。指摘されるように、芸能にかかわる「瞽女《ごぜ》」との互換性等々も加味すれば、失われた魂への鎮魂・弔いの主体にもつながる。彼女たちに付与された「御前」の称には、そうした行為をなす存在への思いもあった。

そして二つは追討・征伐の対象たる異類（鬼）の存在である。「悪路王」なり「大岳丸」をはじめとした彼らは、ともに王権に服《まつろ》わない無縁的世界に位置していた。彼らが追放される場こそが、異域につらなる境界だった。そこに登場する近江（逢坂）や伊勢（鈴鹿）などはまさに鬼神が盤踞《ばんきょ》する場であった。それが陸奥外ヶ浜へと追放されるストーリーには、武力を介しての悪を退治するという浄化作用（カタルシス）の論理が示唆されていた。

異域・異類征伐譚が語る枠組にはそうした問題がふくまれている。併せてかかる異類・異形の者を退治・成敗する武者（兵）は俊仁・俊宗がそうであったように、その特異な武力や力量が「変化《へんげ》の者」（鬼神）との情交によって成就していたという点だろう。武者自身が常人とは異なる力を保持し神仏の加護で、征夷や征伐を可能にさせるとの設定だった。武士論の射程にはこのあたりの論点もゆるがせにはできない。

源頼光《みなもとのよりみつ》の酒呑童子《しゅてんどうじ》説話もその点では同様だろう。王朝武者云々という点では最右翼に属することの人物に関しては、恋なり愛なりという点では少しく距離があるようだが、右の議論に関連するので以下でふれておこう。

〈記憶のなかの平安武者―頼光伝説と酒呑童子〉

「毒ヲ以テ毒ヲ制ス」の喩《たとえ》があるように、血避《けっぴ》観念が強かった王朝の時代にあって、血をも厭《いと》わぬ武的領有者の存在が必要とされた。『田村草子』の世界が語る俊仁・俊宗の異様な力の源泉はその特異な出生にあったわけで、鬼神を退治する側もまた異形《いぎょう》性をまとうことが要請される。その限りでは武力とは非日常的な負の回路から導き出されるもので、血避観念の本質はそこにあった。

「極タル兵」＝源頼光も王朝武者としての同一線上に位置した。「公《おおやけ》モソノ道ニ使ハセ給ヒ、世ニモ恐レラレテムアリケル」（『今昔物語』巻二十五―六）との頼光評は、後世これまた多くの逸話を実像に付着させた。史実の上では頼光の活躍した時代は、保昌と同じ摂関期にあたる。大江匡房《おおえのまさふさ》の著した『続本朝往生伝《ぞくほんちょうおうじょうでん》』の一条天皇の条には「天下之一（逸）物」として、源満仲《みつなか》・源満政《みつまさ》・平維衡《これひら》・平致頼《むねより》らとともに頼光もあげられている。頼光については、史実に比し伝説が圧倒する。その活躍ぶりは、酒呑童子退治で知られる。

酒呑（天）童子『大江山酒天童子絵巻物』（国立国会図書館蔵）

丹波国大江山に住む鬼神＝酒呑童子を勅命を奉じ討伐するとの話で、お伽草子や謡曲をつうじ広まっている。勅命を受けた頼光主従は、山伏に変装し大江山の本拠へとのりこむ。童子を誑《たばか》り「神変鬼毒酒《じんぺんきどくしゅ》」を飲ませ、頼光以下四天王たちがこれを打倒するというものだ。謡曲『大江山』にも共通するストーリーでご存じの方も多いと思う。

大江山は、都の西の境たる大枝山（老ノ坂峠）とも、あるいは丹波・丹後の境の大江山ともいわれ、境界・異域性の場たるところが酒呑童子出没のポイントだった。都の西北は裏鬼門にも位置し邪気・物怪封印の境にあたるわけで、ここから酒呑童子の正体を高熱で死にいたる病＝疫病神の化身とみなす向きもある。

おりしも十世紀末の長徳《ちょうとく》年間は、この疫病のために多くの人々も死去したわけで、そうした記憶が大江山の酒呑童子説話の背景にあったとされる。邪気・病気・物怪などの未知なる力を排除・封印する力を頼光に仮託させたともいえる。道長の侍たる立場だった頼光は、史実の上では焼失した道長の土御門第《つちみかどてい》再建にさいし、必要な家具調度品の多くを献上した。辛口の批評家として知られる藤原実資さえ「未ダカクノ如キノ事ヲ聞カズ」（『小右記《しょうゆうき》』寛仁二年六月二十日条）と評したほどだった。

頼光のそうした経済的基盤は摂関家との主従関係にあった。身分上昇をはかるべく摂関家に臣従し、時には政敵の暗殺をも厭わない側面も平安武者の共通の属性だった。邪気・物怪・鬼神といった不可知的存在を「辟邪《へきじゃ》の武」（邪悪な物怪《もののけ》などを排する武力）で打破する武威が期待された。

酒呑童子退治の場面でおもしろいのは、頼光一行の「兵ノ道」にかける意識である。われわれはともすれば、これを後世のフェアー（公正）なる道徳的世界と合致させる傾向があるが、それは「武士道」という名の幻想でしかない。王朝武者の「兵ノ道」は時として算術的なドライな世界だった。目的のためなら手段を選ばずという場面も随所に見受けられる。それこそが生き抜くための「知恵」に他ならなかった。

道に迷ったふりをした頼光一行が酒呑童子たちが集う酒宴の場に同席、偽りの方便で安心させることで騙し討ちをなした頼光たちの行為に、「情なしよ客僧たち、偽りあらじと言いつるに」と酒呑童子に語らせている。

そこには「鬼道に横道《おうどう》なし」と主張する童子の心中も同情的に指摘されており、頼光たちの所行は信義とは縁遠いものとされた。だが、鬼神を滅亡させるという精神の強靱さの場面では、結果がすべてであり、「兵ノ道」とは武者たちの「知恵」の所産だった。

「兵ノ道」については、頼光の弟頼親について語った『今昔物語』の表現も参考になろう。「兵ノ道ニ付テ聊《いささか》ニモ愚ナル事無ケレバ、公モ此レヲ止事無《やんごとな》キ者ニセサセ給フ」（巻二十五―九）と語られるほどの人物だった。

「公」への奉仕（＝「侍」）という形で、体制内での立ち位置が求められた彼らにとって、お伽草子や謡曲などの伝承的記憶のなかに、武士誕生に向けての原像を読み解くことができる。恋なり愛なりからは距離がある頼光の話だが、以下では渡辺綱《わたなべのつな》へとバトンを渡したい。綱の場合も鬼神退治は共通するが、わずかながら艶《つや》のある内容も見える。

〈渡辺綱、道行きの劣情の戒め〉

虚《うそ》か実《まこと》か、『源平盛衰記』が語る内容である。が、ありそうな話である。「ありそう」とは史実云々のレベルのことではない。一般的情況設定のなかでの行動・行為という意味でのことだ。王朝武者の代表的存在渡辺綱の遭遇した災難で、広く恋にまつわる中身にくわえてもよさそうだ。綱といえば源頼光の四天王の一人（他は平貞道《たいらのさだみち》・坂田金時《さかたのきんとき》・卜部季武《うらべのすえたけ》）として武名をはせたことで知られる。

主人の頼光の依頼で用事をすませた綱は、一条戻橋《いちじょうもどりばし》にさしかかったおり橋詰に色白の美女を発見する。彼女は「五条辺りに住む者だが、夜も更けて恐ろしいので送ってほしい」と綱に頼むことになる。

温情か劣情かは不明にしろ、綱は多少の期待も手伝ってその女を馬上に乗せ堀川を南へと向かったが、やがて鬼へと変身した彼女は、綱を取り殺そうとする。危険を察知した綱は頼光から護身のために与えられた源家相伝の宝刀「髭切《ひげきり》」で鬼の腕を切断、難を脱したというものだ。

婦女に優しい男性一般の心情が綱の行動に投影されているようだ。それにしても、この話の舞台が一条戻橋という場であることはおもしろい。橋自体が有した無縁的境界性とそこに出没する鬼女という設定もさることながら、ここが安倍晴明にまつわるパワースポット的舞台であったことだろう。冥界との往来にかかわる戻橋という場、鬼女の存在、これを退治する武者、構図としては『田村草子』や『大江山』との共通性を看取できる。

頼光の四天王の筆頭として知られる綱の父は源充《あつる》（宛）である。充は武蔵国箕田《みた》（足立郡箕田郷、現・埼玉県鴻巣市）に留住《りゅうじゅう》した兵《つわもの》とされる。『今昔物語』（巻二十五—三）に平将門の叔父良文《よしふみ》（村岡五郎）と「兵ノ道」をかけて死闘を演じた話が見えている。

綱自身は源満仲の娘婿たる敦《あつし》の養子となり、満仲—頼光父子にしたがった人物で摂津の渡辺党の祖とされた。

『源平盛衰記』の「剣巻《つるぎのまき》」にも見える右の説話は、源家相伝の宝刀説話の一節としてよく知られている。そこでの主題は宝剣の霊威であり、綱の力量も「髭切」を保持していたことが大きかった。「恋の道行き」よろしく、夜分の若き美女との遭遇とあらば、ある種の高揚感がないといえば嘘となろう。綱も同じだった。ましてや「兵ノ道」を標榜する以上は、若い女性《にょしょう》の願い事を拒むことはできまい。そんな情況下での話なのである。

それはともかく、ここで留意すべきは鬼女が登場した時と場についてである。王朝武者の系譜を考えるさいに、征伐や退治の対象としての境界性・異域性（島・峠・関）は着目されよう。それは場の無縁性にも繋がっているものだ。くわえてその対象となるべき鬼神や酒呑童子もまた異類の存在だった。それを討伐する主体もまた「辟邪の武」を標榜する武的領有者だった。「夷ヲ以テ夷ヲ制ス」ことの本質はこのあたりなのだろう。

綱が鬼の美女と出会った場が他ならぬ一条戻橋であったが、これまた異界・境界の属性を有した点で興味深い。既述のように陰陽師安倍晴明が死者を蘇らせた逸話があるように、ここは冥界の出入口にあたっていた。「宇治《うじ》の橋姫《はしひめ》」伝説も同様で、「橋」の有した一種の無縁性こそが綱と鬼女との出会いの場として似つかわしかった。〈余談ながら、橋の下が無縁と公界《くがい》の場であったがゆえに、子の放棄の場として〝橋の下〟が選ばれた。無縁なる世界に棄てられた棄子は、本来の具有した縁が切断されることで、新しき縁が生ずる場〈捨て子を拾う新しい親との関係＝捨てる親とこれを拾う親との無縁から有縁への転換〉だった。物品における交換をふくめ市〈バザール〉が橋の付近に設置されたのも、物や金が行き交う場としての公

系図２　嵯峨源氏略系図

界性・無縁性によって、往信可能の世界だったからだ。）要するに一条戻橋とはそんな場だった。

綱に関連して、能・謡曲『羅生門《らしょうもん》』の舞台は橋ではなく門（羅生門）だった。ここには前述の保昌も登場する。頼光の館で鬼の出没を談じていた綱と保昌は百聞は一見にしかずということで、綱が深夜に羅生門におもむき鬼と格闘するというものである。この話の舞台の羅生門も都の出入口という境界の場だったことになる。

渡辺綱　「英雄百人一首」（国立国会図書館蔵）

そして、「場」とともに「時」である。闇が闇として存在したこの時代は、夜はまた魑魅魍魎《ちみもうりょう》（物怪や木石の精霊）が盤踞する世界だった。辟邪を以って任ずる綱なればこそ、深更《しんこう》の時節に頼光の使者の任をはたし得たことになる。そのおり、綱に与えられた源氏相伝の剣は、神仏の加護という霊威を有していた。これをどう解釈するかは議論もあるはずだが、そこにはレガリア（宝器）的意味が含意されたと判断される。

王権における「三種の神器」と同じように、支配の正統性を象徴的に示す相伝の宝器を民俗学ではレガリア（ラテン語）と称したが、『源平盛衰記』の「剣巻」に登場する「髭切」もまさにレガリアそのものだった。それゆえに源氏の武威を神話的解釈する場合、この宝剣伝説が味つけされることになる。後にも述べるが、『平家物語』や『太平記』などにはこの宝剣（レガリア）伝説が多く語られている。

〈余五将軍維茂の酒と恋の物語〉

伝説に彩られている武者といえば余五将軍維茂《よごしょうぐんこれもち》も有名だろう。頼光と同じく伝説の王朝武人の最右翼に位置する。頼光や保昌とほぼ同時代の人物だ。「猛き武士の起りを尋ぬれば、いにしへの余五《よご》、利仁《りじん》など言ひけん将軍どもの事は、耳遠ければさしをきぬ」（『増鏡』「新島守」）とあるように、余五将軍もまた利仁ともども「猛き武士」の記憶に刻まれる存在だった。陸奥を舞台とした藤原諸任《もろとう》と

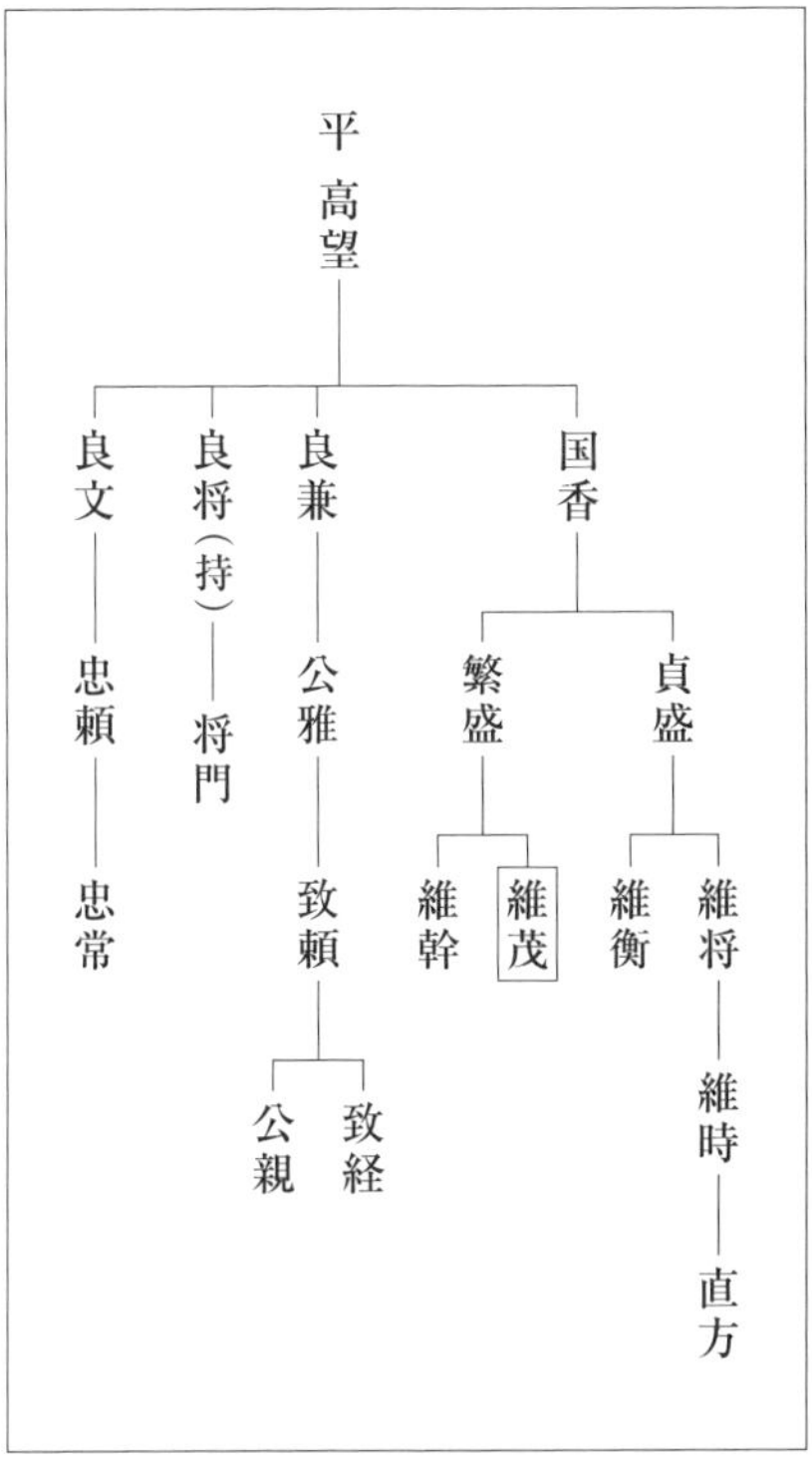

系図3　高望流平氏略系図

の息づまる死闘の実録的な話は、「兵」の意地や「兵ノ道」があますところなく語られている。この『今昔物語』（巻二十五―五）が伝える場面は、他の説話とは異なるリアリティーさを提供している。

余五将軍は将門追討で武功をあげた平貞盛《たいらのさだもり》の末裔で、鎮守府将軍《ちんじゅふしょうぐん》の肩書を有した人物として知られる。その末裔は東北や北陸方面の有力武士団へと成長した。異類・異形征伐譚でいえば謡曲『紅葉狩《もみじがり》』での余五将軍は、デフォルメ化されているとはいえ、平安武者の原像が活写されている。歌舞伎の『暫《しばらく》』は極端だとしても余五将軍の伝説・伝承は、中世をつうじ人々の記憶に定着していた。

舞台は信濃の戸隠《とがくし》山中、頃は晩秋の紅葉の時節とあり、謡曲『紅葉狩』の気分も伝わってくる。鬼神登場の舞台として戸隠は充分すぎる磁力を有するようだ。その戸隠の鬼女と出逢い誘惑に乗せられ酒をたしなみつつ情を交わす余五将軍に、八幡神が降臨し危機を脱するというストーリーである。

ここでも美女に変身した鬼神が、余五の眼力を色香で惑わせる場面が見えている。渡辺綱と同じく猛き兵とはいえ、やはり弱点は「色々」の世界だったことになる。

『紅葉狩』はもちろん観音信仰の霊験にかかわるもので、史実からは距離がある。それでも、平安武者たる維茂のイメージを考えるさいの参考となる。紅葉盛りの山中で上臈《じょうろう》女房たちが木陰で休息している。維茂の一行がそこを通りかかるが、「上臈の幕打ち廻し屏風を立て」ての彼女たちの酒宴の様子に遠慮しつつ場を去ろうとする。そのおり「前世《ぜんせ》の契《ちぎ》り浅からぬ深き情《なさけ》の色見えて……」と女房たちは維茂を誘惑する。やがて彼は幕の内へと誘われ酒色の饗応をうけることになる。酔い伏したその姿を見た上臈女房たちは夜風とともに山中に消える。かくして鬼女へと変貌する場面となる。維茂を外護《げご》すべく現れた八幡神に神剣を付与され、彼は鬼神と格闘しこれを撃退するというものだ。

ここでも八幡神の神託より授与された宝剣が余五を救うわけで、危機・受難脱却にさいしてのレガリアの効能は共通する。王朝武者への記憶という点で、説話をアレンジするなど中世後期に登場した諸作品には、おおむね通底する土台があったようだ。

天慶の乱の功臣・平良文のものと伝わる塚（神奈川県藤沢市）

余五将軍は天慶の乱（将門・純友の乱）の功臣の子孫として、軍事貴族という立場で人々に知られていた。『今昔物語』（巻二十五―五）では、藤原諸任（藤原秀郷の子孫）の奇襲を受け瀕死の淵から生還、諸任を逆襲するまでの兵《つわもの》の戦いぶりが活写されている。陸奥という辺境が舞台となっている右の話からもわかるように、天慶の乱は多くの武的領有者（兵）たちを諸国に輩出させた。十世紀のこの乱は、国家的恩賞授与により鎮守府将軍といった軍事貴族の身分を兵たちに用意させていった。

平貞盛・藤原秀郷あるいは源経基たちに代表される反乱鎮圧者に与えられた恩賞は、四位・五位の通貴《つうき》的位階やそれに対応した受領や鎮守府将軍の官職だった。天慶の乱の功臣の子孫は、そうした父祖の余慶をテコに地方に営田をなし、辺境軍事貴族として力量を誇示した。『今昔物語』での余五将軍と諸任との死闘もそうした領主たちの自己の存立をかけた戦いだった。

余五将軍のような存在が登場する背景はおよそ右のようであった。『今昔物語』での維茂の行動で興味深いのは、『今昔』がしばしば語っている「兵ノ道」についての意識だろう。それは時として、婦女子への紳士的振る舞いだったりもする。余五将軍が諸任の館を攻略後、その妻子に辱めを与えなかった行動が称讃されているが、「兵ノ道」の本質は一方で合目的な発想に支えられたドライな世界もあった。

謡曲『紅葉狩』の場面で維茂が高貴な上臈の集団と見るや、配下の者たちに下馬を命じ迂回する配慮もまた「兵ノ道」の行為だったわけで、このような作中での演出は王朝武者への共通の記憶を前提としていた。

〈対馬の在庁・長岑諸近の海を越えた愛〉

長岑諸近《ながみねもろちか》については、多くの読者はご存じないはずだ。教科書にはもちろん登場しない。これまで語った有名な王朝武者の系譜からは毛色が異なる。十一世紀初めの寛仁《かんにん》年間（一〇一七〜二一）に刀伊入寇《といにゅうこう》事件があり、そのおりに消息不明の妻子を捜し求め高麗に渡海した対馬《つしま》の在庁官人（国衙の役人）である。その報告が大宰府から中央政府に伝えられ、記録に残されたものだ。現実の事件に取材したものだけに貴重な証言ということができる。名もなき地方官人の足跡をつうじて、記憶とは異なる次元での話にもふれておこう。

諸近も同じく摂関期の道長時代の人物である。もっともこの諸近自身が兵なり武士だったかは、はっきりしない。対馬判官代《ほうがんだい》という立場で国衙の業務にかかわっていた下級官人だったようだ。

兵・武士がどのように登場したかという問題は大きなテーマだが、諸国の国府＝国衙の有力者が自らが帯びていた公権力をテコに周辺の所領を拡大し領主化に成功するというコースが一般的とされている。長岑諸近の場合も、これに近い存在と考えて誤りはないと思われる。以下、そのあたりの研究上の流れを簡略にふり返ってみるのも無駄ではあるまい。諸近自身の家族の愛の物語は、その後に述べることにしたい。

武士誕生のコースとして、在庁官人の武士化という流れが指摘されて久しい。戦前期以来の荘園研究の発展のなかで武士の荘園温床説が通説とされたが、それに対しての批判から提案されたものだった。律令国家の公権力が西欧の如く容易に解体しないわが国の場合、国衙の公権が占める役割が重視されたためだった。所帯公権《しょたいこうけん》（職）を有した在庁層に武士化が顕著だったことをふまえ、武士誕生のストーリーも荘園発生論のみでなく多様な解釈が可能となった。

古くからの考え方として、武士は貴族勢力と対抗する存在と解されていた。武士は貴族の領有した荘園を蚕食して、これに代わって中世社会の主役となるとの解釈がなされていた。要は中世をになう武士と、古代勢力を象徴する貴族という対比の構図だ。武士が古代勢力の貴族を圧倒する過程に古代から中世の転換を設定する理解である。武士は中世的封建領主の象徴として認識されていた。けれどもこの対立的シェーマ自体は諸史料に徴した場合、武士の系譜から農民の出生を語るものはないし、貴族にしても中世的領主へと自己変容していた点が明らかになるにつれ、武士（在地領主）・都市貴族（荘園領主）ともどもが、階級的利害を共有する封建領主であったとの理解が一般化されるにいたった。平安末の源平の争乱も支配層に属した武家相互の政治権力の主導権（ヘゲモニー）の争いだったとの見方が有力となった。平氏の権力が古くて鎌倉のそれが新しいとの考え方は、通用しなくなった。

一九七〇年代以降に明確となる武士についてのこうした考え方は、学史的には新領主制論と指摘されているもので、その後の武士研究の主流となった。

王朝国家とは武士が在地領主＝体制内で承認された段階をさす。武士はその成立当初から公家・貴族の階級的対抗物ではなく、貴族権力の安全弁として機能している点がポイントとされた。そこにあっては武士は貴族と階級的利害を共有し、領主としてともに農民に対峙する存在だった。したがって兵や武士の誕生とは、王朝国家期以降に顕著となる武力の請負化のなかで、登場したと考えられるようになった。

中世国家の直接の前提となる王朝国家を初期の封建国家であると理解する立場は、こうした観点によっている。研究史的に見ればこの時期に本格化する武士＝軍事貴族論の背景には、そうした流れがあった。武士論を考える場合、体制内における彼らの役割（受領・鎮守府将軍）が重視されることなった。

以上の論点をふまえて、武士はどのようにして誕生したのかが改めて問われることとなった。七〇年代の新領主制論に対応するように本格化する社会史研究の流れは、武士が有した多様な側面が注目されるにいたった。

近年における武士研究では社会史研究の掘り下げのなかで、大きく二つの方向がある。一つは、武的領有者たる彼らの実態を職能論からアプローチする方向である。武士を必要とする社会的条件（血避観念や辟邪観念）への掘り下げ、あるいはそれとの関連で無縁的存在と武士との関係等々が議論されている。これまで何度かふれた説話やお伽草子に登場した平安武者の姿を俎上に論じたのも、右のような研究の流れに対応させたものだった。

そしてもう一つは、武士の源流についての方向である。つまり武士の前身をなす兵もふくめ、彼らが如何なる過程で誕生したのかという問題である。この古くて新しい視点を論ずるさいに、兵のような存在がどのように体制内で認知されるにいたったか、これがポイントとなる。反乱・騒擾・蝦夷問題等々への国家的対応という視点も重視され、軍制史の立場から軍事貴族またはそれに準ずる武的領有者の議論が活発化した。

こうしたなかで、中央軍事貴族の登場に見合う形で、国衙公権との結合による地方（辺境）軍事貴族の誕生との考え方が一般化した。王朝国家期の軍制システムは都鄙間での傭兵《ようへい》的軍制が大きな役割をもつとされ、律令的徴兵制（軍団制）に代わる武力の請負化こそが、傭兵制に対応したものとの見解も提示された。これは所領給与を媒介とした封建制への移行の前提と理解された。

従来、ともすれば鎌倉的武士を基準に、それがどのように誕生したかを考える傾向が強かった。王朝時代の軍制・武力編成について、必ずしも明確な位置づけがなされなかった。その点では王朝国家→兵（軍事貴族）→請負→傭兵制という一連のシェーマは、中世武士論への橋渡し的役割をになうものと考えられる。

以上の点をふまえた場合、軍記・説話に登場する著名な武人たちは、王朝国家での中央軍事貴族とその末裔たちということもできる。そしてもう一つ、地方・地域における国衙を求心力とした地方版「兵ノ家」の成長（辺境軍事貴族）の登場も重視された。住人系武者（兵）と概念化される彼らこそが、国衙在庁の担い手であった。

いささか長く、くどい説明となったが、長岑諸近なる在庁官人の登場の背景にある問題を説明したつもりである。以下、この項の本題に入る。

刀伊（女真族《じょしん》）が五十余艘で対馬・壱岐そして筑前に襲来したのは、寛仁三年（一〇一九）の三月末から四月初旬のことだった。『小右記』（右大臣小野宮実資《おののみやさねすけ》の日記）や『朝野群載《ちょうやぐんさい》』（院政期に成立した官人貴族の模範文集）などの同時代史料によれば、その被害は甚大で殺された者三六四人、捕えられた者一二八九人、牛馬三八〇頭とされる。対馬の在庁長岑諸近も判官代という立場で奮戦したが、諸近が住む上県郡《かみあがたぐん》では九人が殺害、一三二人が捕縛、住宅四十五宇や銀山が焼かれる惨状だったという。

刀伊（女真族）は壱岐をへて、四月七日には筑前の怡土《いと》・志摩《しま》・早良《さわら》の三郡に来襲した。大宰権帥《だざいごんのそち》藤原隆家《ふじわらのたかいえ》率いる府軍は、これを迎撃すべく軍兵を催促、平致行《たいらのむねゆき》・平為賢《ためかた》などの大宰府の有力武者や文室忠光《ふんやのただみつ》・多治久明《たじのひさあき》などの筑前諸郡の住人系武者の助力を得て撃退したとある。戦闘の情況が判明したのは、大宰府から中央政府への報告によっていた（『小右記』寛仁三年四月二十四日条、同六月二十九日条など）。

〈諸近の戦後、妻子をたずねて〉

戦闘が一段落した六月、中央政府は論功行賞をおこなった。この時点で賞されたのは、隆家指揮下の大宰府の「府無止武者《ふのやむごとなき》」の府官系グループと関係諸地域の住人系武者グループ十数人だった（『小右記』寛仁三年六月二十九日条）。対馬の在庁長岑諸近の場合、迎撃態勢が充分であった場合には、いずれかに属し協力すべき立場にあったはずだった。しかし刀伊軍の突然の対馬侵攻のなかで妻子ともども捕縛された諸近は、途中賊船からからうじて脱するのが精一杯だったという。

刀伊の軍船はその後九州沿岸から撤退した。刀伊軍は軍船に多くの捕虜を乗せており、そこには諸近の妻子もいたという。安否不明の家族を捜す諸近は、六月になってついに単身で高麗への密航を試みることになる。こうして彼の苦難と不安の旅がはじまった。

対馬から済州島までは小船でもさほどの距離ではないにしろ、国禁を犯しての渡航は強い決意がなければ実行しない。諸近をかかる行動にかりたてたのは、母や妻子の安否を気遣う深い愛情に支

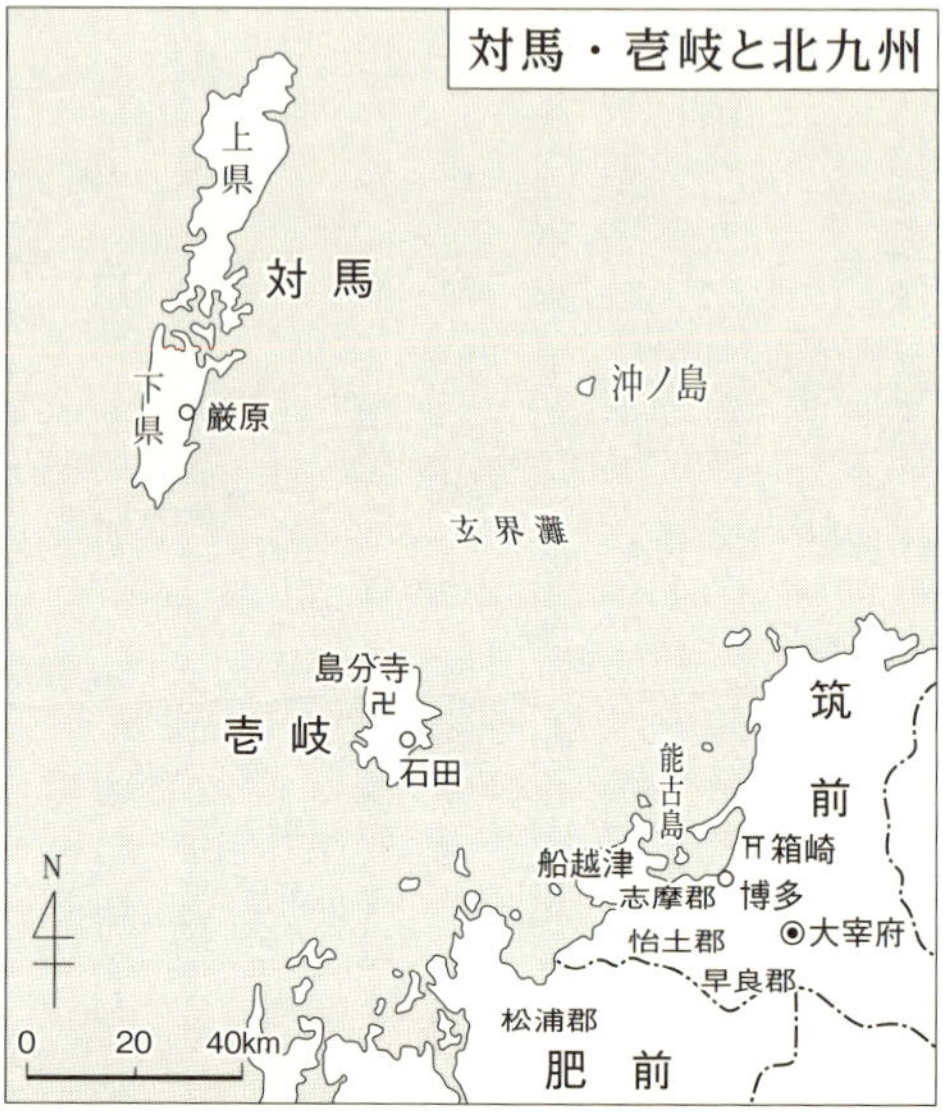

対馬・壱岐と北九州

えられてのことだった。通詞を介しての情報によると、日本から撤退した刀伊軍は高麗軍のために沿岸の五ヶ所で迎撃されたとのことだった。そのおりに三百余人の捕縛日本人が救出されたという。救助された人々の情報によれば、伯母以外は母も妻も妹いずれも、諸近の期待を打ちくだく悲惨なものとなった。

諸近自身の年齢その他の情報は不明である。妻をふくめ最愛の家族の行方を捜す彼の行為は、多くの共感をさそったにちがいない。ただし、現実に国禁を犯しての密航であることからすれば、帰国後の処断も憂慮された。諸近は七月初旬、対馬にもどり同国の伊奈院司《いないんし》をつうじ、大宰府にその間の事情が報告された。諸近は証人として十人をつれ帰ったが、大宰府では二人の女性（内蔵《くらの》石女《いわめ》・多治比阿古見《たじひのあこみ》）の報告を添えて提出させた。

中央に届けられた大宰府経由の報告書で、政府ははじめて自分たちが戦った相手の正体、および彼らの目的、さらに賊船のその後や捕虜者たちの様子を知ることとなった。諸近の家族は救出されなかったものの、高麗軍の攻撃で刀伊の軍船は敗走、多くの日本人が救助された。捕虜の人々は高麗側の厚遇を受け帰国できたとある。

諸近自身の密航にともなう処罰の有無は史料が残されておらず不明だが、情状酌量の余地もあり不問とされた可能性が高いかもしれない。何しろ情報収集に向けての諸近の果断な行動により、近隣の情勢把握も可能となったわけで、その行為は国衙の役人としても称賛に値するものだった。

地方官人として判官代の地位にあった諸近は、武人よりは文人に近い立場だったかもしれず、詳細はわからない。が、自らの命を賭して波頭を乗り越え危険に身をさらす心持《こころもち》に武人的意識を汲み取ることもできる。

以上、摂関期の王朝武者たちの来歴に関して恋や愛にまつわる場面を軸に紹介してきた。次の課題は平安末の院政期から源平争乱期に焦点をすえ、武士の色恋模様について話をすすめたい。

(2) 内乱期、武士の恋模様

〈源三位頼政と菖蒲御前〉

頼光の末裔が源三位《げんざんみ》頼政《よりまさ》である。以仁王《もちひとおう》の挙兵で敗死した頼政は、逆算すると長治四年(一一〇四)の誕生だったことになる。保元の乱の半世紀ほど前にあたる。平治の乱では平家の清盛側につき、自らの立ち位置を保持した。三位への昇進もそのことが大きかった。軍事貴族の代表的存在だった。伝承・伝説も少なくない。色恋の諸相でいえば『源平盛衰記』に登場する菖蒲御前《あやめごぜん》の話は有名だろう。彼女は鳥羽院の女房であったが、頼政が秀歌の勧賞《けんじょう》として院から賜ったとする。

頼政と菖蒲御前との関係は、『平家物語』に見える平忠盛《ただもり》と祇園女御《ぎおんのにょうご》との関係によく似ている。忠盛は白河法皇から懐妊中の祇園女御を与えられた。清盛の母はその祇園女御とされる。実際には彼女の妹が母だとも（『仏舎利相承系図《ぶっしゃりそうじょうけいず》』）。菖蒲御前については『盛衰記』や『平家』などには見えているが、実録的には不明だ。ともかく院・天皇が後宮の女房たちを寵臣に下賜することは珍しいことではない。後述する新田義貞の勾当内侍《こうとうのないし》もそうだった。

『源平盛衰記』（巻第十六「菖蒲前の事」）によれば、彼女は「心の色深く形は人に越えた」ほどの美女で多くの公卿も艶書を遣わしたが、一向になびかなかった。頼政も菖蒲に想いを懸けるが、恋の成就はかないそうになかった。頼政の懸想は上聞に達し、鳥羽院はその情念の深さを試すべく彼女と同じ装束を着せた女房を遠目にひかえさせ、菖蒲を選ばせようとした。その戯事《ざれごと》に「五月雨《さみだれ》に沼の石垣《いわがき》水こえて　いづれかあやめ引きぞわづらふ」（恐れ多い高貴な方の石垣で隔てられているあやめをいずれか一本でも抜き去るわけにはいきません）と詠じ、院を感動させその恩賞で彼女を賜ったとある。「歌の道を嗜《たしな》まん者、尤もかくこそ徳をば顕すべけれ」と、多くの人々は頼政の情を褒めそやしたという。「水魚の如くして無二の心中」と語られるほどに両人の仲は睦まじかった。以仁王の挙兵にさいし活躍する伊豆守仲綱は、この菖蒲御前を母とした。

彼女の足跡は伊豆方面に伝承として残されている。頼政が伊豆を知行国としたことも関係しているようだ。田方郡長岡（現・静岡県伊豆の国市）には頼政没後もここに隠れ住んだとの菖蒲御前の伝承もある。この他、新潟・京都・広島各地域にも関係の寺院や墓があり、いずれも頼政の所領にちなむものだった（柳田国男「頼政の墓」『郷土研究』大正二年）。

頼政の恋という点からはロマンに彩られた話だが、史実への深入りはさほど意味もあるまい。重要なのは王朝武士頼政の武と同居した雅《みやび》への想いなのであろう。武人たりといえども和歌の道が問われる時代がおとずれたともいえる。

ついでながら、頼政の武勇にまつわる話として、『鵺《ぬえ》』退治の一件が『延慶本平家物語』（第二中）に見えている。夜更けに黒雲に潜む鵺を退治した頼政は、天皇から獅子王《ししおう》の御剣を下賜される。そのおり「ほととぎす名をも雲井にあぐるかな」と左大臣藤原頼長に詠みかけられ、「弓張月の射るにまかせて」と即詠し面目をほどこしたと見えている。

頼政の歌才は父仲政《なかまさ》譲りだったようで、仲政は『金葉和歌集《きんようわかしゅう》』以下の勅撰集に十五首ほどの採首がある武者歌人だった。藤原俊成もまた「いみじき上手」と、頼政の歌才を認めていた。歌論書で知られる鴨長明《かものちょうめい》の『無名抄《むみょうしょう》』にも「頼政卿はいみじかりし歌仙也」と伝える。

源頼政像 「肖像集」（国立国会図書館蔵）

「鵺」の話はなかば逸話以上のものではないにしろ、頼政が昇殿を許されるきっかけは「人知れぬ大内山の山守は　木がくれてのみ月を見るかな」の詠歌によったことが見えている。『千載集』に載せる頼政のこの歌には、大内（内裏）守護だった頼政の韜晦《とうかい》的気分が託されており、『頼政集』に丹《たん》後内侍《ごのないし》に贈ったものとある。

物怪による悩乱逸話は堀河天皇のときにもあった。源義家《よしいえ》が鳴弦《めいげん》の儀でこれを撃退した先例にならって武人を登用したものだった。召し出された頼政は「昔ヨリ朝家ニ武士ヲ置カルル事、逆叛ノ者ヲ退ケ、違勅《いちょく》ノ者ヲ亡ボサンガ為《ため》ナリ。目ニモ見エヌ変化《へんげ》ノ者仕《つかまつ》レト仰下サルル事、未ダ承リ及ハズ」と辞退するが、かなわず勅命に従い鵺を射落したという。

武芸と歌芸という二つながら併有した頼政は、軍事貴族の典型といってよいはずだ。平安武者の雛型が保昌や頼光であったことは疑いないにしても、成熟した王朝世界のなかで自己を発揚してその存在を高唱ならしめるには、やはり洗練された歌才も必要とされる。後に述べる平家の公達たちの王朝の武者ぶりには「武」をつつむ「雅」が表出されねばならなかった。頼政はそうした点で平家風の公達と同じ位置にあったことになる。

『平家物語』に描写されている頼政像から王朝武士の二つの属性を読み解くことができるはずだ。一つは頼光以来の摂津源氏に継承されてきた「辟邪」性にかかわる武威の属性である。鵺退治という不可視の変化の物への対応には、つまるところその辟邪性が随伴されるわけで、「大内守護」の肩書はそれと関係している。物怪（鵺）の如きマジカルな存在を、打破できる異能の持ち主こそが武的

源頼政は近衛天皇をおびえさせた鵺という物怪を射落とした。『絵本 平家物語』(明星大学図書館蔵)

領有者の具有した属性であった。そうした鬼神を征伐できる武威こそが頼政に期待されたものだった。

そして二つが、頼政自身が語る王権守護の役割である。「大内守護」が主に天皇個人の精神的擁護を辟邪性という面から表現したとすれば、王権の守護とは天皇をふくむ広義の王朝権力の総体の守護を意味したわけで、「叛逆ノ者ヲ退ケ、違勅ノ者ヲ滅ボサン為」である。可視的反逆者への追討・討滅こそがその任であった。

この武士が有した二つの側面こそが本来の武的領有者が併有するもので、別言すれば前者は無縁的世界とかかわるし、後者は有縁のそれであった。その意味で軍事貴族という側面は体制内の官職的秩序(有縁的世界)に兵・武士たちを包摂させることで登場したという面もあった。頼政自身が武芸とともに歌才を駆使して、昇殿を実現する行為は成熟した軍事貴族の当然の姿だった。

そしてその頼政が以仁王と語らって平氏打倒を企てたことは、頼政が有した二つの面の職能的帰結でもあった。頼政の「大内守護」の立場には、皇統の血脈の正統性の外護《げご》という職責があった。言仁《ときひと》親王（安徳天皇）の立太子により、即位の望みを断たれた以仁王の挙兵への支援である。父後白河からの血脈の正統性を継承しようとした以仁王への協賛は、そうした観点から理解されねばならない。他方の「王権守護」という広義の面では後白河を幽閉・仏法を破滅させる平氏一門の反逆的行為への対処だった。

治承四年（一一八〇）五月の頼政・以仁王の挙兵は両者の敗死で幕を閉じることになるが、内乱はこれをかわきりに本格化する。頼朝に継承された以仁王の令旨は、頼政の子息・伊豆守仲綱《なかつな》の名で諸国に伝えられる。頼朝挙兵をうながす背景には、頼政によりになわれていた広狭両義の観念的守護権の継承があった。

〈雪・月・花と武人西行の「阿漕の恋」〉

武人にして歌人という点では、ここに語る西行も頼政と同じだ。十数年余だが世代的に西行が若い。西行の場合は想い人との関係は頼政とはちがっていた。これまた史実かどうかは定かでない。「分相応」は一般に恋にもあてはまるのかもしれない。身分・格がちがいすぎる想いは、なかなか成就しない。例えば謡曲『定家葛《ていかかづら》』は藤原定家の分不相応の恋をテーマにしたものだった。後白河の皇女で斎院《さいいん》の式子《しょくし》内親王（『百人一首』の「玉の緒《お》よ絶《た》えなば絶《た》えねながらへば　忍ぶることの弱りもぞする」の作者）への妄執が死後にまで葛の如くからみつくという逸話（『謡曲拾葉抄《ようきょくしゅうようしょう》』）に取材したものだ。年上の女性への恋心だったが、斎院たる立場の彼女への定家の想いはかなうものではなかった。

　これは創作なのだろうが、一方で身分を超えた恋の話も少なくない。と、すれば「恋は身分を超える」ことも真実にはちがいない。だから人生の機微を語るうえで恋は永遠のテーマともなる。そこで西行である。「分不相応」という点で、彼が想いを寄せた女性の候補とされるのが、鳥羽院の后待賢門院璋子《たいけんもんいんしょうし》（父は藤原公実《きんざね》）だった。ただし、年齢差からすれば璋子がかなり年上でもあり、あるいは憧れ以上のものでしかなかった可能性も高い。とすれば恋は身分を超えたことになる。出家以前の西行が、佐藤義《のり》（憲）清《きよ》とよばれた時代の話である。

　ただし恋多き西行には、別の候補もいた。「阿漕《あこぎ》ぞ」と、崇徳院からも苦言を呈されるほどの相手だった。『源平盛衰記』（巻第八）に載せる話である。情熱の歌人西行ならありそうなこととして、出家遁世《とんぜ》の原因ともされている。

　西行発心の理由を「申すも恐れある上臈女房を思ひ懸け」、主上より「阿漕の浦ぞ」と難ぜられ、出家を決意したとある。恋は身分を超える面持ちがある一方、「分不相応」に過ぎた恋の切なさと苦しさを断つための出家もわからないではない。だが、あくまで引き金であったにちがいあるまい。西行自身、遁世後も執着の種々の苦悩からは解放されなかったようだ。

　ちなみに、院が「阿漕浦云々」と指弾したのは、「伊勢の海阿漕が浦に引く網も　度かさなれば人もこそ知れ」〈阿漕浦〈津市〉で引く密漁の網も度重なれば人に知られる〉との有名な歌をふまえてのものだった。つまりは「秘すれば花」であるはずの恋も、表沙汰になれば花ではなくなるとの歌意がふくまれていた。

この阿漕浦は伊勢神宮領の禁漁地であり、神領での狩漁は許されなかったが、その阿漕浦でさえ年に一度の網引は許されたとの故事を読み込んだうえで、西行は、

思ひきや富士の高嶺に一夜寝て　雲の上なる月をみんとは

と詠じたと『源平盛衰記』は伝える。「高嶺の花でさえある高貴な女性との交情は一夜限りの契りなので、推測されるような「阿漕浦」の如き禁忌な恋ではありません」。西行の右の歌にはそんなことが含意されているのだろう。

出家の原因を『盛衰記』の語るように「恋の故」とみなすには根拠は弱いかもしれないが、数奇《すき》・遁世の世界に自らをいざなう気分は、時代に合致する。世を厭うというよりも、花鳥風月を友とする詠歌を仏道希求への方策とする西行にとって、恋も相対化できたのかもしれない。人それぞれの行為の理由は、いずれもが結果からの推測でしかない。当の本人とても得心なきままの行為はいくらでもある。その限りでは『西行物語』その他に描かれている内容を吟味したところで、西行自身の性根は容易にわかるはずもない。けれども時代が遁世・出家を後押ししたことは疑いないはずだ。

『盛衰記』が語る「阿漕の恋」の意味についても、一人格に収まりきらない己の才量を、出家により自らの糧道を断つことで数奇の道へと分け入る決意と理解したい。西行にとって「阿漕」とは「武の道」では収まりきれない自己を見出したとき、「家ヲ継ギタル」王朝武士と異なる世界への憧れが「歌の道」だった。その限りでは武士にして歌人は、これまた分不相応なる「阿漕」だったのかもしれない。雪・月・花という季節の移ろいに対応する自身の内面を言の葉で紡ぐ行為が、西行が求めた道だった。恋もその点では、自己の精神のなかでは相対されるべき主題だったのかもしれない。西行の遁世はあるいは恋がかかわったとしても、人為を超えた無為への希求が西行の精神の着地点だった。仏道と歌道の一体化とはそんなところなのか。

ここでは参取すべき史料も文献も山ほどあり、歌人としての西行は埒《らち》の外にしたい。王朝武士西行に限定したい。辞典風に記せば元永元年（一一一八）に誕生、父は左衛門尉康清《さえもんのじょうやすきよ》である。鳥羽院の北面の武士として従五位下左兵衛尉に任ぜられ、保延六年（一一四〇）十月に二十三歳のおりに出家した。左大臣頼長《よりなが》の日記『台記《たいき》』には「重代の武士として法皇に仕え、家は富裕で、年も若く、心に愁いも無いにもかかわらず、仏道に目覚め、遁世の道を選んだことは感心に値する」と語っている。

西行法師　「英雄百人一首」（日本大学文理学部図書館蔵）

俵藤太秀郷《たわらのとうたひでさと》の末裔にあたり、曽祖父左衛門尉公清から佐藤（左衛門尉の藤原氏）を名乗ったという。西行にとって左衛門尉は家職にして官職ということになる。流祖たる秀郷はすでにふれたように、伝説に彩られた平安武者の代表的存在だった。お伽草子の『俵藤太物語』は、近江勢多の百足《むかで》を退治、報恩で竜宮へといざなわれ三つの宝物（レガリア）を授けられる。その武勇が評判をよび、朝廷から不死身の将門追討を命ぜられ武功をあげるとのストーリーだ。右はあくまで延びきった秀郷伝説だが、そこまではなくとも西行の時代、流祖の逸話は人々の記憶に定着していた。

事実、出家後のことだが西行は鎌倉を訪れた。平家滅亡後の文治二年（一一八六）も秋のことである。東大寺再興のため奥州藤原氏に寄進勧進の助力を要請する途上のことだった。西行六十九歳の晩節にあたっていた。

頼朝は西行と面会するや、歌道にくわえ弓馬《きゅうま》の道のことをしきりに問うたとある。鎌倉殿にとっては、秀郷の末裔たる佐藤一族の武芸が最大の感心事だった。「弓馬ノ事ハ、在俗ノ当初ナマジイニ家風ヲ伝フトイヘドモ……罪業ノ因タルニヨツテ、ソノ事アヘテ心底ニ残シ留メズ皆忘却シヲハンヌ」（『吾妻鏡』文治二年八月十五日条）と、答えている。西行にとって、「家職」たる弓馬の技芸は忘却の彼方だった。が、世間は文武兼備の、弓馬の温《ぬく》もりをもった人物としてこれを見ていた。

西行が生きた時代は保元・平治の乱から源平の争乱、そして奥州合戦と戦乱の時代であった。とりわけ、出家以降の三十年間余はそうである。治承四年（一一八〇）の争乱勃発の年、西行は六十三歳で高野山から伊勢二見浦《ふたみうら》へと移り歌道・仏道への傾斜を深めていった。前述の鎌倉での頼朝との

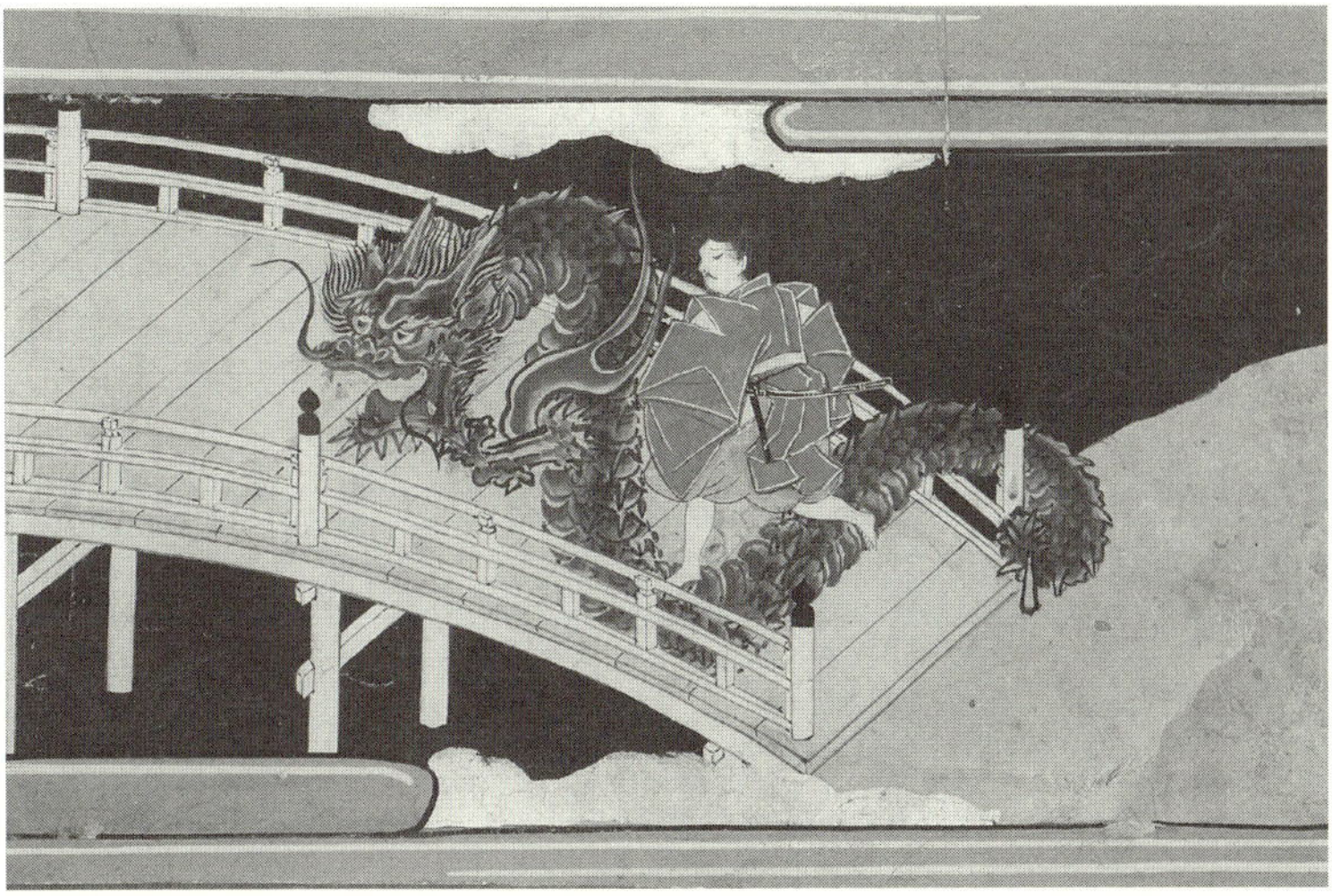
近江勢多のムカデを退治する藤原秀郷。『俵藤太縁起』（日本大学文理学部図書館蔵）

出会いはこの六年後のことだった。その生涯は高野山・伊勢を拠点として奥州あるいは四国方面への旅とともにあった。

二千首に余る和歌は勅撰集に入れられるものも少なくない。中央歌壇との交わりを断ちつつも、勅撰への想いを内に秘める韜晦《とうかい》さに西行らしさがあるようだ。「願はくは花のもとにて春死なむそのきさらぎの望月の頃」と詠じ、死去しようとしたとの有名な逸話（『古今著聞集』巻十三）もよく知られている。そこには外連味《けれんみ》とも取れる消し去り難いささやかな欲の痕跡が見えるようだ。あるいはこれが無縁と有縁の境界に身をおこうとした西行の「阿漕」の本質だったのかもしれない。

こうした西行のことを次に語る文覚《もんがく》上人は嫌った。文覚は西行の生き方を憎み、遁世した以上は仏道に専心すべきで歌道への執心は許されないとした。そのため出会ったおりには打擲《ちょうちゃく》も辞さずとした。文覚のもとを訪れた西行に会うや、これと裏腹におおいにもてなしたという。文覚は弟子に「あれは文覚に打たれる面様《おもよう》か、文覚こそを打つほどのもの」と語り、人間の大きさのちがいを説いたともある（『井蛙抄《せいあしょう》』）。

真偽はともかく、文覚をして西行を当初そのように思わせる情況があったことは、否めなかった。恋のテーマに話をもどせば西行の高嶺の恋は待賢門院かもしれないし、あるいは例の高貴なる女房だったかもしれないが、それ以上に西行は雪・月・花を友とした〝歌に恋した武士〟だったことは疑いあるまい。

次なる人物は西行とは対極の生き方をしたその文覚を取り上げる。

〈恋慕の結末、文覚と袈裟御前〉

文覚は一説に保延五年（一一三九）の生まれというから、西行が出家したころだった。西行と同じく武士からの遁世者だった。遁世の語感には現世の執着からの解放があるが、文覚には扇情家としての面持《おもも》ちが強い。何しろ後白河院・頼朝など、源平争乱の中心人物たちと深くかかわり、その直情性のゆえに幾度となく配流の憂き目に遭遇しているからだ。出家の動機も激烈だった。恋慕する女性を殺《あや》めたためだった。『平家物語』などが伝えるこの話は、あまりに有名だろうからご存じの読者も多いはずだ。各諸本では若干の異同もあるが、「女故の道心」を語る出家譚の大枠のみを記すと以下のようになる。

上西門院《じょうさいもんいん》（鳥羽法皇の皇女統子《むねこ》）の武者所《むしゃどころ》だった遠藤盛遠《えんどうもりとお》は、その職務で摂津渡辺の橋供養（淀川下流の渡辺＝大阪の天満《てんま》・天神《てんじん》付近）の差配をしていたおり、姨母《おば》の一人娘袈裟御前《けさごぜん》を見初めることになる。しかし彼女はすでに源渡《わたる》の妻となっていた。盛遠十八歳、袈裟十六歳のころだとある。

奥州生まれの彼女は美女の誉れも高く母の衣川殿とともに先年来都へと移り住み、滝口武者たる渡のもとに嫁し三年をへたところだった。姨母の所に馳せ参じた盛遠は、己の心中を激情を以て熱く語る。狂気に満ちた甥の心情に恐れを抱きつつ、内々にわが娘に盛遠の深い想いを伝えた。しかし彼女自身もやがて盛遠への想いを受け入れつつ、夫の渡との契りの板挟みのなかで、選んだ途は盛遠の手で自分を無き者にすることだった。（ただし、このあたりは諸本で異なる。盛遠は以前から袈裟を恋慕していたが、姨母は不覚にも彼の心情を無視して渡に嫁がせたことへの怨みから、姨母を殺そうとするほどに憎むというものもある。盛遠と袈裟御前との関係や出逢いの情況も一様ではない。）

「三箇年人しれず恋に迷ひて、身は蟬のぬけがらの如し」と盛遠をして言わしめるほどの強い情念に、解決の方途も見出せないままに彼女は一計を案じたのだった。彼女は酒に酔った夫を盛遠に討たせるように仕向け、寝所で渡になりすまし自らを殺させた。盛遠はやがて自身の過誤に気付き「三年の恋も夢なれや、一夜の昵《むつび》も何ならず」との無常感をいだき出家する。恋の罪ゆえに自らに罰を与えることでしか、その苦しみから脱し得ないと感じたのか。あるいは永遠《とわ》の愛のための贖罪《しょくざい》の想いがあったのか。そのあたりの心情は推察の限りでしかない。ともかく出家後の盛遠の難行・苦行はすさまじいものがあった。これも自死という安易な方法では許されぬ道を発見したからだった。

恋ゆえの遁世とはいえ、文覚の場合は壮絶だった。

文覚は上西門院の武者所に属した歴とした王朝武士である。盛遠の父は遠藤左近将監茂遠《さこんしょうげんもちとお》（一説に盛光《もりみつ》）とする。『姓氏家系大辞典』・『遠藤系図』を参考にすれば、盛遠の流祖は将門の乱の追討使藤原忠文だとする。下向途上の忠文が遠江でもうけた末裔で、摂津方面で勢力を拡大したとする。『盛衰記』でも摂津渡辺党の出自を有したとする。その母が長谷寺の観音詣で懐妊したが三歳のおりに父盛光が他界、一門の滝口遠光のもとで元服、父盛光と烏帽子親遠光の名をとり盛遠としたとある。渡辺党だとすれば嵯峨源氏ということになるが、すでに紹介した渡辺綱もふくめいずれも一字名であるので別系のものとされている。

盛遠（文覚）が近仕した上西門院の武者所とは、院御所の警護を主務とした武士の詰め所に由来する。『西宮記《さいきゅうき》』（巻八）「上皇脱屣《だっし》後……滝口ヲ武者トナス」とあるように、元来は天皇に近仕した滝口武者のなかから退任後に私的警護のために選ばれた。寛和《かんな》元年（九八五）の円融院《えんゆういん》のそれが初見とされる。滝口をふくめ院武者所をになう武的領有者たちに辟邪性を職能とした者たちが少なくなかったとされ、摂津の渡辺党も歴代滝口や武者所関係者を多く輩出した一族だった。指摘されているように、この渡辺は穢れ・邪気の払いをつかさどる場であり、内裏・院などへの武的奉仕もこれとのかかわりが強いと推測される。

それにしても文覚の生き様は激しかった。十九歳で出家した彼は当初、盛阿弥《じょうあみ》と名乗り、渡阿弥《とあみ》と称した渡《わたる》ともども彼女の菩提を行念仏しつつ弔ったという。盛阿弥から文覚へと名をかえ、歴史

冬の那智滝で荒行を積んだ文覚。『絵本 平家物語』(明星大学図書館蔵)

の舞台に忽然と姿を現したのは、出家から二十年前後をへてのことだった。

『平家物語』(巻五)に「文覚荒行《もんがくあらぎょう》」と記されているように、厳冬の那智《なち》の滝壺での長期の荒行や、藪の中での夏虫苦行などをへて、修験僧へと転身する。文覚の難行・苦行の時期は、都にあっては平家一門全盛の時代でもあった。治承四年(一一八〇)、伊豆に配流された文覚は頼朝と会う。

かつて上西門院の蔵人に任ぜられた頼朝とは、同院の武者所だった関係で両者は面識があった(『延慶本平家物語』)。高雄に住した文覚は神護寺の復興を志し、後白河院の法住寺《ほうじゅうじ》に推参しての勧進口上《こうじょう》が院の不興をかい伊豆配流となった。文覚は、頼朝と出会い挙兵をうながすキーマンになるのだが、これも新時代の仕掛け人だった。破滅願望さえ宿した文覚は、たしかに恋に命をかけるほどの激情家だったのかもしれない。出家後もまた目的

(例えば神護寺復興)のためには、身を滅ぼすことも厭わずの思いが強かった。これも王朝武士の一つの生き方だった。

〈滝口入道と横笛の「朽ちせぬ契り」〉

文覚と同じく武士出身ながら、やはり恋ゆえに出家した人物がいる。滝口入道《たきぐちにゅうどう》こと斎藤時頼《さいとうときより》である。長寛二年(一一六四)の誕生というから、平家のまさに全盛の時代だった。高山樗牛《たかやまちょぎゅう》の『滝口入道』でも世に広く知られているが、『平家物語』が描くこれまた内乱期の個性的人物の一人である。滝口武者たる時頼は平重盛の家人だった。建礼門院徳子の女官横笛《よこぶえ》と恋に落ちる。

文覚の人間像が極めて外向きと形容できるなら、時頼は内向き・内省的人物として類型化できそうだ。ともに恋の傷により出家という方向を選んではいるが、過去の柵《しがらみ》という点では滝口入道がはるかに深い。平家家人たることへの想いが、出家後の行動にも影響を与えた。とりわけ主人の重盛と気脈をつうじ合うところもあったのであろうか。その出家には厭世的な雰囲気がただようようだ。重盛の子息維盛《これもり》が高野山におもむき、さらに熊野入水《くまのじゅすい》の後見となったことを思うならばなおさらである。

となれば横笛との恋は、厭世家たる時頼の世を厭う契機となった可能性は高い。出家・遁世は時頼の「情」にからめ取られぬための「理」としての解答でもあった。

恋は何事かをなそうとするさい、その引き金となることはしばしばだった。「敵は本能にあり」とは「本能寺」のパロディー化だが、この本能を御することの難しさのゆえに多くの人々の運命を狂わせた。恋もまた本能である以上、それに翻弄されもする。滝口入道時頼もそうであったにちがいない。その弱さを自覚したとき、これと対峙し自己の内奥に煩悩を封印する行為が出家だった。西行も文覚も、そしてこの滝口入道も、仏道への修行を介し本能と闘う自身を見出そうとした。とりわけ滝口入道の場合、徹底的なストイシズムに己を沈めることで、自身の魂の救済を求めようとしたのではないか。

時頼の流祖はあの利仁《りじん》将軍である。系図を参じてもらえばわかるように越前斎藤氏の疋田《ひきた》氏が時頼の流れだった。源平一門の侍として活躍した長井斎藤別当実盛、あるいは維盛の侍として六代御前の助命に奔走した斎五・斎六兄弟など、いずれもこの門流に属す。そしてこの滝口入道時頼も重盛の侍だった。横笛はその重盛の妹建礼門院徳子に近仕した雑仕女《ぞうしめ》だった。『源平盛衰記』には「神崎《かんざき》の遊君《ゆうくん》、長者の娘」「今様朗詠《いまようろうえい》の能者《のうしゃ》、琴・琵琶の上手」とある。清盛が福原下向のおりに召し具した白拍子だったようで、横笛は重盛の命名だったという。時頼と横笛のなさぬ仲が伝わり、父以頼《もちより》の苦言もあり出家を決意したのは十八歳のころとされる。主君の重盛が死去したことも大きかったかもしれない。ただし、あくまで「滝口ガ道念ノ由緒ヲ尋ヌレバ、女故トゾ聞ヘシ」(『延慶本平家物語』第五末)と見えるのが一応の公式見解なのであり、またそうでなければ『平家物語』的気分としては、いかにもおさまりが悪いだろう。

『吉記《きっき》』(吉田経房《よしだつねふさ》の日記)には「滝口藤原時頼、法輪寺《ほうりんじ》ニオイテ出家ス、道心ニヨルト云々、当時滝口ノ遁世、定メテ其ノ例ナキカ」（養和元年〈一一八一〉十一月二十日条）とあり、法輪寺での出家を伝えている。ただし、ここにある「道心」がいかなる理由かは右には伝えていない。けれどもその出家が恋にまつわることだったことは真実味がありそうだ。

それはともかく、時頼の「道念」（出家）は恋の苦しさからというものだったが、例の文覚こと盛遠の場合とは真逆の関係ともいえる。滝口入道は横笛の情念をいかに断つか。その心の葛藤が主題とすれば、文覚の場合は袈裟御前への強烈なる執心への罪と罰が焦点だった。

時頼は最後の契りとして一夜を横笛と過ごしたが、彼女へは何ら伝えずに嵯峨野の法輪寺で出家する。音信無きことで出家のことを知った横笛は、滝口入道の心中を知るべくこの地にたどりつく。「今一度墨染の姿を見奉り」の一心からの横笛の訪れをあえて時頼は拒もうとした。道心堅固ならざる己の弱さを自覚しての非情の決断だった。このあたりの男女の心の深さと機微を知るには高山樗牛『滝口入道』が早道かもしれない。

横笛は相見《あいまみ》ゆることがかなわない状況で、自らも出家を決意する。彼女のその後は諸本で異説が多い。桂川に身を投じた彼女を潜《かず》き上げ火葬し、高野山奥院に卒都婆《そとば》を立て供養したとの話、あるいは出家した横笛は死せず南都（法華寺）へと求道の旅におもむいたとの話、諸説あるようだ。

さて、滝口入道のその後である。『平家物語』がこの人物を記したのは文覚同様、内乱期での人間模様を語るためである。文覚の話は伊豆の頼朝との出会いの前座だった。この滝口入道は平家没落の命運の予兆としてのそれだった。屋島を脱した維盛が一門の運命を悟り、その最期に同道する人物として登場させている。

その点では重盛の侍だった斎藤時頼と維盛との邂逅《かいこう》をつうじ、平家のその後を暗示させる幕引役でもあった。妻子の妄念を棄て去るべく苦しむ維盛への滝口入道の説法には、同じ妄執に生きた求道者なりの重みが語られている。

重盛─維盛─六代に流れる〝悲劇の系譜〟にあって、時頼─斎藤五（実盛の子孫）─文覚（六代を救うために奔走）それぞれがかかわっているのも、興味深い。話が少しずつ平家一門の公達の世界にシフトしているようだ。次のブロックでは平家武将の恋の「色々」を語ろうと思う。その前に少しだけ総括的おさらいをしておく。

遁世・出家の王朝武士たちとして、西行（佐藤義清）・文覚（遠藤盛遠）・滝口入道（斎藤時頼）、それ

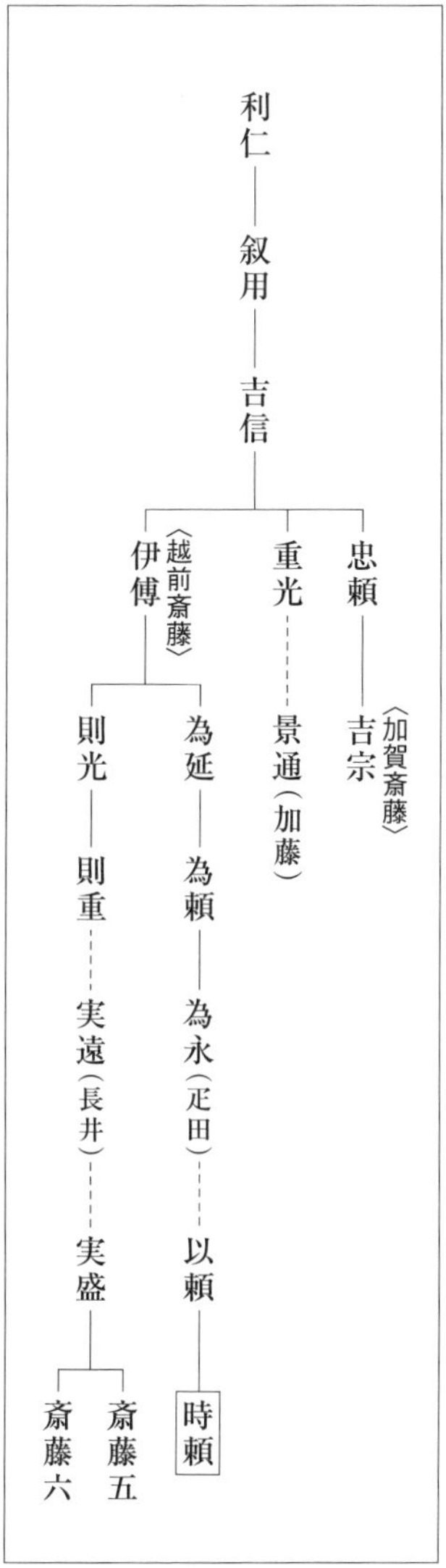

系図4　利仁流斎藤氏略系図

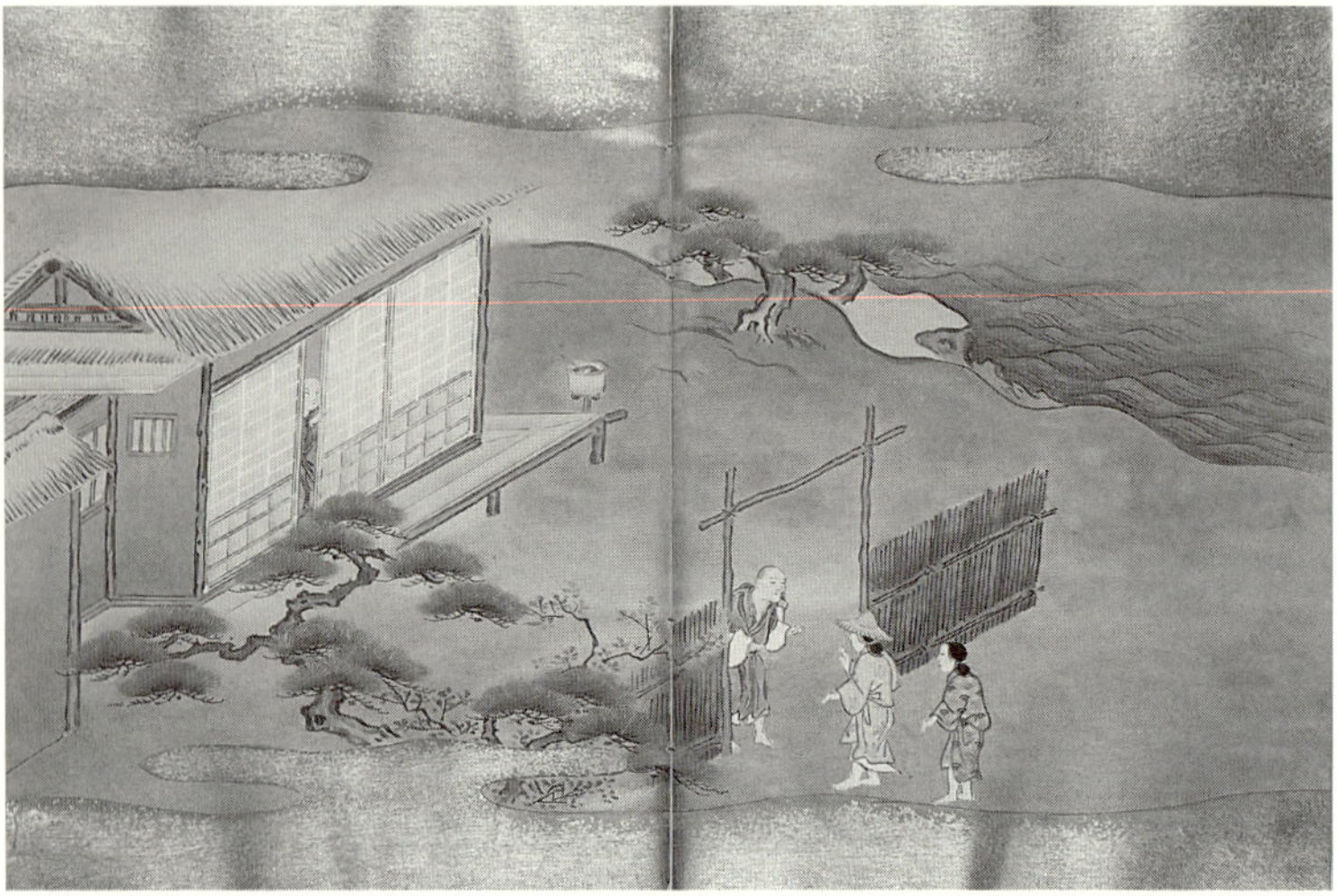

滝口入道は横笛との恋を咎められて出家。嵯峨野に入道を慕って来た横笛。『絵本 平家物語』(明星大学図書館蔵)

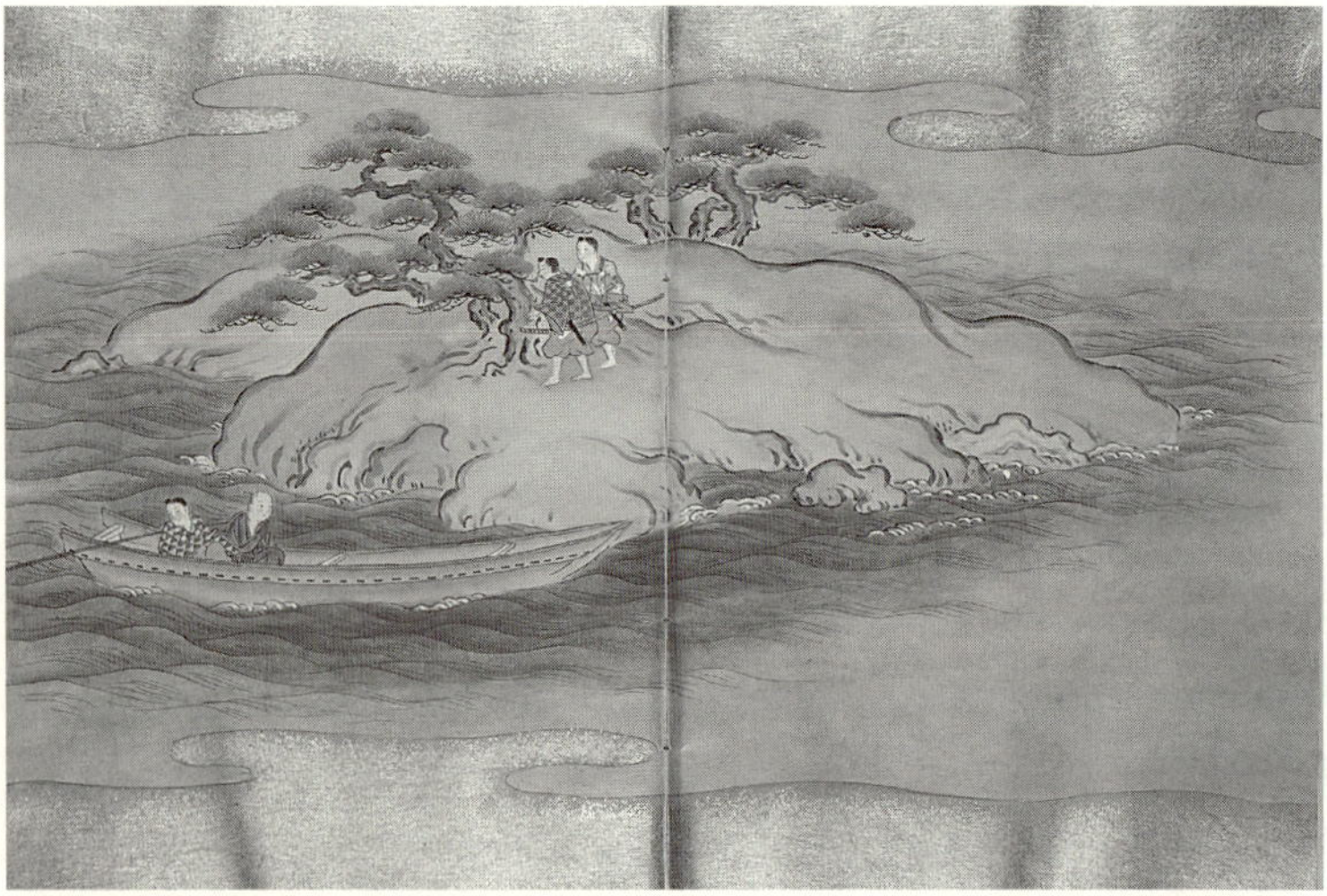

維盛は熊野の海に船を出し念仏を唱えて入水する。『絵本 平家物語』(明星大学図書館蔵)

ぞれの恋の世界を概観した。ともどもが十二世紀の平安末期の時代を漕ぎ抜き、時代に抗《あらが》いながら自己を省察する手段として、遁世・出家の道を模索した武士たちだった。北面・武者所・滝口と王朝武者にふさわしい相伝家職を有しながら、これと決別する途を選択しようとした。彼らはいずれもが若き世代の出家者たちだった。

晩節におよんで諦念での方便からのそれとは、事情が異なっていた。その苦渋・苦悩が時として恋という形で彼ら武士たちの精神を襲った。内省的であろうとすればするほど、現実の苦しさからは逃れ得なかった。滝口入道が「設《たと》ヒ長命也トモ、七八十ニハヨモ過ギジ。栄花有トテモ、廿年ニハ過ベカラズ。楽シケレバトテ、悪クカラム女ニ相具テハ何カハセム、親ノ諫《いさめ》ヲ背カバ不孝《ふきょう》ノ罪業《ざいごう》遁レ難シ、之ニ依リ女ヲ捨ムトスレバ、神ニ係テ契シ睦言《むつごと》モ皆詐《いつわり》ト成ヌベシ」(『延慶本平家物語』第五末)と語る心情こそが真実だったろう。親にも女にも、ともに節操が立つように自らを無にし、律するための方策が遁世だった。

〈「花や散るらん」、遊女熊野への宗盛の温情〉

歴史に対して演技できることが英雄の条件だとすれば、平家の総帥宗盛《むねもり》ほどそこから遠い人物も少ない。気の毒なほどに評点が低いようだ。別段、裏切りをなしたわけでもない。その引き際があまりに執心に過ぎたがゆえだろうか。

潔ぎよさはたしかに一つの美徳と評される。重衡《しげひら》や知盛《とももり》、さらに重盛など『平家物語』に描かれた武将に比べ、宗盛は貴族的要素がデフォルメされすぎている。これが実際以上にその評を低からしめている理由なのだろう。壇ノ浦での生虜《せいりょ》の様子は、たしかに頼朝が範頼に宛てたその書状で「内府ハ極メテ臆病ニオハスル人ナレバ、自害ナドハヨモセラレジ。生取ニ取リテ京へ具シテ上ルベシ」(『吾妻鏡』元暦二年正月六日条)と喝破したとおりとなった。しかし宗盛は凡将であったかは別に、平家総帥たる立場で和平の途を模索するなど、一族の立場を自覚できる力量を有した人物だった。

一ノ谷合戦後、捕縛された重衡を介してなされた京都の後白河院からの三種の神器と主上(安徳)の帰還要請に、是々非々の姿勢で凛として臨む宗盛の態度はおおいに共感をおぼえる。『吾妻鏡』(元暦元年二月二十日条)に載せる院への長大な返書の主旨は、寿永二年(一一八三)七月の西海行幸の宗盛(平氏)側の情況を記し、院から打診された和平の提案(神器と主上の帰還)に応ずべく期待をかけていたこと。おりしも摂津福原での亡父清盛の遠忌《おんき》のため参集した平家一門には戦う意思はなかったこと。したがって停戦指示の情況下での源氏側の奇襲は許されないこと。等々を厳しい口調で難じ語っている。

「コノ条何様《いかよう》ニ候フ事ゾヤ、子細モットモ不審」と語る宗盛は、院宣を待つように院が源氏側に指示を出したのか、あるいは院宣にもかかわらず源氏側がこれを拒んだのか、それともわれわれ平氏の「心ヲ緩メ、タチマチ以テ奇謀ヲ廻ラサルルカ」(油断させるため策略だったのか)と、まことに鋭く後白河院をはじめとした首脳部への糾弾の文言が書き連ねられている。

ともかく宗盛は、和平交渉に望みを託していたことは疑いない。宗盛書状で語るその真意は平治

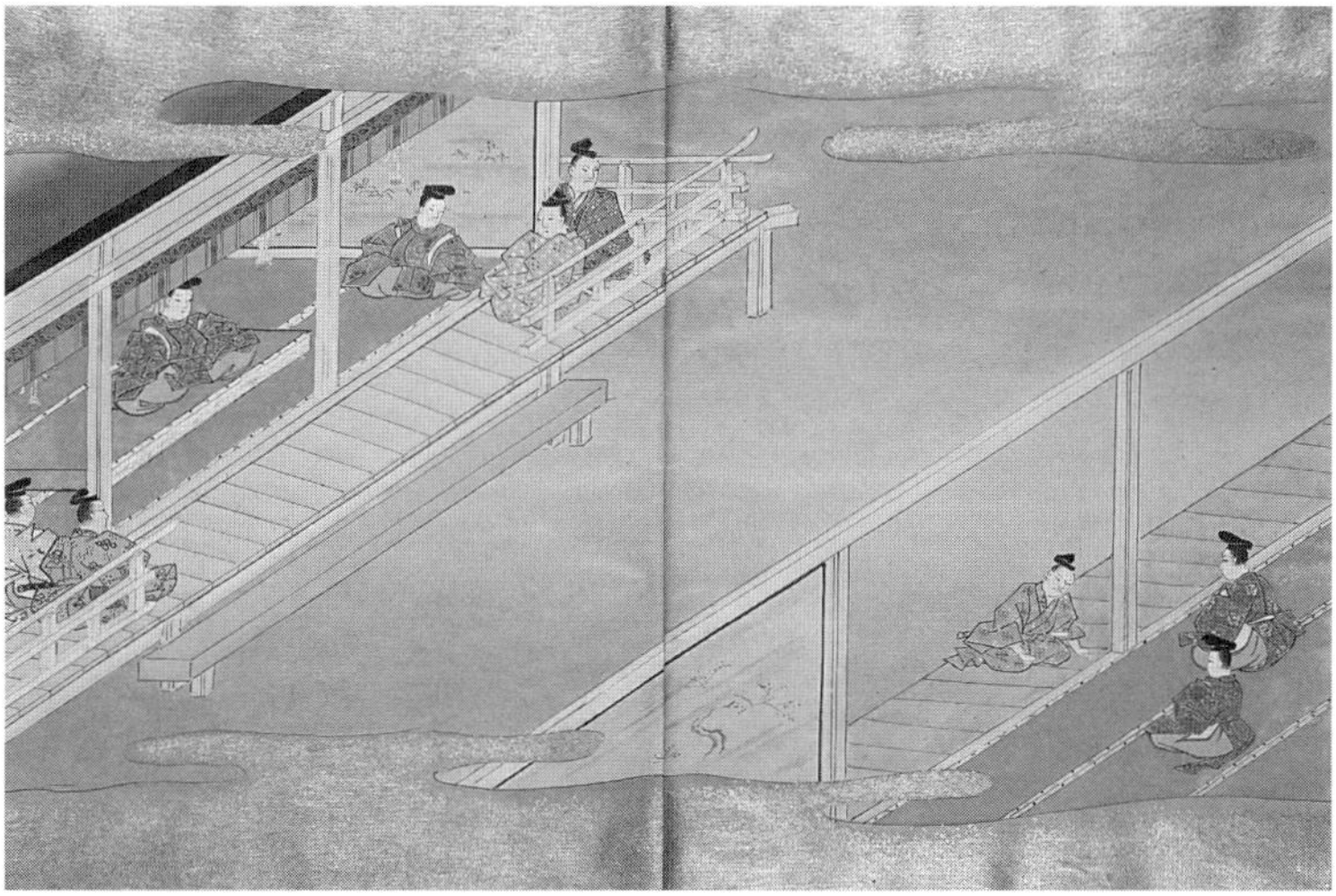

頼朝と宗盛の対面。『絵本 平家物語』(明星大学図書館蔵)

の乱以来の源氏側の怨念の封印だった。「私ノ宿意ニアラズ…シカレバ頼朝ト平氏ト合戦ノ条、一切思ヒ寄ラザル事ナリ」と言い切るのである。

そのあたりの宗盛の心情を推察すれば、『平家物語』的叙述には落日平家の重荷を宗盛一人に背負わせている気がしないでもない。

それはともかく、以下ではその宗盛にまつわる恋の話をしなければならない。熊野《ゆや》(湯谷とも)との恋物語だ。ただし他の平家武将に比べ宗盛の想い人熊野に関しての話は、後世の能・謡曲で拡大されたもので史実的には明瞭さを欠く。捕虜の身として重衡の鎌倉下向のおり、東海道の道行きの場面の挿話として、熊野の話が見えている。『延慶本』あるいは『源平盛衰記』には見えず、「覚一本」の『平家物語』に若干語られているにすぎない。

歴史の舞台のなかではいささか分が悪い宗盛の

ために、歌と情を解する王朝武士という面から肩入れしておこう。

遠江の池田宿に熊野という遊君がいた。宗盛が遠江守であった時期、彼女を都につれ帰り情を懸けたという。史実の上で宗盛が同国国守であったのは平治元年（一一五九）のことで、翌永暦元年には淡路守となっているので、わずかの期間での出逢いとすれば難しい。宗盛二十三歳のおりのことだったはずである。

熊野と宗盛の件が話題になったのは、重衡の海道下りがなされた元暦元年（一一八四）のことだから二十数年前のことだった。護送役の梶原景時とともに遠江池田に投宿した重衡に一首の歌を詠じた女性がいた。熊野の娘侍従である。雅趣に富む歌に感じた重衡は彼女のことを問うたところ、景時が「あれこそ八島の大臣殿（宗盛）の当国の守にてわたらせ給ひし時、召され参らせ、御最愛候ひし」と、宗盛との浅からぬ縁を伝えた。

宗盛に見初められた熊野はその後、都で寵を受けながらも、池田宿の老母の病が気がかりで帰郷を申し出るのだが、それもかなわなかった。そんなおり熊野が母を想い詠じた「如何せむ都の春も惜しけれど　馴れし吾妻の花や散るらむ」の歌に感じ、宗盛はついに熊野の下向を許したという。この挿話的場面を後世に脚色しながら名作に仕上げたのが、観世元雅《かんぜもとまさ》あるいは金春禅竹《こんぱるぜんちく》の作とされる『熊野』だった。

そこにはある春の日、熊野を愛した宗盛は遠江から侍女の槿《あさがお》が病気の老母の手紙を携え上洛、熊野はその手紙を宗盛に持参するが帰郷は許されなかった。宗盛はその彼女の気をまぎらわすため、東山の花見への同行を命ずる。母の命の無事を清水寺に祈念する熊野に、宗盛は舞を所望する。おりしも村雨が降り花を散らす様子を見ながら、故郷の母を想い詠じたその歌が「吾妻の花や散るらむ」だった。

肉付けされた『熊野』の場面は、『平家物語』の骨子を受け止めながらのもので、母を想う熊野の心情が伝わる内容となっている。と同時にその彼女の心情を察し、東山へといざなう宗盛の配慮と熊野が詠ずる「花や散るらむ」の機微を察した宗盛の美意識に、平家の公達らしい雅趣が看取される。清水の観音の霊威と加護もあってのこととはいえ、熊野の歌才が宗盛の心を動かしたことはまちがいなさそうだ。

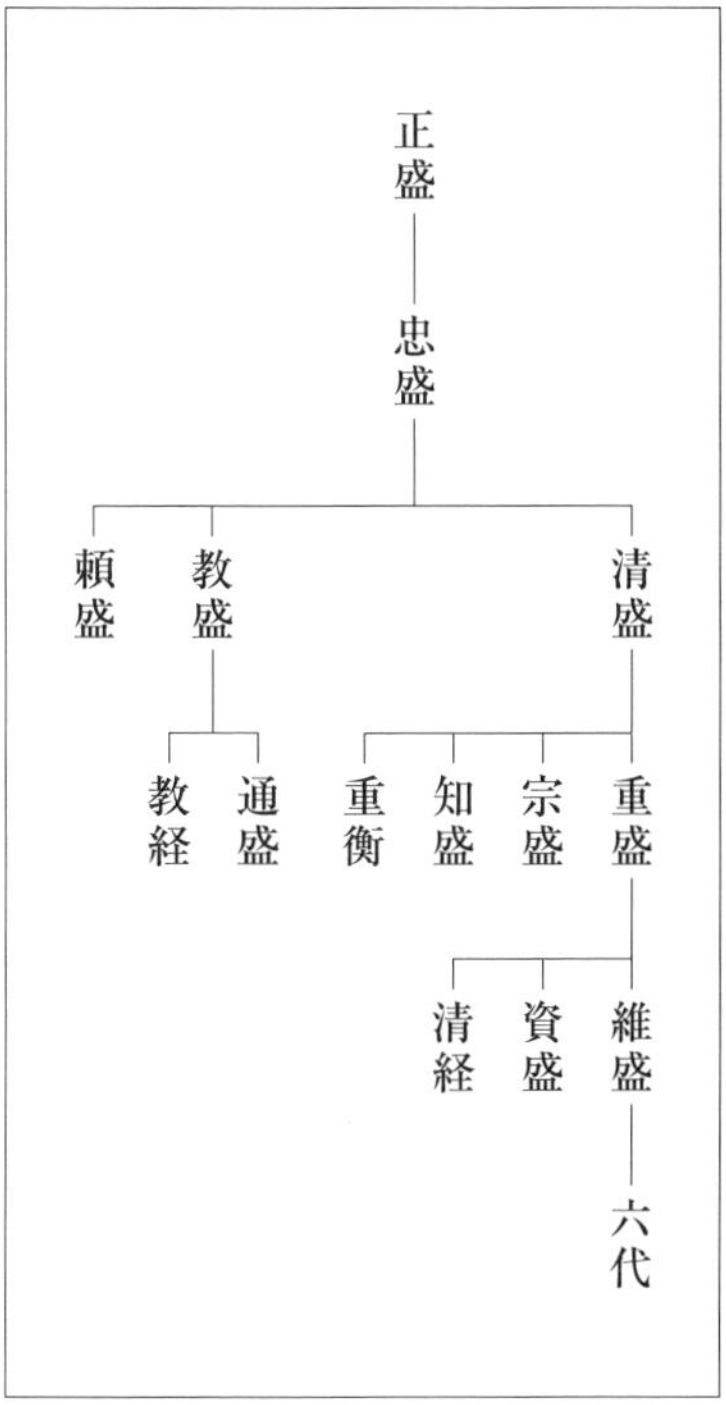

系図5　平氏略系図

「花や散るらむ」が含意するところは複雑だ。老母の命の喩《たとえ》とは別に熊野自身の宗盛への想いを重ねたのかもしれず、母の愛と宗盛への情の板挟みのなかで、熊野の道心への決意を悟った宗盛の思惑だとすれば、彼の心操《こころばせ》もなかなかのものだったことになるが……。優しさは強さのあらわれのはずだから。こうした希望的観測での宗盛観は別にして、次の主題はこの宗盛とは真逆の評価が与えられている重衡についての恋の物語である。

〈牡丹の中将重衡への「恋慕の想」〉

懸想とは字義の如く、相手への想いを懸けることだが、一夜をともにすれば契ることになる。契るにはやはり懸想の情が前提となる。ただしそれは平常・日常の世界でのことだ。非常事態の情況下での恋や愛は長つづきしない。これはわれわれの周辺での恋愛事情でもあてはまる。

平家の武将平重衡と千手《せんじゅ》との恋は、これまた『平家物語』に華をそえる話となっている。先にふれた熊野の一件が見えている「海道下り」の場面に登場する逸話だ。鎌倉での重衡の相手となったのが、白拍子の千手だった。

雅趣をわきまえた貴公子重衡へのもてなしとして、頼朝から「伽《とぎ》」を命ぜられたのが黄瀬川《きせがわ》宿の遊女千手だった。旅宿を重ね伊豆に着した重衡は、北条や工藤一族の世話役の手をへて、やがて鎌倉の頼朝との面談の段取りとなる。

新三位中将重衡は平家の公達武将として人気が高い。能登守教経や中納言知盛とともに主戦派の

梶原景時にともなわれて重衡の関東下向。『絵本 平家物語』(明星大学図書館蔵)

代表として知られる。貴族的優雅さと武人的潔癖さのイメージが定着しているこの人物は「牡丹《ぼたんの》中将《ちゅうじょう》」とも称された。

元暦元年(一一八四)二月の摂津一ノ谷で生虜にされた重衡は、同月十四日、都に護送され八条堀川堂で院の使者から推問を受け、翌月十日鎌倉へと送られる。帯同者は前述したように梶原景時だった。旅程を重ね二十七日伊豆国府(三島)に着した。重衡の海道下りに合わせるかのように、頼朝はすでに伊豆入りをはたし、北条館に逗留していた。重衡の伊豆到着の翌日、頼朝は北条館で非公式に対面した。そのおり重衡は宿運で囚人《めしうど》となることは「弓馬ニ携ハルノ者、敵ノタメニ虜ヘラルルコト、アナガチ恥辱ニアラズ、早ク斬罪ニ処セラルベシ」と語り、列座の人々を感じさせたとある(『吾妻鏡』元暦元年三月二十八日条)。

北条館での引見後、頼朝は帰鎌するが、重衡の鎌倉入りは四月初旬のころだった。おりしも桜の時節だった。重衡と千手との出逢いはそんな情況でのことだ。彼女は鎌倉殿から重衡を慰めるべく派された白拍子だった。駿河の手越《てごし》（静岡市。安倍川下流西岸）の長者の娘で当時十七、八歳だった。保元三年（一一五八）生まれの重衡とは年齢的にさほどの隔たりがあるわけではなかった。『吾妻鏡』と『平家物語』では若干齟齬《そご》もあるが、大枠としてはさほどのちがいがあるわけではない。

『吾妻鏡』では四月二十日の夕刻、藤原邦通《くにみち》・工藤祐経《すけつね》とともに千手が遣わされている。「徒然《つれづれ》ヲ慰メンガタメ」だとある。邦通は頼朝の祐筆役で京都出身者だった。祐経も都に知悉した伊豆出身の武士で、かつて小松内府重盛に仕えたために重衡とは既知の関係だった。都の武人重衡に対して遜色なき御家人が選ばれたようで、頼朝の配慮がうかがえる。あわせて千手については「辺鄙ノ士女」のうちにも都ぶりを秘めた女性だったとされる。その限りではその鎌倉殿の配慮に乗ることも粋人たる重衡の感性だった。野暮はなしで「関東」の好意を受け入れる。そんな気分が重衡にはあったに相違あるまい。

遊興に時を移すなかで鼓《つづみ》を打ち今様《いまよう》を吟ずる祐経、琵琶を弾ずる千手に、和するように重衡は横笛を奏した。楽曲の「五常楽《ごしょうらく》」や「皇麞急《おうじょうきゅう》」を奏しながら重衡は〝後生楽〟〝往生急〟の語を懸けるなど王朝人の粋人ぶりを披露したという。

『吾妻鏡』が紹介する一夜の遊興は重衡の覚悟を語るもので、邦通をして「言語トイヒ、芸能トイヒ、最モ以テ優美」と報ぜさせるものだった。『平家物語』では、『吾妻鏡』のように工藤祐経や藤

千手と重衡は琴や琵琶を弾いて夜を明かす。『絵本 平家物語』(明星大学図書館蔵)

原邦通の名は登場せず、代わりに狩野介工藤宗《むね》茂《もち》・大江広元《ひろもと》・中原親能《ちかよし》などの人物が登場し、それぞれの奏者の役割に関しても異なる書きぶりで語られている。

常ならざる場面での千手との契りは、あるいは重衡にとっては慰み以上のものではなかったであろう。「誤解して恋し、理解して別れる」のが、世の男女の恋愛事情であるとすれば、愛し恋するためには場と時が大きかった。往生を急ぎ、死後の安寧を求めるこの王朝武士にとって、生に執着する何物も存在するはずもなかった。千手との恋も互いの立場を了解したうえでの諦念の想いだったに相違ない。

ただし、千手の気持は必ずしもそうではなかったのかもしれない。平家滅亡後、重衡の身柄は鎌倉から奈良に送られ、刑死の運命が待ちうけていた。千手の死は重衡の死後三年をへたころのことだった。二十四歳の時だとする。「前故三位中将重衡参向ノ時、不慮ニ相馴レ、カノ上洛ノ後、恋慕ノ想ヒ朝夕休《や》マズ、憶念ノ積ルトコロ、モシ発病ノ因タルカ」（文治四年四月二十五日条）と見えていることからすれば、重衡への執心と恋慕の情が死にいたる病を誘ったことにもなる。（ただし『平家物語』では千手が信濃善光寺への「後世菩提《ごぜのぼだい》の弔い」と語られており、その死についてはふれるところがない。）

平家武将の人気の最右翼がこの重衡だろう。教経や知盛は後世の謡曲世界の『屋島』（八島）や『舟弁慶』で勇猛さの際立つ世界を演出したとすれば、重衡には「千手」の場面での王朝的雅趣を彩っている。それが三位中将への記憶である。その記憶のゆえに武士よりも武士らしく、貴族よりも貴族らしい重衡像が提供されてきた。

平家武将の公達風の弱々しい負のイメージは、重衡の武人然とした姿勢で帳消しとなるほどに大きい。生虜され生き恥をさらしたと難ぜられた重衡も、一門のために義を主張し、さらにはその最期を凛としてまっとうすることで歴史への演技を見事にはたした人物といえる。その限りでは千手に対しても、彼女が「不慮ニ相馴レ」「憶念」を感ずるほどの想いを与えたとは思えない。恋の量にあっては明らかに千手が〝出超〟だったにちがいない。

一方で、同じ平家武将にあって、重衡ほどクールではない人物もいた。一ノ谷合戦で戦死した通盛である。その「時」と、その「場」の恋に生きたその通盛についても考えてみよう。

〈女々しさは罪か、平通盛の「埋火の恋」〉

『平家物語』の魅力は、王朝武者の嫡流が描かれていることだ。坂東武者の荒々しさと対比される平家の公達の優雅さがデフォルメされている。その優雅さは恋と同居している場面がしばしばであった。時としてそれは女々しさをともなったがゆえに、負のイメージが醸し出されもした。およそ潔《いさぎよ》さとは対極に位置したこの感情は、時代がくだるにつれ負の評価として定着した。後世は女々しさは、潔さの倫理意識と真逆のところに陶冶《とうや》された。

このあたりの議論は後にまわすとして、ともかく通盛について述べたい。越前三位と通称されているように、通盛は北陸道大将軍として『平家物語』その他の作品に登場する。父は清盛の弟門脇《かどわき》中納言教盛《のりもり》、能登守教経《のりつね》は通盛の異母弟にあたる。養和元年（一一八一）三月の尾張墨俣《すのまた》合戦では源行家《ゆきいえ》軍を破ったが、その後の北陸道方面での諸戦で戦果をあげえず、とくに義仲との寿永二年（一一八三）五月の倶利伽羅《くりから》峠の戦いで惨敗を喫し敗走し、都落ちを余儀なくされた。翌元暦元年（一一八四）二月七日の摂津一ノ谷合戦で範頼・義経軍のために敗死した。辞典風の流れで記せば武将通盛の略歴はこんなところか。

通盛を有名にさせたのは『平家物語』の小宰相局《こさいしょうのつぼね》との恋であり、さらに謡曲『通盛』で広がった。修羅物《しゅらもの》として知られるこの演目は、小宰相局が身を投じた阿波の鳴門が舞台とされる。初秋の薄暮《はくぼ》の時節、仏道修行の僧のもとに老人夫婦が訪れ、通盛の一ノ谷合戦での討死の悲報を受けた小宰相局の絶望の様子を語る。夫婦に変じた通盛と小宰相局の霊は僧に自分たちの契りの深さを伝えるとともに、修羅道からの救済を僧に頼み消え去る。およそこんなストーリーである。

そこにはまた合戦前夜に小宰相局との惜別の場面を弟の教経に咎められ、想いを残し戦場におもむかざるを得なかったつらさが巧みに演出されている。『平家物語』の記憶を男女の愛に点景化させた内容は、通盛の残念と小宰相の無念が結晶化されている。その通盛像を象徴化した形で提供する謡曲の世界は、小宰相局への通盛の強い執心が語られている。戦場に婦女をともなうほどの強い想念ということでは、そのとおりだろう。

小宰相局は上西門院（鳥羽皇女統子《むねこ》）の女房で刑部卿藤原憲方《のりかた》（勧修寺流《かじゅうじ》）の娘である。通盛が彼女を見初めたのは、一ノ谷合戦の三年ほど前のことだった。上西門院の北野御幸の供奉《ぐぶ》のおりでの出逢いだった。「萌《も》え出づる春の草、主なき宿の埋火《うずみび》は、下にのみこそ焦《こが》れけれ」と通盛は小宰相局への想いをかく歌に託した（『源平盛衰記』）。まだ左衛門佐《さえもんのすけ》の立場だった通盛は、彼女に秋波を送りつづけるが返書さえもらえず、ついに女院の仲立ちもあり「埋火の恋」は成就したという。通盛には嫡妻として内府宗盛の娘がいたが、寿永二年の出京のおりには小宰相局を西海にともなっていた。「夫婦の契り」とは異なる立場での「仮初《かりそめ》の睦《むつび》」だとしても、情念の深さにおいて小宰相局への想いは一段と深きものがあった。

合戦の前夜、教経に睦びの場を見られ強く諫められたことは、戦場での負い目につながったことだろう。「何ニカヤウニ打解ケテ、給フゾ……マシテ物具脱ギ置カレ候テハ……」（この緊急時にどうして同衾《どうきん》されている余裕がありましょうや。……まして武具なども付けずにいらっしゃるとは……）こんな情況でのことだった。通盛の湊川《みなとがわ》での戦死は乳母子の滝口時貞《ときさだ》より伝えられた。源氏側の佐々木盛綱《もりつな》主従七騎に取り囲まれ討たれたとある（『延慶本平家』ただし、諸本により討っ手の氏名や状況が若干異なる）。

最愛の夫が無常の道におもむいた場合、多くは後世《ごぜ》を弔うために妻妾も出家することが当時のならわしだった。なかには清経《きよつね》の妻女のように、己に先立ち自害した夫を怨み遺髪さえ拒む場合もあった。「怨めしかりける契り」とのその妻の言葉に、恋の様々・愛の色々をたしかめられる。小宰相局の場合、昨日の今日という現実のなかで運命の転変を想っての死だった。二人の情愛はまさに「時」と「場」に見合うものだった。その限りでは『平家物語』での恋の形を裏切るものではない。

小宰相の入水　『絵本 平家物語』（明星大学図書館蔵）

それにしても、ここで注目したいのは通盛の武士としての振る舞いだった。教経や重衡、さらに知盛あたりに武人としての雛型を求めるのは、多分に「女々しさ」からの距離にかかわっているからだろう。その点では自害型武将の維盛や清経はどうやら「女々しさ」に編入されることになる。ただし、この語感に負の要素を混入させたのは、中世も後半あたりのことだったのではないか。

少なくとも『平家』の世界はそれは情ある行為と解し、雅を心得た武人として是認されていた。そもそも『平家』はそれを認める土壌があればこそ成立した文学だった。王朝武士に典型化されている「女々しさ」の系譜は、必ずしも負の遺産として記憶されていたわけではなかった。通盛を排した教経的な武将像も『平家』には併存している。その豊かな感性がこの軍記の命でもあった。

しかし、それは「武張る」ことを是とした後世では、マイナスの評価となる。例えば、近世江戸期に出版された『平家物語抄』(『平家物語』の後世の評論書)には、陣営を脱し高野に向かった維盛を引き合いに出し「侍の塵芥《じんかい》たり」と評する。維盛的生き方を「然るべき最後にあらず」とする価値観は、まさに中世後期以降に育まれたそれであった。

この点で「女々しさ」からすれば、通盛もまた同列にあったことになる。けれどもそれは王朝武士たる矜持《きょうじ》を損なうものではなかった。むしろ戦陣的気分を横溢させている教経あるいは知盛の如き存在こそが、平家武将としては特殊だったのかもしれない。彼らの超人的意識は文学的な切り取りがあるにしても、その対比のなかで通盛の行為を見れば、どうしても分が悪くなる。

人間的でさえあるほどの凡欲の業もまた許容されているのが、『平家物語』の語る王朝武士の姿だった。その点で武士という記憶からは排されることになる。東国＝鎌倉武士こそを嫡流とし、そこに象徴化された世界とは隔たりがあった。

以下では本章のまとめとして『平家物語』を介しての王朝武士の色々に関して総括しておきたい。

〈王朝武士の記憶〉

かつて平氏の政権を以て〝古代的武家政権〟と解釈された時期があった。歴史教科書でも〝古代的〟あるいは〝過渡的〟な武家政権という位置である。これは中世の武家政権の雛型の基準を鎌倉武士におき、これとの対比から導き出された理解だった。昨今の教科書叙述は院政期を中世への画期としている。したがって平氏政権は鎌倉政権と同じく中世的体質を有した武家政権ということになる。このことをくどくど述べるのは、前述の「女々しさ」云々の倫理意識に通底するからだ。女々しさ（＝優雅＝貴族的）という図式と潔さ（＝素朴＝武士的）の図式は、そこに平氏＝王朝的、源氏＝非王朝的（東国的）というイメージが定着しているからに他ならない。

しかしながら、この図式はあくまでも〝記憶でしかない〟〝かくありたい〟〝あってほしい〟との〝記憶〟なのである。武士の典型とされる鎌倉のそれも、『平家物語』があるいは『太平記』が脚色したものだった。薄墨のごとき記憶が塗り重ねられ、抜き難い観念の実在性を武士像のなかに定着させていった。武士像は、兵《つわもの》とよばれた初期の王朝の武的領有者の世界を始発として、軍記作品の書き手たちの視線《まなざし》のなかで、時代とともに変化していった。

その点では『太平記』的武士像と『平家』的武士像との間には埋め難い溝もある。『太平記』が楠木のゲリラ戦術も新田的堂々戦術ともどもを是とした。けれども結果主義への傾斜を強めていたこともたしかだった。戦いは勝つことが優先されねばならない。そこにあっては権謀・策略も勝つための手段であり、それを是認・評価する気風が登場する。このあたりは『平家』が語る王朝武士からは遠い。

言うまでもなく、そこには戦闘者たちの階層・身分を超えたところでの戦術・戦闘意識の変化もあった。平家の公達武将の挙措のなかにあるものは、自分たちの記憶のされ方だったに他ならない。そこにあっては「女々しさ」は何ら罪ではなく、ましては批難される筋合いでもなかった。戦場にあって、和歌を詠じ琵琶を奏することが貴族であることの証しだった。

〝貴族以上に貴族らしく〟これこそが武人政権たる平氏一門の立ち位置だった。近年指摘されているように、平氏が拠点とした摂津福原は王朝の残香がただよう光源氏の須磨流謫《るたく》の地であった。『源氏物語』という王朝人に共有化された記憶、その堅固なる観念化された王朝世界に同化することを平氏は求めた。そうした点で福原という場は、粗野なる武を洗い流す特効薬だった。平氏政権の本質もそこにあった。

さらにアジア的武人政権というレベルからすれば、王権を自らに内包した高倉―安徳にいたる平氏の王朝こそが、あるいは嫡流的武家の位置となる可能性も高かった。「世ヲ取ツテ二十年」とは、重衡が頼朝との対面のおりに武家たる自らの来歴を語った言葉だが、そこに込められている精神性こそが王朝の武家たる平家一門の誇りだった。

ちなみにその平家を族滅させた義経は、『平家物語』では情を解する武士としてポイント高く叙されている。静御前とのロマンスをふくめ、通盛的気分に通底するものもあったのかもしれない。都育ちの義経さえも平家一門の優雅さからは遠かった。「九郎判官先陣に供奉す。木曽などには似ず、以外《もってのほか》に京《みやこ》なれてはありしかども、平家のなかのゑりくづよりも猶おとれり」(『覚一本』巻十「藤戸」)とあるように、義仲以上平家以下の評がせいぜいだった。要は伊勢平氏から出発した二十年の歳月は、彼らをして王朝武士に育む時間をそれなりに与えたことになる。

とすれば平安期の王朝武士は何故に歴史の記憶のなかで風化させられ、武士像からは劣化させられていったのか、そこには時代のなかで彫磨されつづけた武士についての観念が付着していたからに他ならない。二つの事情があった。

一つは近世以降に定着していった、居食いする貴族観の負の感情だ。「戦わざる(働かざる)者、食うべからず」との農民・百姓的気分の広まりである。近代明治国家はこの近世武家社会に形成された貴族観をそのまま記憶として継承した。「女々しさ」は罪であるかのごとき感覚は、男尊女卑的気分とマッチするように流布していった。それゆえに平家武将の弱々しさのみが強調され、それが貴族的と喧伝されるなかで、非武士的存在として封ぜられていった。源平争乱を以って古代的貴族が打倒され、中世的武家(鎌倉幕府)へ主役の座を譲られるとの解釈は、実は「近代という時代」の要請だったにすぎない。つまり「近代」は、鎌倉的な武士を発見したかっただけであって、それ以上はなかった。平家的な王朝武士は貴族と同居する限りは、近代国家の求める〝青い鳥〟とはなり得なかった。

すでにふれたように、武士論の昨今にあって、鎌倉武士もそれ以前の王朝武士もともに軍事貴族を原形質としたことに変わりはなく、源平争乱とはあくまで軍事権門たる平氏・源氏両者が、その権力のヘゲモニーを独占するための権門内の争いとしての面が強い。真の対立軸は百姓・農民一般との間にあったことが重要だった。

その限りでは次章で述べる鎌倉武士たちの世界は、平氏たちの王朝武士を打倒した経験のなかで誕生したことになる。突然変異的な形での鎌倉武士など出現するはずもない。「恋する武士」の世界はその鎌倉の世界とも連動するはずだ。

第二章　鎌倉武士の懸想

源義経　「前賢故実」(国立国会図書館蔵)

本章では王朝武士の連続的歴層のなかで、鎌倉＝東国武士たちの恋の世界に目を転じたい。「弓馬の道」には命をかけた彼らの恋にまつわる逸話から、どんな内容を汲み上げることが可能か。ここでも『平家物語』あるいは『吾妻鏡』などの諸史料を軸に議論を展開したい。前半は（1）「懸想《けそう》の顚末《てんまつ》」と題して義仲の武将樋口兼光から曽我兄弟の世界、さらには鎌倉殿頼朝にいたる流れを考える。後半は（2）「色々の執心」のテーマのもとで内乱以後に焦点をすえ、安達景盛以下有力御家人たちが織りなす愛の物語についても話を広げたい。補助線として後世の記憶として点景化されている謡曲の世界にも目を転じつつ人物を掘り下げたい。ここにあっても虚実ともどもだとしても、恋は歴史を紡ぐリンケージとして作用したことに変わりはない。

（1）懸想の顚末

〈混乱のなかの欲情、樋口兼光の罪と罰〉

内乱期は混乱のなかでさまざまな事件が勃発する。木曽義仲の四天王の一人と称された樋口兼光《ひぐちかねみつ》のスキャンダルにともなう梟首もそうした例の一つだろう。以下ではこの兼光のこともふくめ、義仲の戦いぶりについて簡略に総括しておこう。別表を参照してほしい。

兼光の梟首は義仲の滅亡と踵を接するようにおこなわれた。年表の寿永三年正月のことだ。この時期をもう少し『吾妻鏡』『平家物語』（延慶本）あるいは『玉葉』などで整理すると次のようになる。正月十九日義仲は、迫る範頼・義経上洛軍を迎撃すべく、今井《いまい》兼平《かねひら》を近江の勢多に、そして、源（志《し》田《だ》）義広《よしひろ》および根井《ねい》行親《ゆきちか》を宇治に派遣した。樋口兼光は義仲と対立した石川判官代（源義資《よしすけ》）討伐のために河内石川城へと派された。しかし翌二十日、勢多・宇治は範頼・義経軍に破られ、義仲も近江の粟津《あわづ》で敗死した。『吾妻鏡』によれば樋口兼光が降人《こうじん》・生虜《せいりょ》されたのは二十一日のことだった。河内石川からの帰洛途上、義仲敗死を聞き義経の家人たちと戦い捕縛された。数日後、義仲・今井兼平・根井行親・高梨忠直《たかなしただなお》の首渡《くびわた》しがなされた。

そして兼光の梟首について『平家物語』（延慶本）では正月二十七日（第五本）、『吾妻鏡』では二月二日のこととなっている。後者の記事には兼光の処断は渋谷庄司重国《しげくに》に命ぜられたが、郎従が切り損じたため子息高重《たかしげ》が斬首したとある。同日条にはまた兼光の処断に関しては、武蔵の児玉党から義経に助命要請の件ものせられていた。「親昵タルノ間、彼等勲功ノ賞ニ募リ兼光ノ命ヲ賜ハルベキノ旨申シ請フノトコロ、源九郎主、事ノ由ヲ奏聞セラルトイヘドモ、罪科軽カラザルニヨリ、ツイニ以テ免許アルコトナシ」（寿永三年二月二日条）。

この『吾妻鏡』の記事からは何故に児玉党が兼光助命の身柄を要請したのか、あるいは院がどうしてこれを罪科軽からずとして許さなかったかは不明である。『延慶本』ではそのあたりの事情が語られている。それによれば武蔵七党の児玉党の武士たちは、義経軍と義仲軍は相互に分かれ戦った。児玉党の一部は兼光と婚姻関係にあったため義仲に従軍した。他方、義経配下に属していた児玉党はこの兼光を説得し降人とさせた。一族の勲功に代えての助命要請だった。また後白河院が罪科軽からずとした理由は前年末の法住寺《ほうじゅうじ》合戦にさかのぼる。

法住寺合戦は周知のように、入京した義仲はやがて院と対立、寿永二年（一一八三）十一月、院御所の法住寺を襲撃した事件をさす。義仲は院を幽閉するが、その混乱のおり、「木曽専一ノ者」とされた兼光が院中の女房たちに凌辱をくわえていたらしく、「御所ノ然ルベク女房ヲ取リ奉リテ、衣装ヲハギ取リ、兼光宿寝所ニ五六日マデ籠置」いたと見えている。その欲情が女房たちの怨みを募らせたのであろう。兼光捕縛のおりには、その女房たちは相語らって「兼光切セ給ハズハ、身ヲ桂川淀川ニ投ゲ、深山《みやま》へ入リ御所ヲ罷出ナム」と抗弁したとある。

おそらくこの『延慶本』の話は真相に近いのであろう。「治天の君」たる後白河院にせよ、鎌倉殿

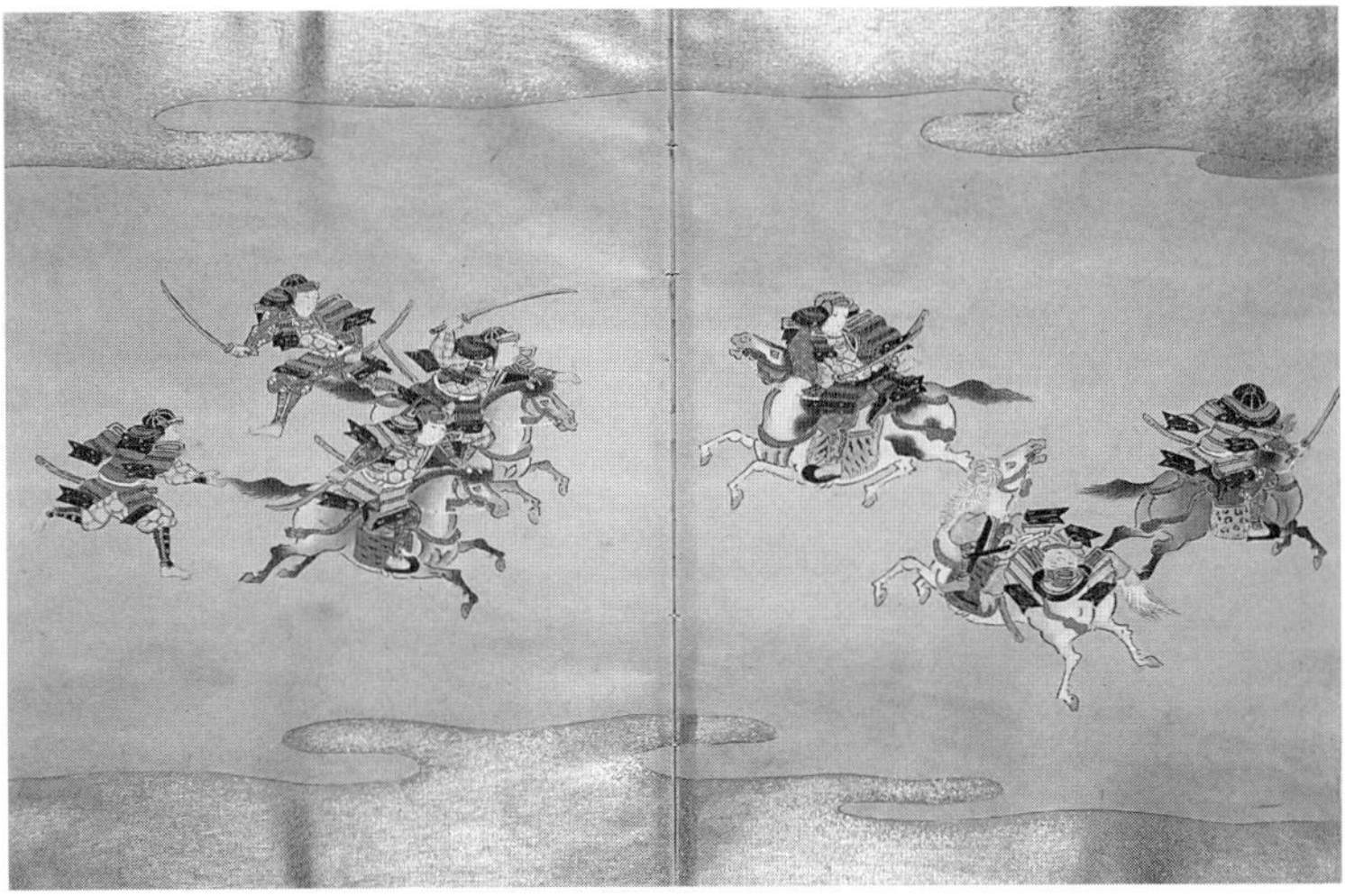

樋口兼光は児玉党の言を受けて降人に。『絵本 平家物語』(明星大学図書館蔵)

〈義仲の戦い〉

1180(治承4)	9月 12月	義仲、信濃に挙兵〈『吾妻鏡』〉 頼朝、義仲追討宣旨が越後の城氏と奥州藤原氏にくだされる〈『延慶本平家』〉
1181(養和1)	6月	横田河原合戦(城氏、義仲に敗北)〈『玉葉』〉
1183(寿永2)	5月 6月 7月 8月 10月 閏10月 11月	砺波山合戦(今井兼平、越中前司盛俊を討つ)〈『延慶本平家』〉 倶利伽羅峠合戦、篠原合戦〈『玉葉』〉 義仲入京〈『玉葉』〉 義仲、京都を守護〈『玉葉』〉 「寿永二年十月宣旨」〈『百練抄』〉 水島合戦 法住寺合戦(義仲、後白河院の法住寺を襲う)〈『延慶本平家』〉
1184(寿永3)	1月	義仲、征夷大将軍〈『延慶本平家』〉(『玉葉』では征東大将軍) 義仲、粟津で敗死

代官たる義経にせよ、凄味のある彼女たちの怨嗟の声の前には沈黙せざるを得なかったにちがいない。児玉党の助命嘆願も如何ともなし難かった。兼光の斬首は彼自身の過去の罪に対する罰だったことになる。戦さの混乱のなかでの劣情とはいえ、兼光の失態はかかる形であらわれた。

それはともかく、「木曽専一ノ者」とされた兼光とはどんな来歴の持ち主だったのか。彼は信濃住人中原兼遠《なかはらかねとお》の次男で、義仲とは乳母兄弟にあたる。義仲とともに自害した今井兼平は彼の弟である。そして女武者の代名詞ともされる巴御前《ともえごぜん》は一説には兼光たちの妹だったとも。長じて義仲の妾《しょう》となり、義仲に最後まで従軍して、その後粟津で捕縛された。巴は和田義盛に嫁し朝比奈三郎をもうけたと伝えられる。

中原一族と義仲との関係は保元の乱前後にさかのぼる。乱の前年の久寿二年(一一五五)、義仲の父義賢《よしかた》は兄義朝と対立、義平《よしひら》(義朝の長子、頼朝の兄)のために武蔵の大蔵《おおくら》合戦(埼玉県比企郡嵐山《らんざん》町)で敗死、幼少の義仲はそのおりに中原兼遠にかくまわれ、木曽で養育された。有名な斎藤実盛は、義仲を兼遠に託した人物とされる。

そうしたことで義仲と中原一族との縁は深く、ましてや乳母兄弟であったことからすれば、主従の契りは何よりもまして強いものがあった。

義仲に関しても、『平家物語』的田舎武者のイメージとは別個の武士像も提起されており、近年の研究では義仲の政権構想についても諸種の角度から見直しがはじまっている。一般的に『平家物語』には三つの山場があるとされる。人物でいえば一つは清盛とその一門。二つは義仲その人の動

忠信の兄、継信の屋島での最期の場面。『絵本 平家物語』（明星大学図書館蔵）

向、そして三つが義経についてである。いずれもが都での活躍・活動が軸として語られている。

以下ではその義経にかかわる人物たちを介し、「懸想の顚末」を考えておこう。

〈恋は幻想か、佐藤忠信のつまずき〉

義経の忠臣として名高い忠信の最期は、いささか拍子ぬけするほどの気の毒さがつきまとう。奥州の英雄佐藤兄弟にしては、そのイメージとの落差がある。兄継信《つぐのぶ》の讃岐屋島《やしま》での戦死という場面（主人の義経の身代わりとなり矢に当たって死ぬ）が鮮明なだけに、忠信の最期にはやはり一抹の割り切れなさがつきまとうのは、判官《ほうがん》贔屓《びいき》的心情のなせるわざなのか。

『吾妻鏡』には文治二年（一一八六）九月、糟屋《かすや》有季《ありすえ》（相模大住《おおすみ》郡糟屋荘の出身、現・神奈川県伊勢原市）により京都で討たれたことが記されている。

「忠信モトヨリ精兵《せいびょう》タルニヨリテ相戦ヒ、タヤスク討チ取ラレズ、シカレドモ多勢ヲモッテ襲ヒ攻ムルノ間、忠信ナラビニ郎従二人自戮《じりく》シヲハンヌ、コレ日来《ひごろ》与州（義経）ニ相従フノトコロ、去ル比《ころ》、宇治ノ辺《あたり》ヨリ別離シ、洛中ニ帰リ、往日密通ノ青女《せいじょ》ヲ尋ネ、一通ノ書ヲ遣ハス、カノ女、件ノ書ヲモッテ当時ノ夫ニ見シム、ソノ夫有季ニ語ルノ間、行キ向ヒテコレヲ獲《う》ト云々」
（文治二年九月二十二日条）

長い引用だが、状況のおおすじはわかると思う。忠信は「往日密通ノ青女（若い女性）」に書状を送ったが、彼女は夫にこれを漏らしたことで、鎌倉側の有季に伝えられ敗死にいたったとある。過去を引きずる忠信と、今を生きる彼女の意識の相違があざやかに表明されている場面である。忠信の純情もわかるようだが、一筋縄ではいかない。それぞれがいだく想いは同床異夢だった。義経の家人として華々しく活動していた時期の忠信と、没落後の忠信とは彼女にとって同じではなかった。情を交《かよ》わせたかつての青女には、過去より現実がそして未来があったことになる。理屈ではわかっていたとしても、である。それが恋だった。時の移ろいとともに、当然ながら心情もまた変わる。

佐藤兄弟を有名にしたのは、『義経記』である。室町期に登場したこの作品は義経の一代記という性格をもつものだが、多分に史実から遊離している内容も少なくない。ある意味では「お伽草子」的気分もふくまれている。同じく軍記物である『平家物語』あるいは『太平記』とは、やはり一線が画されるべきだ。なぜならこの佐藤兄弟についてもそうだが、義経に関しても史実的には闇に属する内容（具体的には西海合戦をふくむ内乱期以外の幼少時の鞍馬山時代や退京後の奥州入り以降の話）に焦点がすえられている。忠信の吉野での奮戦という著名な話もふくめ、確実な史料からは徴証を欠くものが少なくない。逆にそうであるがゆえに忠信および継信の兄弟については、後世、諸種に取り沙汰される。

謡曲の『八島《やしま》』あるいは『摂待《しょうたい》』などは史実を下敷きとはしているが、デフォルメされた佐藤兄弟の虚像が反映されてもいる。とりわけ後者の『摂待』は兄弟の母（藤原基衡の姪）と継信の幼い子息、そして義経と弁慶以下の主従が登場する。奥州入りの途上で佐藤館に立ち寄るという設定ながら、ここには忠信はテーマになり得ていない。

佐藤兄弟の供養塔（京都市馬町）

史実は不明ながら記憶という点では兄継信の最期にこそ軍配が上げられた結果だった。『吾妻鏡』に記されている忠信の恋とその顚末は、「恋は曲者」たる証しだった。主君義経への忠誠は、後世の『義経記』から導き出された忠信へのイメージだとしても、である。その忠信はことあろうに京都潜伏中にかつての懸想《けそう》の女人《にょにん》に文をつかわし、それを密告されたがためにはからずも鎌倉側に所在が発覚、敗死してしまう。雄々しいはずの奥州武者忠信の最期としては、拍子抜けはまぬがれないのはあきらかだろう。

予定調和の恋路を虚仮《こけ》にされた忠信のための応援もできないわけではないのだが、小説（文学）というレベルでの話を論じたところで詮ないことだろう。それはともかく、奥州の秀衡は義経を受け入れ、そして頼朝挙兵のおりには、義経の家人としてこれを送り出している。陸奥信夫《しのぶ》郡に出自を有した佐藤兄弟は、秀衡の命で義経に従事した。秀衡にとって佐藤兄弟とは、奥州の安全保障の切り札だった。

京都の平氏と鎌倉の源氏、いずれかに旗幟《きし》を鮮明にすることが求められた。義経の従者として扱うことで、勝利したさいには、奥州藤原氏の家人としての立場でその存在証明を鎌倉側に示そうとした。そんな意識があるいははたらいたのかもしれない。戦略的に考えた場合、秀衡の思惑のなかで如何なる立ち位置を確保するかが大きかった。佐藤兄弟の役割もそうしたなかで考えることが可能だろう。

忠信の恋からいささか離れたが、次の話では忠信の主人義経を登場させてみたい。

〈流浪の英雄義経の多情〉

義経といえばやはり静御前が有名だ。静以外に嫡妻として河越重頼の娘がいた。重頼の娘との間に女子がいたことは、『吾妻鏡』の義経自害の場面からも知られる（文治五年閏四月三十日条）。この他にも平時忠《ときただ》の娘がいる。『吾妻鏡』には見えないが、『平家物語』や『尊卑文脈』からもたしかめられる。

義経は内乱期以前の数年を奥州で過ごすが、奥州のその間に妻妾を得た可能性もあるようだ。例の佐藤兄弟の妹あたりは候補だとも。というのも義経と行動をともにした源有綱《ありつな》（祖父頼政、父仲綱）を義経の娘婿とする記事が『吾妻鏡』（文治元年五月十九日条）にあるからだ。義経はこの時、二十七歳だったから奥州時代に子をもうけたとすれば、十歳過ぎの女子の可能性もある。娘婿有綱の妻が誰なのか、あくまで推測でしかないが。

「たら」「れば」は禁句でこれ以上の詮索は無意味だろう。ともかく『義経記』などには義経の多情は二十余人を数えたようで、前述の静以外にも鬼一法眼の娘、久我大姫の妹君、唐橋大納言・鳥飼中納言の娘たち、さまざまの人物が見えている。その多くは虚構だろうが流浪の英雄義経に付着した愛の遍歴は、やはり「恋する武士」のテーマとしては欠かせない。義経の多情は多分に〝武人の潔さ〟とは別に〝女々しさ〟につうずる雅気をただよわせている。それが判官贔屓にもつながっている。頼朝との対立から離京を余儀なくされた義経が静をともなったことでもわかるように、義経にとって静をはじめとした女性たちは生きる支えだった。幼少に母常盤と別れたことから静たちに母性を見出したのかもしれない。

およそ武人の嗜《たしな》みからは距離がある義経の女子同伴趣向は、その人間性の深い心の闇にかかわっていたと、解してもよさそうだ。そう結論したとしても文学レベルでの解釈とはなり得ても、史学の土俵では消化不良かもしれない。

謡曲『舟弁慶《ふなべんけい》』では摂津大物浦《だいもつのうら》からの船出にさいし、静を伴う義経に弁慶は態度を荒らげ、「今の折節何とやらん似合はぬやうに候へば、是より都へ御返しあれかしと存候」（この緊急事態に静を同伴させるのはよろしくないので、すぐに都に返すべきでしょう）と進言した。弁慶がかく諫めるほどに義経は彼女への執心を断ち切れないでいる。

『舟弁慶』は『平家物語』を母胎に室町期に脚色されたものだから史実とは限らない。けれどもそこには義経の女性観が反映されていることはまちがいない。『平家物語』それ自体は武士の心情が豊かに指摘されているが、そこでの描かれ方は戦場に女子をともなうことを厭わない王朝的精神性だった。

前述した一ノ谷合戦での通盛がそうであったように、「恋する」行為は日常・非日常を問わずありつづけたわけで、それに対して如何に正直に自己と向き合うかが王朝武者の気分だった。その点では、義経の〝女々しさ〟は王朝的気分と同居していると考えてよさそうだ。後述する『太平記』的な武士の精神性からは相当のひらきがある。

その意味では義経の多情さを個人の資質に還元させるべきではなく、やはり王朝的系譜を是とした『平家物語』的世界の延長から理解されるべきなのだろう。彼が生きた内乱期は武士道として後世喧伝・高揚される世界とはかなり異なる時代だった。したがって、静もまたその時代のなかで自己を主張する女性だった。『舟弁慶』において、弁慶の申し出を舟宿で受けた彼女は、義経の真意を問い直すべく面会におもむくという場面は、強い静の行動力が語られている。

〈鎌倉武士の横恋慕〉

以下もまた静つながりでの話だ。義経の敵役《かたきやく》といえば梶原景時《かじわらかげとき》と相場が決している。ここでは景時の息子景茂《かげもち》の静への酔狂事件についてである。義経の没落後、吉野で捕らえられた静は鎌倉へと尋問のために送られた。文治二年（一一八六）三月のことだった。帰洛する九月までの数ヶ月間、鎌倉では静の身にいろいろの事があった。義経の男子を出産したことも、鶴岡の神前で舞をなしたことも。わけても静を激怒させたのが景茂の静に対しての艶言だった。母の磯禅尼《いそのぜんに》とともに旅宿にいた静のもとに座興を求め、工藤祐経以下数人の御家人が訪れた。彼らのなかにその景茂もいた。「宴ヲ催シ、郢曲《えいきょく》妙ヲ尽ス」、そんな最中のこと、静に彼は秋波を送った。その言動に怒りをあらわにして「予州ハ鎌倉殿ノ御連枝（弟）、ワレハカノ妾ナリ……御家人ノ身トシテ、イカデカ普通ノ男女ト存ズルヤ」（文治二年五月十四日条）と。つまりは、零落しても自身は義経の想い人であり、そんな行為は許されない。そんな気持ちが語られている。

源義経　「前賢故実」（国立国会図書館蔵）

それにしても景茂の行為は酒の場とはいえ、度を超したものだった。『吾妻鏡』はその梶原一族に厳しい記述が目立つこともたしかだ。〝信頼できる伝説〟と『吾妻鏡』を評したのは明治・大正期の偉大な史家山路愛山《やまじあいざん》（一八六四―一九一七）だが、幕府の記録としてのこの編纂物は、記録という史実性に富む内容とは別に、記憶というバイアス（眼鏡）も記録の体裁で刷り込まれている。

〈梶原景時の雪冤〉

とりわけ幕府草創期の「頼朝年代記」の場面では、頼朝や北条時政に敵対した人物たちの負の叙述が散りばめられている。梶原景時にしてもそうだった。景時は鎌倉党に属した相模武士団の雄で頼朝死去直後の正治二年（一二〇〇）に追討され滅亡する。敗者の立場でしか景時は記録には残らないし、それをさかのぼる形で負の記憶が『吾妻鏡』に混入されることも当然あり得たことになる。残された史料にあって主観を排したものは稀な以上、それを織り込みずみの前提で当該史料とどう向き合うかが課題ともなる。要は記録と記憶の〝せめぎ合い〟を如何に按配するかが問われる。その点からすれば景時という人物は、歴史のなかでいかにも損をしているふしがある。というより『吾妻鏡』のなかではと、限定したほうがよいのかもしれないほどに分が悪い。ありていにいえば〝告げ口〟〝密告〟の代表だった。鎌倉殿代官義経の軍奉行（軍監）たる立場だった景時は、義経の戦いぶりを「自由・自雅・自専」と評し頼朝に西海合戦での様子を報告している。けれども頼朝・義経の対立の間接的要因をつくったという点では最右翼に位置する。けれども頼朝との関

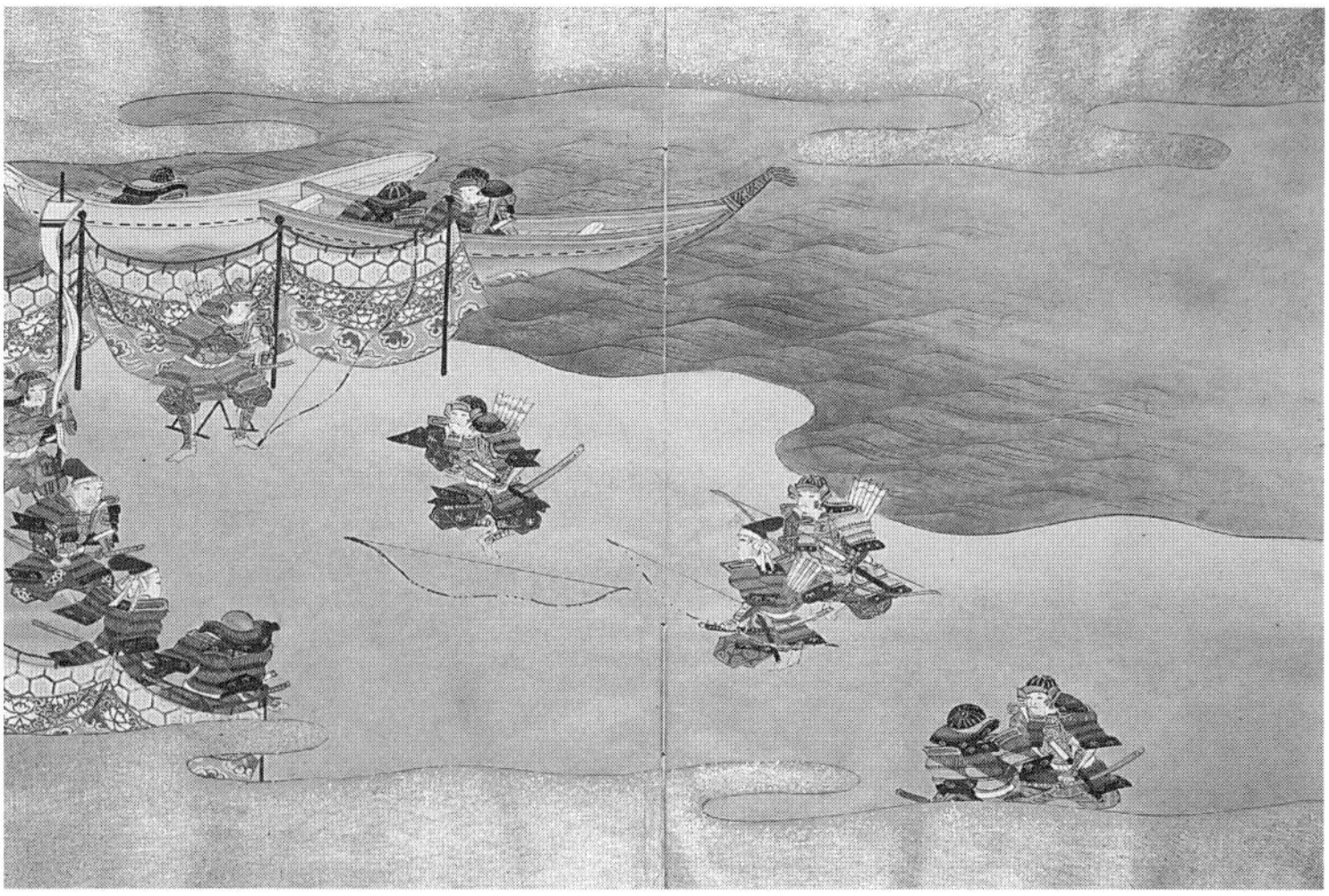

梶原景時は逆櫓を提案し義経と対立した。『絵本 平家物語』(明星大学図書館蔵)

係ということではすこぶる良好で、鎌倉殿は都ぶりを身につけた人物を好んで登用した。頼朝の引《いん》級《ぎゅう》が仇となったか否かは決めつけられないが、多くの御家人たちからは〝人気《じんき》〟という点で距離をおかれた。ヒール役(卑劣漢)ということでは、そのとおりなのだろう。景時の記事はある意味ではこのヒール役にそぐう形で描写されているふしもあるのではないか。歴史は勝者により創られるとすれば、物を言えぬ景時にもそれなりの配慮がなされてしかるべきなのかもしれない。

他者への視線とは、別言すれば観察力の豊かさということでもある。大局的観点から全体を見極めるという点では、景時はたしかに識見があった。有名な屋島合戦前夜での義経との「逆櫓《さかろ》の争」は著名なもので、突撃主義の精神論をふりかざす義経にたいし、慎重論を主張する景時との対立である。景時は万一のときを考え、撤退の逆櫓を着装させるというもので、これを義経は臆病者と一蹴する。景時は義経的行動を猪武者と批判し、両者一触即発の情況となった逸話はよく知られている。しかし、これはやはり景時の主張に理があるというべきで、一軍の大将に分別を求める景時の考え方が正しい。戦闘は結果がすべてである。奇襲による義経の戦術もわからないわけではないが、敗北した場合の影響を考慮すれば、戦略的には景時の慎重論に分がありそうだ。

頼朝の意向を汲むという点で、やはり景時の信頼度は群を抜いていたと思われる。例えば寿永三年(一一八四)正月の義仲討伐の件は、義経もふくめ有力武将の面々がすみやかに頼朝に報じたのだった。わけても飛脚に託した景時の報告は「思慮神妙」と賞賛された。つまりは拙速な報告よりは、必要な情報の提示がある景時の配慮が評価されたのだった。

頼家の後見役に、比企能員《ひきよしかず》とともに景時が指名されたことはそのあらわれだった。景時についてはまた、西国方面での軍政官としての手腕も期待された。京都(王朝)の人脈をふくめそれなりのキャリアもあった。歌の素養・宴席での所作など坂東武者のなかにあって一線を画す存在だった。

鎌倉殿の侍としての立場を自覚していた景時は、元暦年間での一ノ谷・屋島・壇ノ浦合戦の武功に見合う播磨・美作方面の軍政官(惣追捕使)に任ぜられた。この時期、備前・備中・備後に関しては土肥実平が惣追捕使に補任されていた。義経と梶原景時・範頼と土肥実平の関係は、鎌倉殿代官たる範頼・義経を軍事的に補佐する参謀的役割に他ならない。頼朝にとって平氏没落以後の準戦時体制のなかで、平氏の軍事的・経済的基盤たる山陽道方面への進駐を委託し得る力量の持ち主こそが必要とされた。景時はその任に十分に備え得る力量があると判断されたのだろう。

〈永遠の恋、曽我十郎と虎御前〉

源平争乱にともなう内乱期の余波は建久年間にいたってもくすぶりつづけた。曽我兄弟の仇討ちは、ある意味ではその象徴的事件といえる。『源平盛衰記』の冒頭は「剣巻《つるぎのまき》」ではじまるが、そこには源氏相伝の宝剣説話が登場し、二振《ふたふり》の宝剣の一つ、「薄緑《うすみどり》」と号する剣は、義経から箱根権現へと奉納され曽我兄弟に伝えられ、その後に頼朝の手中に帰したとの説話を紹介している。

そこでは義経なり曽我兄弟なりの位置づけは、頼朝の天下草創を分断する存在として語られている。説話的解釈ながら宝剣の霊威に仮託された源氏のサクセスストーリーに他ならない。いうまでもなく「剣巻」説話には、建久四年（一一九三）の曽我兄弟の仇討ち事件が反映されていた。頼朝の鎌倉体制を非とする伊東一族の怨念がこの事件の底流にあった。

この事件をあつかった『曽我物語』は「本朝報恩《ほうおん》合戦、謝徳《しゃとく》ノ闘諍《とうじょう》」の副題が付せられており、「報恩」や「闘諍」という中世武士の世界観が結晶化されている。そこには兄弟と母の愛、兄十郎と虎御前《とらごぜん》との恋も織り込まれている。「闘諍」というテーマの背景には愛と恋という永遠にして普遍的内容が巧みに織り込まれており、これが軍記物ながら特異な位置を与えている。曽我兄弟の鎮魂の書ともいうべき作品であるが、そこに貫流するのは弱い兄と強い弟という兄弟類型も看取できる。分別ゆえに迷い、女々しさがつきまとう兄十郎祐成《すけなり》、片や純粋にして不動の意志を貫く弟五郎時致《ときむね》という兄弟の構図は、一種の普遍性をもった形で広がっているようだ。

弱い兄が見せる大磯《おおいそ》の遊女虎御前との恋ゆえの心の揺れに「恋する武士」が投影されている。工《く》藤祐経《どうすけつね》を敵とつけねらう兄弟にとって、東海道の宿大磯は鎌倉往還の地でもある。ここで仇討ちの機会を待つおり、十郎は当時十七歳の虎御前と情をかよわせる。『曽我物語』（巻四「大磯の虎思ひそむる事」）の「真名本《まなぼん》」は出自について、民部権少輔基成《もとなり》の乳母子宮内判官家長《くないほうがんいえなが》が平治の乱で東国へと落ちのび、平塚宿の夜叉王との間にもうけた女子だとする。家長死去で虎はやがて大磯宿の長者菊鶴《きくつる》に養われたとする。

ここに登場する基成は源義朝とともに挙兵した藤原信頼の縁者で、奥州藤原氏の庇護を受けた例の衣川館の主でもある。藤原泰衡の母はこの基成の娘として知られる。後年に奥州の義経滅亡の場はその基成の衣川館だった（『吾妻鏡』文治五年閏四月三十日条）。

虎と十郎との恋に話をもどすと、仇討ちまでの凝縮された時間は二人の愛をいっそう強いものにした。この作品に取材した〈曽我物〉の数々がこぞって十郎の恋を取り上げるのもうなずける。しかし『曽我物語』の主役という点では、強い弟五郎時致に軍配が上げられる。頼朝に突進し捕らえられた五郎の無念とこれを語る情景はたしかに圧巻である。兄の十郎はこれより前に仁田忠常のために討たれてしまう。心優しき兄の最期なのだが、真の人間的強さとは虎を想いつつ悩みながら迷い最期を迎えた兄十郎の姿にこそあった。優しさは強さであるとの文学的真理は〈曽我物〉に貫流する主題だったともいえる。

曽我事件「十番切」の場面。（箱根神社蔵）

彼ら兄弟の死後、虎による菩提を弔う旅がつづく。母の満江を訪ね箱根権現におもむき、兄弟縁りの地を巡る鎮魂の旅は、最後に法然と出会うことで救われるとの流れとなる（巻十二）。

〈曽我兄弟とその時代〉

以下では文学的記憶ではなく、史実をふまえながら事件のあらましについてその大局を述べておこう。『吾妻鏡』（建久四年五月二十八日条）は曽我事件のあらましを次のように伝える。事件勃発の当日は、小雨模様で夜には雷鳴をともなう大雨だったとある。旧暦の五月下旬というからには、梅雨明け間近の雷雨と思われる。曽我兄弟の神野の野営への推参から闘諍場面がはじまる。工藤祐経と同伴の王藤内《おうとうない》を殺害におよんだ兄弟は、襲来する敵に突撃する。

この場面について、

ココニ祐経・王藤内等交会セシムルトコロノ、コノ遊女、手越《たごし》ノ少将、黄瀬川ノ亀鶴《かめつる》等叫喚《きょうかん》シ、コノ上、祐成《すけなり》兄弟父ノ敵《かたき》ヲ討ツノ由、高声《こうじょう》ヲ発ス、コレニヨッテ諸人騒動シ、子細ヲ知ラズトイヘドモ、宿侍ノ輩《ともがら》ハ皆コトゴトク走リ出ヅ、雷雨鼓《つづみ》ヲ撃チ、暗夜《あんや》燈《ともしび》ヲ失ヒテ、ホトンド東西ニ迷フノ間、祐成等ガタメニ多クモッテ疵《きず》ヲ被《こうむ》ル……

と語っている。簡にして要を得た描写がこの後もつづく。いわゆる「十番切」の場面である。十郎は仁田忠常《にったただつね》に討たれるが、弟の五郎は「御前ヲ差シテ奔参」したものの、直前で捕縛されたという。頼朝自身も身の危険を感じ、「将軍御剣ヲ取リ、コレニ向ハシメタマハント欲ス」との行動に出るほど切迫した状況だった。

夜半の騒擾冷めやらない翌二十九日、五郎時致への尋問が開始される。召し出された五郎は、頼朝をはじめ列座の御家人を前に、「祐経ヲ討ツ事、父ノ尸骸《しがい》ノ恥ヲ雪《すす》ガンガタメ」と語り、その行為の正当性を主張した。頼朝への推参についても、祖父伊東祐親《すけちか》が誅され、敵人の祐経が鎌倉殿に寵されている現状に対する恨みからだと説く。

「聞ク者舌ヲ鳴ラサズトイフコトナシ」とは、その問答を伝え聞く御家人たちの反応だった。頼朝もまたその勇士ぶりに心を動かされ宥《ゆる》そうとしたが、祐経の子息犬房丸《いぬぼうまる》の要望で五郎は梟《きょう》されることとなった。怨念の連鎖をとどめるための措置だった。

『吾妻鏡』には、この曽我兄弟と工藤祐経の確執について簡略に説明がほどこされ、事件のあらましに言及する。

『曽我物語』によれば、久須美《くすみ》入道と称した祐隆《すけたか》は広範囲な開発所領を持っていたという。その後、祐隆は後妻の連れ子だった娘に生ませた祐継《すけつぐ》に所領の多くを譲った。他方、嫡孫にあたる祐親《すけちか》を養子にして河津《かわづ》荘などを譲与した。

所領を譲られたとはいえ祐継・祐親の関係はいささか微妙だった。その後、病に倒れた祐継は、病床で祐親と和解、幼少の祐経の保護を祐親に託し没した。しかし祐経に譲与されるべき所領の過半は、祐経の成人後も叔父の祐親から返却されることはなかった。

都で武者所《むしゃどころ》に仕え臈《ろう》をつみ、工藤一臈《いちろう》の地位に昇った祐経は祐親の非法を訴えたが、訴訟は思う

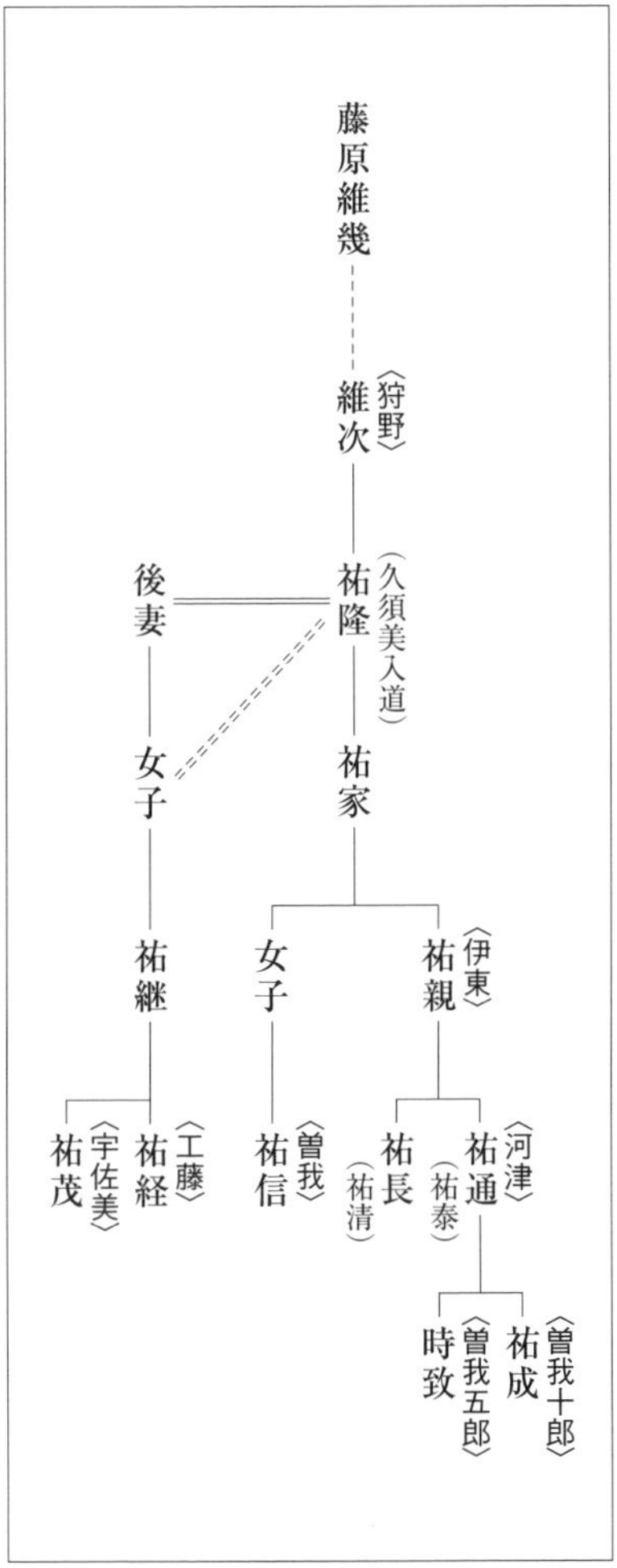

系図6　伊東・工藤氏関係略系図

ようにゆかず祐経はついに実力行使に出る。

それが安元二年（一一七六）十月の伊豆の巻狩りでの事件だった。祐経は従者の大見《おおみ》小藤太《ことうた》と八幡《やはた》三郎の二人に命じ祐親―祐通父子を亡きものにしようとした。伊東館への巻狩りの帰路、矢を射かけられ祐通（祐泰）は落命、祐親も疵を負わされる。幼くして父を失った兄弟の仇討ちに向けての長く重い道のりは、こうしてはじまることになる。

曽我兄弟の事件は源平争乱と直接にはかかわらないものの、奥州合戦をふくむ十年にわたる内乱の余波はこの事件にも影響を与えている。兄弟の父河津三郎が襲撃された安元の段階は、それこそ源平争乱前夜にあたる。建久四年のこの事件のおり兄十郎は二十三歳、弟五郎は二十歳になっていた。怨念の連鎖は源平の闘諍をはるかに超えていたことになる。

建久年間（一一九〇―九九）における武家政権の歩みを大枠でとらえると、鎌倉殿頼朝の上洛にともなう京都王朝との協調（建久元年）、そして頼朝の征夷大将軍の就任（建久三年）、さらに大仏開眼供養にともなう鎌倉殿再度の上洛（建久六年）、その後につづく鎌倉サイドからの入内《じゅだい》政策の推進計画と、かつての武断路線からの転換がなされた時代だった。

源平の争乱は兄弟たちの運命を変えてしまった。伊豆における屈指の有力者伊東一族は、鎌倉殿の体制の下ではかつての栄光を望むことはできなかった。そうした現状への挑戦が曽我兄弟仇討ちの背景にあったことも忘れてはなるまい。

先に紹介した『源平盛衰記』の「剣巻」でもわかるように、曽我兄弟らにとって源平争乱は決して〝戦後〟ではなかった。

〈「関東」の記憶〉

年号もこの間に治承《じしょう》―養和《ようわ》―寿永《じゅえい》―元暦《げんりゃく》―文治《ぶんじ》と改元され、奥州合戦をもって戦争の時代は終焉を迎えた。文治に代わって登場した建久の時代は、〝偃武《えんぶ》〟にふさわしい平和の時代の幕開けといえる。別のいい方をすれば、謀叛の政権としてスタートした鎌倉政権は、当初の簒奪的性格（実効支配）による王朝との対立・対抗を内乱の十年で放棄して、最終的に建久以後は、頼朝上洛を機に、体制内での武権の委任（諸国守護権）＝幕府という立場で自身を位置づけた。つまりは「簒奪」政権から「委任」政権への流れとして権力の内実を整理できる。

少し難しい話になるが、昨今の中世史学界の一つのテーマに東国国家論と権門体制論の見方がある。前者は東国の幕府権力の相対的独立・自立に力点をおくものだし、後者は公・武両者の相互補完的な協和・協調体制の見方だ。二者択一での議論もあるが、他方で武権の性格を時間軸で整理した場合、初期の挙兵段階（一一八〇―八三年）は独立的な簒奪性のなかで理解されるべきだろうし、内乱の過程で王朝との関係性を軌道修正しつつ軍事権門への転進がはかられることになる。つまり「幕府」という観念それ自体は、権門体制という観点で解釈可能となる。

この点の深い意味をもう少し考えると次のようになろうか。およそ東国政権は鎌倉殿をリーダーとした私的な側面と、他方で将軍という公法的立場での軍事団体の側面という二つがあった。前者

曾我兄弟供養塔（神奈川県箱根町）

の鎌倉殿体制という側面からは、その謀叛の政権として出発した原形質から簒奪性が強調されることになるし、後者の将軍としての側面から整理すれば、体制内での軍事権門として幕府を位置づけることができる。幕府とは本来の語義からしても、近衛大将なり征夷大将軍なりに軍事団体の首長（鎌倉殿）が就任しない限りは存在しないものである。こうした点を考えるならば、建久以前の東国政権の十年間は、戦争から平和への転換の過程であった。そして、それはまた、その東国の政権が独立的簒奪性を脱して、京都の王朝体制と協調しつつ、軍事権門（幕府）として自身を位置づける流れということもできる。

そうした諸点を考慮すれば、東国国家論も権門体制論も最終的分岐点は「されど鎌倉」主義なのか「たかが鎌倉」主義なのかで整理することも可能となる。しかし、いずれに立脚するにせよ、両者は内乱の十年のなかで、前者から後者へとシフトしたことは動かないわけだが、重要なのは謀叛の政権として出発した鎌倉体制は自らの立ち位置を「関東」と自己認識しつづけていたという一点にあった。

〈王朝への執心、鎌倉殿頼朝のもう一つの顔〉

本節の最後に鎌倉殿頼朝にも登場してもらおう。

頼朝の恋といえば、「英雄、色を好む」風の流れで政子・亀の前など、たちどころに数人の名があがる。が、ここではそうした通り相場から離れた議論をしたいと思う。頼朝の心の深層に迫りたいと考えている。いささか飛躍があるやもしれないけれど、「恋する武士」というテーマにかろうじて繋がるはずである。

この場合、頼朝の恋とか懸想とかの相手は女性ではなく男性だった。別段、男色云々ということではなく、慈円《じえん》とのきわどい歌のやり取りを介して、慈円に代表される王朝への頼朝の想いについて考えたい。

そこでまずは確認したいのは、鎌倉殿頼朝のもう一つの顔、すなわち勅撰歌人のそれについてだ。頼朝の歌をご存じない読者も多いかもしれない。『新古今和歌集《しんこきんわかしゅう》』に十首ほどが採られている。実朝はあきらかに頼朝のその文藻《ぶんそう》を継承したにちがいない。頼朝にはどんな歌があるのか。

例えば『新古今集』（羇旅《きりょ》、題しらず）である。

道すがら富士の烟《けむり》もわかざりき　晴る丶間もなき空のけしきに

建久六年（一一九五）十月頼朝は東大寺大仏開眼供養のため上洛するが、右の歌はその道すがら詠じたものとされる。この歌の良否は判じかねるが頼朝が、武備一辺倒の人物でなかったことは了解される。著名な梶原景時や景季《かげすえ》との歌の応酬からしてもそのことは推測できる。

この景時については前に述べた。右の歌から六年ほど前の文治五年、奥州合戦への途上白河関を越えたとき、能因《のういん》法師（「都をば霞とともに立ちしかど　秋風ぞ吹く白河の関」）のことを引き合いに出した頼朝の心情に阿《おもね》るように景季は、「秋風に草木の露を払はせて　君が越ゆれば関守もなし」（『吾妻鏡』文治五年七月二十九日条）と、いささか歯の浮く歌を詠じ、頼朝をおおいに感じ入らせたとある。当意即妙風味の機智を好んだ頼朝らしいエピソードだ。また次のような歌の応酬もあった。和歌の名所として著名な名取《なとり》川に差しかかるや、「我ひとり今日の軍に名取川」と詠じる頼朝に、「君もろともに勝ち（徒歩《かち》をかける）わたりせん」の下の句を付し喜ばせた。

こうした逸話からもわかるように、頼朝の和歌の素養は豊かだった。詠作という行為には当該人物の心情をのぞかせる材料も少なくない。『吾妻鏡』の頼朝記の場合、外向きの凛とした鎌倉殿の姿だけが浮き彫りにされすぎているようだが、精神の傾きを知るためにはやはり歌の世界がわかりやすい。

とりわけ建久六年の上洛中に天台座主慈円《ざすじえん》との間にかわされた応答の歌々は、男色的世界を連想させるほどに艶めかしい。かつそこには鎌倉殿の王朝への憧憬《しょうけい》が見え隠れするほどに、頼朝の息づかいが伝わる。

別表は『吾妻鏡』より頼朝の上洛から帰鎌までの四ヶ月余の主要な行動を一覧化したものだ。政子・大姫・頼家をともなっての上洛中、奈良東大寺はもとより石清水・住吉・天王寺など寺社参詣や丹後局《たんごのつぼね》・九条兼実《かねざね》などの要人たちとも対談をこなし、その多忙さはなかなかのようである。

頼朝四十八歳、東国の首長たる立場の輝かしい時節といえそうだ。建久元年（一一九〇）についで

〈頼朝上洛のスケジュール〉

2月14日	頼朝鎌倉出発
3月 4日	京都着
6日	六条若宮に神馬奉納
9日	石清水八幡、左女牛若宮に参拝
10日	南都東南院に参ず
11日	東大寺に馬千疋を施入
12日	東大寺供養
13日	東大寺大仏殿に参ず
14日	帰洛
20日	内裏に馬を献上
27日	参内
29日	丹後局を六波羅邸に招く
4月 3日	妻子ともども石清水参詣
10日	参内、兼実と対談
15日	石清水に参ず
17日	丹後局、六波羅を訪問
21〜22日	参内
5月20日	天王寺に詣でる
22日	参内、兼実と対談
6月13日	後白河院の法華堂に参る
25日	頼朝離京
7月 8日	鎌倉着

二度目の上洛だった。最大のライバル後白河院《ごしらかわ》はすでに亡く、このたびの京都は朝幕関係を刻む第二のステージでもあった。奥州との戦争直後のかつての建久元年の上洛に比べ諸種の懸案があるとはいえ、平和への転換を象徴させるものだった。大仏開眼供養《かいげんくよう》は、〝建久偃武《けんきゅうえんぶ》〟ともいうべき戦時体制の終焉を象徴するにふさわしい出来事だった。内乱勃発当初の治承四年（一一八〇）十二月の東大寺焼討ち以降、再建にむけて払われた公武協力の成果であった。

そうしたことをおさえたうえで、主題の頼朝の王朝慕情とそれにかかわる歌について話をもどしたい。例の天台座主慈円との間でやり取りされた〝色々〟を連想されるそれである。

まどろめば夢にも見えぬ現《うつつ》には　忘るゝ程のつかの間もなし（『続拾遺』恋二）

逢ひ見えし後はいかごの海よりも　深しや人を思ふ心は（『新後撰』雑中）

偽《いつわり》の言の葉しげき世にしあれば　思ふといふも誠ならめや（『玉葉』雑三）

三首は頼朝の歌として勅撰集に見える歌々でもある。色香がただよう世界がイメージされるようだ。

慈円は右大臣兼実の弟である。頼朝の政治的パートナーたる兼実との絆はこの時期までは健在だ

勿来関址

伝源頼朝像（東京国立博物館蔵）

った。慈円は兼実より六歳下で当時四十歳、『愚管抄《ぐかんしょう》』の著作で知られ、その歌集の『拾玉集』には多くの頼朝との贈答歌も収められている。

例えばこれまた意味深長な歌ながら、都を離れ帰る頼朝に彼が贈った歌が、

あづまぢのかなたになこその関の名は　君を都にすめとなりけり（『拾玉集』五四四七）

これに対し頼朝は次のように、

宮こには君にあふ坂ちかければ　名こその関は遠きとをしれ（『同』五四四八）

勿来《なこそ》関（福島県いわき市）・逢坂《おうさか》関（滋賀県大津市）の二つの場所を織り込み、都から離れゆく頼朝に京都来往をすすめる慈円。逢坂関を引きあいに逢いたい気持はあるものの、勿来関

との隔たりの恨《うら》めしさを伝える頼朝。別れを惜しむ両人の気持が歌を介してにじみ出てくるようだ。そこには歌人レベルの情緒や情念とともに、やはり東国を代表した頼朝の立場が語られている。頼朝の懸想の対象は、慈円に象徴される王朝の京都だった。この都への慕情が慈円への想いと深く重なって表出されている、そんな世界が語られている。

「逢坂関」や「勿来関」の名所《などころ》を巧みに詠み込む頼朝のセンスはなかなかのものだろう。頼朝が京都の王朝へ懸ける想いは「逢坂関」に集約されている。そこには親近する慈円への個人的な気持が重なり合っていたはずだ。にもかかわらず「勿来関」の存在は大きいとする。これに東国世界を代弁させ、自らの強い想いのみでは、「逢坂関」と「勿来関」の両者の間に横たわる隔たりは解消できないと。ある意味では京都と鎌倉に横たわる越えがたい距離を二つの関から汲み上げようとした。多重の意味が宿されている頼朝の歌を考えるとき、東国の王たる鎌倉殿の京都＝王朝への二つの想い（回帰と自立の意識）が看取されるのではあるまいか。

君ゆえにあやしき妻の名立つとも　恨みはあらじ墨染の袖（『同』五四六二）
（あなたのために妙な噂が立っても恨みはありません、出家したわが身にとっては）

との慈円の想いはどう読むか。「はばかりの関」を男色的世界に重ね想像することもあるいは可能かもしれないが、少し危うい。

鎌倉と京都を代表する二人の歌人たちが互いの想いを懸けながら、横たわる逢坂・勿来の両関は、まさに「はばかりの関」（かつて王朝の歌人実方中将が人間関係の煩しさから奥州白河関をめざしたが、幻想でしかなかったとの逸話）そのものだった。

（2）色々の執心

〈主従敵対、安達景盛の無念〉

以下での話は、源平争乱にともなう内乱の時代以降の鎌倉武士の恋愛事情を「色々の執心」の視点で紹介しておこう。頼朝以後というくくりで考えておこう。多くは『吾妻鏡』に見えている有名な話だが、これをどう料理（解釈）するかが主題となる。まずは二代将軍頼家にまつわる話だ。有力御家人安達景盛《あだちかげもり》の恋女房を将軍頼家が横取りして、これを知った景盛が激昂して攻撃しようとしたものだ。

正治元年（一一九九）七月から八月にかけて、その事件は勃発した。この年の正月頼朝が死去、ついで乙姫も病没、鎌倉は諒闇《りょうあん》のなかにあった。七月中旬、景盛は使節として三河への進発を頼家から命ぜられた。同国での非法糺断のためだったとある。しかし景盛はその件を固辞しつづけていた。「去春ノ比、京都ヨリ招キ下ストコロノ好女、片時ノ別離ヲ愁フルガ故」だったという。くわえて自

『吾妻鏡』（国立国会図書館蔵）

分の妻妾への頼家の横恋慕《よこれんぼ》も警戒したがためだった。

三河は父盛長《もりなが》の奉行の国でもあり景盛はその命令を結局は受諾した。これを好機とばかりに、頼家は家人の中野能《なかのよし》成《しげ》らを遣わし、景盛の妻女を小笠原長経《おがさわらながつね》宅に召し籠めるという暴挙に出た。「日来《ひごろ》色ヲ重ンズルノ御　志《おんこころざし》禁ジガタキニヨッテ、御書ヲ通ゼラル、御使ノ往復数度ニ及ブトイヘドモ、アヘテモッテ諾シ申サザルノ間、カクノ如シト云々」（『吾妻鏡』七月二十日条）。

その後、彼女は頼家の居所へと移され、中野・小笠原などの親しき家人以外の立ち入りを禁じるなど、頼家は外聞をはばからぬ行動に出たとある。

頼家が景盛の妻へ執心であったことは、景盛も察知していた。幾度となく懸想の文が遣わされていたようで、それに靡《なび》かぬことへの実力行使がこうした暴挙となった。主君たる立場からの理不尽な行為に対して、景盛は当然ながら怨みを持つことになる。景盛妻女拉致事件から一ヶ月が経過したころ、三河より鎌倉にもどった景盛は自身が讒《ざん》せられたことを知る。もちろん頼家側近たちが共謀で仕組んだもので、景盛の怨恨を想定して討伐する算段を講じてのことであった。その主従敵対の危機一髪を救ったのが尼御台《あまみだい》政子だった。政子は安達の屋敷におもむき、頼家派遣の景盛追伐軍と対面、これを阻止した（八月十九日条）。

「罪科ヲ聞カシメタマハバ、我早ク尋ネ成敗スベシ、事ヲ問ハズ誅戮《ちゅうりく》ヲ加ヘラレバ、定メテ後悔ヲ招《まね》カシメタマハンカ」との政子の言に追伐も沙汰止みとなったとある。政子の機転が武力抗争の窮地を救ったものの、景盛の頼家への後遺症は残ることになる。ともかく混乱をおさめるべく景盛には「野心ヲ存ゼザルノ由」を提出させ、他方の頼家にも「政道ニ倦《う》ミテ民ノ愁ヲ知ラズ」とその政治姿勢を批判、「邪佞《じゃねい》」の近臣たちとの関係切断を説諭した（八月二十日条）。

まことに母親らしい態度だろう。政子が恐れたのは、頼家の政治的力量に対する風評だった。御家人との信頼で築いた鎌倉殿頼朝との関係が損なわれることへの危惧だった。

それにしても妻女を略奪された景盛の無念はいかばかりであったか。討死覚悟での主従敵対を貫く決意をした景盛の想いは「情」においてわかるが、秩序の安寧を一義とする「理」の立場からは受け入れ難い。この両者のせめぎ合いが政子の判断となった。頼家・景盛両者にとっては痛み分けだったろうか。やはり頼家にとっての損失は小さくなかった。御家人たちの新たなる鎌倉殿への評価にもつながった。ウォーミングアップがないまま東国の主となった頼家の心構えの不足はいかんともし難いものがあった。

政子供養の五輪塔（鎌倉・寿福寺）

江戸期ならば歌舞伎・浄瑠璃の演目になりそうなテーマだろう。当然、主君の理不尽な仕打ちに涙をのむというクドキの場面が通り相場でもあるが、中世の鎌倉時代はそうはならなかった。頼家については『吾妻鏡』や『愚管抄』にその行動が語られているが、とりわけ前者はこれまた悪玉将軍の如きレッテルが貼られており、青年将軍の気負いが空回りしている場面が随所に描かれている。

強い父と母をもった不幸といえば聞こえは良さげだが、そこには『吾妻鏡』的バイアスの〝記憶〟は差し引いて考えるべきだろう。自制心という点では人妻の勾引《かどわかし》はやはり道義的に問題だ。法律と道徳は反比例するものかもしれない。今日では人としてのルール（道徳）が減少した分、法律でこれをカバーすることが求められる。つまりは国家権力の個人への介入が前提となる近代社会と異なり、中世は自力救済がすべてであった。恥辱は自らの力でこれを晴らすことが求められる。景盛の場合もまさにそれであった。相手がどんな立場であるか否かは、別の問題だった。妻子をふくむ自己の領有に属する世界に他者が侵略した場合、力と力との激突があった。この場合、たまたま相手（敵人）が頼家だっただけで、それが主君か否かは景盛にとって問うところではなかった。愛妻略奪という理不尽な挑戦をどう排除するのか、要は素朴な感情の発露のなかでの戦いだった。

それは法が介入する以前の問題といえる。

鎌倉中期以降に一般化する『貞永式目』に説く「主従敵対《しゅじゅうてきたい》」の論理は、いわば法制度が武家法として定着した段階での産物でしかない。その限りでは景盛に与えられた試練は自身との戦いだった。怒りを封印して耐え忍ぶのか、それとも怒りを引き金に暴発にゆだねるのかという選択だ。いずれもが戦いである。景盛は後者を選ぼうとした。けれども政子が介入、煮え切らない形で結着をみた。

景盛の愛妻が帰ったか否かは定かではない。が、非は頼家にあることだけは疑いなく、当然ながら前述のように強い母からの説諭・説教がなされた。

『吾妻鏡』的バイアスを差し引いたとして、なぜに頼家がかかる挙動に出たのか、単に青年将軍頼家の単なる色好みの劣情に発したものなのかどうか。ともかく鎌倉殿の二代目としての憂鬱がかかる形で結果したことで、御家人たちからの信頼は揺らぐこととなった。奪われた景盛も、そして奪った頼家もともに第二世代に属した。景盛の父盛長は伊豆流人時代から頼朝に仕えた武士で、北条氏とともに二人三脚で関東の新体制に向けて内乱期を漕ぎ抜いてきた人物である。頼朝の乳母たる比企尼《ひきのあま》の娘婿の一人として、絶大の信頼を勝ち取ってきた家人だった。

父頼朝が外に向けて発した力のなかで、対王朝との安定的関係が形成された。その遺産を継承した二代目の頼家にとって、対御家人という内なる世界との関係性をさらに彫磨《ちょうま》することで、自身の立場を内外に誇示することが、頼家の内奥には潜んでいた。その限りでは頼家の色恋への執心は、奪い、勝ち取ることで自身が置かれた環境と折り合いをつけるしかないほどに追いつめられていた、と解することもできる。

だが、自己が為した行為と、その行為がもたらす結果についての責任は、当然甘受しなければならない。母の尼御台政子はそのことを何よりも恐れた。頼家の鎌倉殿たる資格に対する疑念である。鎌倉殿は、王朝が保障する官職ではない。東国社会で軍事団体の首長に推戴された者への社会的実態的呼称である。制度に由来するものではない。家人たちとの信用・信頼にもとづき形成されたものだった。

すでにふれたように、およそ鎌倉幕府という組織体は二つの性格が内包されていた。対王朝（天皇）との関係においての共存と自立である。頼家の場合、共存（協調）は征夷大将軍であり左衛門督《さえもんのかみ》という官職に由来した。そして自立主義の象徴こそが鎌倉殿の呼称だった。前者は「幕府」という側面に力点をおいたことに由来する。そして後者は内乱期のなかで東国地域で武士たちのシンボリックな王としてのそれであった。

政子の懸念は、頼家の行動が「鎌倉殿」という東国の王への信頼を揺るがすことへの危機感だった。

〈「密懐」の惨劇、御家人吉田親清の復讐〉

妻の密懐《びっかい》をはからずも見たために、相手の男性を殺害、自首した御家人の話である。三面記事よろしくスキャンダルな内容だけれども、史実だった。ここでの話は京都そして鎌倉相互にかかわる。愛のもつれからの人傷沙汰は京都で起きた。殺した側の人間は関東御家人であった。殺されたのは王朝貴族であり、その父は有名な『新古今集』の撰者の一人寂蓮《じゃくれん》法師だった。『明月記《めいげつき》』『吾妻鏡』に語られている事件のおおよそは、次のようであった。

御家人吉田右馬允《よしだうまのじょう》親清《ちかきよ》が公卿の藤原保季《やすすえ》を殺害したのは、正治二年（一二〇〇）の三月末のことだった。親清は中原親能《ちかよし》の郎等だった。親清は妻と保季との密懐現場を目撃、逃走する保季を追撃斬殺したというものだ。親清は六波羅からの帰路、六条万里小路《までのこうじ》でこの惨劇におよんだのだと（『吾妻鏡』正治二年四月八日条）。佐々木広綱《ひろつな》からのこの報が鎌倉に届けられたのは事件から一週間後のことだった。当時、京―鎌倉間は最速で昼夜三日間、一般的には二週間前後を要したとすれば、比較的早めの情報伝達だった。

この報告は鎌倉で重く受けとめられたようで、緊急の懸案として対処されることとなった。何しろ殺害の相手は若狭前司《わかさのぜんじ》の肩書をもち、七条院《しちじょういん》（殖子《しょくし》、後鳥羽院の母）蔵人《くろうど》という立場の人物である。御家人の妻との密懐の果てという結末はともかく、京都と鎌倉の政治的事件をはらむ可能性は充分にあった。理由の如何を問わず武士が白昼に公卿を殺してしまったわけだから、関東にとって悩ましい出来事だったことはまちがいない。

「関東」（幕府）にあっては、新将軍頼家の政治がスタートしたばかりの時期だった。正治二年の年頭に、前年に没した頼朝の年忌法要が営まれた直後のことだった。

いま少し『吾妻鏡』からの実況報告をつづりたい。例の佐々木広綱がもたらした飛脚の内容には、殺害直後に吉田親清は広綱のもとに出頭している。広綱は左衛門尉の肩書を有し京都警備の任に当たっていたためだろう。広綱は後年の承久の乱で院方に加担し処罰された人物で、父の定綱は頼朝挙兵時の功臣で近江源氏の雄として知られる。それはともかく、広綱は出頭した親清の身柄を検非違使庁に引き渡そうとしたところ、傍輩の摂津権守入道なる人物が親清の身を申し請けそのまま行方不明となったという。

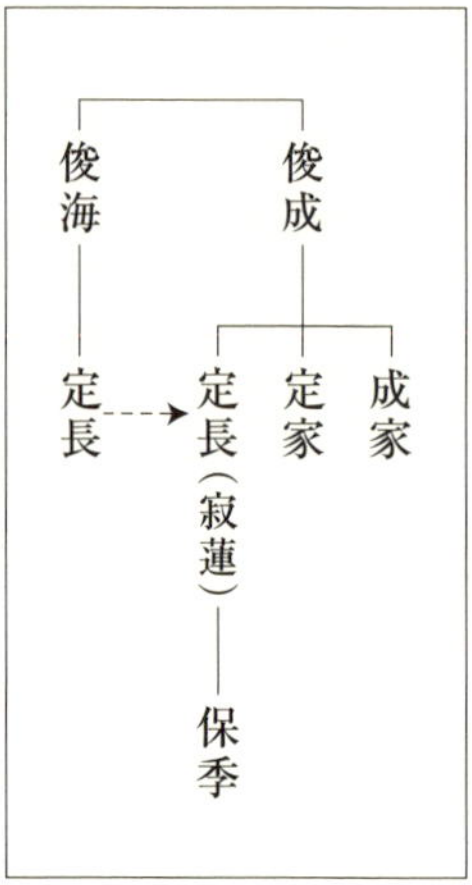

系図7　御子左家略系図

肝心の親清の出自に関しては中原親能の郎従だったこと以外は不明で、傍輩の摂津入道についても同様だ。親清が親能の偏諱《へんき》をもち、かつ右馬允の官職からして下級の御家人と推測される。その後事件は京都から鎌倉へと移る。右の出来事は三月末であったが、行方不明の親清が、「手ヲ束ネテ」にわかに鎌倉に自首してきたという。四月十日前後のことだった。ちょうど広綱の飛脚がもたらされた直後のことだから、親清自身は広綱のもとから逃げそのまま鎌倉をめざし出頭したのだろう。武家に自らの立場を弁明するために京都を脱したその心中はどのようなものだったのか。奸夫《かんぷ》斬殺という行為の正当性を主張することで、王朝側（使庁）から処断されるであろう不当なる裁許への抵抗だったのかもしれないが、理由はわからない。

鎌倉側では保季殺害者たる親清の罪状が議された。宿老の大江広元が頼家へ言上した。北条義時・泰時にも相談がなされた。郎従の立場での公卿殺害は武士の本分に背くもので、白昼での所業は罪科軽からずとして、泰時の主張する検非違使庁への身柄引渡・誅罰の強硬論が支配的だった。とはいえ、その後、問注所の執事だった三善康信《やすのぶ》の審議もあり、降人として参向した以上は関東に暫時召し置き、事の次第を京都に報告するべきとの形で落着をみた（『吾妻鏡』正治二年四月十・十一日条）。

その後、親清がどのように処罰されたかは不明だが、興味深いのは武家側にあっても義時・泰時のように、秩序・治安維持の立場から将来にむけての公武間の紛争回避を厳罰主義で臨もうとする考え方があった。もう一つは純然たる法的立場によるもので、降人・自首という行為を重視する立場だ。三善康信のような京下りの官人たちは感情的・扇情的な結論による罰罪主義から距離を保つことで、時間の経過での処理をめざそうとしたともいえる。

それでは殺された保季についてはどうか。彼が寂蓮の息子だったことはすでにふれた。

村雨の露もまだひぬまきの葉に　霧たちのぼる
秋の夕ぐれ（『新古今集』巻五、秋下）

寂蓮法師　「英雄百人一首」（日本大学文理学部図書館蔵）

『百人一首』でおなじみのこの歌は、建仁元年（一二〇一）二月の歌合《うたあわせ》のおりのものだ。六十三歳で入滅した寂蓮の一年ほど前の作である。したがって保季の事件に遭遇して間もないころのもので、失意の晩年の作だとすれば、複雑な心持ちも看取できるかもしれないが……。寂蓮は〔闘う貴族〕でもふれることになる藤原定家《さだいえ》の兄弟でもある（定家の父俊成《としなり》の養子。出家前定長《さだなが》と名乗り、父は醍醐寺俊海《しゅんかい》の子）。したがって保季は定家にとっても甥の関係にあたる。そのゆえか保季に関しての諸種の記事が『明月記』に散見する。ただしいずれもほめられたものではない（正治二年三月二十七・二十八・二十九日条）。

保季の「容顔美麗」ぶりは定家も認めるところで、そのためか不遜な態度も見え隠れしたようで、定家自身も彼の言動に危惧の念をいだいていたようだ。「白昼に武士の妻を犯すとは言語道断」と語る定家の発言に同情はなさそうだが、父寂蓮の悲嘆はやはり大きく自身もこの事件にすみやかな処断を訴え出ていた（『吾妻鏡』同年四月八日条）。

親清に六条万里小路に追いつめられ、小袖ばかりを身にまとい頸から下は裸体という無惨な死に方に同情と好奇の目が注がれた。「潘安仁《はんあんじん》」（中国・晋朝の文人、美男で有名）と形容される保季であってみれば、『明月記』が記すような単純な一方的情事だったかどうか不明だろう。

いずれにしても殺された保季も、これを殺した親清にとっても不幸な結末となったことはまちがいなさそうだ。情事がらみの事件であり、保季個人の名誉のためにも、寂蓮・定家の歌の家の醜聞からも忘却したい出来事だった。

〈仁田忠常への献身愛、妻女の誉れ—信心は愛を超えたか—〉

将軍頼家の風評はどうも芳しからざることが多い。北条氏サイドの眼鏡をはずしたとしても、度を超す行為が少なくなかったようだ。富士山麓の風穴（人穴）探検も神仏への領域侵犯とされた。頼家のその後の病悩も霊神の祟りと噂されるほどだった。富士の風穴探検の件は、建仁三年（一二〇三）六月のことである。頼家更迭の二ヶ月ほど前のことだった。

ここでの主役は仁田忠常《にったただつね》とその妻の話である。信仰の力で夫を死の淵から救った妻の美談がテーマだ。夫婦愛を物語る前に少しだけ忠常についてもふれておきたい。

忠常は頼家の信任も厚く、この風穴探検にさいしても頼家から直接命ぜられるほどだった。頼家後継の直後、宿老十三名による合議制が発足して、その親裁権を停止される動きがあった。父の頼朝独裁路線を当然視する頼家に対する有力御家人たちの反発だった。新機軸を模索する頼家にとって親裁停止にともなう保護観察は、自らの政治的力量の否定につながった。頼家が中野能成以下の新規家人集団を側近にすえたのは、その対抗心のあらわれといえる。頼朝と歩調を合わせ内乱期を漕ぎ抜いてきた第一世代、その御家人たちと異なる第二世代グループを前面に押し出す新将軍の気負いが、新儀と独断につながった。

そうしたなかにあって、第一世代の御家人に属しながら頼家の信任厚き人物もいた。この仁田忠常はそうした立場にあった。梶原景時・比企能員《ひきよしかず》もそれに近かった。ただし梶原・比企の場合は頼家の乳母夫《めのとぶ》にあたるわけで、仁田とはいささか事情を異にした。くわえて忠常の場合、伊豆出身の武士ということもあり、北条時政・義時といったその後の執権勢力との関係も少なくなかった。それだけに仁田忠常は〝微妙〟だった。その微妙さが最終的には梶原・比企と同じく、忠常の滅亡を招くことになるのだが。その点はともかく、まずは忠常自身の履歴をたしかめておこう。

藤原南家の天野《あまの》氏の庶流に属した忠常は、田方《たがた》郡の仁田を本貫とした。仁安三年（一一六八）の誕生だから、頼朝とは二十歳ほどの差があった。頼朝の挙兵のおりには十代半ばだったことになる。挙兵以来の家人で一ノ谷・屋島の西海合戦では、範頼軍に属していた。文治五年（一一八九）の奥州合戦、翌年の頼朝上洛にあたっても従臣としてその名が確認される。忠常の名を高からしめたのは、建久四年（一一九三）の曽我事件にさいし、既述したように十郎祐成を討ち武功を立てたことだ（『吾妻鏡』建久四年五月二十八日条）。

この事件から六年ほど前の文治三年（一一八七）春、仁田忠常は「病悩ハナハダ辛苦シ、スデニ死門ニ及バントス」との大病となった。頼朝がわざわざ見舞うほどだった（『吾妻鏡』文治三年正月十八日条）。壇ノ浦合戦から数年をへての時期で、忠常自身二十歳前後のころだった。忠常の病は重く闘病が半年にもおよんだが、彼は死門から奇跡的に回復をはたした。妻の献身的愛の結果だったという。

伊豆国一宮の三島社に参詣のおり、その妻は転覆した船の犠牲で水死した。同乗していた多くの男女は救助されたが、忠常の妻のみは水没したのだった。そのおりの記事では彼女は「信力強盛《しんりきごうじょう》ノ者ナリ」とされるほどの信者で、幼いころから毎月三島詣でを欠かさなかったという。忠常が危篤のさいも彼女は社壇に願書を捧げ「妻ガ命ヲ縮メ、忠常ヲ救ハシメタマヘ」との誓願をなしていたという。三島の明神はまさに忠常の妻女の願いを受け入れたわけで、「志ノ之《ゆ》クトコロ、貞女《ていじょ》タルノ由、時ノ口遊《くちずさみ》アリ」（文治三年七月十八日条）と、人々はその信心ぶりをおおいにほめそやしている。忠常の重篤からの生還もこの内助の功によるところが大であったわけで、献身的な自己犠牲の結果だった。

ミステリアスなこの出来事の真偽はともかくとして、「夫婦二世」(前世と現世、あるいは現世と来世)の契りにあって、死後の世界にまでも縁を求める愛のあり方は興味深い。「親子一世」「主従三世」といわれるように、血縁的親疎観念の強弱が一世から三世の縁性を規定していた。その意味で、三世とされる主従の観念が強調されるのは背腹常ならざる後世の意識の所産だったわけで、男女における恋と愛の形態(夫婦の関係)こそがまずは基準となった。

伊豆国一宮三島神社

血縁的情念のなかでの親子観と、非血縁的(擬制的)な主従観の中間に位置したものが、夫婦二世の契りということになる。同心円的な一世から三世の流れは、主従関係を強固に仕立てる人為的所産の結果だった。その点では血縁の親疎から遠くに位置した主従が中心におかれるようになるのは、時代が創り出したものだった。とはいえ、夫婦二世の契りは時代が変容しても変化はない。子のため主人のため犠牲になる親や家来は少なくないであろうが、妻が夫の

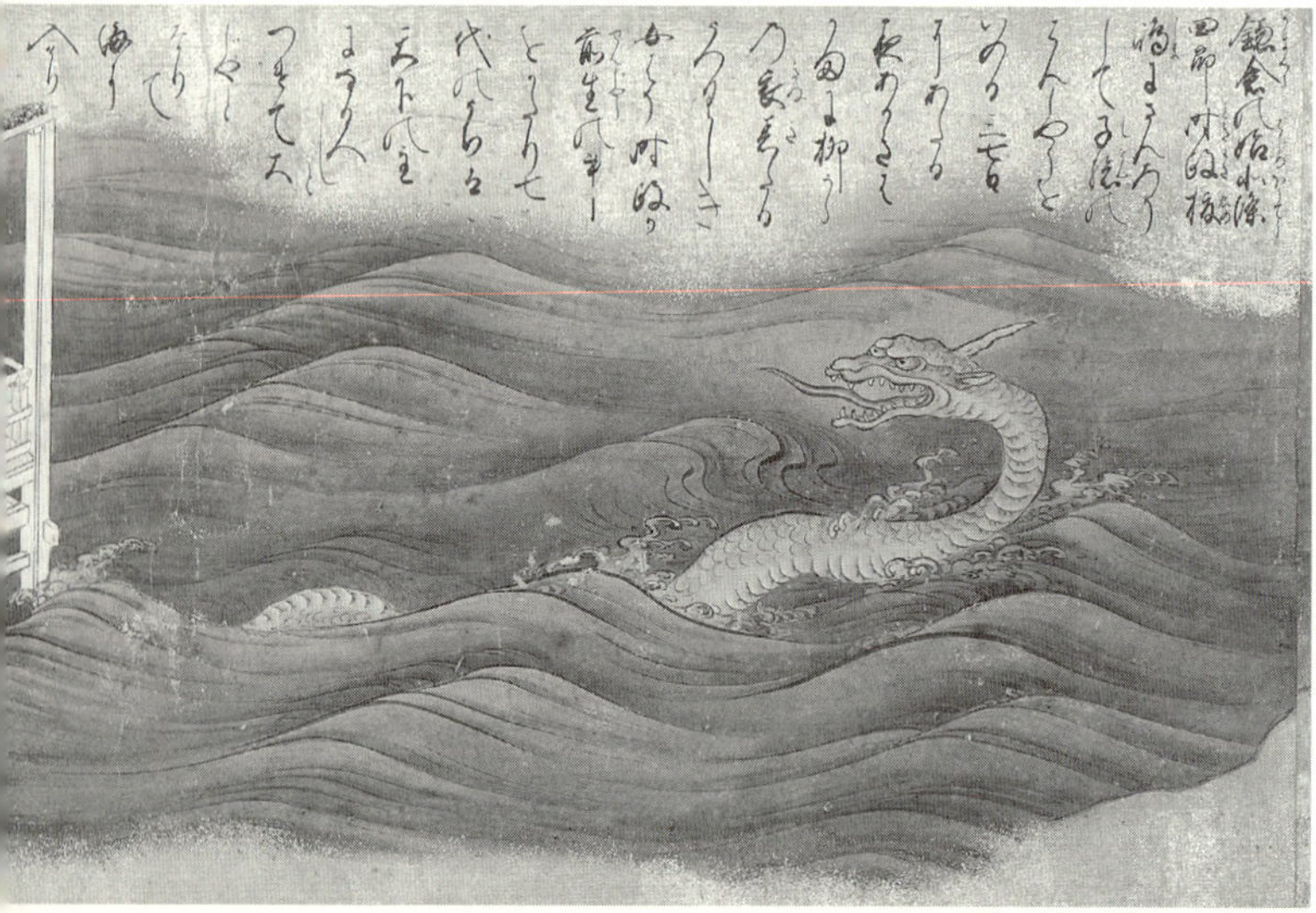

ため命を差し出すことは稀有のことだった。一世なり三世の契りはタテの関係を前提としたものだが、二世の夫婦はヨコの関係のもので恋と愛の結合で達成されたものだった。そしてこれを後押ししたものが忠常の妻の場合、信仰の力だったことは大きい。

　妻の献身により一命をとりとめた忠常のその後はどうか。冒頭で紹介した富士の風穴探索はその十数年後のことだった。頼家の命で主従六人で踏査、途中富士浅間社の霊気のために四人の死者を出すが、忠常は何とか帰参している。頼家が病で倒れたのはその数日後のことだった。「御心神の辛苦《しんく》直《ただ》ナル事ニアラズ」（『吾妻鏡』建仁三年七月二十日条）。祈禱・卜筮《ぼくぜい》の結果、「霊神ノ祟《たたり》」とされた。その数日後、頼家の病悩の深刻さがすすみ将軍職譲与の件が議され、弟の実朝への譲りが決せられた。

時政参籠榎嶋事。『太平記絵巻』（埼玉県立歴史と民俗の博物館）

これを主導したのは時政だった。頼家の外家比企氏は当然この措置に反発を強めることになる。建仁三年（一二〇三）八月末から九月初旬にかけて起きた比企能員の乱は、これと関係する。直接にはここでの主題から外れるので乱の経過は埒《らち》の外におくとして、肝心の忠常に関してのみふれておこう。比企氏滅亡で進退窮まった頼家は本復後に北条時政以下への報復のため、その誅伐を忠常に命ずる。

窮地に立たされた頼家の頼みの綱とされたのが忠常だった。けれども忠常は北条氏との関係から比企氏討滅戦に参じた。ただし、忠常は一幡の乳母夫との説もあり（『保暦間記』）、その心中は複雑だったはずだ。論功の件で名越の時政邸に呼び出しを受けた忠常はそこにおもむくが、帰宅が遅れたことに危機感をおぼえた一族は、その安否未確認の情況で義時邸に攻撃をしかける。忠常は名越の時政邸からの帰路、この異変を知り、自らも戦いを決意するがすでに遅かった。忠常は加藤景廉のために誅殺されることになる。三十五歳だった。

忠常の思惑を超えたところで勃発した将軍交替の顚末は、自らの進退を決する猶予を与えなかった。頼家に与するか、時政の北条につくか。その逡巡が忠常の命運を決したことになった。妻女の献身的な愛の姿も空しい結末となったが、三世（主従）の契りをまっとうさせるための犠牲だったとすれば、二世（夫婦）の契りも無駄ではなかったことになろうか。

〈牧ノ方と時政、夫唱婦随の見果てぬ夢〉

新田忠常に関係して北条時政が登場したので、ここではやはり鎌倉執権体制の立役者時政に言及しておこう。時政といえば牧ノ方が連想されるほどに両者は密接なつながりをもつ。いわば〝夫唱婦随〟の語感が似合うほどに両者は一体だった。これが時政の晩年には政子・義時との関係を悪化させ、自身の更迭を招くことになった。いわゆる牧氏陰謀事件である。以下ではこの時政と牧ノ方との関係に焦点をすえながら、実朝時代の政治状況について考えておこう。

比企氏を滅亡させ実朝の擁立に成功した時政は、北条氏の政権掌握に大きな役割をはたした。頼朝時代、時政は岳父《がくふ》としての立場で挙兵に参加しその地位を飛躍させた。実朝を養育していた北条氏にとって、二代将軍頼家・外家比企氏への勝利は陰謀・策謀の結果だとしても、自らの命運を力で切り拓いたものだった。時政にとって頼朝を選択し、これの同伴者たることを標榜した段階で、

時政
- 政子（頼朝妻）
- 女子（足利義兼妻）
- 女子（阿波局・阿野全成妻）
- 女子（畠山重忠妻）
- 女子（平賀朝雅妻）
- 女子（稲毛重成妻）
- 女子（三条実宣妻）
- 女子（宇都宮頼綱妻）
- 女子（坊門忠清妻）
- 女子（河野通信妻）
- 女子（大岡時親妻）

系図8　時政妻女の婚姻図

新しい時代の扉は開かれた。

第一ステージは源平の争乱を戦い抜いた頼朝とともにあった。緒戦の山木《やまぎ》攻略（治承四年〈一一八〇〉八月）はその始発にあたった。そして時政の名を有名にしたのが京都守護としての活躍だった。義経没落後の文治元年（一一八五）末から翌年三月にかけてのことだった。その後、時政の活動は特段目立つものはなかった。頼朝時代に正月になされる椀飯《おうばん》の儀《ぎ》にあっては、その主役を占めたのは北条氏ではなく千葉氏や三浦氏など挙兵時からの有力御家人たちであった。その限りでは時政以下の北条氏の立場は、頼朝時代には必ずしも高いものではなかった。このことは、頼朝が時政にさえ官職推挙をなしていなかったことからもうかがえる。

頼朝にとって王朝的秩序の表明たる官職的世界との結合は、源氏一門に限定されていた。源家以外の東国の在地武士たちとの関係性は、非官職的秩序を前提に構築されていた。鎌倉殿を頂点としたヒエラルキーの秩序である。頼朝

時代の時政については国司（受領）への任官・推挙もなされず、遠江守への就任は頼朝死去後の正治二年（一二〇〇）四月のことだった（この年の正月に梶原景時が失脚した。そして三月には若狭前司保季の密通斬殺事件があった）。時政の遠江守補任で、源家一門に列する地位を与えられたことになる。

極論すれば時政の政治的地位の上昇は、頼朝の死とともにあったことになる。頼家・実朝時代、時政は露骨ともいえる権力志向をつうじ、北条一門を幕府権力の中枢へと押し上げた。時政以後九代にわたる北条氏の繁栄については、江ノ島明神の霊験譚が有名だ。『太平記』（巻第五「時政、榎嶋ニ参籠ノ事」）に見えるもので、ここに参籠した時政は一族の隆盛を祈願し、満願成就の日に弁財天が示現し、前世の「善根ニ依テ」、七代にいたるまで「日本ノ主」となすとの約諾をなして、龍神は「大ナル鱗ヲ三ツ」落とし海中へ姿を消したというものである（二二六頁参照）。

時政からはじまる北条一門の台頭を、江ノ島明神との約諾から説話風味に語った内容は、史実との予定調和を融合させたものでそれなりに興味深い。「三鱗《みつうろこ》」の由来とともに、北条氏を「日本ノ主」として位置づけるその発想には、一種の神話性が宿されているともいい得る。時政はまさしく、その〝北条神話〟の原点に値する人物として認識されている。

以上のことをふまえ、時政の権力掌握のターニングポイントとなった妻室牧ノ方に焦点を合わせ、整理しておこう。

系図8に示したのは時政と子女たちの婚姻関係である。十一人の子女の婚姻圏はおおむね三つのグループに整理できる。(1)源氏一門の妻女となった子女たち（足利義兼《よしかね》、阿野全成《あのぜんせい》、平賀朝雅《ひらがともまさ》の妻たち）（２）京都の王朝貴族たちの妻女（三条実宣《さねのぶ》・坊門忠清《ぼうもんただきよ》の妻たち）（３）東国武士の妻女（稲毛重成《いなげしげなり》・畠《はたけ》山重忠《やましげただ》の妻たち）となろうか。

　頼朝を聟としなければ、（３）の関東エリアの武士グループが北条氏の婚姻圏だったはずだ。その限りでは（１）および（２）のグループこそが時政を歴史の檜舞台にのぼらせたポイントということができる。頼朝の（１）は別にして、（２）のそれは時政の後妻牧ノ方との縁による可能性が強い。駿河国大岡牧（静岡県沼津市）出身の彼女は、この地の荘園領主が清盛の異母弟・池大納言平頼盛だったことから、京都とのパイプがあったとされる。

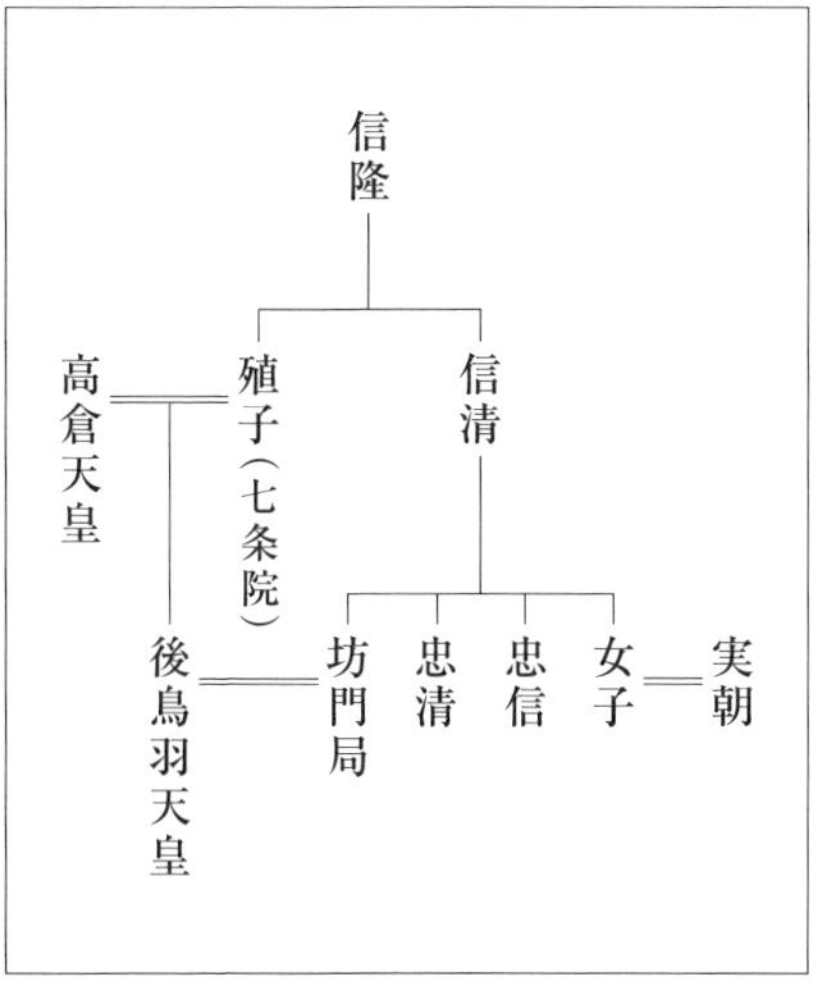

系図９　坊門家の婚姻関係図

　牧氏の出自は在地土豪説と京都出身説の両方がある。かりに後者を考えるとすれば、系図上では池禅尼宗子（頼盛の母）の一族に牧ノ方と思われる人物がたしかめられる。池禅尼は頼朝の助命嘆願を清盛に働きかけた人物として有名だろう。その一族に牧氏がいたとすれば、つまりは時政はその後妻に非清盛系に属する頼盛系との血縁ネットワークを選んだことになる。

　もちろん、それは結果論からの話で、当初より遠大な構想で牧ノ方に白羽の矢を立てたわけではなかった。時政と牧ノ方との婚姻は内乱勃発の直前のころと思われる。牧ノ方を後妻に選んだことで、頼盛—牧氏—時政—頼朝というラインが成立する。牧ノ方は時政にとって、頼盛系平氏の京都（王朝）と頼朝を結ぶ媒介項となった。時政の見果てぬ夢の起点には牧ノ方との結婚が小さくなかった。

頼朝の挙兵時、時政は四十三歳、牧氏陰謀事件で伊豆幽閉が六十八歳。この間の二十数年間が鎌倉での牧ノ方との営みだった。頼朝死後、遠江守へと就任したのが六十三歳。そして頼家更迭事件（比企事件）が六十六歳、その二年後に時政退場ということになる。その限りでは時政の執権就任にともなう権力掌握は、晩年のわずか五年間だった。

牧ノ方とともに構想した時政の夢とは何であったのか。元久二年（一二〇五）六月の畠山重忠の事件とこれにつづく牧氏陰謀事件は、女婿平賀朝雅の将軍擁立未遂事件へと発展、時政の失脚を招くことになる。

ここでもう一度、婚姻関係を見てみよう。牧ノ方の女婿たちとして京都グループに三条実宣、坊門忠清らがいた。二代頼家が幽閉先の修禅寺で殺された元久元年（一二〇四）、その年の暮れに新将軍実朝の妻に京都より坊門信清の娘が迎えられた。牧ノ方との人脈によるもので、これによって、牧ノ方と坊門一族の関係が深まった。坊門家は系図でもわかるように後鳥羽院の生母七条院《しちじょういん》殖子《しょくし》を輩出し、王朝における新興公卿勢力の代表的存在だった。

実朝と坊門家との婚姻を介しての点と線は、牧ノ方と時政にとって新たなる権力の構想を用意させたのかもしれない。実朝に代わる新将軍の擁立という構想である。娘婿平賀朝雅を推し立てることで、〝第二の頼朝〟を創出するという考え方だ。甲斐源氏出身の朝雅は貴種性という点で源氏の血脈を有し、さほどの遜色があるわけではない。京都守護の地位にあり、後鳥羽院の上北面だった朝雅は京都の人脈も厚い。頼朝・朝雅、世代は異なるにせよ時政は岳父の地位にあったわけで、自らが演出した方策によって娘婿の擁立に成功すれば純粋培養の東国将軍の誕生となる。北条氏による外戚関係の再生産が企図されたにちがいない。東国出身の貴種を全面に出すことで、自身とその子孫が政権の首座に就くことをふくむ方向が考えられていた。東国回帰を標榜しての共同統治への模索がはかられたのかもしれない。

かつて頼家と比企氏の関係を切断した時政にとって、実朝と坊門家との婚姻で後継が誕生したとしても、その権力を保障する方向は万全ではなかった。とすれば、牧ノ方・時政にとっての切り札こそが朝雅の将軍擁立だった。実朝廃位の計画が露見したのは、元久二年（一二〇五）閏七月十九日のことだった。この前々年の九月、将軍推挙が決定し実朝は時政邸へと移ったが、乳母の阿波局（政子の妹）から牧ノ方の害心の報が政子のもとに届けられていた。

「阿波局、尼御台所ニ参ジ、申シテ云ク、若君（実朝）遠州（時政）ノ御亭ニオハシマスコト、然ルベシトイヘドモ、ツラツラ牧ノ御方ノ体ヲ見ルニ、事咲《おか》シキノ中ニオヒテ害心ヲ挿《さしはさ》ムノ間、傅母《ふぼ》ト恃《たの》ミガタシ、定メテ勝事《しょうじ》（悪いこと）出デ来タランカト云々」（『吾妻鏡』建仁三年九月十五日条）。

政子・義時は即座に実朝の身柄を時政邸から奪い返すことで、危機を未然に防ぐことに成功した。時政・牧ノ方の実朝廃位はかくして失敗に終わったが、興味深いのは時政の娘婿の平賀朝雅はもとより、稲毛重成（その妻は建久六年に他界しているが、時政との関係は深く、畠山事件で謀略が露見、滅亡）はともに追討されているし、また宇都宮頼綱についても、出家するほどに陰謀事件とのかかわりが噂された。その点では陰謀事件の余波は、それなりに大きかったことがわかる。牧ノ方のその後に関しては不明ながら、時政はこの事件の責任から出家、伊豆への隠退を余儀なくされた。時政が死んだのはその十年後の建保三年（一二一五）のことである。

ちなみに、時政・牧ノ方の将軍擁立計画について、義時を自らの陣営に参入させ得なかったのは大きな弱点だった。義時と政子の二人三脚体制は、頼朝の血脈を継承させながら王朝との距離を抑制する方向だった。その点では頼朝路線の継承だった。時政の場合、牧ノ方との関係にシフトするなかで、京都（王朝）に軸足をおきつつ、王朝との親和性を宿した権力構想がはかられたのか。あるいは、そうした構想とは別に牧ノ方主導による陰謀に加担させられたのか、判断に苦しむ。というのも、この事件が露見したおりの時政の周章ぶりには、策略などなく、計画に加担させられた感は否めない。義時をこれに引き込むことなどはできるはずはない。いずれにしても、牧ノ方も、政子同様に、強い妻だったにちがいあるまい。牧ノ方の場合、時政との年齢差もあろうが、北条一門への思い入れは政子ほどにはなく、要は娘婿への血脈の継承にのみ主眼がおかれていた。

〈義時の死をめぐる点と線—色々の執心—〉

「棺を蓋《おお》いて事定まらず」との喩《たと》えのとおり、人の一生の評価がなかなか定まらない。義時もまたそうであった。とりわけその死をめぐっては。時政の話題が出たので、「鎌倉武士の恋愛事情」の最後にこの義時にバトンを繋げたい。

承久の乱の立役者にして執権体制の確立者、義時を一言で評すとそうなる。承久の乱はある意味で、治承・寿永の内乱をかわきりとした内乱の終着点にあたる。武家政権成立からわずか四十年にしか満たない時期の争乱だった。源家三代の鎌倉殿は、頼朝の二十年、頼家の五年、そして実朝の十五年、ザックリとした流れではこんなところか。治承四年（一一八〇）から承久三年（一二二一）までの時期は、幕府体制一五〇年間の前期に位置したことはいうまでもなかろう。そのキーマンとして義時がいた。義時については北畠親房《きたばたけちかふさ》『神皇正統記《じんのうしょうとうき》』に有名な一節がある。

北条義時花押

「義時久《ひさし》ク彼ガ権ヲトリテ、人望ニソムカザリシカバ」との評を与えつつも、「義時イカナル果報ニカ、ハカラザル家業ヲハジメテ、兵馬ノ権ヲトレリシ、タメシマレナルコトニヤ、サレドコトナル才徳ハキコエズ、マタ大名《たいめい》ノ下ニホコル心ヤ有ケン、中二トセバカリゾアリシ、身マカリ……」

（義時はどんな果報のゆえにか、はからずも執権の地位に就き兵馬の権を掌握したことは稀有のことだった。特別なる才徳がなかったにもかかわらず力を誇示しすぎたためか、承久の乱から二年後に死去してしまった）と。

右の指摘は承久の乱での武権の伸長についての記述でふれられているものだ。そこには義時の政治的力量の評価よりも、「才徳なき」義時の権力掌握はひとえに頼朝の政治的遺産を継承した点にあったこと、これを後押ししたのが後鳥羽の失政だったとする。この理解はともかく、承久の乱を勝利に導いた武家側の最高指導者が義時だったことは動かない。その後は親房も語るように、乱後二年の元仁元年（一二二四）六月、六十二歳で死去した。『吾妻鏡』は臨終の様子を次のように語っている。

「前奥州（義時）ノ病痾《びょうあ》スデニ獲麟《かくりん》ニ及ブノ間、（中略）今日寅《とら》ノ剋ニ落飾セシメタマフ、巳《み》ノ剋ツヒニ以テ御卒去《ごそっきょ》、御年六十二、日者《ひごろ》脚気ノ上、霍乱《かくらん》計会スト云々」（六月十三日条）。

前日から義時の病悩は深刻さをくわえ、心神違乱がつづき諸種の祈禱も功をなさず卒去したとある。脚気と霍乱を併発したためと記すが、あまりにも突然の死であったことから風聞がささやかれた。後鳥羽院の怨霊もそうであった。あるいは近習《きんじゅう》の小侍に刺し殺されたという異説もある（『保暦間記』)。

そんななかで『明月記』に二位法印尊長《にいのほういんそんちょう》が語ったとする毒殺説は、おおいに興味をそそられる。尊長は承久の乱での京方の首謀者の一人だった。乱後は幕府の追及を逃れ数年後に捕縛されたが、六波羅探題に引き出されたおり「義時の妻が義時に飲ませた薬でおれを殺せ」と叫んだという(『明月記』安貞元年六月十一日条〈断簡〉)。この尊長の話が事実だとすれば、義時は最愛の妻に殺されたことになる。病気と毒殺とでは大ちがいだろう。伊賀氏陰謀事件はたしかにあった。義時の後妻の伊賀氏を中心とする新将軍擁立のスキャンダルだった。

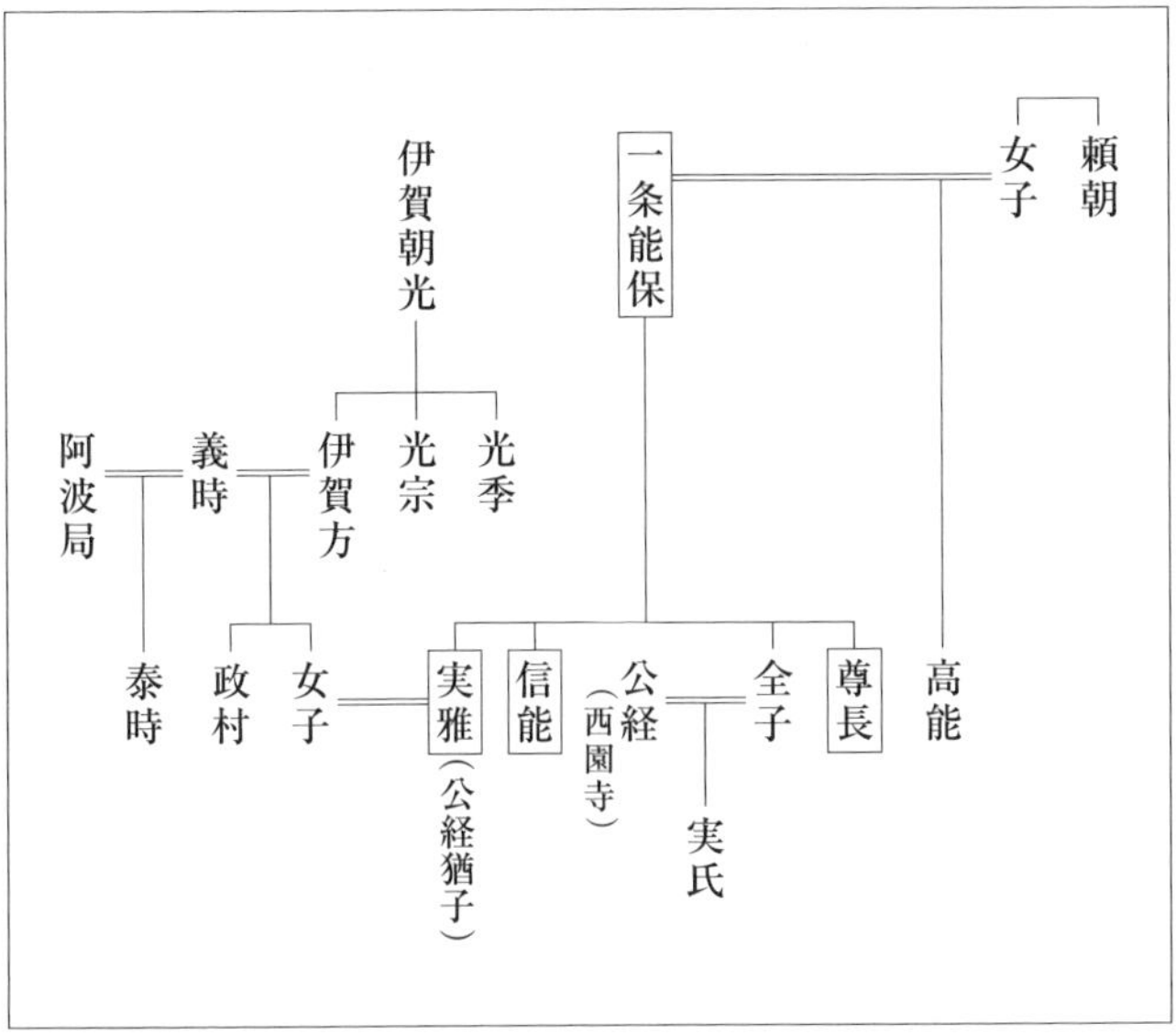

系図10　一条家の婚姻関係図

系図でもわかるように、義時には前妻の阿波局(同名ながら、阿野全成の妻で政子の妹とは別人)との間に嫡子泰時がいた。伊賀局との間の政村を執権に、そして娘婿の一条実雅《いちじょうさねまさ》を将軍に立てる計画である。前述の牧氏事件とも通底する。

将軍候補とされた実雅は親幕公卿の代表一条能保の血脈に属し、西園寺公経の猶子という関係だった。能保死去後、一条家は承久の乱では後鳥羽側と鎌倉側に分立した。このうち信能・尊長が院側に与した。義時毒殺を云々した尊長はこの実雅の兄にあたるわけで、鎌倉側の情報もあるいは入手しやすかった可能性も高い。伊賀局の兄光季《みつすえ》は義時の信頼も深く、承久の乱の直前に京都守護として幕府から派遣され、挙兵した後鳥羽上皇側に攻撃され滅亡した人物だった。伊賀局は次兄の光宗とはかり、三浦義村をかかえこみ政村・実雅を鎌倉の主にしようと暗躍した。この件は政子自らが出馬して義村を説得、不発に終わった。

ちなみに『吾妻鏡』は義時死去後の政治状況を「鎌倉中物忩《ぶっそう》」（貞応三年七月五日条）と表現している。泰時排斥をもくろむ伊賀氏の不穏な空気を語ったもので、義時の死因は〝藪のなか〟だとしても、それ如何によって鎌倉の政治的様相はかなり異なってくる。

第三章　動乱期南北朝と修羅の恋

新田義貞　「少年国史物語」(国立国会図書館蔵)

十四世紀半ばもまた中世の画期の一つだろう。鎌倉末期の元弘・建武の乱から南北朝動乱にいたる流れがここでの対象となる。『太平記』にはそれが象徴的に語られている。天皇では後醍醐・後村上の両者が、将軍では足利尊氏・義詮にいたる半世紀の流れが叙述されている。そこには〔恋する武士〕の諸相も散りばめられており、『平家物語』と趣《おもむき》を異にする世界が表明されている。当然ながら、個々の人物たちの行動は時代を背負う形で語られる。本章であつかう武士たちも『太平記』を素材としているが、むろんそれのみではない。例によって人物の視点と時代を加味した巨視的な見方を提供したい。(1)「偕老の契り」と修羅の諸相」では幕府終焉にさいし、鎌倉側の北条一門がどのような最期を迎えたのか、そのさいの夫婦愛の絆に分け入り紹介してみたい。そして(2)「武将たちの恋の深淵」では建武体制から足利政権樹立後の流れのなかで、南北朝期の武士たちの恋にまつわるディープな場面について語っておきたい。

（1）「偕老の契り」と修羅の諸相

〈佐介貞俊の妻室と「偕老の契り」〉

「偕老同穴《かいろうどうけつ》」は夫婦の永遠の愛の証しとして、「比翼連理《ひよくれんり》」ともども広く知られる。年老いて死に臨み、同じ墓に入ることの喩《たと》えである。『太平記』（巻十一）には北条方の有力武将の最期が記されている。佐介貞俊《さすけさだとし》もその一人だった。鎌倉の佐介ケ谷《さすけがやつ》に住し時房流（義時の弟）に属した。時政から六代目にあたる人物が貞俊である。「武略才能共ニ兼タリ」といわれる人材だった。得宗家の高時との折り合いが悪く重用されぬまま、元弘の乱では楠木攻略の寄手《よせて》にくわえられていた。

千種忠顕《ちぐさただあき》を介し後醍醐側への内応の意思も示していた。捕縛後は阿波へと配流された。だが、新政権下では当初の約束は反故とされ、斬首の処罰が決せられた。無念のなかで貞俊は鎌倉の妻子の行く末を案じつつ、死出の旅路につく。

皆人の世に有る時は数ならで　憂《うき》にはもれず我身なりけり

（北条の世では一緒に仕えた人々は栄えたのに私は期待もされなかった。今は同じ北条の一門としてつらい罪を人並みに受けることの理不尽さよ）

斬首のおり、貞俊は自身の腰刀と小袖を鎌倉の妻女に形見として託した。元弘三年（一三三三）秋のことであった。辞世の句を詠じた貞俊の最期の様子を鎌倉に聞いた妻は、失意と絶望のあまりに自害した。

誰《だれ》見よと信《かたみ》を人の留めけん　堪《たえ》て有《ある》べき命ならぬに

（誰に見せるための形見なのであろうか。夫の死した後にそれに堪えるほどの命はない私なのに）

「偕老の契り」の美談として北条（佐介）貞俊夫婦の深き愛を伝えている。『太平記』が語るこの美談とは別に、降参人の処遇という問題にも議論を広げておこう。

降参した北条与党への処罰は厳しさをともなった。降参の作法は一般に〝不《ふ》三得七《さんとくしち》〟とされた。自己の所領の七割が没収され、三割は許されるとの法的慣習があった。命の保証は当然だった。これがルールである。けれども北条氏への処罰は峻厳を極めた。その限りでは貞俊と千種忠顕との約諾は無に帰したことになる。得宗家に繋がらないにせよ、時房流に属した貞俊の場合、情状酌量からはやはり隔たりがあったようだ。

北条与党として、血脈を異にしたためか助命された人物もいた。それはテクノクラート的立場の御家人だった二階堂道蘊《どううん》などの法曹吏僚《ほうそうりりょう》である。道蘊の場合、最終的には死を与えられたが、しばらくは建武式目の制定に関与するなど、それなりに居場所が与えられた。体制が変わっても職能や技能を保持した吏僚的御家人は、生きる方策が残されていた。

それはともかく、『太平記』が降人のあり方に言及しているのは興味深い。この貞俊もそうだが、父時俊あるいは得宗関係者は金剛山攻略の最中に出家し降人となった。しかし彼らはその後、京都に囚人として護送され阿弥陀峰《あみだがみね》（京都市東山区鳥辺山）で極刑に処せられた。これに関して、『太平記』は源平争乱期での悪源太義平《あくげんたよしひら》や屋島内府宗盛《ないふむねもり》の例を出し、彼らが戦闘での囚人であったのに比べ、この北条与党者の面々が戦う以前に降人となったことの非を語っている。武士たることへの誇り云々を問題としたのはわかるが……。

『太平記』のその評は酷に過ぎるようだ、貞俊らが降人となったのは、鎌倉陥落の情報のなかで抗すべき情況が一変したためだった。降人としての彼らの選択は戦闘の終結に少なからず寄与したはずで、非とするにはあたらない。結果は結果なのだが、降参した武士の対応という点で時代が情況に優先したのかもしれない。しかし、時代が変容しようと恋慕し合う男女の想いは不変ということ

系図11　佐介北条氏略系図

か。
〈恋する武士〉のテーマからは少し遠くなったが、鎌倉武士の夫婦の契りの典型を見出すことができそうだ。殉死した貞俊の妻との対比で言えば、以前にもふれた『平家物語』の清経の妻の場合と異なるものがあった。戦わず、入水した夫の不甲斐《ふがい》なさを難じ清経の形見の受け取りを拒むのである。彼女の場合、偕老の契りをたがえた清経の薄情さへの怨みが感情として先行したということか。相手の死の受け入れ方の彼我の差は、多分に時代に解消されぬものもあるようだ。

〈淡河時治、妻女への愛しき遺言〉

幕府滅亡のおりの北条一門の悲劇は語るに枚挙に遑《いとま》ないほどである。以下に示す淡河時治《あいかわときはる》のケースもそうだった。重時流に属した時治は、越前国大野《おおの》郡の牛原《うしはら》荘（福井県大野市）の地頭だった。父義政は信濃国塩田《しおだ》（長野県上田市）に住したので塩田北条氏の祖とされる。『姓氏家系大辞典《せいしかけいだいじてん》』には時治を時房流として時盛の子とするが、時代的に合致せず訂正を要するようだ。『系図纂要《けいずさんよう》』の注記を引用したための錯誤の可能性が高いとされる。

六波羅探題滅亡の時期、ここ北国方面でも反幕の動きが高まっていた。北条一門に属した時治も、北国戦線へと派遣された。牛原荘は九頭竜川《くずりゅうがわ》をはさみ対岸に平泉寺《へいせんじ》（延暦寺の末寺）があった。そのため僧兵たちの攻撃にさらされた。時治は平泉寺衆徒の攻略の前に自らの進退を決断し自害した。

以下に紹介するのは、その悲話についてのものだ。自害に先立ち彼は妻に対し、幼き二人の男子も敵は許さないだろうから「冥途ノ旅ニ伴フベシ」と伝え、そして妻には己の死後までも安泰なることを願いつつ「女性ニテヲワスレバ……命ヲ失ヒ奉ルマデノ事ハ非ジ……如何ナル人ニモ相馴《あいなれ》テ」と語り命をまっとうするように伝える。これは軍記とはいえ史実に近い場面だろう。属するとは、時治がかく語ったか否かは別にしても、彼の自害とそれにまつわる出来事はあった。『太平記』作者をして語らしめたように、当時の一般的慣習では敗者となった場合、〝男子は許されず、女子は妻ともども咎めなし〟とするのが、敵人への対処だった。

騒擾事件の関係者への処罰として、責任の軽重を前提に女子は配流や断罪から免れるとされた。僧侶・公家の場合も流罪というのが相場だった。だが武士は死罪とされた。武の血脈を継承する男子は幼少だとしても原則はそうだった。

よく知られている例では、義経の愛妾静が鎌倉で出産した子が男子であったがゆえに、由比ヶ浜

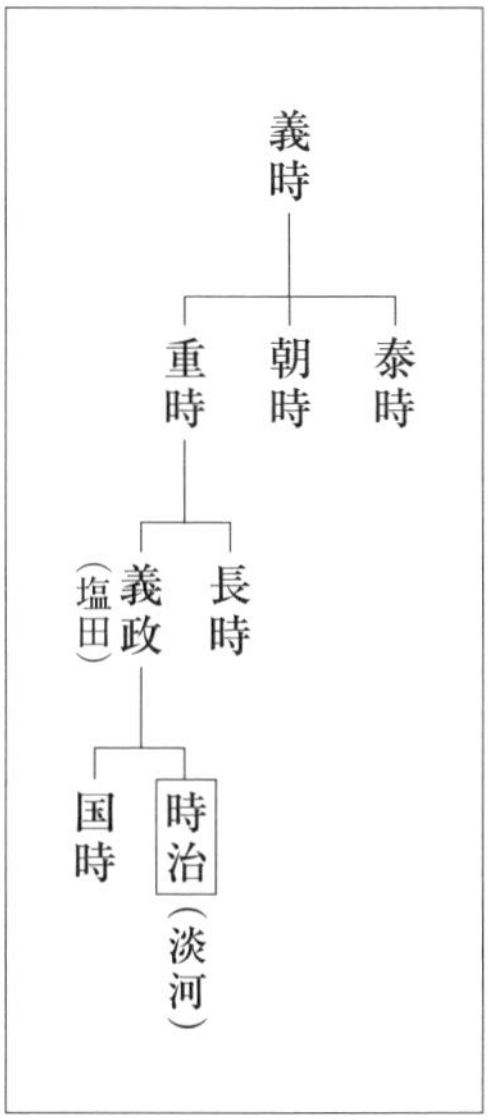

系図12　塩田・淡河北条氏略系図

で命を奪われたのもそうした事情からだ。『吾妻鏡』に女子ならば救い、男子なら誅すべしとの頼朝の発言が見える（文治二年閏七月二十九日条）。もっとも当の頼朝は平治の乱にさいし、源家嫡流にもかかわらず池禅尼の助命嘆願で救われたのは、まさに例外中の例外であった。そのことが後年、平家の命運に仇をなしたことは歴史の皮肉ではあったが……。だからこそと言うべきか、頼朝は義経の男子に己を見たのだろう。

それはともかく時治の覚悟を知った妻女は、幼児二人とともに大野盆地の西部を流れる鎌倉淵（九頭竜川の支流）に身を投じ愛《いとお》しき夫に殉じたのであった。時治の遺言にたがえた妻の行動だった。愛別離苦の責めを自らに課し、出家して後世《ごぜ》を弔う選択もあったのだが。生きることの不条理から解き放たれることこそが、愛する者たちを救う唯一の途と思い定めての行為だった。これもまた夫に殉じた愛のあり方だった。

〈怨霊となった修羅の情念―北国戦線の悲劇―〉

『太平記』もまた『平家物語』と同じく、恋の修羅場が描かれている。ただし、『太平記』の修羅は比喩としてのそれではなく、臨戦状況での生死の選択に付随する物語が少なくない。前述の佐介貞俊がそうだし、淡河時治も同様だ。そして以下で紹介する名越時有《なごやときあり》一族の場合も極限情況での妻女たちへの愛の行方のあり方もそうだった。いささか散文的な表情を有する『太平記』ならではの雰囲気もただよう。

鎌倉滅亡のおり攻守の世界でさまざまな出来事が生まれた。元弘三年（一三三三）五月、出羽・越後方面から南下する反幕軍を迎撃すべく、越中守護名越時有とその弟有公《ありとも》、さらに甥貞持の三者が一族一門八十人弱で越中の国府高岡《たかおか》の二塚《ふたつづか》に陣取っていた。援兵無き情況で彼らの選択は、妻子を船に乗せ沖で沈め、自らは守護館に火をかけ、自害するとの策だった。

「云甲斐ナキ敵ノ手ニ懸《カカ》リ、縲紲《るいせつ》ノ恥ニ及バン事、後代マデノ嘲《あざけ》リタルベシ」との心情だ。名もない敵に捕らえられるのは、後代の恥との意識だった。大軍来襲を前に負けない敗れ方を如何に演出するのか、この点こそが越中守護名越時有以下の覚悟だった。「偕老ノ契リ」とおぼしき年齢の時有夫婦の間には二人の男子がいた。そして時有の弟有公の妻は結婚三年をへて懐妊の身であった。さらに貞持の場合には一層の悲しみをさそう。何しろ妻は京より迎えた新婚数ヶ月の恋女房だった。三年の間も貞持は彼女を「恋慕」しつづけ連れ来ったばかりのことだった。

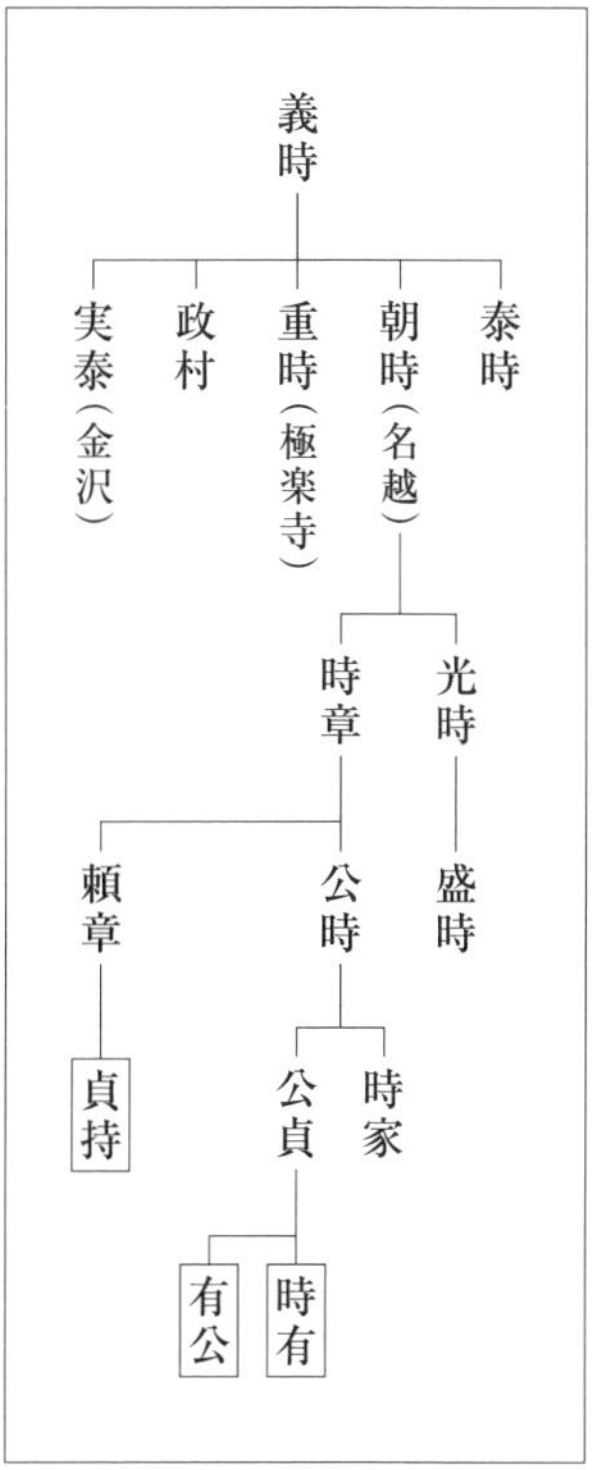

系図13　名越・北条氏略系図

「つひに行く道とはかねて聞きしかど　昨日今日とは思はざりしを」（『古今集』巻十六）と詠じた在《あり》原業平《わらのなりひら》の哀傷にあふれた歌を持ち出すまでもなく、これら三者の夫婦たちの契りには、それぞれに濃密な想いがあったに相違ない。越前牛原荘での淡河時治もそうだが、救われるべき妻女の立場であったとしても、死を選択したのだった。

それは「後代マデノ嘲《あざけ》リ」を夫とともに共有したがためだった。すでにふれたように、およそ戦場における自害とは敵に対しての〝負けない敗れ方〟の最たるものだった。生虜・捕縛という形での敗北は戦場での利敵行為に広くつながった。同じく自己の陣営を敵に奪われることもやはり恥辱だった。つまりは属する集団の負の連鎖を自らの力で断つこと。そこにこそ〝負けない敗れ方〟の本質が宿されていた。

敵に首を与えることは、同一次元（＝同一土俵）での戦闘にともなう行為の結果だった。その限りでは心情において勝敗は明瞭なのである。したがって自害とは、配色濃い情況下で自らの意志で死を選択することで、別次元に自己をリセットする行為ということができる。

妻子をも犠牲にする自害という行為も、広く「負けない敗れ方」にくわえることができよう。いささか話が横道にそれたが、時有以下『太平記』に名をとどめた一族の覚悟のおおよその事情はこのようなものだった。海上に漕ぎ出た時有の妻は子息をともない水没、有公・貞持両人の若き妻女たちは「手ニ手ヲ取組デ、同ジク身ヲゾ投《なげ》タリケル、紅ノ衣《きぬ》絳《あかき》袴《はかま》ノ暫《しばらく》浪ニ漂《ただよひ》シハ……寄来《よせきた》ル浪ニ紛レテ、次第ニ沈ム……」と、その最期の様を語る。

後日譚として、海没した彼らの「幽魂亡霊」の件がまことしやかに噂にのぼる。夫婦たちの執念が「執着ノ妄念」となって現れたためだという。「偕老の契り」をはたし得なかった時有以下の無念が、死後もその妻子たちとの再会を求め沖合に出没したのだった。これも鎌倉滅亡のおりでの悲劇の一齣《ひとこま》だった。

（2）武将たちの恋の深淵

〈婆娑羅大名師直の邪恋〉

高師直《こうのもろなお》の無軌道ぶりについては『太平記』に多くの逸話が残されている。その徹底した反社会的行為の記憶は随筆『塵塚物語《ちりつかものがたり》』（十六世紀後半成立、中世の故事・逸話を収録）や浄瑠璃『仮名手本忠臣蔵《かなでほんちゅうしんぐら》』にまでおよんでいる。とりわけ後者のそれは師直が吉良上野介《きらこうずけのすけ》に投影されるなど、勧善懲悪主義の立場からは嫌われ者として定着している。

そうした後世の記憶とは別に、師直的な伝統的価値の破壊者を生み出す中世のエネルギーについても、見直されるべきだろう。型破りの大名・武士は当時「婆娑羅《ばさら》」とよばれた。門跡寺院《もんぜきじいん》の妙法院《みょうほういん》に火を放った佐々木道誉《どうよ》（高氏）や光厳《こうごん》上皇の行列に狼藉行為をはたらいた土岐頼遠《よりとお》（巻二十一・二十三）などが名高い。要するに婆娑羅とは伝統を逸脱した新規なモードの体現者だった。その点で

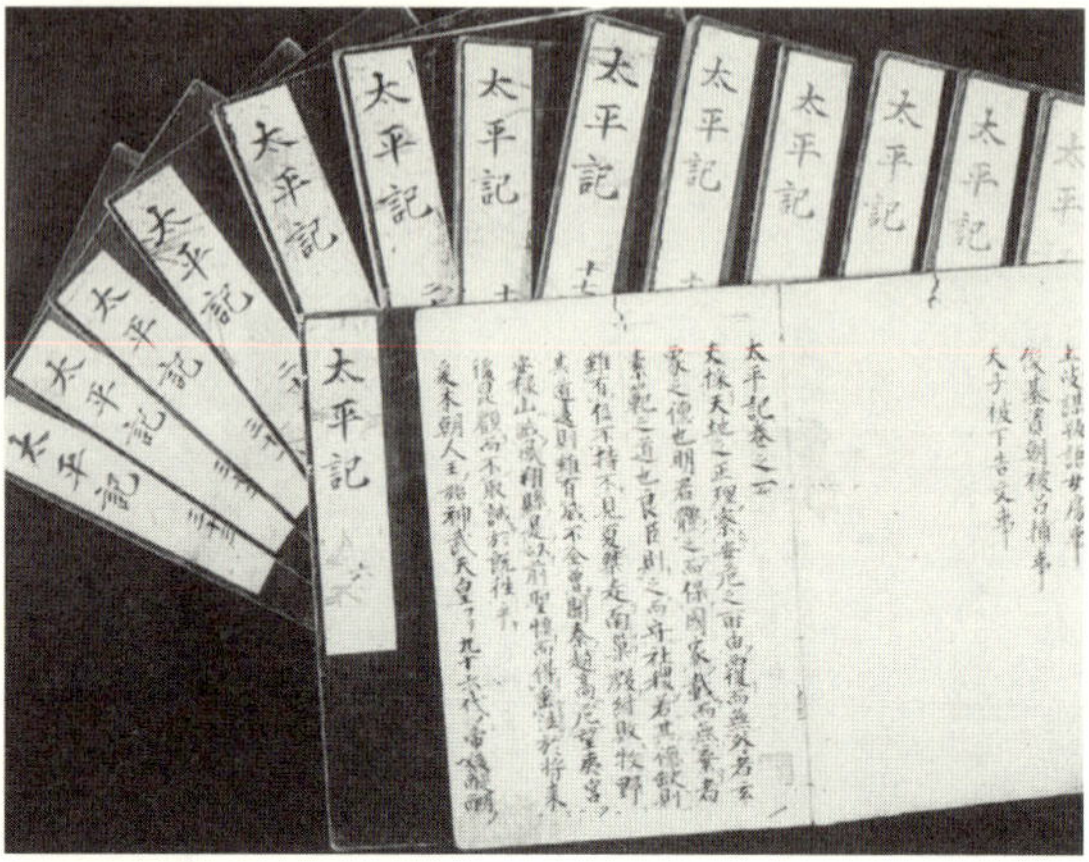
『紙本墨書太平記』（日本大学文理学部図書館蔵）

は高師直もまた「婆娑羅」のムードを象徴する一人だった。

師直は好色譚という点でも常軌を逸した話を残した。とりわけ塩冶《えんや》判官高貞《たかさだ》の妻への横恋慕は最たるものだろう。高貞の妻に一目惚《ひとめぼ》れした師直は強引にこれを奪おうとして、〝邪《よこしま》な恋のため奸計《かんけい》をめぐらす。『太平記』（巻二十一）に記す内容は、誇張があるにしろ〝目的のためには手段を選ばず〟の時代風潮が活写されている。

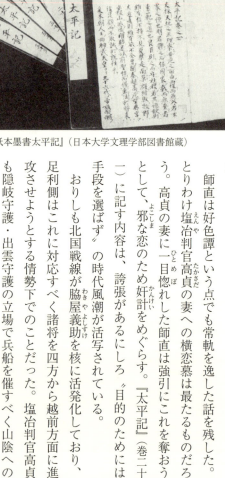

おりしも北国戦線が脇屋《わきや》義助《よしすけ》を核に活発化しており、足利側はこれに対応すべく諸将を四方から越前方面に進攻させようとする情勢下でのことだった。塩冶判官高貞も隠岐守護・出雲守護の立場で兵船を催すべく山陰への往還の日々だった。高貞が多忙を極めていたおり、師直には京都に残された妻女を目にする機会があった。ちょうど師直が病を得て都にいたころだ。ある侍従女房の語った高貞の妻の美貌ぶりに興味をそそられ、彼女の導きで湯上がり姿を盗み見て、その美しさのゆえに舞い上がってしまったのだ。

恋文の代筆者として有名な兼好法師も登場する。彼女の心を動かそうとした兼好の作詠もどうやら不調に終わったようで、師直は募る片想いの心中を薬師寺公義《きんよし》に相談した。秀郷流の小山氏の流れに属したこの人物は、歌の世界にもつうじていた。師直の心情を代作させ塩冶判官の妻女に送ったものの、返事には「重キガ上ノ小夜衣」とのみ言い捨てられただけだった。

『新古今集』（巻二十）に載せるこの片句は、「さなきだに重きが上の小夜衣　我妻ならぬ妻な重《かさね》そ」（夜着が重い上に他の夜着の褄《つま》を重ねることはできない。想い人は二人はいらない）。この本歌を無視した師直は、謀計を企《たくら》み塩冶判官の「陰謀ノ企《くわだて》」を尊氏・直義に讒言する。謀叛の疑いをかけられ高貞は、無念の思いで妻子たちをともない都を脱出した。領国の出雲・伯耆方面をめざすが、山名《やまな》時氏《ときうじ》や桃《もも》井直常《のいただつね》らの追っ手に追撃され落命してしまう。暦応四年（一三四一）三月のことだった。

高貞追討の件は『師守記《もろもりき》』（十四世紀後半に成立。外記の中原師守の日記）にも見えており、師直の横恋慕が原因かどうかは定かではないにしろ、師直の専横さからいかにもという事件といえる。この師直の謀略も肝心の妻女を失ってしまったわけで、高貞にしてみれば、これまた〝負けない敗れ方〟

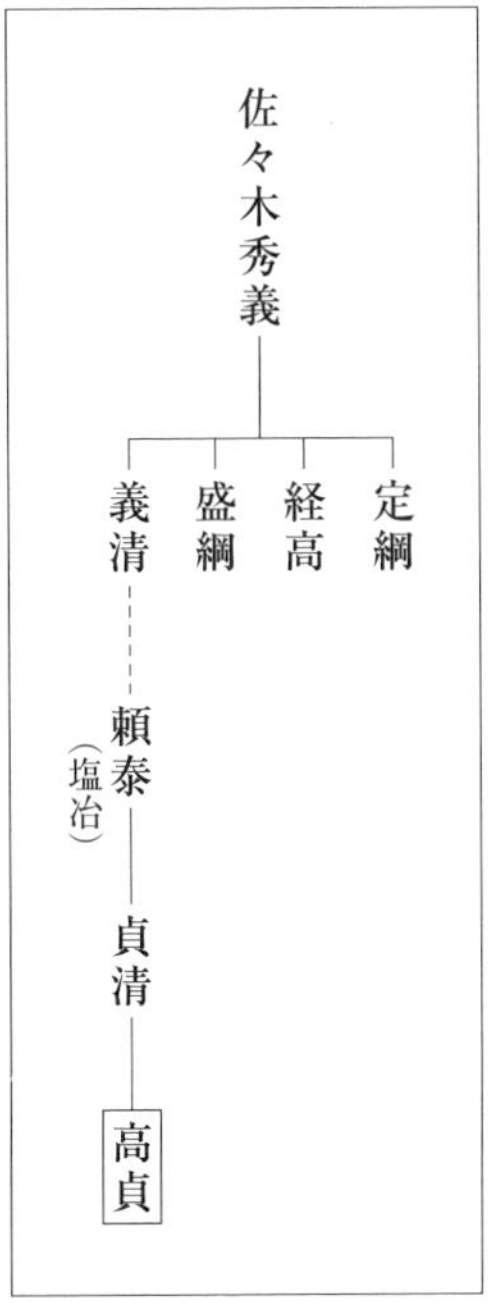

系図14　塩冶氏略系図

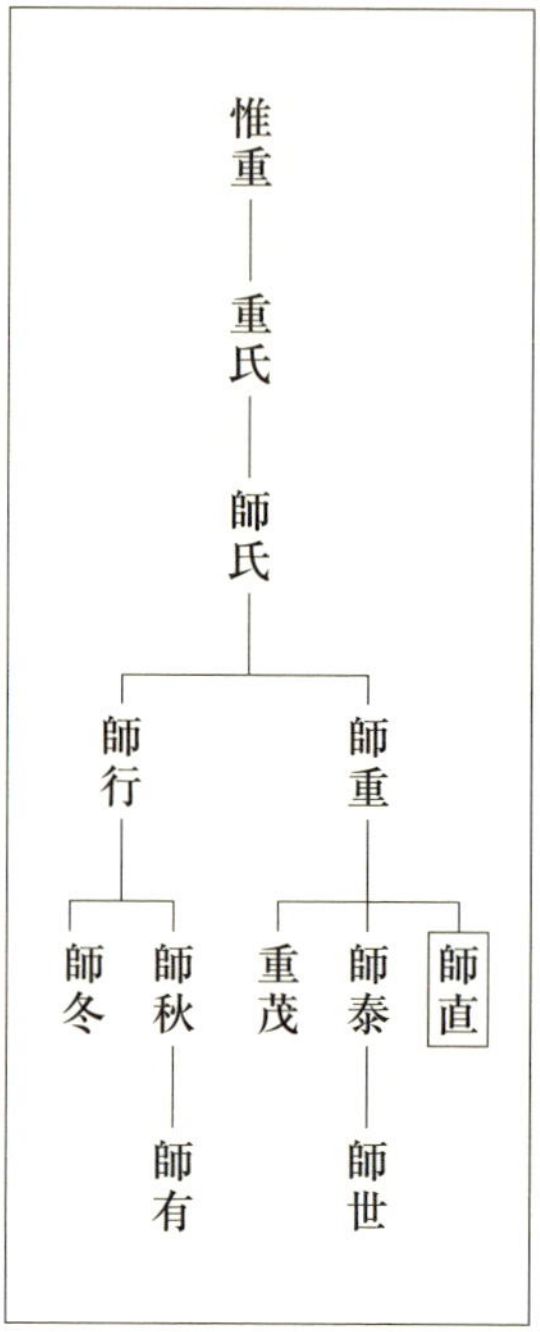

系図15　高氏略系図

を演出したことになろうか。

それにしても、『太平記』の高貞夫妻と一族の最期の激烈な戦闘シーンは壮絶な描写であふれている。

〈師直の真骨頂〉

近世江戸期の歌舞伎世界では、吉良上野介に重ねるほどに師直は人気が薄い。宜《むべ》なるかな、ではあるが。その評の過半はやはり『太平記』の責任だろう。『太平記』が近世の庶民に歓迎されるのは、そこに勧徴史観が込められているからだ。善と悪との対比が巧みに配されている。師直は悪の代表として描かれている。塩冶判官の妻をわがものにしようと画策、ついに塩冶を追い込み権謀により目的を達する。目的最優先を体現した武士という点で、非道の象徴として記憶された人物だった。

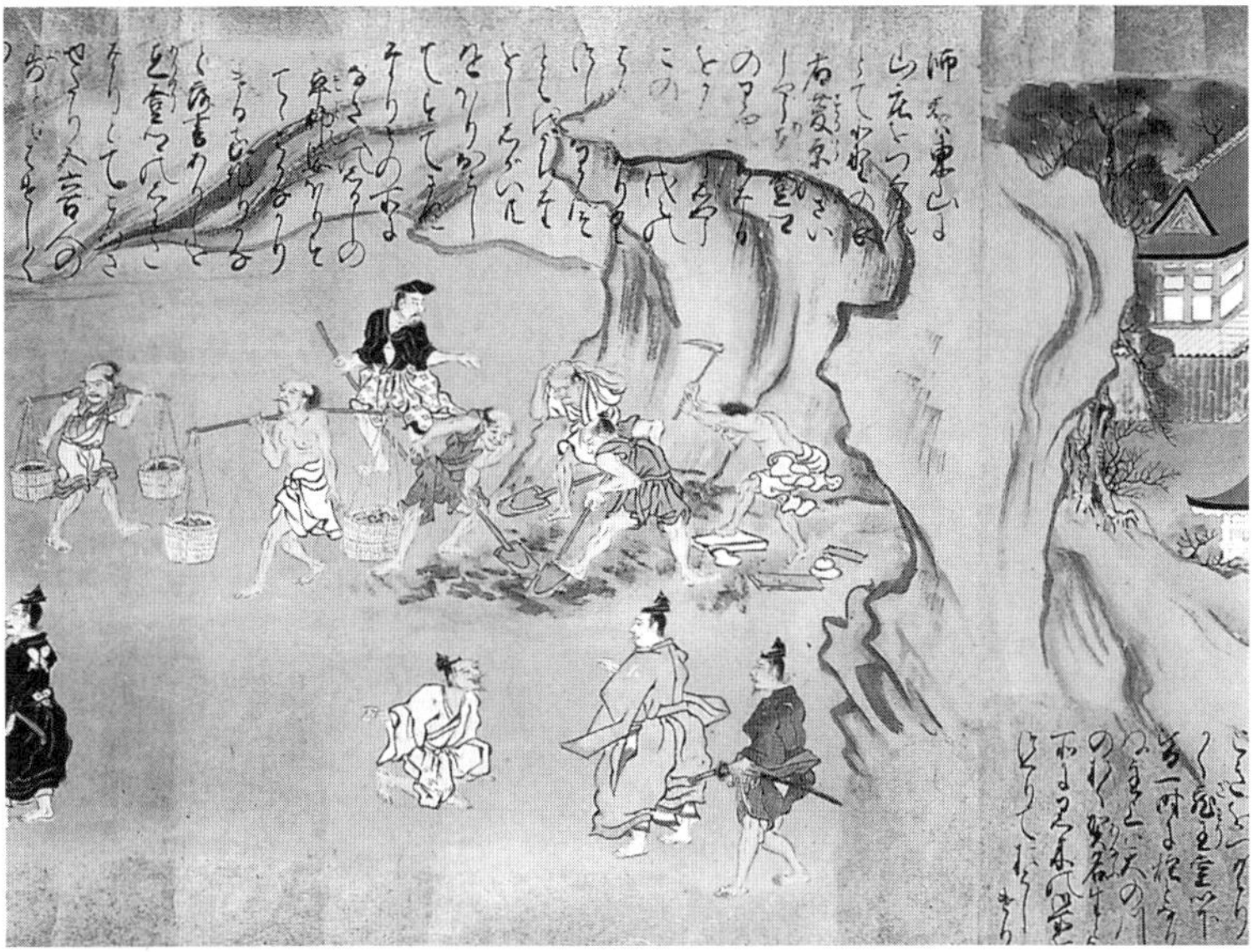

執事兄弟奢侈事。『太平記絵巻』（埼玉県立歴史と民俗の博物館蔵）

史実がどうであろうと、ある物語を鋳型に入れ解釈しようとする近世的世界では、師直的人間像は嫌悪されることになる。

だが師直の武将としての戦略・戦闘ぶりはおおいに注目に値しよう。楠木正行《まさつら》との四条畷《しじょうなわて》合戦と、それにつづく吉野攻略戦しかりである。「将軍（尊氏）モ左兵衛督（直義）モ、執事兄弟（高師直、師泰）無テハ、誰カ天下ノ乱ヲ静ムル者有ルベキ」（『太平記』巻第二十六）と語るほどに彼への期待値は高かった。当然その武功たるや群を抜くものがあった。

たしかに師直兄弟のイメージは『太平記』が増幅したものだ。「背徳の権化」ともよび得るその行動力は、伝統や因習にこだわらない新しいタイプの人間像が象徴化されている。一言で表現すれば〝中世的人物像〟の典型だったとも考えられよう。彼らが直義《ただよし》と対立し、その後に観応《かんのう》の擾乱《じょうらん》（一三四九―五二年）の引き金になることはよく知られている。秩序・伝統への回帰をめざす直義的立場からは、無軌道に走る秩序への挑戦と映じたはずだ。

両者ともども武人ながら、直義は夢窓疎石《むそうそせき》に帰依し禅的な自律主義を標榜した。直義は理想肌の観念的傾向が強い人物として『太平記』には描写されている。他方、師直・師泰の場合は真逆に位置した。現実主義に徹した彼らは自分の眼力を信じ、価値の強要を排する志向が強い。別の言い方をすれば、知識・見識重視型と直感・智恵依存型という二つのタイプの両極に直義と師直は位置した。

尊氏の場合、いささかの分裂気質のゆえかこの二つを併有していた。そのあたりの人間類型云々はさほど生産的議論とはならないものの、時代が輩出した人物という点では師直型は出色の感があるはずだ。怨《うら》み・祟りなどの宗教的畏怖の観念とはおよそ無縁であった師直たちの生き様は、バサラ気分があふれ出る『太平記』的人物の典型ということができる。

〈佐々木信胤の南朝降参の裏事情、「恋は曲者」か〉

佐々木一族と高氏との因縁の対決は、例の塩冶判官と高師直のことだけではなかった。備前の佐々木信胤《のぶたね》の足利への反旗もまた高師秋《もろあき》との女性をめぐるトラブルに端を発する。まことに「恋は曲者」（謡曲『花月』のなかに見える一節）だった。恋ゆえにあり得べからざる行為にいたることもあっ

佐々木信胤成宮方事。『太平記絵巻』（埼玉県立歴史と民俗の博物館蔵）

た。佐々木信胤の行動もこれに近い。

折得ても心許すな山桜　さそふ嵐に散もこそすれ

この歌は『太平記』（巻二十二）に見える恋の裏事情にかかわるものだ。二人の武士に愛された女性の心の弱さを桜の花に喩えた内容で、一旦は決まった男のものになっても、さそう風＝求愛の強い方になびいてしまう切ない女性の心持ちを揶揄《やゆ》したものだ。

主人公の名は佐々木信胤といった。備前国児島郡飽浦《あくら》荘の住人で、建武二年（一三三五）末に四国において、足利方に与同する細川定禅《じょうぜん》らとともに挙兵した武士である。この信胤の恋敵が高師秋（父は師行）である。権勢を誇る高一族の師秋の想い人を奪い師秋の不興を買ったことで、信胤は師

系図16　盛綱流佐々木氏略系図

秋と敵対し南朝に与《くみ》する。〝傾城《けいせい》の美女〟の喩《たと》えの如く、恋の力は戦いの場にも影響を与えた。ここに登場する師秋の懸想人とは菊亭《きくてい》（今出川）大臣家に仕える女官だった。信胤はこの女官をわがものとしたのだった。

信胤の流祖は宇多源氏の佐々木四兄弟（頼朝挙兵に参陣）の三郎盛綱《もりつな》である。『平家物語』に見える有名な備前藤戸《ふじと》合戦の論功で加治《かじ》・飽浦の地を与えられた。その名族佐々木氏の流れに信胤がいた。当初、足利勢だった信胤の裏切りの事情には、前述したように恋敵の師秋との確執によった。信胤は小豆島《しょうどしま》に進撃し足利与党を駆逐して吉野側の来援を要請した。

この信胤の寝返りは劣勢の吉野側にとって慈雨にも等しかった。南朝側は後醍醐天皇が没し、新帝後村上の即位にともない再建が急務とされていた。新田義貞の戦死後、北国戦線で越前を失い、弟の脇屋義助を軸に新たなる橋頭堡《きょうとうほ》が必要とされていた。伊予方面への義助の派遣が吉野側で議されていた。そうした情況下での信胤の南朝参陣は大きな力となった。

信胤のライバル師秋に関しては前述の系図でも示したように、師直とは従兄弟の関係にある。ただし師直・師泰が尊氏党であるのに対し、師秋は直義党だった。『尊卑分脈《そんぴぶんみゃく》』によると師秋の妻は上杉憲房《のりふさ》の娘とあるが、妻とは別に菊亭左大臣家の女官と情を交わしていた。「山桜」を折り得て安心していたところに、信胤がその女性に想いを懸け「さそふ嵐」の如くわがものとしてしまった。激怒する師秋は報復に出る。信胤の足利側からの離脱と南朝参陣は、まさに恋敵への対抗からだった。

信胤の行動は師秋に対する利敵行為を誘発させた。このことは個人の資質に還元されるべきで、必ずしも時代の理由ではない。一見、恋敵の行動ではあるが、時代を超えた人間模様だった。そうした感情の暴発が容易となる情況がこの時代にはあふれていたことだけはまちがいない。『太平記』が主題とした南北朝の時代は、『平家物語』的な中世初期と異なり、感情を封印することの導火線が極端に短くなったことは疑いない。それゆえに「恋すること」も「死すること」も短絡的世界と同居し得た。信胤の裏切りという行為も、その点では同一ベクトルということができる。奪った信胤も奪われた師秋も、その背後には面子があった。その厄介な感情の納め方が器量・度量ということになるのだが……。

備前での信胤のように地域レベルの私闘が各地でなされ、それが南北朝の動乱をさらに混迷化させた。高一族のような有力大名の色恋沙汰の始末のつけ方が、紛争の火種を宿すことになり、恋の災いが身を滅ぼすことにつながった。『小豆島肥土荘別宮八幡宮縁起《しょうどじまひど》』(『香川叢書』)によれば、信胤は貞和三年(一三四七)までに小豆島を制圧したが、細川氏の進攻で降伏、その後に師秋の命で信胤の旧臣に討たれたとの伝承もある。
次の主題は、恋と裏切りにかかわるテーマが主題になる。

〈寝物語の罪、土岐頼春の回忠〉

婆娑羅大名的存在として土岐頼遠《ときよりとお》がいる。頼遠は桔梗《ききょう》一揆を組織し東美濃方面で活躍した武士だった。康永元・興国三年（一三四二）六月、光厳《こうごん》上皇の行列に酔狂のあまり矢を射掛け、足利直義に処罰された事件の張本である。頼遠の高慢は何よりも、破竹の勢いで南下する奥州の北畠顕家《きたばたけあきいえ》軍を阻止防戦したことが大きかった。右の不敬事件から五年ほど前の美濃青野原合戦での武功である。今川了俊《いまがわりょうしゅん》の『難太平記《なんたいへいき》』にもこの桔梗一揆の勇名がふれられているほとで、土岐頼遠の強盛も当然だった。

美濃東南部に位置する土岐を本貫とした同氏は美濃源氏の名族である。その土岐氏の中興の祖が頼遠の父頼貞だった。『尊卑分脈』にも「弓馬上手」「歌人」とあり、文武両道の武人と見える。そして尊氏に「土岐たえば是たゆべし」（『土岐家聞書』）と言わせるほどに、美濃守護たる土岐氏の地位は高かった。

ただし、そんな名族土岐氏にもターニングポイントがいくつかあった。婆沙羅的気分があふれるこの一族のなかで、色恋譚がないではなかった。その一つが正中《しょうちゅう》の変（一三二四年）発覚の原因ともなった土岐頼春の言動だった。南北朝の動乱の前ぶれともいうべきこの政変の失敗は、些細な出来

頼春回忠事。『太平記絵巻』（埼玉県立歴史と民俗の博物館蔵）

土岐頼員とその一族の墓（岐阜県瑞浪市）

事からはじまった。もちろん頼春の寝物語がすべてではなくとも、色恋沙汰がからんでいたことはおもしろい。

この事件は一族の頼春の〝舌一枚〟からはじまった。『太平記』には「頼員《よりかず》回《かえり》忠《ちゅう》事」として載せるが、「土岐系図」（続群書類従所収）・『尊卑分脈』にも頼春のこととするので小稿もこれにならう。頼春は幕府打倒の陰謀の件を妻に語ってしまう。妻の父は六波羅探題の奉行人斎藤利行《としゆき》だった。利仁流斎藤氏に属したこの一族は、越前を中心とした北陸方面の豪族であった。越前斎藤氏は疋田・河合などに分流し、前者の斎藤氏からは鎌倉幕府六波羅奉行人が多数輩出している。利行もその流れだった。

頼春は最愛の妻に「不慮ノ勅命ヲ蒙テ、君ニ憑《たの》マレ奉ル」ことを夜の寝所で伝えてしまう。これを聞いた妻は当然ながらおおいに悩むことになる。「君ノ御謀叛事ナラズバ憑《たのみ》タル男忽《たちまち》ニ誅セラルベシ。若《もし》又武家亡《ほろび》ナバ、我親類誰カハ一人モ残ルベキ」（巻第一「頼員回忠事」）と謀叛が失敗すれば夫

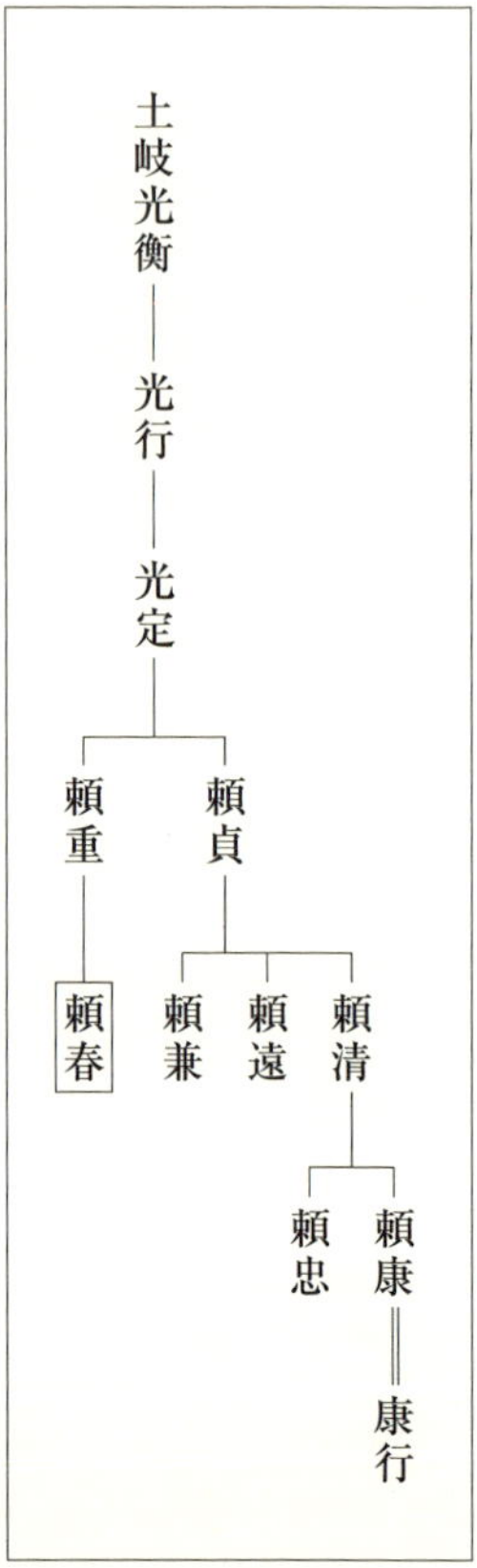

系図17　土岐氏略系図

は誅されるだろうし、武家が滅亡すれば実家が滅びてしまう。嫁家《こんけ》か実家かの選択という場面だった。ここで妻が出した結論は、夫を救うことを視野に入れたうえで、父利行への密告だった。斎藤利行は頼春を呼び出し幕府転覆計画の有無をたしかめ、娘婿に「回忠」を勧めるのだった。頼春みずからが六波羅に密告をして自身の潔白の証とする、というものだった。ここにいたって頼春は変心を余儀なくさせられる。「此事ハ同名頼貞（頼兼）、多治見四郎二郎（国長）ガ勧《すすめ》ニ依テ、同意仕テ候」との申し出が頼春からなされた。一族の頼兼・国長に罪を負わせることで自らの立場を釈明しようとしたのだった。

当時、裏切りの行為を「回忠」といった。「回忠」は曲・直の字義でいえば本来は道から外れた「曲」に属する語である。しかし『太平記』の時代にはこれを〝忠節〟のなかに包含させ得るほどに日常化された行為でもあった。『平家物語』での鹿ヶ谷事件での源行綱の密告もその点では「回忠」だろうが、そうした表現では語られていない。「返忠」も「回忠」も漢字のいい換えにはちがいないのだが、前者の本来的語感には、主人を裏切ることに力点がおかれている。

そして『太平記』がしばしば用いる「回忠」は、主への裏切り行為と他者への忠節が同時的になされている情況下での表現ではないのか。つまりは裏切りが一般化した風潮のなかで、当該の裏切りをご破算にし、新しい主従の関係を再構築するための表現がこの「回忠」には含意されていたと考えるのは、いささかうがちすぎだろうか。時代に対応した価値の転換があったようだ。

それはともかく、頼春は一族の頼兼・国長との「断金の契り」よりは、「一樹の陰」における夫婦の契りを重視したことはまちがいない。
土岐氏の惣領は頼貞で、右に登場する頼兼はその子にあたり、頼春は頼貞の甥にあたる（系図17参照）、頼貞の母は執権貞時の娘であり、北条氏＝幕府との関係も深かった。当時、天皇の腹心日野資朝はこの土岐氏に接近、その武力に期待をかけていた。土岐氏は皇室荘園（高田勅旨〈土岐市〉）の地頭でもあり、朝廷・幕府双方と浅からぬ関係にあった。
頼貞は頼兼を一族の頼春・国長ともども上洛させ、四条近辺の居所として動静をうかがわせていた。そんな情勢下での出来事だった。頼兼・国長両人は迫り来る六波羅軍を前に滅亡する。土岐一族は正中の変での未遂で危機を迎えるが、頼貞はその後の元弘の乱で尊氏与党として武功をなし、尊氏体制下では幕府内で重要な地位を与えられた。土岐氏は頼貞以後惣領は嫡子頼清が早世のためその弟の頼遠に継承されるが、そのおりに以前からの土岐郡から厚見郡長森へと拠点を移し、美濃守護として勢力を拡大する。頼遠没後、惣領の地位は頼清の子頼康へと移り、守護としての権勢を拡大させた。

〈勾当内侍への恋慕、新田義貞の京都の恋の物語〉

志《し》操堅固《そうけんご》な武将の代名詞が新田義貞だ。戦前における皇国史観の主役として、足利尊氏とは対極の評価が与えられてきた。何しろ紙幣の肖像という点でも義貞は児島高徳《こじまたかのり》・楠木正成などとともにエース級の人物としてあつかわれてきた。明治四十四年（一九一一）の文部省唱歌「鎌倉」の冒頭は鎌倉幕府を打倒した義貞の稲村崎での場面からはじまる。南朝忠臣の有力武将という近代の記憶はさまざまなストーリーをこの人物に付与した。義貞の悲劇のなかでも『太平記』が伝える勾当内侍《こうとうのないし》との京都の恋は広く知られている。

我袖の泪《なみだ》に宿る影とだに　知らで雲居の月やすむらん

『太平記』（巻第二十）によると、義貞は勾当内侍への想いを右の歌に託したという。懸詞《かけことば》を多用しての歌意はさほど難しいものではない。「慕情の泪で己の袖は濡れ、月影が宿されていることを貴女は知っているのでしょうか」。こんな意味だろうけど、軍記に載せるこの歌が義貞のオリジナルとすれば、なかなかの教養の持ち主のはずだ。すでに頼朝の歌でも紹介したように、武人・武士といえども和歌の素養は王朝人との交歓の必須手段だった。ましてや坂東武者の末裔たる義貞が京都の女官に想いを寄せたとなればおおいに話題となる。

男女の機微は歌心の有無が物をいった。王朝の和歌の伝統は武士の世界にも影響を与えた。「此比都ニハヤルモノ……京鎌倉ヲコキマゼテ、一座ソロハヌエセ連歌……」（『建武年間記』）との新政の風潮を揶揄《やゆ》した世評を持ち出すまでもなく、京都と鎌倉の交流と合わせ、和歌・連歌の素養は東国武士たちの京都への憧憬を高めた。たとえそれが「下剋上《げこくじょう》スル成出者《なりでもの》」だとしてもである。

そして下剋上は恋する武士たちにも該当した。恋は何より身分を超えることもしばしばだったか

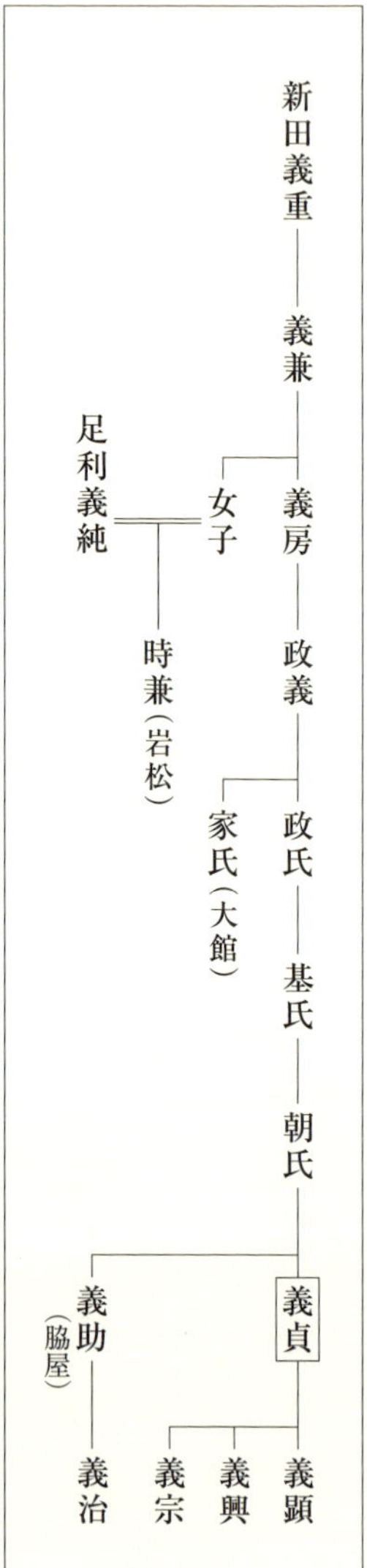

系図18　新田氏略系図

らだ。右の歌の義貞と相手の勾当内侍の場合がまさしくそれだった。その義貞の歌は「あわれ」「なさけ」を解する気持が表明されている。「雲居の月」とは宮中の縁語としての「雲居」と「月」を、さらには「住む」と「澄む」を懸けながら、自身の心中を巧みに語ったものだ。

和歌の講釈はともかくとして、義貞が寝食を忘れるほどに慕う女性はまさに「雲居」(宮中)にいるその人だった。後醍醐天皇の後宮に仕えた彼女は、『尊卑分脈』では世尊寺《せそんじ》流に属した藤原経尹《つねただ》の娘で、有名な行房《ゆきふさ》の妹にあたる。(『太平記』では行房の娘とする)。義貞にとってはまさに高嶺の花だった。彼女は「二八ノ春ノ比ヨリ内侍ニ召レテ君王ノ傍ニ侍リ」とあるように、天皇に寵された女性の一人だった。勾当内侍とは宮中にあって奏請《そうせい》・伝宣《でんせん》をつかさどる女官で掌侍《ないしのじょう》四人中の首席者の呼称である。両人の出逢いは詩的だった。

左中将の義貞は後醍醐の内裏の警固にあたっていた。そのおり内侍が琴を弾く姿に思慕を抱くようになったという。これを仄聞《そくぶん》した天皇は義貞のために想いを成就させたとある。義貞に対するこ

〈義貞の戦い──中先代の乱から滅亡まで──〉

1335（建武2）		
	7月	北条時行（高時の子）、信濃で挙兵（中先代の乱）。
	8月	尊氏、時行討滅に向け東国に下向、鎌倉奪回。
	11月	義貞、後醍醐の命で尊氏打倒のために出陣。
	12月	義貞、直義軍を駿河で敗走させ、その後箱根竹ノ下で尊氏軍のために敗走。
1336（建武3、延元1）		
	正月	義貞軍、入京の尊氏軍を奥州の北畠顕家軍とともに丹波に敗走させる。
	2月	義貞軍、尊氏軍を九州に西走させる。
	3月	義貞軍、山陽方面に出陣。
	4月	尊氏軍、東上する。
	5月	摂津湊川の戦い、楠木正成敗死。義貞、京都に退く。足利軍と京都で市街戦がつづく。
	6月	名和長年戦死、尊氏入京。
	8月	光明天皇（北朝）、践祚。
	10月	新田義貞、恒良・尊良親王を奉じ、越前におもむく。後醍醐天皇帰京。
	12月	後醍醐天皇吉野に（南北朝分裂）。
1337（延元2、建武4）		
	3月	越前金ヶ崎城陥落。
1338（延元3、暦応1）		
	5月	北畠顕家、和泉で戦死。
	閏7月	義貞、越前・藤島で戦死。

うした好意は、義貞の東国武士へのリーダー的役割への期待によっていた。尊氏への対抗馬として当初は護良《もりよし》親王の存在があったが、これが失われた段階で浮上したのが義貞だった。勾当内侍の存在は天皇にとって義貞を掌中に納める方策でもあった。

闘将の義貞にとって彼女は傾城《けいせい》の美女にも匹敵するほどだったのか、その深い想いは戦闘での矛先を鈍らせることにも繋がった。『太平記』はそのあたりの事情を次のように語る。「去ヌル建武ノスヘニ、朝敵西海ノ波ニ漂シ時モ、中将コノ内侍ニ暫《しば》シノ別《わかれ》ヲ悲テ征路ニ滞リ、…中将コノ内侍ニ迷テ、勝《かち》ニ乗《のり》疲《つかれ》ヲ攻ル戦ヲ事トセズ」（巻第二十）と見えている。これは尊氏勢力が京都から退却し、鎮西へと敗走する情況下での描写である。尊氏勢の危機を救ったのは義貞の色香への惑いと断ずるのは、いささか酷のようでもあるが、そのように解されても致し方がない情況はたしかにあった。東国育ちの義貞にとって、京都の恋への免疫力は少なすぎたようだ。恋の抗体が不足するなかで、自身を失ってしまうこともあったとすれば、これまた「恋は曲者」だった。その勾当内侍との恋の行方にふれる前に義貞の戦いについて整理しておく。義貞の戦いぶりのなかに、右の「女々しさ」を彷彿させる場面もあるかもしれない。

ちなみに義貞の元弘三年（一三三三）五月の鎌倉攻略以降の戦いのあらましについて、中先代の乱から義貞滅亡までの流れを一瞥すれば前頁の表のようになる。

この年表からわかるように、建武三年（一三三六年）段階での義貞は、追撃の一押しがあれば足利勢打倒も可能な情況にあった。とくに尊氏を京都から敗退させ、さらに尊氏東上までの四ヶ月間（二月から六月まで）である。この時期になされた赤松円心の拠る播磨の白旗《しろはた》城攻撃での義貞の拙攻《せっこう》は、一ヶ月にもおよんだ。迅速な攻略で尊氏勢を追撃すれば、あるいは……という場面もあった。この中国戦線での義貞軍の事大主義（具体的には、播磨は義貞の領国でこれを平定するという面目重視の考え方）とも表現できる戦いぶりは、平場の戦闘に長じた東国武士の戦術の限界だった。

地域戦に秀でた赤松の戦術の相違はあきらかだ。さらに義貞と楠木との連携も問題を残していた。『梅松論』などには、「義貞ヲ誅伐セラレテ、尊氏卿ヲ召シカヘサレテ、君臣和睦候ヘカシ」とあるように、正成は天皇に義貞を排し尊氏との和議を進言したともいわれており、建武体制内部での不協和音は義貞に逆風として作用したようだ。義貞は臨機応変の戦略的戦い方を得意としなかった。それだけに戦法も保守・伝統への固執があった。

そうした「こだわり」は勾当内侍への一途さにも繋がるのかもしれない。だとすれば『太平記』が指摘する色香の惑いが尊氏の窮地を招いたとの見方は、まったくのウソということにはならない。

彼は中国戦線から帰京後、後醍醐の命で越前経略におもむく。そのさいにも内侍への恋慕ゆえか、後髪を引かれる想いで出発する。『太平記』には「路次ノ難儀」を考え、彼女を近江の堅田《かただ》にとどめ、北国経営が一段落したおりによび寄せる算段だったという。越前での戦闘が膠着状態のなかでも義貞は彼女との再会をはたそうとするが、越路はるかな内侍への願いはかなわなかった。そのあたりの悲話を語るのはここでの筋ではない。内侍は義貞の後世を弔うべく嵯峨の奥に出家したとある。

ともかく義貞の京都の恋は彼の死によって半ば実を結ばなかった。この場合、偕老同穴こそを恋の成就とすればのことで、義貞の恋それ自体は短いながら完結したと解することもできる。義貞が登場したので、少し時代はくだるが息子の義興にも次にふれておこう。その前におさらいを兼ねて『太平記』の時代のイメージについて補足しておく。

〈『太平記』と恋の下剋上〉

『平家物語』から『太平記』へ。このテーマが内包する意味はいまさらながらということだが、ともに軍記ではあるが、描写内部に込められた思想のエキスが相当に異なる。例えば戦場での「死」の描写だ。『太平記』は目をそむけたくなるほどにグロテスクである。腸《はらわた》をえぐり出し、切っ先を口にくわえ云々はいたるところに語られている。

『平家』には「死」の描写はオブラートに包まれ、叙情的にしか語られていない。しばしば指摘される時代精神の差であった。『平家』はやはり王朝的気風の土壌が色濃く残されている。露骨を嫌う風潮が底流を形成していた。『太平記』には、一五〇年の鎌倉の時代によって育まれた武家の価値観が随所に投影されており、そこで耕された鎌倉的土壌の影響は『太平記』を規定した。「酷《むご》いもの」「醜《みにく》いもの」を包み隠さず見せることを厭《いと》わない強さがそこにある。

最終的に好みに帰着されるのだが、『平家物語』と『太平記』には、中世的価値観の対極が宿されている。例えば武将の理想像でもそうだ。ある種の「女々しさ」を随伴する武士、それは簡略に表現すれば平家武将に雛型が求められる。維盛的であろうが知盛的あるいは重衡的であろうが、その最期は無用な抵抗はしない諦念にも似たそれである。
対して『太平記』は図太く生き抜く知恵が称賛され、そこに流れているものは、〝勝ってなんぼ〟の打算・現実主義の思想だった。だから、ゲリラ的戦法もふくむ裏切りさえも容認される世界があった。すでにふれたように「回忠」の用語が一般化するのも、そうした価値観に対応していた。手段は目的達成の方便でしかない。アンフェアであろうと、目的は生き抜くこと、所領を保全すること、だった。その現実主義がバサラ的気分の底流にあった。

　このことの意味を本書のテーマでもある「恋」に引きつけて考えるならば、やはり「恋」にも下剋上が対応するようだ。かつての『平家』的世界では、恋の主体、すなわち恋する武士たちの目線

新田義貞の供養塔（京都市嵯峨野、滝口寺）

勾当内侍の供養塔（京都市嵯峨野、滝口寺）

は少なからず「上から」だった。相手は宗盛の熊野《ゆや》、重衡の千手、義経の静、いずれもがそうであった。さもなければ通盛のように同等である。西行の如きは「阿漕」という形でしか表明され得ぬ世界だった。

けれども『太平記』の時代は異なっていた。武士たちが身分を超えて雅なる王朝の女性たちに恋をする情況が成立する。かつての身分的バリアーを軽々と超える強さがある。高師直にしろ、新田義貞にしろ、恋の情況はちがっていても、底流にあるものは同じだった。

〈新田義興、少将局の情愛に救われる〉

『神霊矢口渡《しんれいやぐちのわたし》』といえば、平賀源内《ひらがげんない》の浄瑠璃の作品として知られている。義貞の子義興《よしおき》の無念と怨念を語ったこの演目にも『太平記』の記憶が息づいていた。矢口渡で誅殺された義興が情を通わせたのは少将局とよばれる上臈《じょうろう》身分の若女房だった。彼女は義興の敵対勢力たる畠山国清《はたけやまくにきよ》の家人竹沢《たけざわ》右京亮《うきょうのすけ》の養女として関東に下向した。足利勢力にとって、関東鎮圧のために越後・上野さらに武蔵方面での新田与党の掃討が求められていた。義興はその敵対勢力の中心にあった。

義興の居処を捜し襲撃する方策の一環として案出されたのが、女人《にょにん》投入策だった。畠山国清と対立しているかの如き風聞を流し、義興に近づいた竹沢は義興に養女の少将局を与え、信用を勝ち取ることに成功する。竹沢右京亮は武蔵国比企郡竹沢（埼玉県比企郡小川町）を本貫とした武士だった。かつて竹沢は武蔵野合戦（一三五二年）では義興側に与した人物だった。そのため義興は足利勢と手切れをしたとする右京亮を信用する。右京亮は観月会で、義興を討つ計画だった。だが、義興への想いを募らせていた少将局は夢見のなかで謀略を察知して、文《ふみ》に託して観月会の出席取り止めを進言する。義興は少将局の機転で危機を逃れたが、彼女自身は暗殺計画漏洩の責めで養父に殺されてしまう。こんな流れとなろうか。当の義興はその後、矢口渡で船底に穴をあけられ、畠山・竹沢勢力の伏兵のために、こころざし半ばで敗死してしまう。

時代の風圧といってしまえばそれまでだが、少将局のような女性たちは少なくなかった。これまで紹介した越中守護一族の北条貞持の妻、高師直が恋した塩冶判官の妻、あるいは佐々木信胤の懸想した女子、そして義貞の勾当内侍しかりであった。いずれもが京都に縁りある女性たちだった。彼女たちには王朝の記憶が込められていた。彼女たちは戦乱と争乱のなかで自らの進退を決めることを求められていた。悲運な最期をとげたこの少将局もまた竹沢右京亮の養女の道を選び東下した。そんな彼女にとって義興との出逢いは、自らを託することができる唯一の男性と映じたに相違あるまい。

謀略がうずまく地方への下向は、都育ちの女性たちにとって運命を切りひらく賭けでもあったが、他方で彼女たちが背負った〝都ぶり〟は地方武士たちにとっておおいなる刺激ともなった。彼らにとっては都下りの女性は、やはり特効薬だった。義興への接近という奸計のために、少将局の存在は妙薬そのものだった。そして何よりも、少将局の如き上﨟女房が都を離れなければならない情況こそが当該期の特色だった。とはいえ、一方で東国武士は、『太平記』が語る斜陽権門の女房たちの

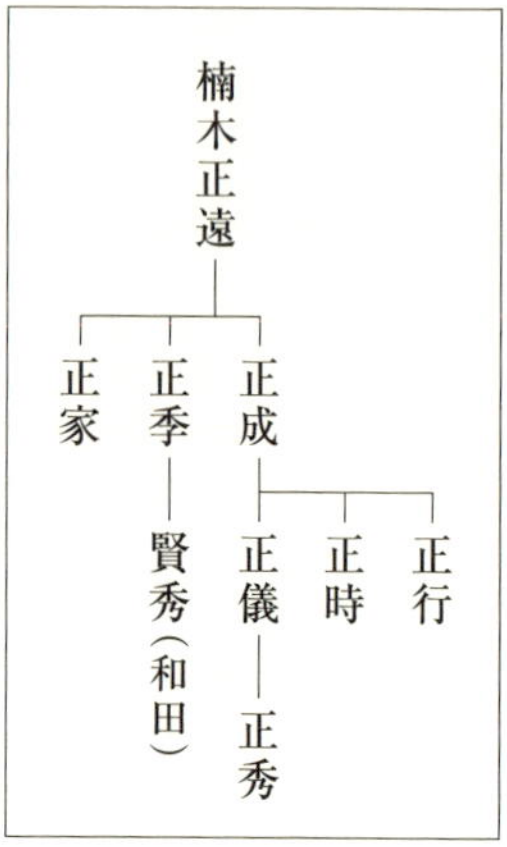

系図19　楠木氏略系図

セーフティーネット（命綱）ともなった。その点はともかくとして、ここでの主役たる新田義興とはどんな人物だったのか。

「此義興ト申スハ、故新田左中将義貞ノ思ヒ者ノ腹ニ出来タリシカバ、兄越後守義顕《よしあき》ガ討タレシ後モ、親父猶是ヲ嫡子ニハ不立《たてず》、三男武蔵守義宗《よしむね》ヲ六歳ノ時ヨリ昇殿セサセテ時メキシカバ、義興ハ有ルニモ非ズ、孤《みなしご》ニテ上野国ニ居タリシ……」（巻第三十三）

とあるように、妾腹の子として父からは距離をもって育てられた「有ルニモ非ズ」の存在だった。あたかも、尊氏と直冬《ただふゆ》の関係を想起させるようだ。その義興が世に出るきっかけは、北畠顕家《きたばたけあきいえ》の奥州軍に協力、上野・武蔵の中軸勢力として鎌倉攻略に武功をなしたことが大きい。この吉野への忠節で後醍醐天皇から「武勇ノ器用タリ、モットモ義貞ガ家ヲモ興スベキ者」として、天皇の前で元服して与えられた名であったという。

吉野側の義興への期待の現れだった。事実、義興は観応《かんのう》の擾乱《じょうらん》（一三四九—五二年）以後の東国戦線（武蔵野合戦や鎌倉合戦）において、足利勢を窮地に追い込む戦果をあげている。そうしたことで足利側にとって義興打倒が急務の課題となっていた。彼は越後・上野・武蔵に出没しゲリラ的戦略で関東の治安体制にクサビを打ち込もうとした。

義貞・義助没後の新田一族は、その第二世代ともいうべき義興・義宗（義貞の子）・義治（義助の子）へと反足利の布陣が継承されていた。第二世代ということでは、楠木正成戦死後の正行《まさつら》・正時《まさとき》の抵抗運動と似ていた。このように世代を超えた形で継承される闘諍《とうじょう》の堅固さこそが南北朝動乱の底流を支えるものだった。

その正体とは何であったのか。とりあえず、それを地域的コアリズムと呼称しておこうと思う。新田や楠木の場合、源平争乱期での貴種ではなかった。王朝軍事貴族の血脈という意味での貴種ではない。彼らは地域に根ざし、当該地域の名士として認知された存在だった。地域統合の核として磁力を有した彼らは父子相伝の「義兵」の血脈を保持しながら各地で戦った。

そもそもこの義興が越後方面から上野・武蔵に進出したのは、在地武士たちの間で義興・義宗・義治たちに対し、「両三人ノ御中ニ一人東国へ御越候へ、大将ニシ奉テ義兵ヲ揚ゲ候ハン」との要請にもとづくものだった。要は競合関係にある地域武士団の統合者として、新田の血脈が期待された。

地域的コアリズム（統合の核）の有無は、「義兵」のための条件とされた。かつて義興の叔父脇屋《わきや》義助《よしすけ》の場合もそうだった。越前北国戦線の敗走後、伊予方面から有力武将の派遣要請があり、吉野の後村上天皇の意向で義助下向が検討された。この件は義助病没で実現しなかったが、地域武士団統合の核としての役割を有したことによる。新田なり楠木といった武士たちが、当該地域の結合の要となるのは、世代を超えて一族に継承された政治的エネルギーによっていた。その点では過去の歴史的事件のなかで、何をなしたのか、なそうとしたのかという記憶の共有化が大きい。地域的コアリズムのための前提はそこにある。

〈油断…、遊女乗船の斯波氏経の失敗の本質〉

油断は大敵であるが、同時に大胆さは不敵のための条件だった。軍事行動での要諦はこれに尽きるようだ。戦場の船に遊女を乗せた気の緩みから、敗走におよんだ足利側の武将斯波《しば》氏経《うじつね》に焦点をあてたい。前項では新田についてふれたので、以下では足利一門の斯波氏に話題を移したい。斯波氏経が足利勢力のエースとして九州探題に派されたのは、延文五・正平十五年（一三六〇）のことだった。「九州凶徒退治ノ事……談合ヲ加へ籌策《ちゅうさく》ヲ廻《めぐら》スベシ」（『大友文書』）。三月十四日付の将軍義詮の大友刑部大輔《ぎょうぶだいふ》（氏時）宛の書状にはこう見えている。この時期、足利政権の基盤は徐々に強固になってはいたが、鎮西方面での南朝勢力の掃討が大きな課題だった。十四世紀後半は関東・東北・畿内各地域での南朝勢力の沈滞は決定的だったが、これに反して九州北部は依然として力を有していた。

尊氏はすでに亡く（一三五八没）二代の義詮が幕府を主導していた。筑紫方面では鎌倉期以来の名族小弐《しょうに》・大友両氏が幕府側に与し戦っていたが、懐良《かねよし》親王（征西将軍宮）を擁する肥後菊池氏以下の南朝勢力の拡大で、足利側の来援を必要としていた。九州探題としての斯波氏経の派遣はそうした情勢下でのことだった。

彼は兵庫に下り、四国・中国勢を催したが充分なる兵力を確保できないままに二百騎ばかりで船出した。氏経は備後の尾道《おのみち》をへて同年十月に豊後に到着したが、結果は小弐・大友との連携もままならず敗走する。この間豊後の高崎城を菊池氏に攻略され、長門・周防の有力守護大内弘世《ひろよ》を頼り周防に退くことになる。そして、その数年後の貞治六年（一三六八）には九州での失地回復がままならず嵯峨で出家した。

『太平記』（巻第三十八）ではその氏経の敗因をひとえに兵気・士気の減退に求める。氏経が乗船時に遊女たちを船に乗り込ませたことが原因だと、皮肉を込めてその行動を語る。「大敵ニ向テ陣ヲ張リ、戦ヲ決セントスル時、兵気《ひょうき》ト云事アリ、此兵気敵ノ上ニ覆テ立ツ時ハ、戦必ズ勝事ヲ得」と語り、「若陣中ニ女多ク交テアル時ハ、陰気陽気ヲ消ス故ニ、……戦ニ勝事ヲ得ズ」と。この場面は兵

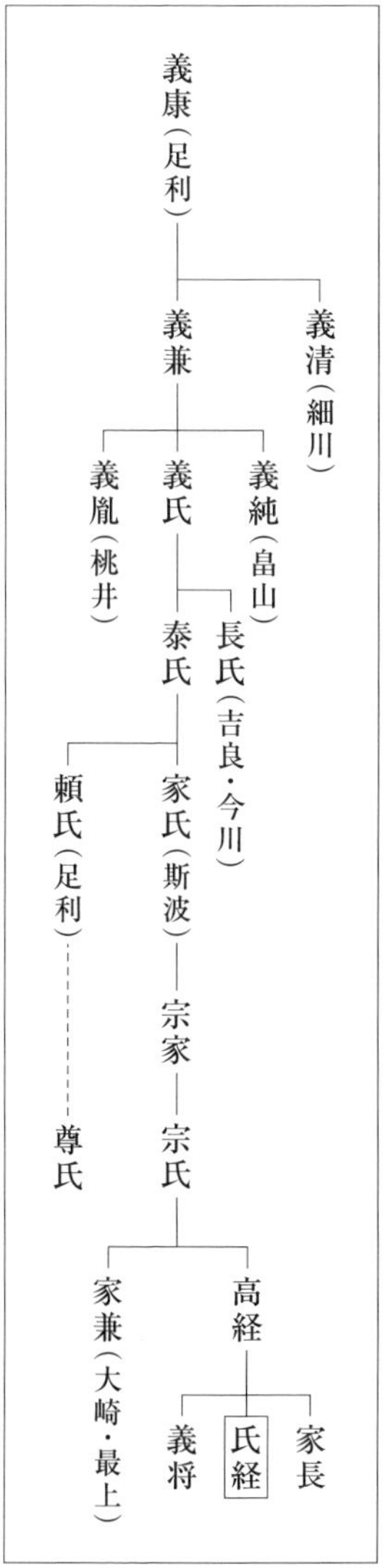

系図20　足利・斯波氏略系図

庫関から船出する氏経軍を見物していた遁世者の発言に仮託させ、『太平記』作者が語るものだ。つまりは陰気が陽気にまさると、兵気の減退を招き結果として勝機を封じてしまうのだという。孫子の兵法指南を彷彿とさせる訳知りの言説なのだが、氏経にしてみれば劣勢のなかでの鎮西派遣で現地での勢力を頼んでの出発だった。瀬戸内航路での将兵の不安解消のための遊女乗船だったのかもしれない。

遊女たちとの酒宴・同衾が一時の戦意喪失を招き、臨戦体制への準備不足に繋がったことは否めなかった。厭戦気分の解消と遊女のもつ癒やし力への期待は予想された方向には作動しなかった。氏経の敗因を結果からさかのぼらせようとする『太平記』的解釈は、エピソードとしてはおもしろいが、的からは外れている。

斯波氏経の鎮西経略失敗は、氏経個人の資質・性格に還元されるべきではない。当然ながら、この時期の地域情勢から考えるべきだろう。

十四世紀後半の鎮西の政治動向をおさらいすれば以下のようになる。氏経以前の九州全域の統轄の職責は一色道猷《いっしきどうゆう》（範氏）がになうところであった。尊氏が建武三年（一三三六）四月に九州から東上したおり、道猷が鎮西大将軍（探題）の地位をゆだねられ、全九州の軍事指揮権を与えられた。だが、この方面は鎌倉以来の有力守護として、筑前の少弐、豊後の大友、そして薩摩の島津が勢力を保持していた。彼らは尊氏与党として南朝の菊池勢と対抗した関係で、旧領回復を欲していた（少弐氏については肥前・豊前、大友氏は肥後・筑後、島津氏は大隅・日向など、多くが北条得宗領に編入されていた）。

かかる情況下での一色道猷の十年にわたる鎮西支配は、実質をともなわなかった。くわえて、懐《かね》良《よし》親王の鎮西経略、さらに足利直冬《ただふゆ》（尊氏の子で、直義の養子）の鎮西入りなどの動向がこの地域の政治情勢を複雑なものとしていた。直冬の鎮西入りは、知られているように高師直・師泰兄弟と直義の覇権争いに端を発していた。直義による高師直襲撃の失敗で高氏による直義与党への粛清がなされた。貞和五年（一三四九）のことだった。当時、中国探題の職責をになうべく備後の鞆浦（広島県福山市）にいた直冬は師泰の勢力に圧迫され、鎮西へと逃れながら勢力挽回を策した。

観応《かんのう》の擾乱《じょうらん》（尊氏と直義兄弟の内紛）以降の幕府・南朝・直冬党という鎮西三分の形勢は、そのまま九州探題・懐良親王・直冬という形で反映された。幕府側の一色氏につづく斯波氏の探題勢力の投入は、在来の諸勢力との対抗を強め混迷の度を深めることになった。新たな九州探題・斯波氏にとって、少弐・大友・島津らの有力守護への対応が課題であった。氏経の動きもそれに規定されざるを得なかった。氏経の鎮西派遣から二年後、前述したように九州からの撤退を余儀なくされたのも、そうした地域勢力の対抗事情によった。少弐氏以下の伝統的地域勢力は、幕府（探題）による上からの包括支配を拒む傾向が強く、鎮西での政治的特殊性が影響していた。

ちなみに氏経の鎮西入りの翌年、中央では高経・義将父子が細川氏に代わり執事の立場になり、貞治年間（一三六二―六八）の政界をリードする情況にあった。この時期の最大の果実は周防・長門の有力大名大内氏の幕府への帰服だった。氏経が九州を撤退し周防入りしたのは、大内氏との連携を模索してのことだった。以後の鎮西情勢については、その大内氏が大きな影響力を有し、少弐・

大友氏の在地勢力を包摂する方向にすすむことになる。

ちなみに、三管領の職責をになった斯波氏の領国は越前と尾張だった。ともどもが北陸道・東海道の重要な拠点だった。同一族が東国と畿内の結節点を委任されるなどその勢力の大きさを知ることができる。

以下で紹介する斯波氏がらみの宝剣説話には、同氏の自己認識を語ってくれる。ライバルの細川氏は阿波を中心として南海・山陽道方面を基盤としたわけで、両者は畿内を軸に東西の両翼に配された形となっていた。わけても斯波氏の場合、鎌倉期をつうじて足利を名乗っており一門のなかでも突出した家格を有していた。最後にそれを紹介しながら第Ⅰ部はお開きとしたい。

〈斯波一族と源家宝剣の行方〉

王権など、その継承の正統性を示す象徴的器物を「レガリア」という。この点は以前にもふれた。独語に由来するこの語は主に民俗学の分野で通称されているが、三種の神器はその代表といってよい。武家の場合そのレガリア（宝器・神器）は相伝の武具・武器のケースが少なくない。源氏や平氏も当然それがある。源氏（足利氏）の家門であった斯波氏の場合も、宝剣にまつわる逸話が見られる。

氏経の父高経は新田義貞を越前で討ち取って、源氏の相伝の剣（鬼丸《おにまる》・鬼切《おにきり》）を得た。義貞が勲功の賞として後醍醐天皇から与えられた重宝だった。それを高経は自身の家宝として、尊氏の引き渡し要請に応じようとしなかった。「是ハ末々ノ源氏ナンド持ベキ物ニ非ズ、急ギ是ヲ渡サレ候へ、当家ノ重宝トシテ嫡流相伝スベシ」(『太平記』巻三十二)との尊氏の意向は無視された。

虚実を含むこの逸話には、斯波氏の名門意識が反映されていよう。高経自身もまた尊氏と比肩し得る家格を有するとの自負心だった。一方の尊氏は「末々ノ源氏」たる庶流には分不相応と主張、源家棟梁たる自己の立場を認めさせる。そんな両者の確執が見え隠れする話である。

それほどまでに相伝の剣にこだわる高経や尊氏の心情には、これが支配の正統性を保証するものとの考えがあった。「レガリア」たる相伝の重宝と認知されていたからだった。『太平記』は前述の引用箇所につづけて、鬼丸・鬼切の太刀の来歴を語る。それによれば鬼丸は本来平家相伝の重宝で、北条時政が霊夢を得て与えられたものだった。高時の代にいたるまで相伝され鎌倉滅亡のおり、次男亀寿(時行)へ秘かに伝えられたとある。中先代の乱で時行の敗北後、義貞がその宝剣鬼丸を入手することになったと伝える(史実からすれば中先代の乱を鎮圧したのは義貞ではないから、そこにはもちろん錯誤があるが……)。越前攻略で斯波氏が義貞滅亡後入手した宝剣とは、まさしくそれであったと語られている。

他方の鬼切については清和源氏頼光の相伝のもので、頼光は大和国宇陀郡に出没する鬼退治のため、郎党の渡辺綱《わたなべのつな》(頼光の四天王の一人、父は源宛《あつる》)に秘蔵の太刀鬼切を持たせて打倒、さらに信濃戸隠山の鬼をこの太刀で切るなどその霊威譚を紹介する。頼光が伊勢参詣のおり夢想があって、源家の子々孫々に伝えられることになったと語る。

荒唐無稽と言えばそれまでだが、かかる宝剣説話は『平家物語』・『源平盛衰記』(剣巻)にも散見されるもので宝剣の伝承に関しても相違がある。それは別にしても支配の正統性を保証する宝剣の獲得・入手は、カリスマ性の演出のために要請された。斯波高経の尊氏への対抗心がどの程度であったかは計りかねるにしても、右のような話が伝えられているのは興味深い。

氏経の遊女乗船の話から斯波一族の宝剣談議にまで広がったが、「恋する」対象は源家相伝の宝剣の争奪如何というテーマとして読み換えることも可能かもしれない。

その点では尊氏による幕府の樹立は必ずしも予定調和のものではなく、足利内部での確執・相剋を経てのものだった。斯波氏の話はそのことの一端をわれわれに教えてくれる。武家の政権は尊氏による足利体制で中世の次なる画期に移行することになる。治承・寿永の内乱が誕生させた鎌倉の体制を異なる形で継承しながら、新たな秩序が形成される。南北朝の動乱はその秩序を生み出すための内乱だった。

『平家物語』は前者の世界に取材した軍記であり、『太平記』は後者のそれだった。中世を画する二つの内乱(治承・寿永と元弘・建武および南北朝)に対応した軍記作品のそれぞれに、時代の気分を感じさせる逸話が見られることも理解できたはずだ。〈**恋する武士**〉は多様な世界の一局面をフォーカスしたのみで、それに付随する時代の特色にも目配りした。次の課題は武士ではなく貴族に対象をしぼり、同じ時代の諸相を別角度で論じておきたい。

第Ⅱ部　闘う貴族

貴族も闘った。闘いは干戈《かんか》交えてのものだけではない。政争や内紛など武力以前の争いも闘う行為だった。出世競争や入内問題をめぐっての葛藤などさまざまがあった。そして多くの場合、それが政変あるいは合戦の引き金になることも少なくなかった。中世は武士が前面に出てくる時代だが、貴族もまた歴史を動かす主役だった。とりわけ中世前期はこの傾向が強い。〔恋する武士〕であつかった時代をここでは貴族世界に焦点をあてて語っておきたいと思う。源平争乱そして南北朝動乱と中世を画する二つの内乱を軸に、その前後の十世紀から十四世紀を対象に貴族たちの動向を見ておきたい。

ちなみに貴族には抜き難いイメージが付着しているはずだ。一つは優雅・華麗という王朝の語感に対応する観念である。そしてもう一つはこの対極にある高等遊民を蔑む意識である。この正・負ともどもが貴族の語感に通有した記憶だった。とりわけ近代は高等遊民的な貴族観が定着、質実素朴を是とする武士観との落差が形成された。武士への偏愛的気風が、貴族をしてそうした負の観念を醸成させたことも否めない。けれども、現実の中世社会にあっては貴族・武士ともどもが、時代の変革に参画・寄与していることに変わりはない。長期にわたる貴族たちの闘う姿を介し、時代の潮目をながめることにしよう。

第四章　王朝貴族と闘いの諸相

那須与一（馬の博物館蔵）

ここでは王朝の語感に見合う十世紀末の摂関期から院政期までの貴族たちを対象にしたい。政治的敗者の象徴ともいうべき左遷にかかわる諸事件もふくめ、政変・政争の憂き目に遭遇した人々を掘り下げることとする。単なる人物史を離れ、当該人物を介して語るべき時代の諸相にも言及したい。この章では大きく(1)「左遷の貴族たち」、(2)「勝算と誤算」と題し考えてみたい。前者は摂関期での王朝貴族を、後者では院政期・源平争乱期の貴族たちの闘いの模様をながめたい。

登場する人物たちは教科書でおなじみの顔ぶれもいるだろうが、必ずしも有名人ばかりとは限らない。それぞれが転換の時代のなかで、自己の存立をかけて闘った貴族たちの姿がたしかめられるはずだ。武士とは異なる貴族社会の知られざる暗闇にも目を配りたい。

（1）左遷の貴族たち

〈持てる貴族の悲劇、安和の変と源高明〉

十世紀半ばの安和《あんな》の変（九六九年）は、摂関政治史でも大きな節目だった。「禁中騒動シ、殆《ほと》ンド天慶《てんぎょう》ノ大乱ノ如シ」（『日本紀略《にほんきりゃく》』安和二年三月二十五日条）とされる。ここでいう天慶の乱は将門・純友の乱をさし、地方政治の転換を象徴するものだった。安和の変の衝撃はこれに劣らないほどの驚きをもって、中央政界を揺り動かした。「闘う貴族」の第一弾として、左遷された左大臣源高明《たかあきら》について見ておく。

藤原氏の他氏排斥の最後と評されているこの事件は、摂関政治確立の画期とされた。同時にもう一つ注目されるのは、天慶の乱の功臣たちの勢力図が、この事件により大きく塗り替えられたという点である。いわば中央政界の動きが地方の政治情勢に直結したという点でも、王朝政治史のターニングポイントとなった。

王朝の事件簿という視線で見れば、安和の変は為平《ためひら》親王擁立事件に連座して左大臣源高明が大宰府へと左遷されたもので、数ある権力闘争の一つということになる。

事件のあらましを略記する前に、当時の政界模様をながめておこう。康保四年（九六七）五月、村上天皇が没し、皇太子憲平《のりひら》親王が即位した（冷泉《れいぜい》天皇）。「病多ク、時ニ或ハ狂ヲ発ス」（『日本紀略』

『扶桑略記《ふそうりゃっき》』）と評された新帝に、左大臣藤原実頼《さねより》が関白として政務を補佐することとなった。関白は貞信公忠平《ていしんこうただひら》死後二十年近くおかれていなかった。即位後、冷泉は村上の第五皇子守平《もりひら》親王を皇太弟とした。皇太弟の候補としては衆目の一致するところは第四皇子為平にあったのだが……。ちなみに憲平・為平・守平の三人は、ともに母は藤原安子《あんし》（父師輔《もろすけ》）とする同母兄弟だった。

冷泉即位にともない、康保は安和と改元された。その安和二年（九六九）三月二十五日、事件は勃発した。皇太弟守平親王を廃し兄為平の擁立計画の件が左馬助源満仲《みつなか》・前武蔵介藤原善時《よしとき》らから密告された。首謀者は中務少輔　橘　繁延《たちばなのしげのぶ》（敏延《としのぶ》）・左兵衛大尉源連《つらぬ》らだという。右大臣藤原師尹《もろただ（まさ）》をはじめとした公卿らが参集、諸門警固のうえ太政大臣実頼のもとにその密告文が届けられた。捕らえられた繁延らを尋問の結果、前相模介藤原千晴《ちはる》および子息久頼《ひさより》の加担も明らかとなった。

そして為平親王の擁立には妃の父である左大臣源高明の関与がささやかれた。翌二十六日、高明は出家して都に留まることを願ったが、かなわず大宰権帥として流された。高明自身がこの擁立事件にどの程度かかわっていたか。古くからその関与は疑問視されており真相ははっきりしない。

政界のサラブレッドたる高明は醍醐天皇の皇子で事件の二年前の康保四年に左大臣に就任した。実頼の関白、太政大臣への転任による人事だった。高明の娘と為平の結婚はその前年のことで、親王十五歳のおりであった。兄の冷泉天皇の東宮の最有力候補だった。となれば高明が外戚となる可能性が大きかった。「式部卿宮（為平親王）帝《みかど》にゐさせたまひなば、西宮殿《にしのみや》（高明）の族《やから》に世の中うつりて、源氏の御栄えになりぬければ」と『大鏡』が指摘するようにである。となれば、高明の外戚進出を警戒しての策謀ということになる。要は為平を擁する源氏（醍醐《だいご》源氏）勢力と守平（のちの円融《えんゆう》天皇）を擁する藤原氏勢力の対抗という構図である。

この事件については『日本紀略』『扶桑略記』『百練抄《ひゃくれんしょう》』などの諸史料に見えている。そして首謀者として『大鏡』などで取り沙汰されている人物が藤原師尹である。また『愚管抄』などにも「九条殿ノ子トモ三人」への疑念が語られている。師尹は実頼（太政大臣）と高明（左大臣）につぐ地位（右大臣）にあり、高明左遷で利を得る人物だった。娘芳子《ほうし》は村上に入内し寵愛が深かったが皇子に恵まれなかった。長兄の実頼は当時七十歳の高齢で病気勝ちで影がうすい存在だった。実頼の娘述

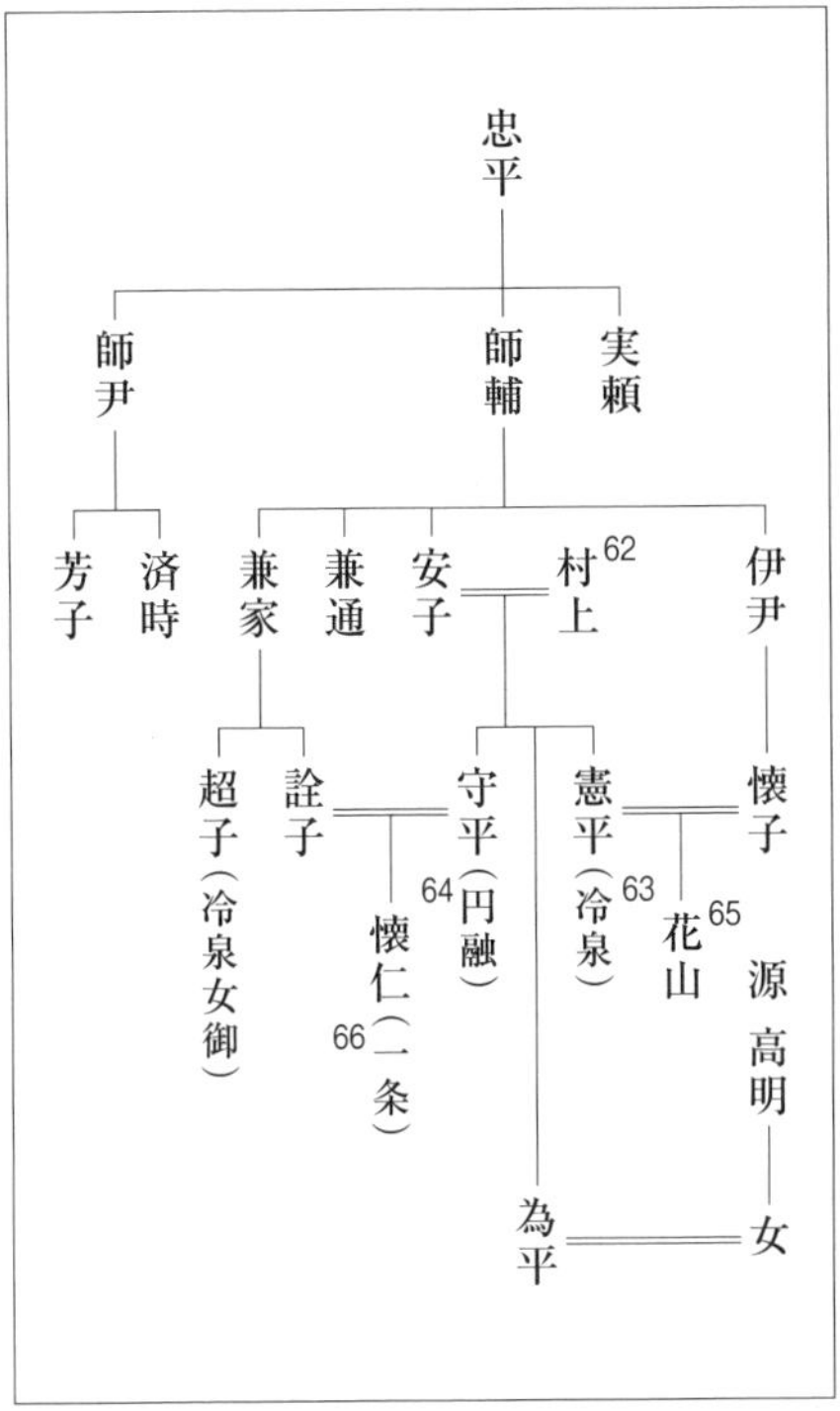

系図21　源高明及び師輔流藤原氏関係図

子も村上に入内するが早世した。

その点で兄の師輔は娘安子が冷泉・為平・守平を生み外戚関係にある。この師輔の子息たち（伊《これ》尹《ただ》・兼通《かねみち》・兼家《かねいえ》）も暗躍の可能性が高かった。とりわけ伊尹は娘懐子《かいし》を冷泉天皇に入れており、安和六年には師貞親王《もろさだ》（花山天皇）が誕生していた。為平とは競合関係にあったこととなる。政変後師尹は左大臣で当時五十歳、伊尹は大納言兼右大将で四十六歳、兼家は中納言兼蔵人で四十一歳である。諸種の利害関係を考えるなら、師尹の関与はあるにしても一連の事件のシナリオはやはり伊尹・兼家兄弟が怪しいようだ。

そうした詮索は別にしても、疑いをかけられた高明には諦念にも似た無力感がただよっていた。仕掛けられた政変劇のなかで、出家することでしか闘う姿勢を示せなかった名門出身の弱さが見られる。朝儀に精通し『西宮記《さいきゅうき》』（西宮右大臣の著作に由来）の著作でも知られる。琵琶にも秀でたこの人物は、醍醐天皇の第十皇子として有り余る才の持ち主でもあった。政争と無縁のところで生きたこの高明は、〝天ニ跼《くぐま》リ地ニ蹐《ぬきさ》ス〟ほどに謙虚に用心深く生きてきたはずだった。だが、自らが宿した火種への危険を探知するまでにはいたらなかった。妻の父師輔はすでに亡く、村上天皇・安子も没していた。高明は孤独な闘いを強いられる形で事件に遭遇することになる。齢六十半ばでの大宰府左遷のせいか、その後二年余で帰京後ほどなく没した。光源氏のモデルの一人とされる高明の華麗なる略歴のなかで、その没落はまことに痛恨さがつきまとう。

余談ながら、「光源氏」的生き方はサラブレッド的なタイプだとされる。対して、光源氏の盟友だった「頭中将」的タイプも貴族社会では見られるという。こちらは機を見るに敏なる図太い生き方だった。『源氏物語』ファンが標榜している俗説ではあるが、興味深い。高明はこの二つのタイプからすれば、光源氏のモデルだけにサラブレッド的だった。純粋培養の高明にとって、権力闘争の闇は深すぎた。

〈「天慶の大乱ノ如シ」―安和の変の余波―〉

すでにふれたように『日本紀略』は、その騒動を天慶の乱を想起させるとした。そのように語らせたのは「諸陣三寮警固々関の事」とともに、「諸門出入の禁」というかつての東国の兵乱（平将門の乱）の記憶があったのだろう。くわえて事件に関与した人々が、その乱の末裔たちだったことも関係していた。

右の『日本紀略』は神代から後一条天皇までの編年体の史書で、光孝天皇までは「六国史《りっこくし》」の抄録、以降は日記などからの引用記事で信憑性が高いとされる。公卿レベルでの対立・抗争云々にふれたついでに、周辺の人間関係も掘り下げておこう。

天慶の乱は将門・純友が東西呼応するかの如く蜂起した事件だったが、乱での功臣―平貞盛《さだもり》・藤原秀郷《ひでさと》・源経基《つねもと》―たちは、論功行賞で五位以上の位階を与えられ、軍事貴族に遇された。彼らは鎮守府将軍や受領などのポストを歴任、子孫たちもその果実を分与されることとなった。安和の変で為平親王擁立の件を報じたのは源満仲だった。彼は経基の息で摂津多田《ただ》荘に住し、子の頼光は酒呑童子説話の主人公としても知られる。頼光は摂津源氏の祖で、道長の侍だった。その弟頼信は河内源氏の祖とされ、道兼（道長兄）の侍だった。また検非違使として連座者の藤原千晴《ちはる》を捕縛した満季は、満仲・満政の弟であった。その千晴は高明の侍だったとされる。関係者の来歴を個々に記することは別に譲るとして、ここに登場する武者たちは多くが天慶の乱での功臣の子孫だった。

彼らは乱後中央─地方の都鄙《とひ》往還を重ね、摂関家・大臣家に武的に奉仕する「侍」となり、中央権門貴族に奉仕することも少なくなかった。あるいは地方に拠点化をすすめ地方名士として土着化する人々もいた。前者は一般に「都ノ武者」と呼称された。権門貴族たちの内紛にその武力が利用された。これらの点については第Ⅰ部でもふれた。

そうした実情を考えた場合、「天慶ノ大乱ノ如シ」云々に示された内容は、単に為平親王問題に端を発した源高明の左遷だけでなく、この事件の深さも考える材料ともなる。天慶の乱の功臣の末裔たちの対立がそれだ。高明事件に連座しての秀郷流の千晴の追放は東国での対抗・敵人関係が中央政界に持ち込まれた結果であった。

『源平盛衰記』（巻第十六「満仲西宮殿を讒《ざん》する事」）には、満仲をふくめ千晴や橘敏延らの共同謀議で為平の東国への担ぎ出しと親王即位が計画されたが、敏延に相撲で敗北した満仲の腹いせから、密告したとの話を載せる。親王の東国での擁立計画の真偽はともかくとしても、将門の乱でもわかるように東国は親王擁立の風土があったことは、興味深い。

ともかく、この安和の変により、千晴や敏延は中央からの退場を余儀なくされたことになる。こうした天慶の乱の功臣たちの争いは、中央・地方を問わず深刻化した。次に紹介する藤原実方中将の場合も、左遷された陸奥を舞台に秀郷流・貞盛流両派の対抗を目にすることになる。

〈殿上殴打事件の顚末―実方中将の挫折―〉

「武」は「文」の下位に位置した。中国的・儒教的秩序ではこれが相当である。武人への蔑《さげす》みは王朝の世界では至極当然だった。自己の感情的暴発は時として武力をともなうものだが、これを「文」という理性で裹《つつ》むことこそが価値あることだった。いわばこの理想化された情況に自らを鍛錬することが文人の嗜《たしな》みだった。儒学的気風は十世紀以降の王朝の時代にもそのまま継承された。その嗜みの大きな要素が和歌だった。「鬼神をも和《なご》ませる」和歌の効用は、つとに『古今集』の序にも語られているところであった。貴族世界にあって、歌こそが自己を主張し得る手段だった。壮絶な官途の競争に、和歌がはからずも影響を与えることも少なくなかった。

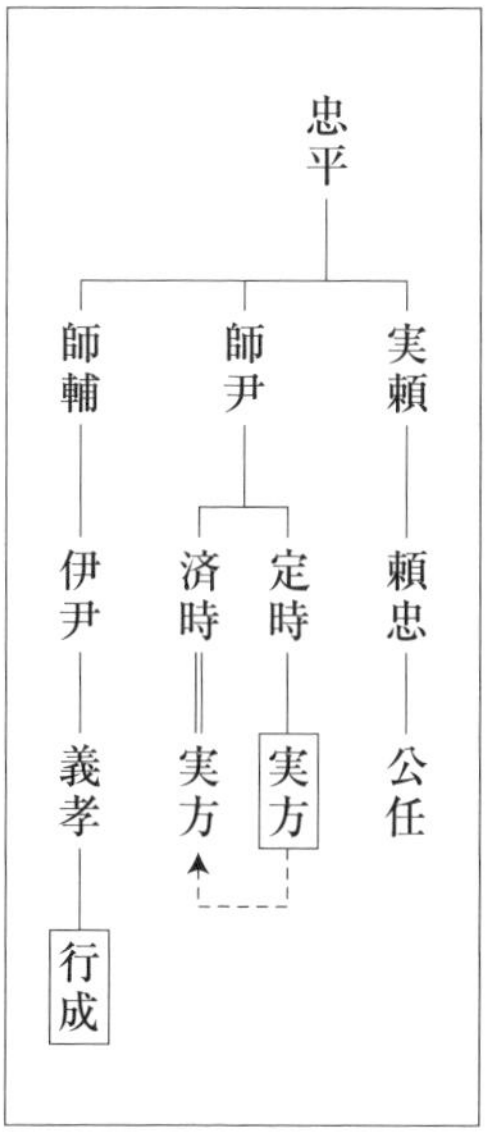

系図22　実方関係略系図

以下に紹介する実方中将の場合もそうだった。和歌の名人と自認した実方が、自慢の歌を批判した相手を罵倒、奥州へと左遷された。そんな事件がここでの話題だ。藤原実方は清少納言と同じ時代の人物だから、道長ともあるいは紫式部とも広く同一の世代に属した。まさに王朝の馥郁《ふくいく》たる気分の時代に生きた貴族だった。系図を参照してもらえばわかるように、なかなかの血筋だ。祖父は小一条左大臣師尹《もろただ》、父は定時、母は源雅信の娘である。

父が早世したため叔父済時《なりとき》に嫡流が移り、実方はその養子となった（『栄花物語』巻二）。ちなみに済時は三条院の女御娍子《にょうごせいし》の父で、小一条院敦明《あつあきら》親王の祖父としても知られる。道長の圧迫で皇太子の地位を放棄した敦明の話は『大鏡』その他でもよく知られている。済時はそのため失意のなかで没したとされる。実方にもそうした負の遺伝子が……、といえばバカげてはいるが、彼の後半生はいささか気の毒の感がないでもなかった。

かくとだにえやはいふきのさしも草　さしも知らじは燃ゆる思ひを

『後拾遺和歌集《ごしゅういわかしゅう》』（巻十一、恋一）に載せるこの歌は、その後『百人一首』にも採られ人口に膾炙《かいしゃ》している。じりじりとした埋め火の如き恋の想いを伊吹山の「さしも草」に喩えたこの歌は、実方の代表作でもある。縁語・懸詞が散りばめられ、王朝風味がほど良く効いている。実方の歌として有名なものに、『今昔物語』（巻二十四—三十七）に載せる「やすらはで思ひ立ちにし東路《あづまじ》に　ありけるものをはばかりの関」（人間関係の煩わしさが無いと思って来た東国でも、同じくはばかるべき世間があることよ）がある。白河関を越えて奥州へと赴任した実方の気持が語られているようだ。この歌は陸奥からその心情を都の友人源宣方《のぶかた》に宛てたものだった。文人・歌人たる実方が半ば憧れていた奥州にも「はばかりの関」は、同じようにあることの失望感が滲み出ている。

実方の陸奥守補任は長徳元年（九九五）のことだった。権門に生まれた実方は、陸奥赴任の前年に左近中将《さこんのちゅうじょう》に任ぜられ順調な出世コースをたどった。実方中将の呼称もこれによるが、その家集に見える女性の数は二十人、すべてが色恋の対象であったとはいえないにしても、実方が多情の持ち主だったことは否めない。歌の相手には清少納言もいた。彼女は、

夜をこめて鳥のそら寝ははかるとも　世に逢坂の関は許さじ

とこれまた『百人一首』で知られる歌がある。

藤原実方朝臣　「英雄百人一首」（日本大学文理学部図書館蔵）

男女の機微を「逢坂関」に懸けた清少納言のこの歌の相手が藤原行成だった。実方の陸奥左遷にはこの行成がからんでいた。後に三蹟《さんせき》と称された能書家行成が実方とはライバルの関係にあったと書けば、清少納言を介して実方と行成の三角関係を推測する向きもあろうが、それは定かではない。ともかく実方と行成は歌の世界でも競い合っていた。『撰集抄《せんじゅうしょう》』（巻八）には実方の歌をほめそやす世間に、行成が「歌は面白し、実方はをこなり」と辛口に評したこと

が、実方の感情に火をつけたとある。実方の暴行事件として『古事談《こじだん》』（第二）や『十訓抄《じっきんしょう》』（第八）に伝える話は広く知られている。それこそが陸奥守左遷の真相と伝えられるものだ。

「一条院ノ御時」のこととして、実方と行成が清涼殿の殿上間で口論となり、実方が行成の冠《かんむり》を奪い、庭に投げすて去ったという。これに対し行成は逆上することなく、従者を呼び冠を拾い上げ「左道ニイマスル公達カナ」と嘆いたという。この一件を小蔀《こじとみ》から見ていた一条天皇が行成の冷静をほめて蔵人頭に抜擢し、一方の実方については「歌枕見テマイレ」と命じ陸奥守への下向を命じたとある。

一条天皇は賢帝の誉れも高く後世の『神皇正統記』にも、宇多《うだ》・醍醐《だいご》・村上《むらかみ》の諸天皇とともに、「寛弘《かんこう》の帝《みかど》」とされるほどで王朝時代を代表する天皇だった。定子（父道隆）および彰子（父道長）二人の后をもったことでも知られる。その一条朝の出来事としてこの暴行事件はおおいに話題となったようで、行成との確執がもたらしたこの事件で、実方の人生は一変することになる。

名門実方の挫折は感情の暴発を抑えられなかった弱さが招いたものだったが、行成の烏帽子を投ずるという乱行は、やはり責められるべき過失だった。貴族社会にあって冠は儀礼的秩序の最たるもので、髪をあらわにする露頭は慎むべき行為とされた。まして他者からの暴行となれば、なおさらだった。殿上狼藉事件の醜聞は広く話題となったようだ。歌に専心し自負をもっていた実方にとって、自身の器量不足を揶揄《やゆ》されるのは耐え難い屈辱だった。同世代の両人は官職の出世競争でライバルであったわけで、狼藉沙汰の背後にはさらなる闇があったのだろう。

実方の「はばかりの関」の歌には人間関係の煩わしさから解放されたいとの気分があったのか。そうした感傷的な気分が、自らを奥州へと飛翔させる決意をさせた。実方の陸奥守赴任は結果として片道切符となった。着任後わずか三年で病没してしまったからだ。

実方の多情は歌の世界にとどまらず各方面にわたったようで、ライバル行成との闘いもその一端だった。

〈実方中将のその後〉

今ハ昔、実方中将ト云人陸奥守ニ成テ、其ノ国ニ下タリケルヲ、其ノ人ハ止事《やむこと》無《な》キ公達《きんだち》ナレバ国ノ内ノ然ルベキ兵《つわもの》ドモ、皆前々ノ守ニモ似ズ、此ノ守ヲ饗応シテ……

陸奥下向後の実方のその後の様子を、『今昔物語』（巻二十五―五）は右のように語っている。「止事《やんごと》無《な》キ公達」たる実方への饗応ぶりがよくわかる。名門出身の期待値の高さがうかがえる。その饗応した連中たちが「国ノ内ノ然ルベキ兵ドモ」だったことも興味深い。右の説話での本題は実方ではなく、むしろ平維茂《これもち》と藤原諸任《もろとう》という二人の兵《つわもの》たちの死闘の話だった。国守として赴任した実方は、「二人ナガラ国ノ然ルベキ者」であった両人の訴え事について決断できないまま、「守、定メ切レズシテ有リケル程ニ、守三年ト云フニ失セニケレ」とある。実方が都の友人源宣方に送った

「はばかりの関」の歌の背景には、この奥州での「兵」たちの所領紛争にかかわる煩わしさもあったのであろうか。前中将という王朝的権威で都の世界に臨んだ実方だったが、鄙には鄙の面倒があったにちがいない。

「然ルベキ者」としてここに登場する維茂は余五《よご》将軍として知られる人物で、将門追討の立役者平貞盛《さだもり》の甥（貞盛の弟繁盛《しげもり》の子）にあたる。また諸任も藤原秀郷の子孫でともどもが天慶の乱の功臣の末裔たちだった。「墓《はか》ナキ田畠ノ事」（つまらぬ土地の争い）から両者の対立・闘諍《とうじょう》に取材した右の話には、史実をふまえた「兵」たちの生態が伝えられている。

説話とはいえ、重要なことは国守実方の調停もむなしく、所領をめぐる紛争が武力で解決されたことだった。陸奥をふくめた東国は、「兵」たちが活躍する舞台でもあった。「墓ナキ田畠ノ事」に命を投げ出す「兵」たちの殺伐たる世界があった。

こうした「兵」たちは鄙（地方）に根をおろしながらも、中央との人的チャンネルを保持し、物情騒然たる地方において治安維持の役割を与えられていた。彼らは都鄙《とひ》を往還しながら、地方に留住《りゅうじゅう》し勢力を拡大する有勢者だった。実方が遭遇したのは、そうした地方の情況だった。

実方は奥州の世界を後世の歌人たちに懸想の地として、広めるうえで貢献した。皮肉ではあるが敗者たる実方中将の歌詠みとしての情熱は、いろいろな逸話を残すことになった。ここで紹介した『今昔物語』の話もそうだった。そこでの「兵」たちの闘諍事件などは、限られた都の世界とは異なるものがあった。

その意味では実方中将の左遷事件から汲み上げられるべき中世の地域的諸相にもふれることができそうだ。一つはやはり都と鄙の交流である。古代律令の社会は中央の政治的水位（権力）の圧倒的高さのゆえに、地方との権力落差があらゆる分野で反映されていた。律令国家から王朝国家への転換は、この中央・地方の落差の解消をもたらすこととなる。

中世をどのように解くかは議論もあるが、辺境（フロンティア）の解消という視点でも整理できる。西高東低という政治的気圧配置を有した律令的古代は、形式的には均一的集権体制を以って出現したが、実態としては権力の濃淡は当然残された。中華意識にもとづく辺境観念は、東北（東国）・奥州方面を辺境として王朝貴族たちをとらえていた。そのことが逆に未知・未開なる地への憧憬を育んだことも事実だった。

かつて源融《とおる》が「陸奥《みちのく》の信夫《しのぶ》もぢずり」と『百人一首』で詠じたように、あるいは能因《のういん》法師さらには西行が、この地への憧れを持ちつづけたようにである。歌枕として詠み込まれた名所が他の国を圧倒するのは、そうした心象風景が王朝人をとりこにしたからに他ならない。

実方中将が心の内に深く刻みこまれた名所・歌枕を歴訪しようとしたとの『今昔物語』の話は、そのことを語っている。同時に実方のような王朝人の都鄙往還が、容易となった情況も注目されねばならない。政治的・軍事的意味での蝦夷問題は九世紀をつうじ解消する。転換期としての十世紀はこの上に成立した。「点」あるいは「線」の支配でしかなかった奥州地域は、フロンティアの解消にともない「面」として実質的支配が可能となった。もちろん最終的な奥州支配は十二世紀末の頼朝の奥州合戦を待たねばならないのだが。実方のような文人レベルでの往還が可能となった事情は着目されるべきだろう。要は地域的偏差の縮小である。

そしてもう一つは、武人レベルでの都鄙の交流だろう。紹介した余五将軍平維茂と藤原諸任両者の闘諍事件の背景にはそれがあった。天慶の乱の功臣の子孫として北関東から奥州へと領域を拡大した彼らが、都から下向した実方に所領紛争の裁定を依頼する場面は、時代と地域の成熟を感じさせる。余五将軍維茂については、すでに第I部でもふれておいたので詳細はこれに譲るとして、『今昔物語』が伝える奥州での「兵」たちの戦いの様子は、かつての辺境の地にも文人・武人を問わず王朝国家のシステムが浸透していることが示されている。

「兵」の登場は王朝国家の原理たる請負《うけおい》体制の広まりのなかで、武力面での紛争解決をになう存在として、「兵」たちの活躍が期待されたことと無関係ではない。彼らは軍事貴族の末裔として、王朝の軍事機構をになうことを要請されたわけで、都と鄙との往還をつうじ両者の関係の緊密化がさらにすすむことになる。

実方の陸奥下向にさいしては、身辺警固のために多くの「兵」(武的保持者)が随行したことは想像に難くない。十一世紀の『因幡堂縁起《いなばどうえんぎ》』に語られている絵巻の世界や『高山寺本古往来《こうざんじぼんこおうらい》』の消息文を持ち出すまでもなく、都鄙往還の事情は了解されるはずである。

〈悪霊の左府藤原顕光の入内闘争〉

実方中将が陸奥に下向した長徳年間（九九五―九九九）は、疫病が都で蔓延した時期でもあった。多くの公卿がそのために没した。「京師死者過半、五位以上六十七人」（『日本紀略』正暦五年七月条）との惨状も決して誇張ではなかった。一方で清少納言が「春はあけぼの……」と語った『枕草子』の世界は同一の時間軸にある。その清少納言が仕えた中宮定子の父関白道隆がこの時期に酒毒のために死去したが、あたかも疫病のゆえと噂されるほどだった（『大鏡』）。

この道隆の死は王朝の政界地図を塗り替えることとなった。道長の台頭である。道隆以後に摂関の地位は弟の道兼へと移ったが、当の道兼自身、「七日関白」の異名をもつように疫病のために急死した。そこで道長がはからずも兄たちの後継となった。ここでの「闘う貴族」の主役は、その道長と入内競争のはてに敗れた左大臣顕光《あきみつ》を取り上げたい。

顕光の父は関白兼通《かねみち》、母は元長《もとなが》親王の娘昭子女王である。貴族のなかの貴族だ。天延三年（九七五）三十二歳で公卿の登竜門たる参議に任ぜられた。長徳二年（九九六）内大臣藤原伊周《これちか》（父道隆）の左遷後に右大臣となった。後一条天皇即位の翌年の寛仁元年（一〇一七）左大臣へと転じた。官職競争では道長とライバルだった。年齢的には顕光がはるかに年上だが、道長はこの人物の儀式での過失を冷笑し「至愚《しぐ》ノマタ至愚《しぐ》ナリ」とまで冷笑したという（『小右記』）。

顕光の父兼通と道長の父兼家は同母兄弟ながら、かつて劇烈な鐔《つば》ぜり合いを演じていた。つまりは父子二代にわたる争いだった。外戚の地位を得ることが家門隆盛のポイントであったこの時代は、兄弟一族ともどもが闘いの相手だった。

顕光の父兼通の場合、円融天皇に娘媓子《こうし》を入内させたものの皇子の誕生を見なかった。後に入内した弟兼家の娘詮子《せんし》が皇子（一条天皇）を生んだために、家運は兼家の系統へと傾くことになる。兼通・兼家両人の確執ぶりは『大鏡』などにも記されよく知られている。重病をおして参内した兼通は関白を弟兼家ではなく、頼忠（伯父実頼の子）に譲る除目を強行するほどだったという。

顕光が娘の元子を長徳二年（九九六）一条天皇の後宮に入れ、皇子誕生に期待をかけたのも、父兼通以来の外戚獲得への悲願だった。承香殿《じょうきょうでん》の女御《にょうご》とよばれた元子は天皇の寵を得て懐妊したものの、産月に流産となり顕光の期待は実現しなかった。他方、道長は娘彰子《しょうし》を入内させて敦成《あつひら》（後一条天皇）、翌年には敦良《あつよし》（後朱雀天皇）が誕生、顕光に大きく水をあけた。

元子に関しては、一条崩御後ではあったが源頼定（村上天皇の孫、父は為平親王）と密通事件を起こし、顕光は怒りのあまり出家させてしまったとの話も伝わっている。このあたりは『栄花物語』（巻十一「つぼみ花」）にもくわしい。そもそも顕光は、道長とソリが合わない三条天皇と近く、東宮敦明親王に期するものがあった。娘の延子（堀河女御）を敦明に入れ、顕光は皇子誕生を願った。延子は敦貞・敦昌親王を生んだものの、当の敦明親王は父の三条天皇没後に道長の圧力に屈し東宮を敦良親王（母は彰子）に譲った。

さらに敦明は道長の娘寛子《かんし》（母は源高明の娘明子《めいし》）の聟となることで自らの立場の保全をはかったのだが、敦明の即位に期待をかけていた延子・顕光側の悲嘆は大きかった。そのためだったのか延

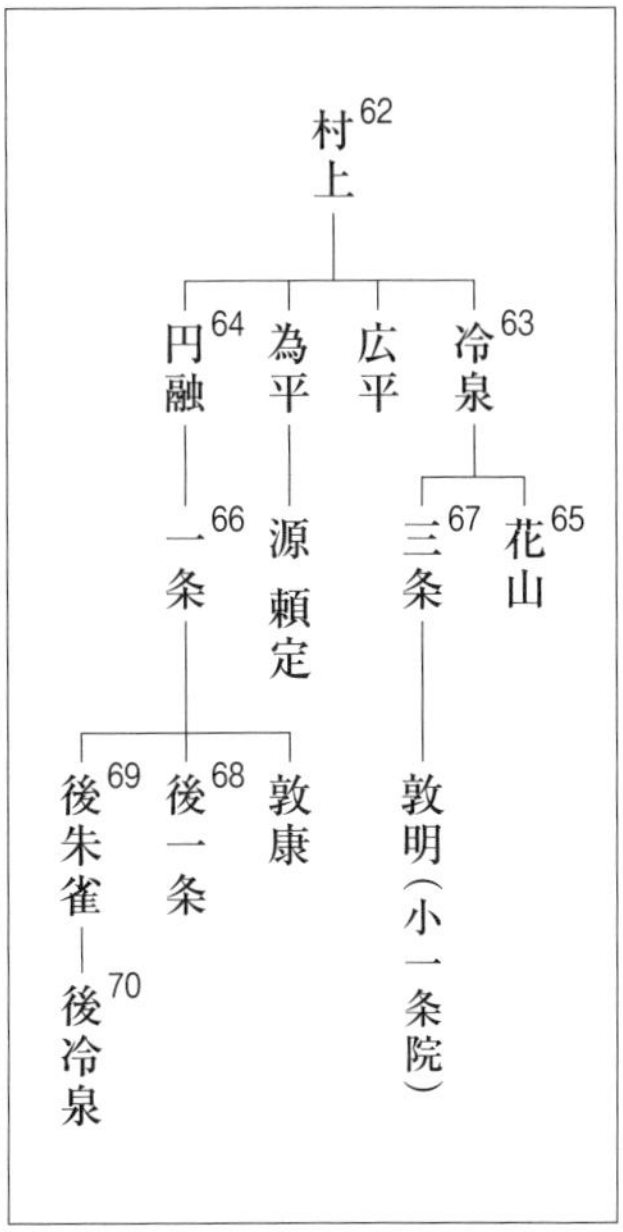

系図23　摂関期天皇略系図

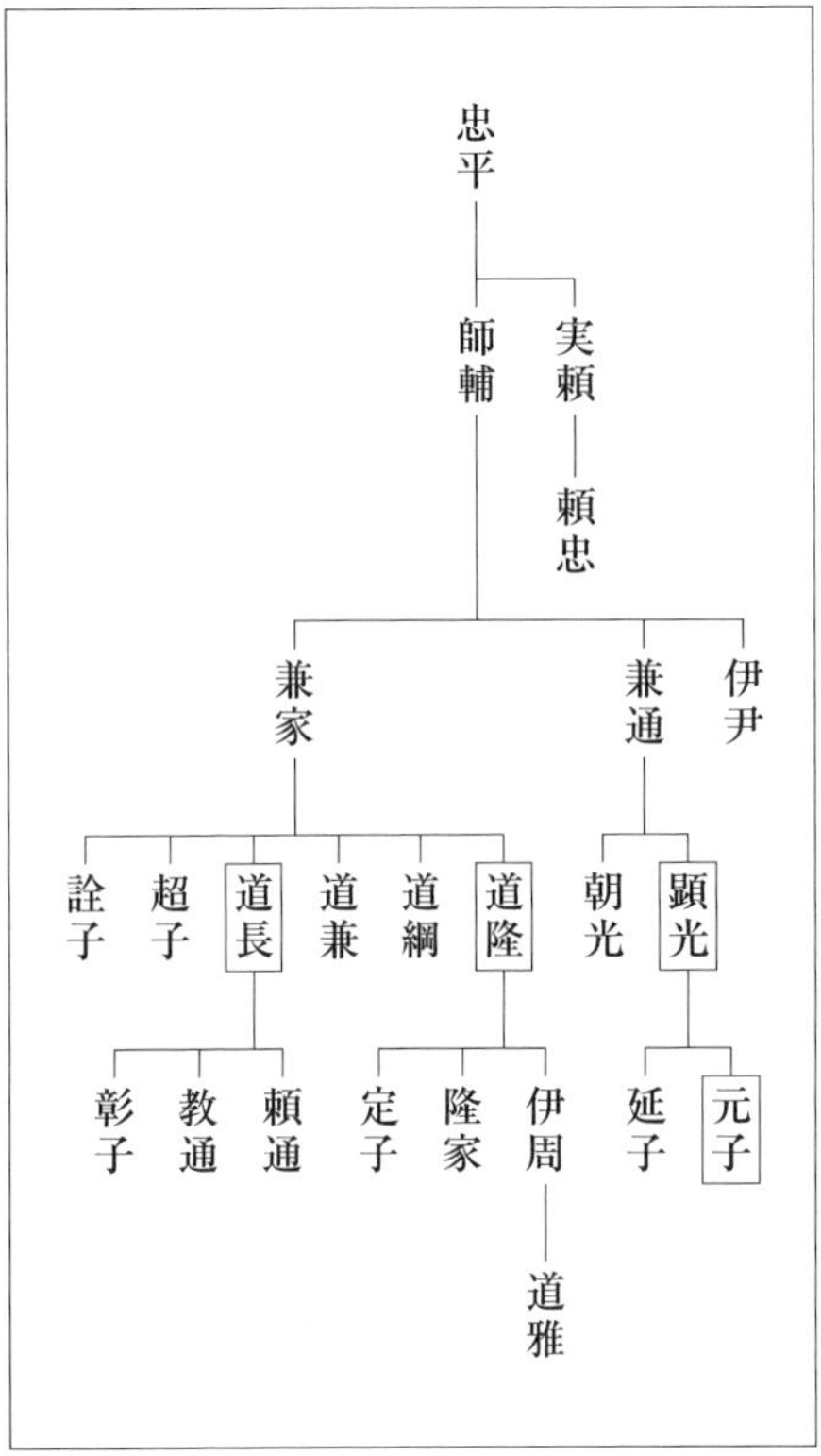

系図24　兼通・兼家流藤原氏略系図

子は寛仁三年（一〇一九）に世を去り、顕光もその二年後の治安六年（一〇二一）五月、七十八歳で世を去った。

道長との入内闘争のはてに敗れた顕光は怨霊と化し、道長の一家にことごとく仇なしたとされる。「此顕光公は死後に怨霊となりて御堂殿辺《みどうどのあたり》へはたゝりをなされけり。悪霊左府《あくりょうさふ》と名づく」（『宇治拾遺物語』巻十四―十）とある。また『愚管抄』にも「アナ心ウヤトカナシミフカクテ、ヤガテ悪霊トナ

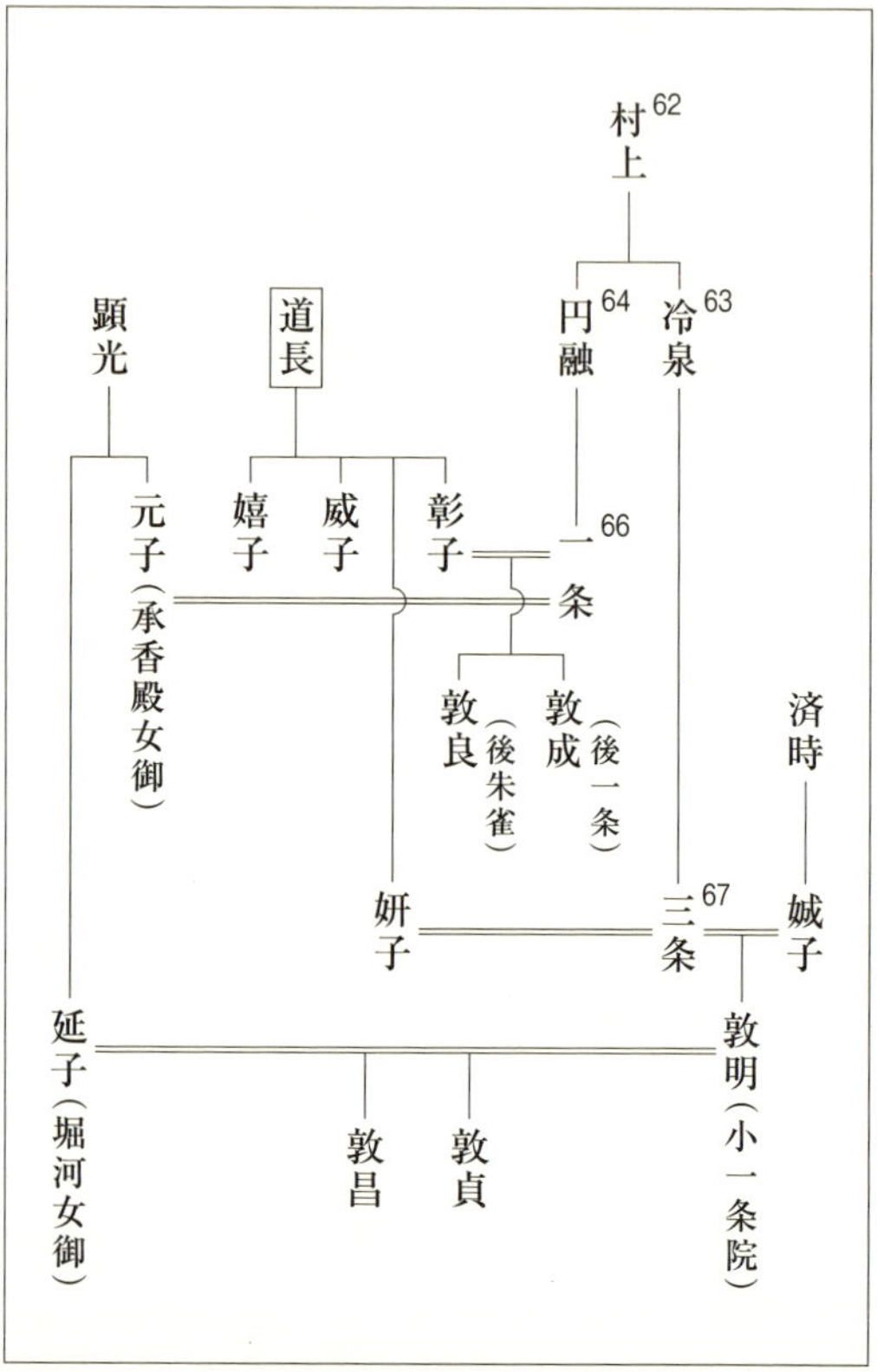

系図25　道長婚姻関係図

リニケリトゾ人ハカタリ侍ルメル」（巻第四）ともあり、敗者顕光の怨霊譚が広く流布していたことがうかがえる。『古事談』（第六）や『十訓抄』（第七）などに登場する顕光の逸話には、『栄花物語』などの同時代の諸史料からの証言が影響しており、顕光の悲痛が伝わってくる。

道長との闘いに敗れた顕光は、『宝物集《ほうぶつしゅう》』では寛子・嬉子・妍子などの死にかかわる死霊として登場する。あるいは顕光の広幡亭が道長建立の法成寺《ほうじょうじ》の南隣にあったためであろうか、顕光の要請で道長呪咀《じゅそ》をはかる道摩《どうま》法師を陰陽師安倍晴明の力で打破する話（『古事談』）が見える。これなどは両人の確執に由来したものだった。

〈中関白家の苦闘―伊周・隆家兄弟の左遷―〉

兼通・兼家兄弟の対抗のなかで、勝ちを得た兼家の子息たちの間にあっても闘いはつづいた。それは伊周《これちか》・隆家《たかいえ》兄弟の左遷という形で表面化した。相手は叔父の道長だった。伊周・隆家は劣勢のなかで人事の闘いを強いられた。彼らの父道隆の早すぎる死で、伊周たちは権力の委譲を未熟なまで継承することとなった。このことが妹定子とその所生の敦康《あつやす》親王の運命も変えることになる。

伊周の母高階貴子《きし》は儀同三司母《ぎどうさんしのはは》という肩書で『百人一首』に登場する。「忘れじの行く末までは難《かた》ければ　今日を限りの命ともがな」の歌がある。〈忘れない、決して、そんな言葉は信用しません。だから命が尽きるほどのこの命も終わりにしたい〉。強烈な恋の歌である。相手はもちろん伊周の父道隆である。右の歌は『新古今集』（巻十三、恋三）に採取されているもので「中関白かよいそめの侍《はべ》りけるころ」の詞書《ことばがき》があり、道隆と結ばれたころのものだ。肩書の儀同三司とは大臣に准ずるの意で、三公すなわち太政大臣・左右大臣に相当する地位をさす。伊周はその儀同三司の地位にあった。

そうした歌人的気質を継承した伊周は漢詩文の才に恵まれていたようで、例の『枕草子』にもそのことが散見する。父道隆の引級《いんぎゅう》のなかで十八歳で参議に、二十一歳で道長たち三人を超えて内大臣となったが、父の急死で関白の地位を叔父の道兼と争うことになる。道兼が没すると、同じく叔父の道長と関白の座をめぐり競合することとなった。

道隆が死去した長徳元年（九九五）、伊周は二十二歳、道長は二十九歳だった。父の危篤にさいし、伊周は関白代行の宣旨の文言を勝手に書き換えるなどの浅知恵をなしたという（『小右記』）。『大鏡』に載せる花山院《かざんいん》への誤射事件も弟の隆家との共同謀議とはいえ、自らの破滅を招く失態だった。

伊周は為光（兼通の弟）の娘を愛人としていたが、その妹のもとに通う花山院に隆家とともに矢を射かけたというのだ。この不敬事件のため長徳二年に大宰権師に左遷された。もっともこの左遷は妹定子の尽力で自身は播磨に留め置かれたものの、母貴子への慕情のゆえか禁を犯して入京し妹や母と会ったことが判明、再び九州へと流された（『栄花物語』巻五「浦々の別れ」）。

その後、長徳三年四月の召還の宣旨で許され帰京をはたすが、道長政権下での満足な身の置き所はなかった。両者の対抗心は根強いものがあった。数年前の長徳元年七月にも、右大臣道長と内大臣伊周が口論となり、伊周の道長呪咀の件が噂にのぼるほどだった。そんな両者に和解などなかった。政治的失脚で勢いを失った伊周の残された切り札は、妹定子の皇子誕生への期待だった。

伊周の京都召還後の翌々年、待望の皇子（敦康親王）が誕生した。中関白家にとっては、希望の星であった。だが、同じ時期に道長の娘彰子が一条天皇に入内した。皇后定子（二十三歳）・中宮彰子（十二歳）の二后併立がなされる情況となった。このことは定子所生の敦康親王への前途を暗いものとした。かりに新たに入内した彰子に皇子が誕生すれば、力関係から彰子所生の皇子が有利にはたらくことになる。そんななかで伊周の望みをくだく出来事が起きた。長保二年（一〇〇〇）十二月、定子が二十四歳で没した。皇女（媄子《びし》内親王）出産のおりのことだった。

他方、道長の娘彰子は数年後に敦成親王（後一条天皇）が誕生、伊周をはじめとした中関白家は失意に襲われることになる。他者の幸せは、己の不幸につながった。伊周による彰子および敦成への呪咀の厭符《えんぷ》の風聞も伝えられる始末だった。さらに彰子は翌年に敦良（後朱雀天皇）を出産、ここにあって伊周は落胆のためかついに薨じてしまう。その嘆きの心情は『栄花物語』（巻八「はつはな」）にくわしく語られている。三十七歳だった。左遷後に准大臣（儀同三司）にまで復したが、夢はかなわなかった。

弟の隆家についてはどうだったのか。この人物こそ闘う貴族の本領が発揮されたといえそうだ。藤原隆家といえば、『枕草子』にしばしば登場する貴公子だ。入内した姉の定子を訪れ、清少納言とともにウィットある会話を披露している。「いみじき骨を得てはべれ」と水母《くらげ》の扇子をプレゼントする話などもよく知られている。柔和な雰囲気を醸すこの人物はなかなかの硬骨漢で、叔父の道長や花山院に闘いを挑む武闘派貴族の代表だった。

逆境にめげない不屈の精神力は闘う貴族の象徴といっていい。母は兄の伊周と同じく高階貴子である。関白だった父の力で兄同様に出世をとげ、十七歳で早くも中納言となった。余談だが、鎌倉期の歌人として知られる藤原定家が齢《よわい》七十にして権中納言になったことを思えば、時代が異なるとはいえ摂関家と中下級貴族との間に横たわる差を知ることができるはずだ。

それはともかく、前述したように兄伊周の愛人をめぐっての花山院への不敬事件を機に出雲権守に左遷され、その後帰京を許され兵部卿となり本官に復した（長徳四年五月四日帰京）。道長政権下での抵抗勢力として、三条天皇とも気脈がつうじていた。「心にもあらで憂き世にながらへば　恋しかるべき夜半の月かな」と『百人一首』に見える歌は、その三条院のものだ。

長期の東宮時代を強いられ、道長とは反りが合わなかったこの天皇は、目の不自由さも手伝って道長の圧迫で譲位に追い込まれた人物だった。その三条院との共闘・協調態勢を隆家は模索した。定子所生の敦康の皇位実現となれば、中関白家再浮上のチャンスともなったはずだった。しかしそれは「はず」でしかなかった。

ちなみに、隆家が帰京を許されたこの年は大宰府から異賊乱入の報が届けられていた（『百錬抄』長徳三年十一月一日条）。その後の寛仁年間（一〇一七―二一）における刀伊《とい》の入寇事件の予兆ともいえるものだった。隆家の闘う貴族のイメージを決定化させたのは、この刀伊入寇にさいしての軍事指揮官としての姿勢によるところが大きい。

この点は後述するとして、大陸との対外的緊張は以前からもつづいていた。とくに九世紀以来の新羅海賊問題はわが国の海防問題の主軸をなしており、幾つかの波動がたしかめられる。九世紀後半の貞観—寛平期に集中していることがわかる。とりわけ寛平期の新羅海賊侵寇事件は中央政府に大きな衝撃を与えた。『扶桑略記』・『日本紀略』などにその事件の顚末がくわしく語られている。十世紀に入っても九州沿岸には海賊問題が散発的に起きていた。

わが国の海防政策は主として大陸との関係のなかで取り沙汰されてきた。刀伊入寇もまさしくこの延長線にあったわけで、この事件で活躍したのが隆家だった。

〈折れない強さ、逆境の隆家と刀伊入寇〉

長和三年（一〇一四）に隆家は大宰権帥を兼任した。眼病による唐人医師の施療のための赴任だった（『大鏡』〈道隆伝〉）。眼病といえば、すでにふれた三条院も眼を患い三年後に退位を余儀なくされる。朝廷内での実権は道長が掌握、隆家の大宰府赴任の翌年には准摂政という立場にあった。

刀伊入寇はこの隆家が赴任中の出来事だった。寛仁三年（一〇一九）三月末から四月にかけてのことだ。『小右記』・『朝野群載』などの史料によれば、満州・沿海州方面から高麗沖を経由した女真《じょしん》族（刀伊）が五十余艘で対馬・壱岐に来襲、四月初旬に筑前国の怡土《いと》・志摩《しま》・早良《さわら》の諸郡を侵略、甚大な被害を与えた。その後博多の警固所《けごしょ》を襲撃、筑前から肥前の松浦《まつら》郡方面を攻略し退去したという。およそ二週間におよぶ侵寇の被害は、殺害された者三六四人・捕虜一二八九人・牛馬被害三八〇頭におよんだ（『小右記』寛仁三年六月二十九日条）。大宰府からの報が中央に到着した時点で、すでに女真〈刀伊〉人は九州を退去していたが、生虜《せいりょ》された人々や賊徒たちのその後に関しての情報は不明だった〈これらは第Ⅰ部を参照〉。

この刀伊戦は九世紀の新羅海賊との戦いの延長戦にあるとはいえ、その規模において鎌倉期の元寇とは比べようもないが、特異な戦闘であったことは注目される。一つは新羅戦での武力発動が律令軍団制によっていたのに比し、刀伊戦での迎撃武力は異なるものがあった。その中心的武力は、隆家とともに中央から下向した「都ノ武者」たち〈例えば平為賢《ためかた》や平致方《むねかた》〈致光〉など〉や純友の乱鎮圧の功臣の末裔たち〈例えば大蔵種材など〉から構成されていたことである。

現地で指揮にあたった隆家は未曽有の危機を迅速に対応すべく尽力したようで、そのことは彼自身の報告書からもうかがえる〈『小右記』寛仁三年五月二十四日条〉。隆家指揮下の武的領有者は「府無《ふのやむ》止武者《となきむしゃ》」と呼称された人々だった。さらに筑前・肥前諸郡侵略のさいには「郡住人」として呼称された人々もいた。要は律令軍団解体以降の王朝段階の軍制も、こうした軍事的危機にさいしてそれなりに対応できる態勢にあったことがわかる。しばしば指摘されるのは律令軍団制を軸とした古代軍制の解体後、中世移行期の王朝軍制は明瞭な姿が見出しにくかったが、この入寇事件での大宰府軍の動きは王朝国家期の軍事機構の一端を示している。

この刀伊事件に関しては隆家の存在は大きかった。つまりは隆家の有した貴種性と個人的気質が海防の危機を救ったともいい得る。気質云々について以下のような逸話が『大鏡』に見えている。道長邸での宴席のおり、招かれた隆家に道長派の公信〈父為光〉が装束の紐解《ひもと》きで気分をなごませるべく、手を副《そ》えたために気分を害した隆家は「不運なることこそあれ、そこたちにかようにせらるべき身にもあらず」（自分は不遇だが、お前たちにそんなことをされる身ではない）と激怒、一座を興ざめにさせたとある。プライドが高かった一面をうかがわせる。この場は道長が自ら座に降り笑顔で隆家の紐解きを手助け事無きを得たという。伊周に比べ剛胆の気質があった隆家には道長も一目置いていた。

この他、花山院との確執でも例の誤射事件とは別に次のような話もある。院が隆家を挑発し、「いくら剛胆な隆家であろうと、わが門前を牛車で素通りはできまいぞ」ということを聞くや、雑色五、六十人を用意、押し通る気構えを示した。院側も相応の武力を用意したため都大路は一触即発だったとある。こうした隆家を評して「やまとごころかしこくおはする人」と『大鏡』は賞賛する。「やまとごころ」云々といえば、近世末から近代の国学を起点とするように考えるふしもあるが、起源はもちろん古い。王朝国家のこの時期、漢才（漢意《からごころ》）に対比されるものとしてあった。臨機応変の智恵・行動力を指した。隆家は闘う貴族としてその「やまとごころ」を宿す人物だった。

さらに刀伊入寇時、捕虜となった日本人を護送してきた高麗の使者に黄金三百両を渡し、謝意を表したことも、是々非々《ぜぜひひ》に厳しい彼の性格によったものだろう。いずれも『大鏡』（「道隆」伝）にのせられているもので、逆境にあっても屈しない、折れない強さを持ち併せた人物像を提供している。

その刀伊入寇ではまさに隆家が総司令官的立場で対応したようで、〝長袖《ちょうしゅう》貴族〟と揶揄されがちな王朝人とは、一線を画したことはまちがいない。

大宰権帥という立場で対応にあたった隆家は、刀伊軍が博多方面に侵寇したおり、これを迎撃すべく「府無止武者」たちを出動させた。「兵船」不備の態勢での戦闘ではあったが、平雅行《まさゆき》・賢方《かたかた》などの武者たちの武力で撃退することがかなった。わずかな「兵船」で追撃をはかる武者たちに深追いさせず対馬を以って国境とする旨を指示、帰還しない武者たちへの気配りを示した。豪胆さのなかにも配下の者たちへの配慮をうかがわせる。

これらの戦闘の模様は大宰府からの解状《げじょう》を載せる『朝野群載』あるいは『小右記』に語られている。とりわけ後者は隆家とともに三条院に同情を寄せたとされる小野宮実資の日記であり、実資もまた硬骨漢として知られる人物だった。道長の家司ではあったが、追従派とは異なる立ち位置にいた。『小右記』には五月十日付の隆家の消息が所載されており、両者の関係を知り得る。実資自身の事件についての関心もさることながら、隆家の動向にも意が払われているようだ。

隆家は刀伊事件の四年後治安三年（一〇二三）に中納言を辞し、子息の経輔《つねすけ》を権右中弁に申請、その後大蔵卿や再度の大宰大弐に任ぜられるなどしたが、その血脈からすれば冷遇された生涯だった。六十六歳で没した隆家の生涯は、闘う貴族の面目が充分すぎるほどうかがえる。敗者の系譜に位置づけられる中関白家にあって、異色を貫いた人物といえそうだ。異色といえば、同じく中関白家に属した無軌道の貴族藤原道雅《みちまさ》にもスポットをあてねばなるまい。

〈無頼派道雅の孤独な暴走〉

「禍福《かふく》は糾《あざな》える縄《なわ》の如《ごと》し」のとおり、幸・不幸は交互のはずなのだが、中関白家に限っては「禍」の量が「福」を圧する。隆家にとっては甥、すなわち伊周の子息道雅の無軌道な暴走ぶりは、貴顕の血筋ながらおおいに問題視されるようだ。父の無念を想って精進するのも生き方なのだろうが、道雅はそうではなかった。言い知れぬ怒りを自身と他者にぶつけたのだった。

とすれば、心の持ちようだとしても「存亡禍福は皆己《おのれ》に在るのみ」との、かの孔子の『説苑《ぜいえん》』の一句が思い浮かぶ。詮ずるところ自己責任ということか。強くはない自分の始末のつけ方ということでいえば、道雅の粗野な振る舞いのなかにあるいは闘う貴族の一つの類型を見出し得るのかもしれない。不遇を怒りに変えることで自己の存立を主張した道雅は、色恋をめぐる衝突もふくめ要注意のレッテルを貼られていた。

左京大夫道雅　「英雄百人一首」（日本大学文理学部図書館蔵）

今はただ思ひ絶えなむとばかりを　人伝てならで言
ふよしもがな

『百人一首』（六十三番）に見えるこの歌が道雅のものである。仲を隔てられ逢うことが難しい相手に、想いの極みの心情を何としてもじかに伝えたい、そんな気持があふれるような歌だ。元来は『後拾遺和歌集』（巻十三、恋三）にあるもので、その詞書には「伊勢の斎宮《さいぐう》わたりより、まかりのぼりて侍りける人に忍びて通ひけることを、おほやけも聞しめして、守り女など付けさせ給ひて、忍びにも通はずなりにければ、よみ侍りける」と、いささか長い事情説明が付されている。道雅が三条天皇の第一皇女当子《とうし》内親王と情を交わしたことはよく知られている（『栄花物語』「玉の村菊」）。

神に仕えた彼女の身を案じた三条院は「守女」に監視させるほどだから、道雅の執念もなかなかのものだった。この出来事は寛仁元年（一〇一七）のころと推測されている。

道雅は当時二十五歳、内親王もまた彼の強引さに惹かれていったのだろうか。内親王は長保三年（一〇〇一）に誕生、当時十六、七歳と思われる。母は敦明親王（小一条院）と同じ娍子《せいし》である。十二歳のおりに斎宮に選ばれ四年後に帰京した。道雅との関係は帰京後間もない時期だった。『栄花物語』（「ゆうしで」）には、両人の成さぬ仲ゆえの苦悩ぶりも語られている。この当子との隔てが多くなったころの歌として、「陸奥の緒絶《をだえ》の橋やこれならん　踏みみ踏まずみ心惑はす」（奥州の緒絶の橋というのがこれなのだろうか、踏み渡ったり渡らなかったり＝文を見たり見なかったりと、心を悩ます日々です）がある。前に紹介した歌と同じく悲愴感あふれた道雅の心情が伝わる。恋の悩みが困《こう》じたか、失意のうちに出家した内親王は二十三歳で薨じた。

中関白家は伊周・隆家もふくめ反道長シフトのなかで、三条院に期待するところが大であった。その点では娍子所生の敦明親王への期待も高かった。この点はすでにふれた。道雅が当子に近づくことは、さほど奇とするにはあたるまい。そこに道雅自身の怜悧《れいり》な打算がなかったとは断ぜられないのかもしれない。ただし、当子との密通事件が噂となった時期は、三条院が譲位、やがて没する時期で、東宮だった敦明も道長に屈する形でその位を辞したころと重なる。その限りでは中関白家は逆風のさなかでもあった。

この道雅がかなりの問題児だったことは、例の実資の日記『小右記』（例えば万寿四年七月十九日条）などからもうかがえる。「悪三位《あくざんみ》」「荒三位《こうざんみ》」などと称されるほどに暴行事件の常習犯だった。有名なところでは当子の兄敦明の従者に暴行をくわえたこともあった。長和二年（一〇一三）四月のことで、当子との関係が噂される以前のことだ。当時皇太子だった敦成《あつひら》親王（後一条天皇）の従者によって拉致された敦明の従者が、道雅の自宅で暴行を受けた。両親王家間での対抗が従者同士の対立に発展したらしく、これに道雅が関与したというのだ。背景には三条系と一条系両者の対立があった。

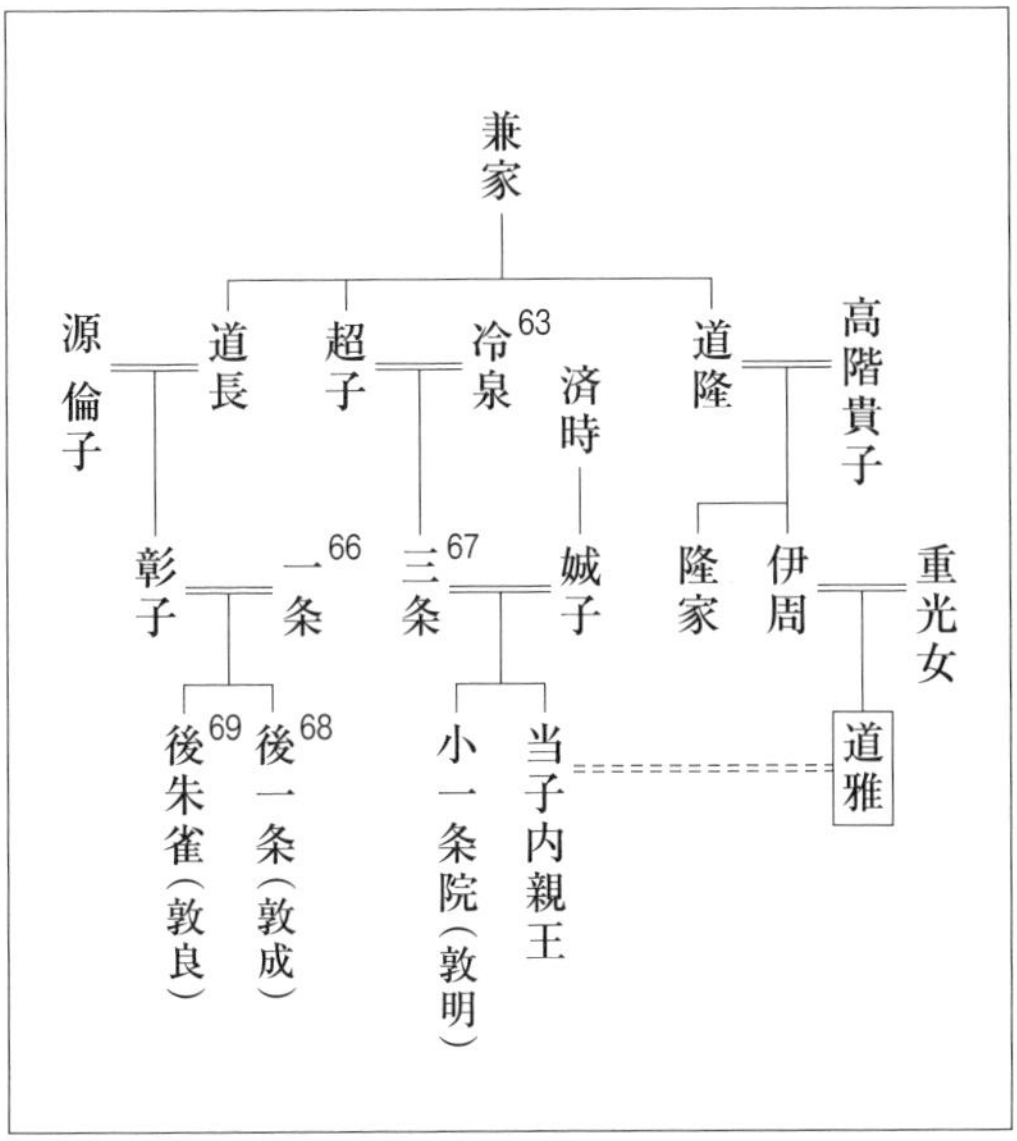

系図26　道雅関係略系図

三条系の人々にとって、道雅の存在はその事件以後も記憶としては疎ましいはずだろう。三条院にとって敦明の従者に屈辱を与えた道雅は許し難く、さらにこれとつうじた当子への怒りは彼女を出家・勘当にまで追い込んだ。それにしても道雅の心の闇は深そうだ。摂家嫡流に位置したその家系も大叔父道長の台頭で衰えつつあった。そんな情況下での事件だった。

父の伊周はその死に臨み娘二人と道雅を招き、遺言したことが『栄花物語』(「はつはな」)に見えている。伊周は「物覚えぬ追従《ついしょう》をなし、名簿《みょうぶ》うちしなどすな」(心にそぐわぬ人物に媚び諂《こへつら》って、臣下になどなるな)と訓戒している。それくらいならば「仏門にでも入れ」とさえ語っている。伊周が最後まで敵愾心を燃やしたのは、道長の家系であった。「名簿」などを差し出し臣下となることなど論外だとの想いは、道雅をはじめ残された中関白家の人々の共有する気持だったろう。そうした背景のなかで道雅の暴走ぶりを解するならば、四面楚歌の閉塞状況での闘い方としては、訳知り顔で〝弱さの証し〟などとは簡単には片づけられまい。

官職累進の「出世」こそ貴族社会での貴顕・権門の証しだとすれば、これへの方途が失われたなかで、残された道は、「出家」も選択であったに相違ない。伊周が諭したようにである。だが、これをも否とした道雅にとって、恋と暴力が自らを救う道だったのかもしれない。

（2）勝算なき誤算

〈藤原師通と叡山との闘い〉

前節では摂関期の敗者たちの断面を切り取った。ここでは、同じく王朝の語感が響きつづけた院政期の事件を紹介しておく。まずは白河院の時代の硬骨漢藤原師通《もろみち》から述べておく。師通が生を受けた康平五年（一〇六二）は前九年合戦が終息を迎えたころだった。この十年ほど前は末法の世到来が喧《かまびす》しく伝えられていた。頼通《よりみち》による平等院阿弥陀堂（鳳凰堂）の建立もこの時期のことである。師通はその頼通の孫にあたる。系図を参じていただけるとわかるように父は師実《もろざね》、母は右大臣源師房《もろふさ》の娘麗子《れいし》。延久四年（一〇七二）の元服以後、参議、権中納言、権大納言をへて内大臣となり、嘉保元年（一〇九四）に父の譲りを受けて三十二歳で関白・氏長者となった。順風な出世だった。

それはそれとして、貴顕の血筋を受け継いだこの人物は反骨の持ち主でもあった。長くはなかった生涯（三十八歳）で白河院にも硬骨漢ぶりを示したし、あるいは延暦寺とも闘った。かつて白河院も不如意《ふにょい》の象徴とした山法師に対しても妥協しなかった剛毅な性格は、なかなかのものだった。大《おお》江匡房《えのまさふさ》に師事し儒学その他を学び、因習にこだわらない冷徹なまなざしで諸事に対した。院政にも批判的で『今鏡』が伝える有名な話では、「おり位のみかと（退位した天皇＝上皇）の門に車立つ様やはある」と公言したとある。あるいは荘園整理の件を白河院から諮問されたおりにも、院近臣の受

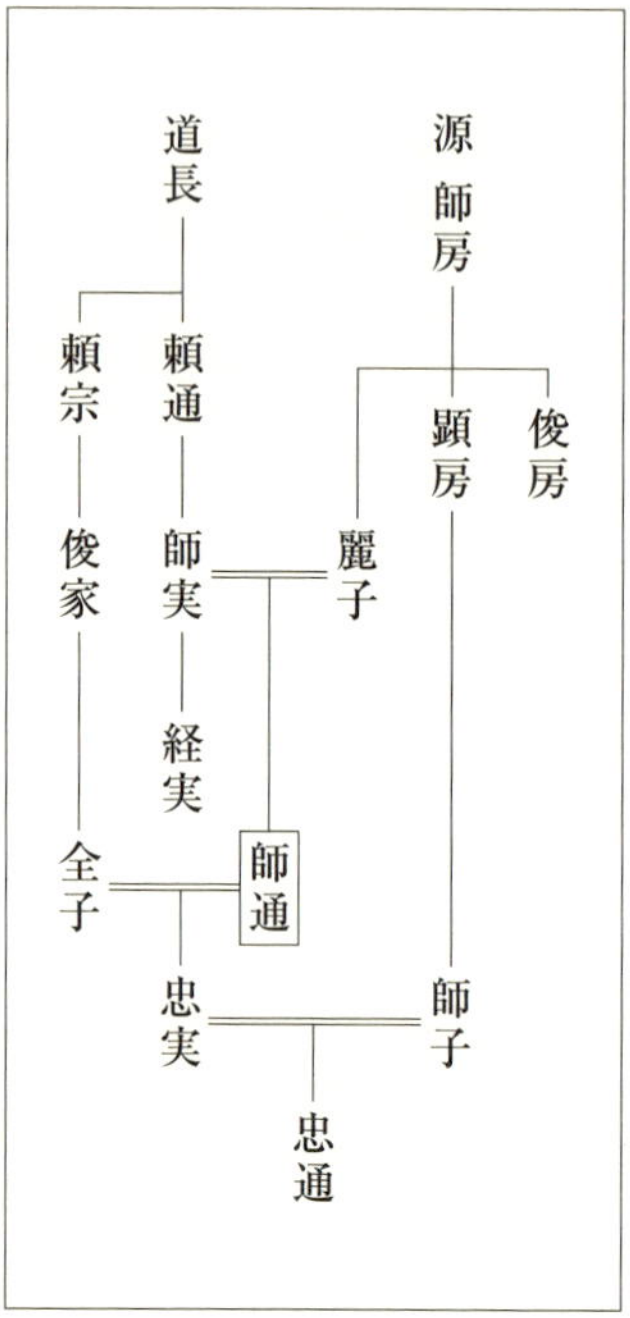

系図27　師通関係略系図

領たちこそが、荘園乱立の張本と皮肉ったとも。

比叡山延暦寺の僧兵が日吉の神輿《しんよ》を奉じ強訴した事件では、これに矢を射させたという。嘉保二年（一〇九五）のことだ。ちょうど師通が関白となった翌年のことである。事の起こりは、延暦寺の僧が美濃国の寺領に下向し、非道をなしたとの訴えが国司に寄せられた。当時の国守は源義家の弟義綱だった。義綱の上訴で朝廷は叡山に事実確認したものの、寺側は関知せざる旨の返答をなした。そのために義綱は張本の悪僧を追捕《ついぶ》、数人を射殺におよんだ。僧徒追捕で激怒した寺側は国守義綱の非をかかげ、その流罪を要求するまでにいたった。

神輿を奉じての神人《じにん》や山法師たちの強訴に対して、師通が示した毅然たる態度は、これまた闘う貴族の姿勢といえる。ただし、その仏神への戦いは勝算からは隔たりもあった。

師通自身は三年後に瘡病を発生、腫物《はれもの》に苦しみ康和元年（一〇九九）六月没した。そのためか日吉山王の祟りとの風説も流れた。宗教権門にとっては格好のネガティブキャンペーンともなった。国政をあずかる立場で理不尽な要求を拒否した師通の姿勢は、公卿たちに共感を与えた。藤原通憲《みちのり》（信《しん》西《ぜい》）の編纂した『本朝世紀《ほんちょうせいき》』（平安末期成立、「六国史」を継承するものとして編纂されたが未完）にも「賢ヲ好ミ士ヲ愛シ、……嘉保・永長の間天下粛然《しゅくぜん》」と語るように、右の神輿事件が勃発した嘉保年間もふくめ、師通は「天下粛然」の立役者として記憶されていた。

師通が遭遇したこの事件は神輿入洛の初めとされているが、寺院の大衆《だいしゅ》が要求をかかげ入洛するのは院政期以前からも見られた。例えば師通の祖父にあたる頼通の時代には園城寺の明尊《みょうそん》が天台座主に就任したことで、その人事に不満を持った延暦寺側がその撤回を求め、大衆たちが頼通のところに押しかけた。頼通は閉門しその要求を退けようとした。長暦三年（一〇三九）のことである。摂関期はまだ寺社の要求を外護者《げごしゃ》の立場から抑圧できた。

ただし、院政期は神輿や神木を奉じて大衆・堂衆《どうしゅ》たちが強訴、要求を押し通すことが一般化する。例の義綱の神輿入洛事件では師通の姿勢も効を奏さず、射手の下手人源頼治《よりはる》が佐渡に配流されることで落着をみた。興福寺・春日社の神木強訴のはじまりも寛治七年（一〇九三）で、この院政期のことだった。近江守高階為家《たかしなのためいえ》が同国の春日社領の神人や荘民と衝突、為家の流罪を要求し興福寺衆徒・春日社神人たちが神木を奉じ入洛した。

ともかく院政期に入ると、南都や北嶺の宗教権門による強訴が頻発するわけで朝廷側はこれを武士たちに防禦させることもしばしばあった。師通の遭遇した比叡山の強訴事件は、その防禦にあたったのが義綱という武名豊かな武者だったため、死傷者が出たことも事実だった。

血避観念から比較的自由であった兵や武士たちが、宗教権門（延暦寺、興福寺）への防波堤になったことは当然だとしても、彼ら武士たちにその武力行使を容認するか否かの決断は、因習に身を置く貴族たちにとっては悩ましいところだった。師通の決断はその限りでは、当該時期の権門のなかで個の強さが際立っていた。

〈神仏の論理〉

神輿は神が座する輿《こし》(乗り物)で延暦寺・日吉社のそれが有名であり、神木は神域に植生の神の憑《より》代《しろ》で、転じて御託宣を象徴し、興福寺・春日社のそれが著名だ。これらの担ぎ手が神輿・神木を奉じ、要求をかかげ大挙入洛する。中世は神仏習合の時代だった。本地垂迹《ほんじすいじゃく》の考え方が広まり、平安時代には〝仏になろうとする在来の神々〟が登場する。つまりは日本の神々が外来の仏と一体化する現象が広がる。

神道の仏教からの独立宣言は極論すれば明治になってからだった。中世も後期になると、吉田神道もふくめ神々の体系が論理的に整備され独自の世界が構築されてくる。ここで問題としている院政期は神と仏が一体のものとして解されていた。だから比叡山延暦寺と神輿で入洛した日吉社は一体であった。藤原氏の氏寺・氏神たる興福寺と春日社も同様だった。同じく東寺(教王護国寺)と稲荷社、園城寺(三井寺)と新羅社、さらに東大寺と八幡社などの関係はその代表的なものといえる。

先述したように、神輿・神木で入洛した大寺社の構成員には「大衆《だいしゅ》」とよばれる人々が少なからずいた。仏教の修学を主とする僧侶たちを「学生《がくしょう》」「学侶《がくりょ》」と呼称した。「大衆」は行を修める僧を

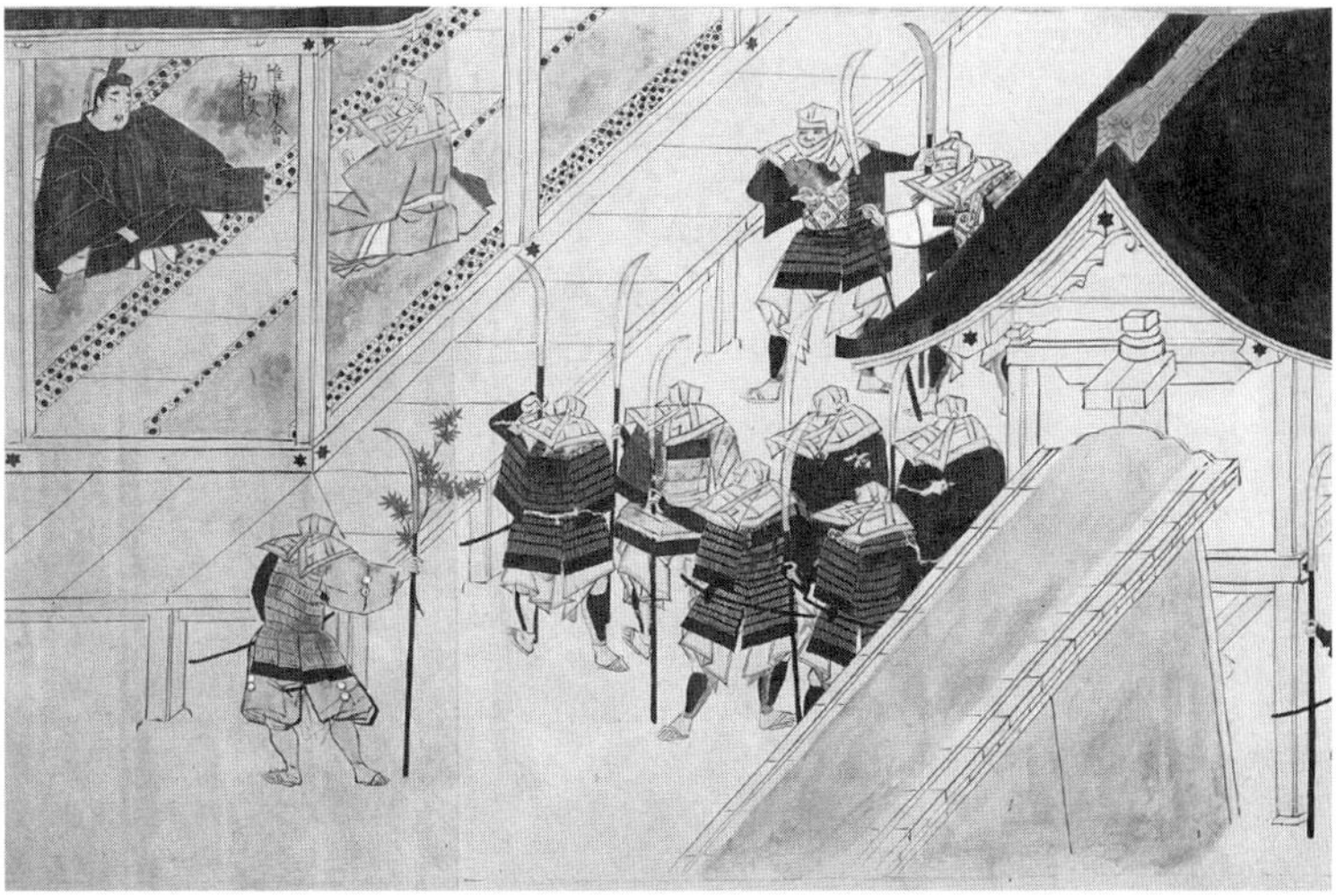

僧兵　『天狗草紙』模本（東京国立博物館蔵）

さし、「衆徒《しゅと》」などともいった。平安末期につくられた百科事典ともいうべき『二中歴《にちゅうれき》』には東塔・西塔・横川《よかわ》その他の叡山地域で「天台三千人」と書かれている。興福寺の場合も同じで、こうした勢力が大挙入洛するとすれば大きな脅威だった。

一般に学侶方の僧は修学専門で雑用はしない。雑用方（食事・掃除など）の寺人《じにん》とよばれる勢力も大きかった。院政期になるとこの寺人たちが「堂《どう》衆《しゅ》」とよばれる組織をつくり、強訴のさいの主体となった。本来、彼らは学侶方に召し使われていた下級の法師たちの称だった。彼らは武力を保持し僧兵と一体化するほどだった。神輿・神木を奉じ入洛した勢力は「大衆」とともにこの「堂衆」も大きな力だった。

〝武を以って武を制す〟という点では、朝廷・摂関家などは宗教権門に対抗するために、武士（武家）を前面に出し対応した。その限りでは、公家・

寺社家・武家それぞれの諸権門が各機能を補完し合う形で権力を分掌し合う関係が形成されつつあった。師通が武士（源義綱）を介して、叡山の神輿に対抗した構図はそうした流れになる。

すでにふれたように、神と仏は一体のものと考えられていたが、元来は別のものだった。日本の神々は〝現世利益〟的な願いとは本来無関係であった。自然崇拝から出発した神々の信仰は、災いや自然災害から大地の豊かな実りを保護してもらう思考だった。ある意味、現実以上の利益・増益という上昇思考からは無縁の世界なのである。当初は現状を容認して、これを守ってもらうという除災が基本だった。だが、人間の欲望はそれのみではなく、増福・利福への願望が強まるなかで、これに対応した形で仏が登場する。

ありていにいえば引き算の神、足し算の仏ともいい得る。古来から神仏の民衆への受容に関し大づかみで整理すれば、こんな理解も可能なのかもしれない。ただし、われわれが対象としている中世の初期（院政期）の神仏は、そうした部分を原形質として保持しつつ両者が一体化した世界だった。

少し話が広がったが、同じく「勝算なき誤算」というテーマとして、保元・平治の乱で敗北した人物として悪左府の異名をもった左大臣藤原頼長を考えてみよう。

〈悪左府頼長の誤算―保元の乱の裏事情―〉

頼長ハ、彊毅《きょうき》、聡察《そうさつ》ニシテ、弁博《べんばく》ヲ以テ其《そ》ノ兄ヲ陵《しの》ギ、恒《つね》ニ之ヲ排陥《はいかん》セント欲ス、適々《たまたま》上皇、

事ヲ挙グルノ機ニ投ジ、慫慂《しょうよう》力賛ス、

これは頼長の人となりを評した江戸時代の『大日本史賛藪《だいにほんしさんそう》』(巻三ノ上)からの一節である。冷静沈着にして弁の立つ頼長は兄忠通《ただみち》を押しのけるほどで、自分の力を信じ崇徳上皇の挙兵に参した、という中身だろう。悌順《ていじゅん》を美徳とする儒教的尺度からは、範《のり》を超えた頼長の行動は批判された。そこには優等生すぎる人物の強癖《ごうへき》が語られている。偏頗《へんぱ》なその性格から畏怖の念もくわわってか、左大臣頼長は「悪左府」と呼称された。

『保元物語』は「理非明察《りひめいさつ》にして、善悪無二也、諸事錐徹《すいてつ》にましましければ……」と語る。慈円の『愚管抄』にも、叔父にあたるこの人物を「日本第一大学生《だいがくしょう》、和漢ノオニトミテ、ハラアシク」と評する。同時代の史料にもこんな書かれ方がされているとなれば、何とも付き合いづらい人物だったにちがいない。ただし、慈円の父忠通は頼長と敵対していたことから、厳しい評も当然だとしてもである。ともかく頼長は自他ともに厳正な人物たることは動かない。このことは「公私に就きいみぢき厳しき人」と、頼長を語る『今鏡』にも共通している。

保元の乱の主役といえば崇徳院とともにこの左大臣頼長があげられる。妥協についての融解点が高い人物だったともいえる。筋を通し人に厳しく接する御仁《ごじん》は世間に少なくないが、頼長の場合、漢学・有識的学問の素養も深く、先例主義への拘《こだわ》りが災いした。保元の乱の経過や原因を語ることはここでの目的ではない。闘う貴族としての立場を頼長が標榜したとすれば、如何なる情況下でそ

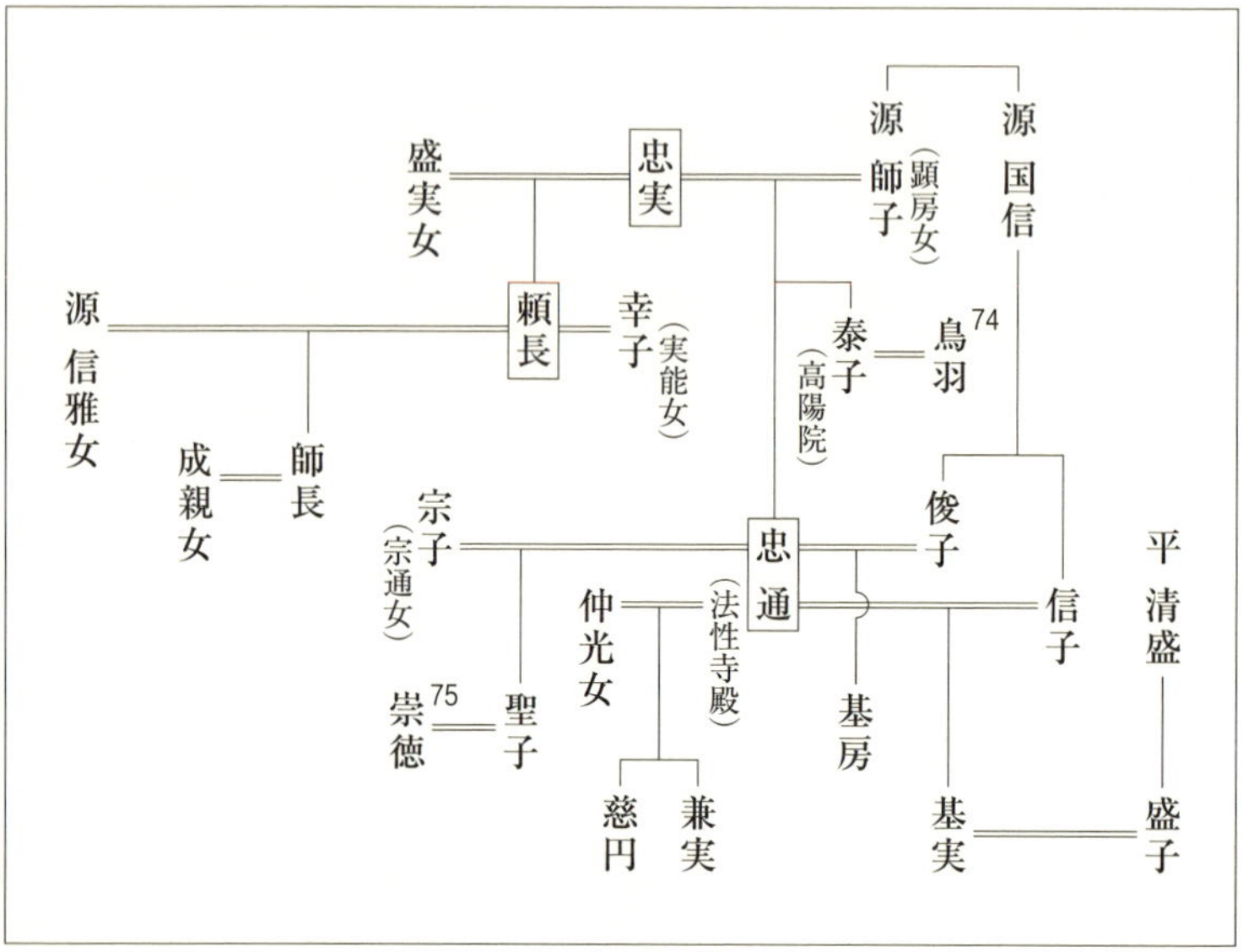

系図28　頼長と忠通の婚姻関係図

れを主張したのか、これこそが焦点なのだ。頼長は自身の膂力《りょりょく》に恃むところが大きく、現実との折り合いを極力排する理想主義的タイプの貴族ということができる。その限りでは自己が創出する新しい政治の方向にしか関心が向けられず、「現実」は変革や改革の対象でしかなかった。兄忠通との摂政・関白の地位をめぐる確執も、単なる出世欲・名誉欲のみでは説明しきれないものがあった。頼長にとって義を標榜した闘いだった。

頼長は保安元年（一一二〇）に誕生した。五月生まれだったことにちなみ菖蒲若《あやわか》（綾若）と名付けられたという。元服して頼長と命名されるが、これは摂関最盛期の道長と頼通につうじる名であったからとも（『中右記』）。結婚は十四歳のおりで、八歳年長の幸子《こうし》を娶った。彼女は閑院《かんいん》流の権中納言実能《さねよし》の娘だった。閑

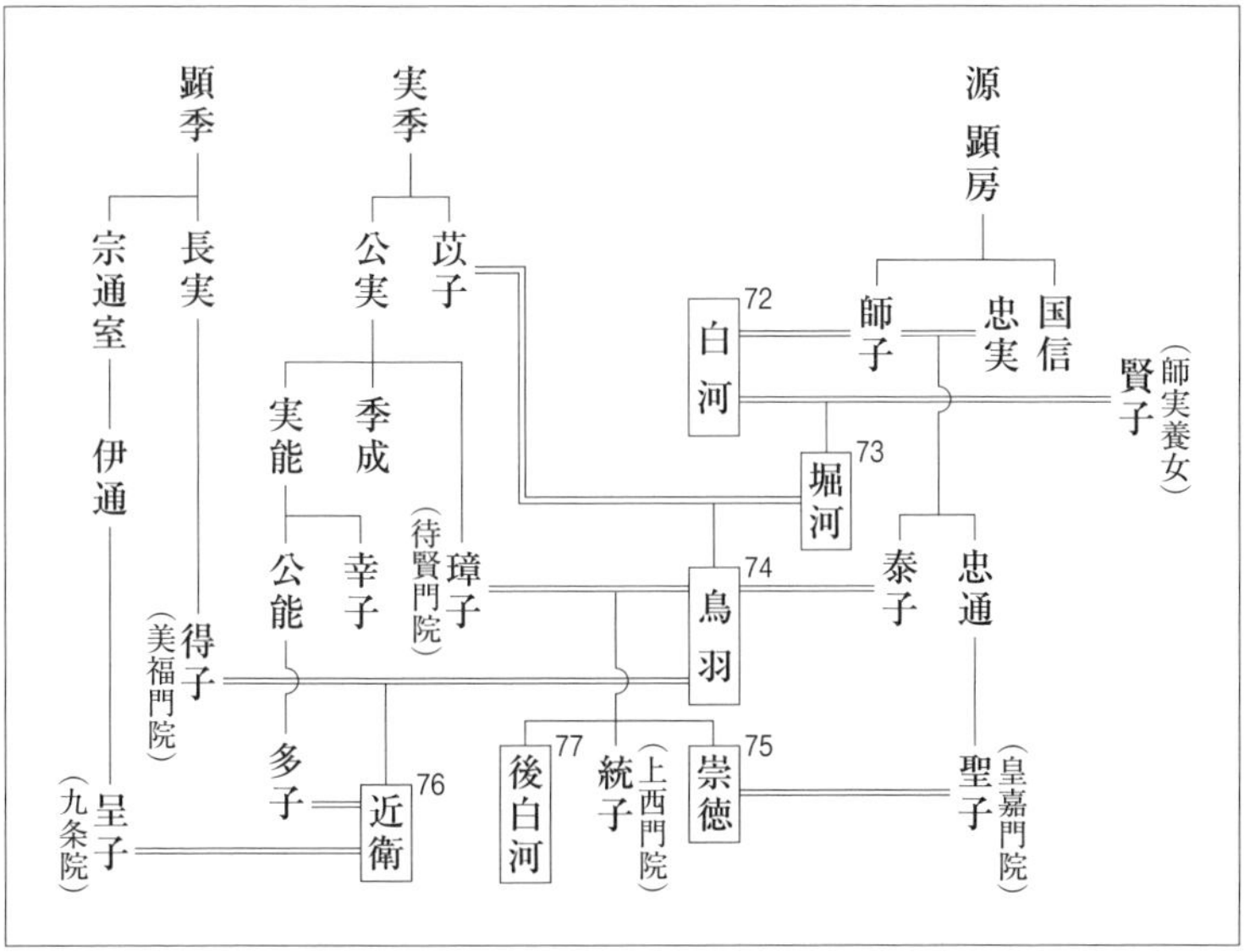

系図29　院政期皇室関係図

院流は公季《きんすえ》を祖とする家系で院政期に頭角を現し、白河・鳥羽・崇徳の三代にわたって外戚の地位にあり、権門貴顕の象徴的婚姻だった。

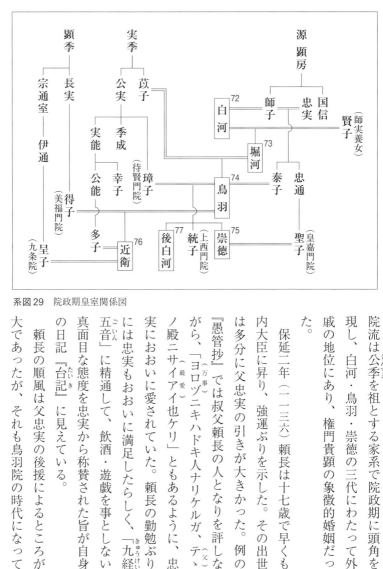

保延二年（一一三六）頼長は十七歳で早くも内大臣に昇り、強運ぶりを示した。その出世は多分に父忠実の引きが大きかった。例の『愚管抄』では叔父頼長の人となりを評しながら、「ヨロヅ（万事）ニキハドキ人ナリケルガ、テヽ（父）ノ殿ニサイアイ（最愛）也ケリ」ともあるように、忠実におおいに愛されていた。頼長の勤勉ぶりには忠実もおおいに満足したらしく、「九経《きゆうけい》五音《ごいん》」に精通して、飲酒・遊戯を事としない真面目な態度を忠実から称賛された旨が自身の日記『台記《たいき》』に見えている。

頼長の順風は父忠実の後援によるところが大であったが、それも鳥羽院の時代になってからだった。白河院の時代には忠実の娘泰子《たいし》の入内をめぐる院との確執から保安二年（一一二一）に関白を罷免され、院が没するまでの十年ほどは忠実は宇治に籠居を余儀なくされていた。

この間、長子忠通が関白として執政の座にあった。その後に忠実が鳥羽院政下で復活し、頼長も保延二年（一一三六）内大臣に就任、さらに久安五年（一一四九）に左大臣へすすみ執政の座をめざすことになる。翌六年には妻の姪で養女の多子《たし》（公能の娘）を近衛天皇の後宮に入れ、頼長は外戚への期待を高めた（『台記』康治元年八月九日条）。父忠実も頼長の才学と公事への精勤に期待、摂関家への再興を託そうとした。かかる情況下で父忠実から頼長への執政移譲を命ぜられた忠通は、これを拒否し兄弟の内訌は深まる。かくして仁平元年（一一五一）忠実は鳥羽院に懇願し頼長に内覧の宣旨を与えるにいたった。

系図を参照していただきたい。頼長による近衛天皇の多子入内で、これを警戒したのは近衛の生母美福門院得子《びふくもんいんとくし》だった。頼長は得子を士大夫の娘と軽蔑していたともいう（『台記』天養元年正月二日条）。彼女は頼長への対抗上藤原伊通《これみち》の娘呈子《ていし》（九条院）を養女としたうえ、これを忠通の養女にして近衛天皇に入内させた。

近衛の入内問題をめぐり、頼長と美福門院との対抗関係は頼長—多子、忠通—呈子という対立構図に置き換えられることとなった。だが、歴史の偶然は両者ともどもに味方をしなかった。久寿二年（一一五五）の近衛天皇の崩御によって、頼長にも忠通にも外戚の地位を与えなかった。近衛の死は頼長の失速の予兆となった。頼長の峻厳さは鳥羽院さえも、「ウトミ思召《おぼしめす》」（『愚管抄』）ようになっ

藤原忠通（宮内庁三の丸尚蔵館蔵）

藤原頼長（宮内庁三の丸尚蔵館蔵）

崇徳上皇（宮内庁三の丸尚蔵館蔵）

ており、その信任を失ってゆく。

〈悪左府頼長の負の連鎖と保元の乱〉

自らを戒め、あるべき政事・朝儀の姿を求め、周囲と闘う頼長にとって、近衛天皇の死は負の連鎖のはじまりだった。多子を入内させ皇子誕生にともなう予定調和をめざしたものの、ここに立ちふさがる美福門院・忠通との対立、さらには鳥羽院との懸隔というなかでの天皇の崩御は、頼長の立場を不利なものとした。その頼長にさらに逆風が追い打ちをかけた。近衛呪咀《じゅそ》の風聞である。頼長の日記『台記』はこの間の事情を次のように記す。

先帝（近衛天皇）崩ズル後、人帝ヲ巫《みこ》ノ口ニ寄セ、巫曰ク「先年、人、朕ヲ詛《のろ》ワンガタメ、釘ヲ愛宕《あたご》護山ノ天公像ノ目ニ打ツ故ニ朕ガ目、明カズ、遂ニ以テ世即スト、法皇ソノ事ヲ聞コシ食《め》シ、人ヲシテ件ノ像ヲ見セシム、既ニソノ釘アリ、……美福門院及ビ関白（忠通）、入道（忠実）及ビ左大臣（頼長）ノ所為ヲ疑フ、法皇コレヲ悪《にく》ム……（後略）」（久寿二年八月二十七日条）

ここには、天皇の眼病が忠実・頼長父子の呪咀によるとの噂を美福門院や忠通から聞かされた鳥羽法皇が、忠実・頼長父子を憎んだ旨が記されている。美福門院サイドからの仕掛けの臭いもあるが、いったん広がった風聞は頼長を追い込むことになった。

近衛没後、後白河天皇が即位するが、これは美福門院の猶子《ゆうし》となった守仁親王（後白河皇子、二条天皇）への中継的措置であった。かくして鳥羽院に疎んぜられ、自身の子重仁《しげひと》親王への皇位継承が困難となった崇徳院と、この頼長の共同戦線が芽生えることになる。保元合戦の経過を語ることは、ここでの主題ではないので、以下では敗者となった頼長のその後についてふれておこう。

王朝貴族の多くが文章道《もんじょう》（詩歌・史）を志向したのに対し、頼長は経学《けいがく》（儒学・漢文）を重視した。和歌を詠じることは少なかったとされる。とはいえ謡曲の『鵺《ぬえ》』は『平家物語』に取材したものだが、そこには頼長の即妙の歌も見られ、和歌への素養をうかがわせる。近衛帝が怪鳥の鵺に悩まされ、源頼政がこれを退治する場面で宇治左大臣頼長が「ほととぎす、名をも雲井に上ぐるかな」と詠じ、頼政が「弓張月の入る（射る）にまかせて」と即応し、公卿たちを感じさせたとある。もちろんこの場の主役は頼政の歌詠力なのだが、頼長の機智に富む歌の力も大きい。

源通親（宮内庁三の丸尚蔵館蔵）

頼政に関してはすでに〔**恋する武士**〕でもふれたところだ。右に語るように頼長は宇治左大臣と通称された。宇治関白忠実のもとで幼少期を過ごしたため、頼長はこの地に縁が深く、都を往還することしきりであった。幸子と結婚後は義父実能の大炊《おおい》御門《みかど》高倉邸に住し、その後、氏長者になってからは東三条《ひがしさんじょう》殿さらに異母妹の高陽院《かやのいん》の御所土御門邸へと移り住むが、父忠実が住まう宇治にもおりにふれ通ったという。

保元の乱で敗北した頼長が最後におもむこうとしたのも宇治だった。『兵範記《ひょうはんき》』（平信範の日記）によれば、保元元年（一一五六）七月二日鳥羽院が崩じ、頼長は籠居していた宇治から崇徳院の招きで白河殿入りし、挙兵におよんだとある。しかし合戦のなか重傷を負い（父の忠実を頼って宇治におもむくが、忠実は難を恐れ面会を拒絶した）、十四日死去し般若山《はんにゃさん》に葬られた。三十七歳だった。

頼長の生涯は兄に対抗する膂力《りょりょく》を内に秘め刻苦勉励の日々だった。忠通に抗《あらが》い美福門院と闘う悪左府頼長の真骨頂は、自らの憑《たの》むところを信じた自我の強さにあった。

悲業の死を迎えた頼長は、怨霊として取り沙汰された。頼長の無念が残された人々を苛《さいな》ませた。保元の乱で敗者となった崇徳院とともに、頼長の怨霊は人々に恐れられた。

乱後の永暦元年（一一六〇）に美福門院が、応保二年（一一六二）には清盛の子基盛が、さらに翌々年の長寛二年（一一六四）には忠通が、翌永万元年（一一六五）には二条天皇、その翌年には忠通の長子基実も相ついで死去した。関係者の相次ぐ死を人々は怨霊に結びつけようとした。

とくに基盛については大和守の赴任中に宇治川渡河のさい水死した。ある女房の夢に基盛の霊が出てきて、「我思ひかけず宇治左大臣頼長の為にとられ河の底に沈みぬ」（『源平盛衰記』）と語ったとある。これは頼長が宇治へ逃れる途上に敗死したことにくわえ、その所領が宇治に所在していたことが背景にあり、基盛の不慮の水死を怨霊に引きつけたためだった。

世情不安と相まって敗れた崇徳院・頼長たちは怨霊として恐れられた。朝廷側もやがて安元三年

（一一七七）七月、崇徳院の号を奉り、頼長に正一位太政大臣を贈った。そして翌月には年号は治承と改元される。

〈院近臣藤原信頼の誤算と平治の乱〉

頼長が保元の乱の敗者とすれば、信頼は平治の乱の敗者だった。その信頼は闘う貴族という場面では、ライバル藤原通憲（信西入道）との確執という構図で語られる。後世の評価は酷に近い。「嬖《へい》寵《ちょう》ニ憑籍《ひょうせき》シテ竊《ひそか》ニ非望ヲ図ル」とは例の『大日本史賛藪』（巻ノ五）に語るものだ。後白河院の寵臣たる力を借りて分不相応の望みを抱いたとの評だ。『平治物語』・『平家物語』さらには『愚管抄』での記述から推して、必ずしも失当とはいえないのだが。

「あさましき程の御寵《ごちょう》ありけり」（『愚管抄』）といわれるほどに後白河院に寵された信頼は、悪右衛門と称されるほど個性が強く保元の乱後に急速に台頭した人物だった。信西入道（藤原通憲）と同じく中級貴族に出自を有する彼は、権門的家系からは離れたところで力をつけた。歴史教科書にも必ず顔をのぞかせるこの人物は、パターン化された描写が目立つ。曰く、信西に対抗、執政の座をめざし平治の乱を起こし敗北した、と。あるいは浅薄な戦略のために源義朝との連帯に失敗、誤算を招いた、と。

『平治物語』に語られている信頼像は、敗者たる彼にいささか厳しすぎるようでもある。「文にもあらず、武にもあらず、能もなく、又芸もなし、ただ朝恩にのみほこりて」、急激な昇進をとげたとの人物評である。つまりは文武・芸能の〝無い無い尽くし〟の信頼観が先行しすぎているようでもある。それは近世の『大日本史』の公卿列伝の評でも一貫している。もとよりその雪冤《せつえん》への見通しから信頼を語ろうとするわけではない。歴史の舞台上ではいささか分が悪いこの人物が、平治合戦へと追い込まれてゆく一面にもふれておきたい。

まずは家系である。系図を参照していただきたい。信頼は例の中関白家・隆家の末裔にあたる。信頼の祖父基隆の時代に飛躍があった。基隆は白河院近臣で播磨・伊予などの大国受領を歴任、従三位に昇進し公卿の末端に入った。当時、播磨・伊予は『官職秘抄《かんしょくひしょう》』（鎌倉期に成立した官職の解説書）などには従四位の上﨟《じょうろう》ランクの任国とされていた。基隆の母が堀河天皇の乳母だったことが大きかった。信頼の父忠隆は幼少で丹波守に任ぜられ、院近臣の子息としての特別待遇を受けた。同じく播磨守・伊予守を歴任して公卿に列した。忠隆の妻栄子《えいし》は顕仁《あきひと》親王（のちの崇徳天皇）の乳母で、妹も雅仁（のちの後白河天皇）の乳母となっている。後白河院と信頼の因縁はこの乳母関係によったとされる。

院政期の特色は、摂関期と比べ門閥固定の閉塞さが打開されたところにあった。院近臣団の形成は院のディスポティックな流れに棹さす情勢のなかですすめられた。そのさい指摘されているところによれば、院政期での治天の君（＝上皇）の人事登用には二つの系統があったという。一つは信頼の家系のように受領を経験し、院近臣となったグループである。大国の受領を歴任し、院に経済的に奉仕するタイプだ。

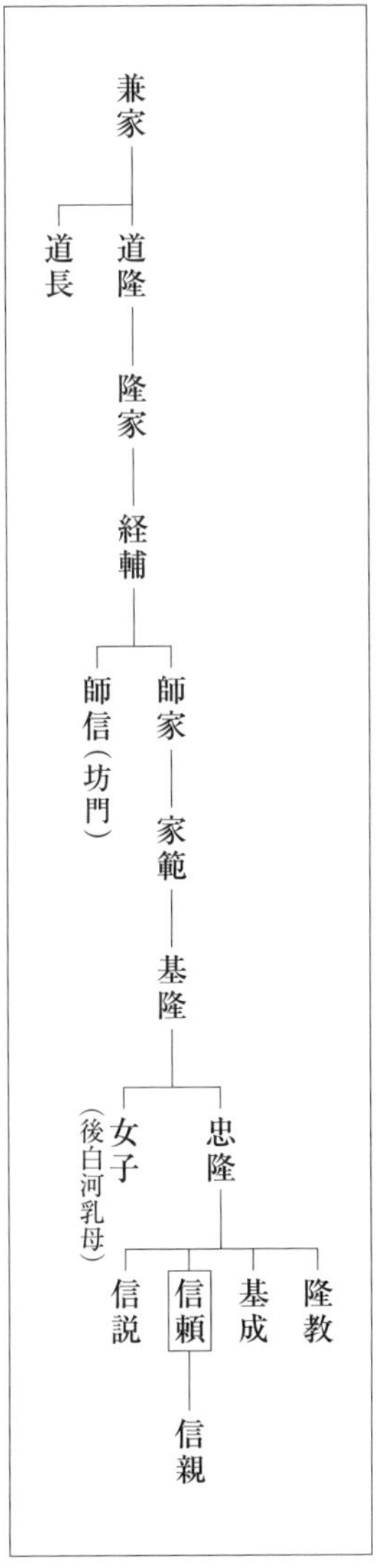

系図30　信頼略系図

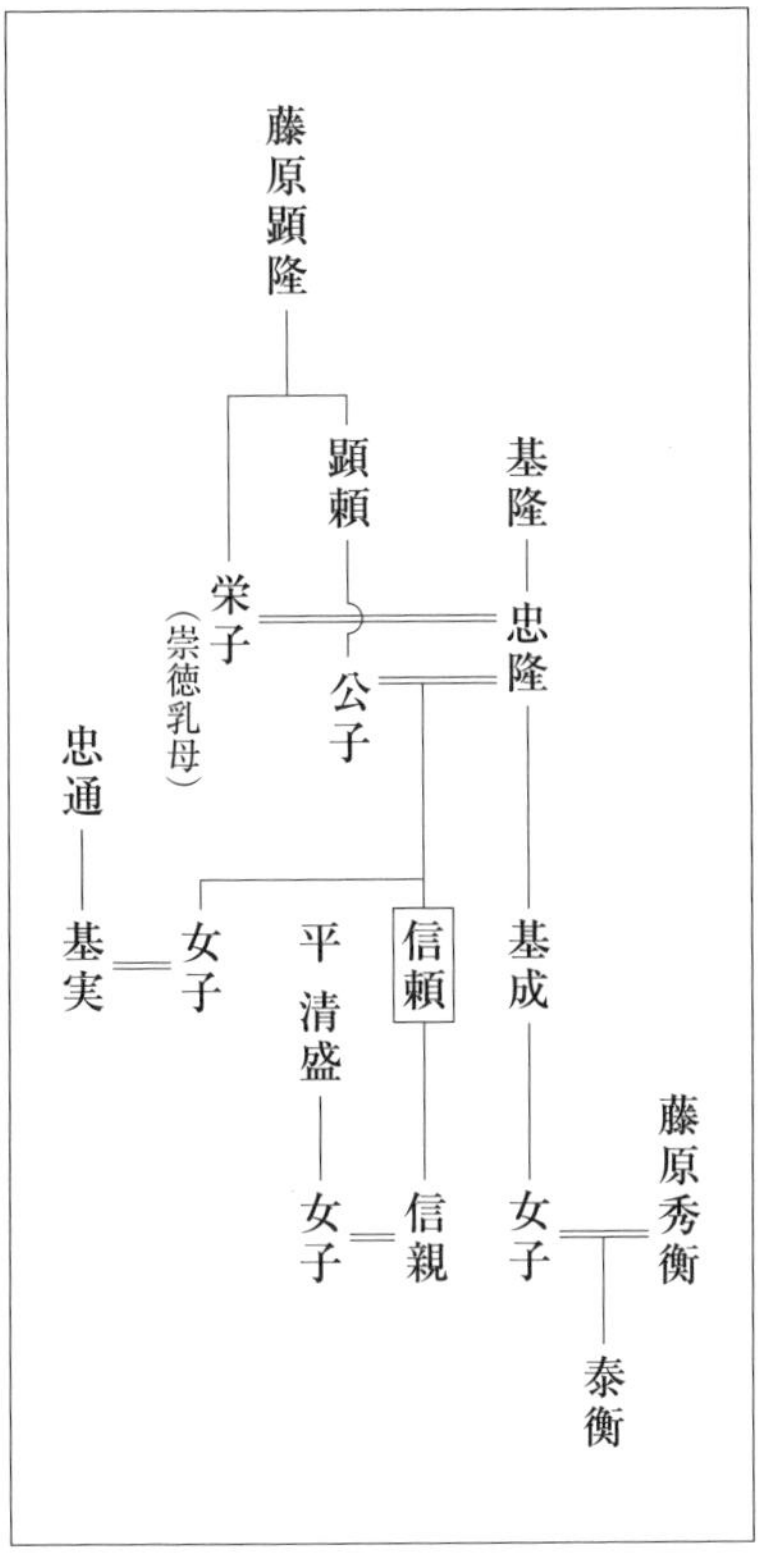

系図31　信頼血縁関係図

御所三条殿の焼討　『平治物語絵巻』(国立国会図書館蔵)

いま一つは信頼のライバルともいうべき信西入道のような実務官僚型グループである。太政官の高級官僚(弁官)や天皇の側近蔵人頭《くろうどのとう》を歴任しながら、天皇・院の政務に従事する実務タイプだ。あえていえば〝外勤系〟と〝内勤系〟という区別になろうか。とくに外勤系=大国受領歴任型は、信頼がそうであるように能力云々よりは院との個人的寵愛のなかで台頭したケースが多い。

だからといって信頼は実務能力がなかったと速断するのは誤りだろう。武蔵守だった信頼が急速に台頭するのは保元の乱以後のことである。保元二年(一一五七)、名門の象徴近衛中将さらに蔵人頭、そして翌年には参議さらに権中納言・検非違使別当へと累進を重ね、三位に上昇している。後白河院のバックアップはあったとしても、当時、人事は信西入道の差配によるところも大きかったわけで、信西自身、信頼の力量をそれなりに認めていなければ実現しない人事だった。その信西がその後、信頼の上昇志向に壁として立ちはだかる。彼は南家の貞嗣《さだつぐ》流に属した学者の家系で、鳥羽院の時代に『本朝世紀《ほんちょうせいき》』の編纂で頭角を現し、文化・文芸面で実務官僚として院の信頼を得るようになった。

保元の戦後の処理は、この信西によるところが大であった。保元以後、摂関家も内紛により忠通の力は低調で、かつ新帝後白河の力も未知数の情況下に力を得たのが信西だった。後白河院政下でも信西は理非明晰の政治をめざしたが、この時期には内務派の代表ともいうべき信西と外務派の信

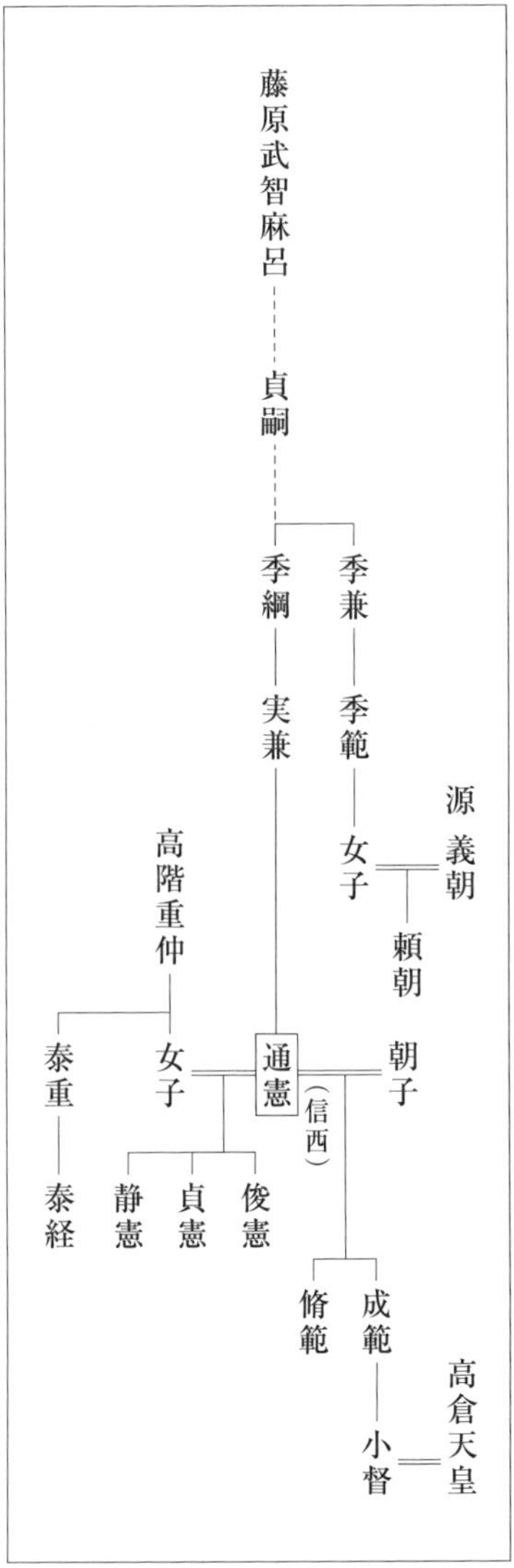

系図32　信西関係略系図

頼の勢力が両者拮抗することになった。両者の年齢差は三十歳の隔たりがあったが、院の寵愛を順風とした新興の信頼による旧守派信西への挑戦という構図が形成された。

かりに信西を旧守派云々と表現したが、彼自身は鳥羽院政末期に頭角を現した新興勢力であり、信頼と比べての相対的表現にすぎない。したがって、信西以前の実務派、別言すれば白河院政期以来の内務型の院近臣の家系との軋轢が信西自身にもあった。〝敵の敵は味方〟との言い方からすれば、信頼はこの信西台頭以前の院近臣勢力と連携することで、信西包囲網を形成することになる。

以上、ここでは信頼の家系を軸に平治の乱以前の政界の構図を整理した。次は信頼の闘いの模様にふれておこう。

〈武門との連携―平治の乱前夜―〉

『平治物語』では、乱の原因を信頼が近衛大将への就任を信西に拒否されたことだとする。『保暦《ほうりゃく》間記《かんき》』でも同じように記述されており、一般的理解といえる。後白河院の信頼への贔屓による恣意的人事を信西が糺したことへの恨みに由来する。わかりやすい解釈だが、いささか短絡のようだ。平治の乱の直前に信頼は正三位権中納言・右衛門督で、大将を望むには距離がありすぎる。『官職《かんしょく》秘抄《ひしょう》』を参じても、大将の職は摂関や皇胤に出自を有するエリートコースだったからだ。かりに軍記的な虚構だとしても、武門への親近感を有した信頼が近衛大将への就任を夢想したことまでは否定できない。

大蔵館跡

そもそも信頼の一族には武蔵や陸奥の受領経験者も多く、信頼自身も保元の乱直前には武蔵守で、以後も同国の知行国主だった。同国は相模とともに関東支配の要であり、平治の乱で協同歩調を取る源義朝の因縁の地域でもあった。義朝は大蔵《おおくら》館《やかた》の合戦で弟義賢《よしかた》を誅するなどの騒擾事件を起こしているが、信頼支配下でのこともあり、不問に付された可能性が高いとの指摘もある。義朝を介して動員される相模・武蔵の武士団は直接には棟梁義朝配下の主従関係にもとづくが、間接には知行国主信頼の影響もあった。

同様のことは陸奥についてもいえる。信頼の兄基成《もとなり》が同国国司でかつその有力者奥州藤原氏と姻戚関係にあったことは、よく知られている（泰衡の母は基成の娘）。この陸奥も武蔵同様、信頼の知行国だった可能性も高いとされている。指摘されていることだが、義朝はその家人で近江の佐々木秀《ひで》義《よし》を陸奥へと下向させ（『吾妻鏡』によると、秀義の叔母は秀衡の妻だった）、武具の購入をはかっている。その点では信頼の人脈のなかで、武門の義朝が連携し得る余地があったことは留意すべきだろう。

くわえて信頼自身、平治の乱で自ら甲冑に身を固め臨戦態勢にあたったように戦さへの力量を自らの内に秘めていた。何しろその父忠隆からして、「鷹・犬ヲ好ミ……」「馬癖アリ」（『本朝世紀』）とされるほどの武人肌の人物であった。その点では武闘派たる隆家以来の血脈が信頼にも受け継がれていたのかもしれない。とすれば、反信西シフトのなかで、義朝と信頼の連帯は俄仕立《にわかじた》ての関係ではなかった。双方に補完すべき条件があったことになる。

武門との連携でいえば、信頼は平氏との関係も疎《おろそ》かにしていたわけではなかった。その子信親《のぶちか》は清盛の娘婿に迎えられている。さらに武門以外に信頼は摂関家の忠通との婚姻関係もあり、そのネットワークのなかで反信西包囲網を形成した。武門勢力を利用し自身が権力の座をめざすためにも、信西の存在は排斥の対象とならざるを得なかった。

信西の台頭のなかで、同じ院近臣ながら中枢から排された勢力もいた。内務派出身の信西は、台頭の過程でライバルたちを排斥してきた。したがって、反信西の立場をとる彼らとの連携も模索することになる。

この時期、院近臣の代表的家柄は為家《ためいえ》流・末茂《すえもち》流・道隆《みちたか》流・良門《よしかど》流・高階《たかしな》流の五つがあげられる。当の信頼は道隆流だが、反信西に属した人々として惟方《これかた》（為房流）・成親《なりちか》（末茂流）・光隆《みつたか》（良門流）と、多くが白河・鳥羽院以来の院近臣の家柄であった。彼らは信西の勢力拡大でその基盤喪失に危機感をいだいた。

院政という時代は信頼のような人物を輩出させた。信頼も摂関期に本格化した門閥打破を意中に登場したが、奇しくも同じ立場にあった信西と後白河院政下で、雌雄を決する闘いを演ずることになった。

平治の乱は、保元の乱での勝ち組たる源平両氏の棟梁たち—義朝と清盛—の争いとしての側面があった。だが乱の背景には貴族内部での覇権争いがあった。とりわけ、院近臣間でのヘゲモニーの争奪にこそ本質があった。源平の武力は平治の乱でも、合戦の行方を左右したという点で重要だったが、手段でしかなかった。

平治の乱以後、院近臣の諸勢力が解体し義朝の源氏勢力が衰退するなかで、公卿にして武力（武門）の両者を後白河院体制下で体現したのが、清盛の平氏一門ということになる。その限りでは純然たる武力のみによる権門は鎌倉のそれをまたねばならない。だからといって、平氏の政権が古い体質を有したと評するのは正しくない。むしろ平治の乱を前提として誕生したことを考えるならば、与えられた歴史的条件を有効に利用することで、生まれた権力だった。

次に、敗北した信頼に代わり平治の乱以降に王朝の主役をなした平氏に挑戦した貴族、藤原成親《なりちか》を取り上げよう。

〈平氏打倒への布石、院近臣成親の敗者のリベンジ〉

『平家物語』での負の記憶という点では、藤原成親もその系譜に入るかもしれない。何しろ引き際ということからすれば、分が悪い。平氏打倒の陰謀事件「鹿ヶ谷の政変」はこの成親が深くかかわっていた。後白河院との関係は『愚管抄』にも「男のおぼえ」（男色）とされ、寵を得ていたことで知られる。この点では信頼も同じだった。この時期、男色の関係は別段奇異にはあたらない。悪左府頼長もそうだった。それはともかく成親の闘いぶりも院政期の政治・政変史に彩りをそえるものだった。

成親の足跡を『平家物語』から紹介すれば、おおよそ次のようになろうか。

①鳥羽院の近臣家成の三男として保延四年（一一三八）誕生、越後守・讃岐守を歴任。後白河院政期に抜擢され少将・中将に任ぜられた。

②平治の乱（一一五九）では信頼に与同し信西を打倒、その後に敗北・解官《げかん》されたが、平氏との姻戚関係（系図参照）から死罪を免れた。政界復帰後、仁安元年（一一六六）に正三位に叙された。

③その後、延暦寺衆徒らの訴えで再び解官・配流になったが院の支えで復帰をはたした。やがて右大将への昇進を望むが、平氏一門の宗盛にそれを阻まれ、反平氏の陰謀を後白河院近臣の俊寛《しゅんかん》・西光《さいこう》らと計画するが発覚、治承元年（一一七七）配流先の備前で殺害。

右大将の望み云々のみに鹿ヶ谷事件の理由を求めるのは問題も残るが、史実としてはほぼ右の流れとなろう。

さて、右の①〜③の中身を人事・人脈の視点で理解するのも整理の方法だろう。一つ目は成親の主《ぬし》たる後白河院との関係から。成親の場合もそうだし、後述の知康もそうだが、彼らの背後には後白河院の存在があった。雅仁《まさひと》親王の皇位実現に信西が大きな役割をはたしたことはすでにふれた。

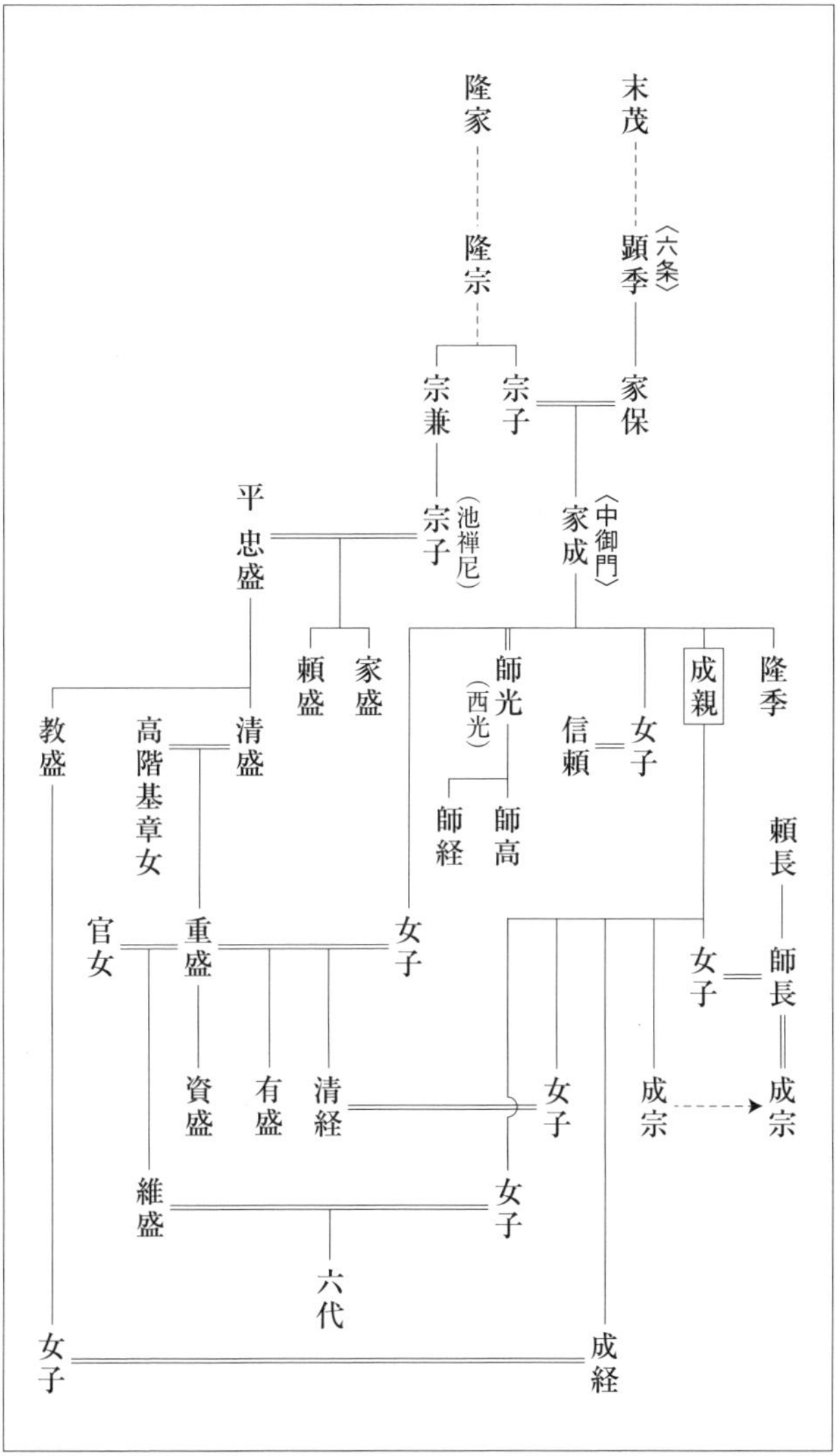

系図33　成親の血縁関係略系図

少しおさらいをすれば、近衛没後、皇位を継承したのは、崇徳の子重仁親王でもなく、美福門院の猶子となった守仁（のちの二条天皇）でもなかった。守仁への即位の中継として雅仁の践祚《せんそ》が実現したのだった。鳥羽院の后璋子（待賢門院）を母としたその雅仁が即位したのは二十九歳の時だった。

保元・平治の乱をかわきりに、平氏全盛の二十年間、さらに治承・養和・寿永・元暦・文治の内乱期に君臨、建久二年（一一九二）の死までその治世は三十五年におよんだ。成親はその後白河院の寵臣だった。二度まで解官・配流になりながら浮上し得たのは院の後援が大きい。嘉応二年（一一七〇）四月以降権中納言、右衛門督、検非違使別当と順風に過ぎる栄進もそれによる。

後白河院の即位は本命ではなかった。『保暦間記』によれば八条院の女帝就任の件も考えられていたほどだ。後白河自身、いろいろな点で傍流としての悲哀も味わっていた。そうしたことも手伝って、院に近仕する家臣たちには、少なからず庶流に属する人物が少なくなかった。藤原信頼がそうであり、この成親しかりだった。この後白河院を頂点とした王権をテコに、成親はその内部での権力闘争をつうじ自らの政治権力の掌握をめざした。

二つ目は血縁関係である。留意されるのは、保元の頼長、平治での信頼ともどもが成親と姻戚であった。頼長の子息師長のもとに成親の娘は嫁いでいた。師長はさらに成親の子成宗を猶子とした。頼長が父忠実から氏長者を継承したことを重く考えれば、摂関の本流とこれを解する向きもあった。同様に成親の妹は信頼に嫁しており、両者の共闘路線の基礎をなしていた。

そしてこれこそが重要な点である。平家一門の重盛に代表される反主流派との連携だった。ここでいう反主流とは、清盛とその妻時子との関係で形成される人脈以外をさす。その点では、嫡子重盛の立場は微妙だった。系図にあるように成親は小松内府（重盛）家とは二重、三重の血脈を有した（重盛は成親の妹を妻とした。嫡子維盛は成親の娘と結婚）。よく知られているように、平治の乱で信頼に与同した成親を清盛に取りなし、罪を減じたのも重盛の力だった。

〈平家一門の事情と成親〉

重盛は悲劇の武将として『平家物語』のなかでも異彩を放つ人物として描かれる。その苦悩は父清盛への孝情と一門への芳情、主君後白河への恩情、そして姻戚成親への温情とそれぞれの情誼が内面で交錯している。

そうした文学的場面とは別に、成親にとって重盛の価値は武人たるところに本質があった。武への傾きを性根に宿した成親という貴族は、『平家物語』が描く以上に闘う人であった。平治の乱で信頼とともに甲冑に身を固めたその姿勢と、『平家物語』での鹿ヶ谷事件での死に様の間には、隔たりがありすぎるようだ。それはともかく近衛大将を宗盛と競合、せり負けたことへの反感という一元的感情の爆発だけでは、成親のクーデター参画は説明しきれない。信頼がそうだったように、武的気質を宿す両者がともども〝大将〟任官を望むことはあったにしても、〝気分〟以上のものではなかろう。

成親にとって、重盛は院権力の武的基盤となり得る存在だった。武力を持たない成親が平氏嫡流の重盛を自身の陣営に組み込む方向は当然だった。平治の乱で信頼が源氏の義朝と連携したのと同一の構図だ。重盛以外にも清盛の弟教盛《のりもり》の娘は成経《なりつね》と婚姻関係にある。広くいえば清盛を軸に展開する平氏一門には、時子の子息たちのグループと非時子系（重盛・教盛・頼盛など）グループがあった。「世ヲ取ツテ二十年」と語られる一門のなかには内部に矛盾が孕《はら》まれていた。

成親は、この平家一門とは別に師光《もろみつ》（西光）との血縁もある。師光は信西の乳母子で主従の関係にあった。いわば義弟の関係だった。『平家物語』では阿波の在庁近藤氏の家系に属した師光は信西に引き立てられ、後白河院に近仕するようになったとある。阿波国は後年に壇ノ浦で参陣した一門の有力家人田口一族もおり、同地域は平氏家人や院近臣の与同者が少なくなかった。

鹿ヶ谷事件でその西光が主謀者として清盛の前で斬られたことは有名だろう。西光の子息師高《もろたか》が加賀守、弟師経が目代のおりに起きたのが鵜川《うかわ》合戦だった。加賀の国府（金沢市）近辺の涌泉《ゆうせん》寺《じ》を師高らが私怨から焼き払ったため、本寺の延暦寺・日吉社が彼らの流罪を要求したものだった。

安元二年（一一七六）七月に勃発したこの事件は、成親の義弟西光の子息たちの私戦に端を発したもので、翌年にかけて神輿入洛にいたる騒動に発展した。彼らは流罪に処せられたものの、宗教権門との対抗・対立をも辞さない状況が生まれていたことは留意されるべきだ。さらに加賀・越前などの北陸諸国が成親の知行国だったことも興味深く、後白河院近臣による恣意的人事が推測される。

鹿ヶ谷事件はその翌年に起きている。その点ではこの鵜川合戦は成親をふくむ院近臣勢力と宗教権門との対抗に繋がるもので、対平氏抗争の助走となった。院近臣の立場で自己の存立をかけた成

義仲が法皇の法住寺を攻めると知康は築垣の上に立って罵る場面　『絵本 平家物語』（明星大学図書館蔵）

親の戦略構想は、鹿ヶ谷が不発に終わることで頓挫した。後白河院の参加で自らの勝算を信じての策謀だったが、平家の盤石さを突き崩すにはいたらず誤算におわった。

〈京から鎌倉へ、鼓判官知康の口舌の闘い〉

間尺に合う生き方には遠い貴族がいた。『平家物語』が語る鼓判官《つづみほうがん》こと平知康その人である。父は壱岐守知親《ともちか》。彼のおもしろさは、懲りない強さにあった。京都・鎌倉二つの世界に出没し、内乱の時代を巧みに泳ぎ抜く逞《たくま》しさこそ、内乱期が生み出した人物といえそうだ。知康を有名にしたのは木曽義仲を敵に回し戦ったことだ。まさに干戈《かんか》を交えての戦いである。「赤地の錦《にしき》直垂《ひたたれ》に甲《よろい》ばかりぞ着たりける。甲には四天かいておしたりける」（『平家物語』巻第八）という装束《いでたち》で戦場に臨んだとある。当然ながら義仲の武力の前に敗北してしまう。威勢の良さとは裏腹に無謀なる合戦の責任者といった語り口で、知康についてはその行動が云々される。

法住寺合戦《ほうじゅうじ》といわれたこの戦いは、鼓判官の義仲への意趣返しからはじまった。寿永二年（一一八三）七月都落ちした平家を追って入京した義仲は、当初こそ解放軍として歓迎されたが、やがてその粗暴さが都人たちから煙たがれる。王朝側の頼朝への期待値が膨らむのとは逆に義仲との関係は冷えてゆく。そんなおり、都での乱暴狼藉鎮圧の要請のため、院の使者として院宣を伝えるべく派遣されたのが知康だった。義仲は知康が鼓の名人だと聞き、〝お前は打たれたり張られたりした人間か〟などと戯言《たわごと》をいい、知康の気分を害させた。このことが義仲に対する院への悪口《あっこう》となって伝えられることとなった。〝義仲は院宣を軽んじる痴者《おこもの》で、朝敵となりました〟と。

かくして、知康の憤りがそのまま後白河院へと伝染、同年十一月の合戦へとつながってゆく。固有の武力を持たぬ院は山門（比叡山）や園城寺の僧兵勢力に援兵を要請するが、結果は前述のように敗北する。鼓判官の舌先三寸がきっかけとなったこの戦いで、彼は「軍《いくさ》の行事」に任ぜられる。つまりは軍奉行である。武家でいえば総大将にあたる立場だった。

義仲勢に向かって、「枯たる草木も花咲き実なり、悪鬼・悪神も随ひけり」と宣旨の威を高唱する鼓判官の夜郎自大さを『平家物語』はいささか嘲笑気味に語る。義仲勢も味方の院側の勢力もこの知康の振る舞いを「風情なし」と一蹴するが、当の本人は院の全幅の信頼を得て一矢報いるための戦いとばかりに武士に挑んだわけで、蟷螂《とうろう》の斧《ふ》と揶揄《やゆ》されようがお構いなしと、そんな強《したた》かさが知康にはあった。〝持てる貴族〟ではなかった知康は、技能＝鼓で院の近臣として名を上げた。まさに〝打たれ強い〟ことが武器でもあった。そこには遊戯の巧みさで乱世を生き抜く知康の力量を感ずる。法住寺合戦後の知康の新しい盟友は義経だった。義仲と戦い敗北した知康は、都入りした義経と近い関係となる。後白河院の近臣として知康は検非違使の職務上、鎌倉殿代官義経と深いつながりをもつことになる。平氏滅亡後の京都と鎌倉の懸案は義経問題だった。文治元年（一一八五）秋から翌年の春にかけては義経に与同した知康の処遇をめぐり、頼朝もそれなりに悩んだようだ（『吾妻鏡』文治元年十一月十日条、同二年十二月十一日条）。

何しろ後白河の近臣で信任も深かった人物で、義経与同者として解官されたものの処断は簡単にはゆかなかった。知康は知恵者だった。頼朝の怒りを承知し、自らが弁明のために関東下向という「奇怪な行為」（『吾妻鏡』）をなした。〝機を見るに敏〟であった知康を、頼朝は警戒した。だが頼朝死後、「奇怪」の主知康はこともあろうに新しい鎌倉殿頼家に伺候する。彼はまた蹴鞠《けまり》の名人でもあった。

〈懲りない知康の鎌倉下向〉

知康は頼家に臣従した。蹴鞠の師匠として鎌倉に下向してきた。尼御台《あまみだい》政子はこの人物を好まなかった。以下は政子が頼家に訓じたなかでの知康評だ。臨場感を出すため、訓み下して記しておこう。

知康、独歩《どっぽ》ノ思ヒヲナスコト、ハナハダ奇怪《きっかい》ナリ。伊予守義仲、法住寺殿ヲ襲ヒ、合戦ヲ致スニヨツテ、卿相《けいしょう》雲客《うんかく》、恥辱ニ及ブ。ソノ根元ハ知康ガ凶害ヨリ起ルナリ。マタ義経朝臣ニ同意シ、関東ヲ亡ボサント欲スルノ間、先人（頼朝）殊ニ憤《いきどお》ラシメタマヒ、解官追放セラルベキノ旨、奏聞《そうもん》ヲ経ラレヲハンヌ。シカルニ今金吾《きんご》（頼家）カノ先非《せんぴ》ヲ忘レ、昵近《じっきん》ヲ免《ゆる》サル。亡者ノ御本意ニ背クノ由、御気色《ごきしょく》アリト云々（『吾妻鏡』建仁二年六月二十六日条）。

いささか長文だが大意はおわかりだろう。そこには高慢な独りよがりの知康の人となりと併せて、常に騒擾に関与した足跡も語られている。義仲の法住寺合戦を仕掛けた張本人は他ならぬ知康であったこと、負けるべき戦いを強行したがために公卿たちに辱《はじ》をかかせたこと、そして関東（鎌倉）に敵対した義経に与して解官されたこと等々、この人物については許容するところではなかったことが語られている。あろうことにその札付きの人物を側近に迎えた政子の苛立ちを看取できそうだ。

この時期、頼家は蹴鞠に夢中だった。多くの名手が鎌倉に下った。壱岐判官平知康も新将軍の趣向にちなみに下向したのだろう。政子による知康の酷評は、前日に次のような出来事があったことによる。

母として彼女も鞠会《まりえ》見物のため頼家のもとを訪れていた。当日は夕立で水滴が随所にあったが、知康は自らの直垂《ひたたれ》・帷《かたびら》を脱ぎこれを吸い取る機転をなし、見物者たちを感じさせたとある。この人

蹴鞠図　『故事類苑（遊戯部）』（国立国会図書館蔵）

物の真骨頂がよく語られている。その賢《さか》しらさこそが、内乱期を漕ぎ抜いてきた知恵なのだろうが、政子にはそんな軽々しさへの侮蔑の気持もあったと思われる。

知康の悪乗りは鞠会終了後の酒宴のおりにも〝炸裂〟した。同席した北条五郎時連《ときつら》（のち時房）の「抜群ノ容儀進退」を見ながら、その名が銭貨を貫くことや歌人の紀貫之にも通底し「下劣」なることを評し、改名すべきことを進言したのだった。頼家はそれを諾とした。遊興の席とはいえ政子にとって弟の時連の名についての誹謗には、穏やかならざるものがあったに相違ない。

政子の知康評はこの出来事の翌日のことだった。〝気障《きざ》な奴〟、今風にいえば知康の行動はそう映じたのであろうか。知康にとって王朝風の優雅と機智と有識を、〝感染〟させるには鎌倉の壁は厚かったのかもしれない。機智云々でいえば、次のような話も

『吾妻鏡』（同九月十五日条）に見えている。右の出来事があった数ヶ月後の九月、同じく蹴鞠が催された。頼家も参じ一五〇回の鞠数におよんだおり、知康が突如これを地に落として失敗させた。この行為は万一、頼家が失敗した場合将軍に恥をかかせることになるとの深慮によった、と。こうした逸話から、知康の人となりのおおよそがわかるようだ。

法住寺合戦でおおいなる誤算を強いられた知康は、義仲を打倒した義経に接近した。後白河院の近臣として義経に与同することで京都での地位保全に努めようとした。その後、義経が没落し後白河院との関係も弱まった情況下で、関東は魅力のある地と映じた。頼朝亡き鎌倉は自らの力量を恃みとする知康のような人物には起死回生の場だったにちがいない。けれども、その可能性を秘めた東国も知康を容易には受け入れ難かった。とりわけ辛酸を経験した尼御台（政子）の眼は厳しかった。

知康にもむろん〝言い分〟があるはずだ。権門や武門とは無縁の場で自らの力で政界を渡るには、与えられた才能を発揮することでしか保身と上昇はかなわない。知康にとって、後白河院との知遇も義経との出会いもあるいは頼家との接触も、いずれもが己の彫磨してきた才芸によった。その点では同じく院の近臣とはいえ、信西・信頼あるいは成親などが有した有力権門との婚姻関係がないだけに、自己の器量のみを頼りとせざるを得なかった。

耳目を驚かす行為も〝出過ぎれば打たれない〟。そんな心情があったかどうかは不明だが、知康の闘いとは、門閥・権門が大きな比重を占めた時代に対しての個人の挑戦だった。たとえ勝算なき行為だとしても、知康という人物がもたらした生き方は、院政期が育んだ人物の一つのタイプだった。

時代の風を味方にしてあるいは風に逆らっての行動だろうと、思うが如く生きようとした逞しさがあった。雑草のような強さのなかで、京都と鎌倉に出没した貴族として記憶されるべき人物だ。

われわれは右の知康を介し、鎌倉を視界にとらえはじめたようだ。次章以下では平安の時代から鎌倉の時代を射程にすえることで、別の〈闘う貴族〉像を提供したい。その前にこれまでふれた院政期とはどんな時代であったかにも、総括的にまとめてふれておこう。

〈院政期の人間模様〉

信西・信頼が、あるいはこの鼓判官知康がそうであるように、院政期は個性的人物が輩出した。まさに〝時代は人を創る〟ということになろうか。第一に院政という政治システムを主導した院（上皇）それ自体が特異な存在だった。院政をはじめた白河院も、つづく鳥羽院、そして後白河院も後鳥羽院も個性派ぞろいの人物といえそうだ。「治天の君」たる立場で中世という時代の創出に寄与した。

これまでの天皇を軸とした朝廷政治システムに、院＝上皇という新しい軸を創り出し、両者相まった形態で権力システムを誕生させた。聖と浄の権化たる天皇は不動性がそこに象徴化されていたが、他方の院（上皇）は天皇の地位を践《ふ》むことで、聖・浄が内包された存在として認知される。これによって「神」から「人」への脱却が可能となった。それにともない王朝の天皇が具有した不動性は、上皇への転身により揚棄《ようき》されることになる。院政期の各上皇たちの熊野参詣は、京都内裏の中枢にあった聖・浄の存在が、より自由に飛翔し得る条件下で実現したものだった。

院政期は内乱の時代をスッポリと包む時代でもあった。十二世紀以降の保元・平治の乱から治承・寿永の内乱、そして十三世紀前半の承久の乱にいたる流れに院（上皇）は深くかかわっていた。その点では中世という時代の〝かたち〟が鮮明に浮かび上がったのが院政期だった。

かつて通説とされたのは、中世の始期を鎌倉幕府に代表させる考え方だった。多くの歴史教科書がこれを是として、武家政権の誕生を公武対立の構図から導き出していた。戦前来からの常識的理解である。ただし、昨今は院政期に中世社会への構造的転換を見出す考え方が一般的となっている。底流には武士（武家）のみが中世という時代の主役ではなかったとの理解による。前述したように公武の対立面のみではなく、〝協調〟と〝分立〟のなかから、中世を認識しようという立場である。一九八〇年代以降の研究の潮流は、貴族（公家）を時代遅れの負の遺産との解釈は是正されたこととなった。これに対応するように、武士・武家（鎌倉）を中世の象徴と解してきた戦前来の構図が再検討されはじめたことも大きい。そんな学史的背景のなかで、公武ともども中世的骨格が鮮明になるのが院政期との理解が一般化した。

本書が主題とする〈**恋する武士　闘う貴族**〉は幾度となく説明したように、明治以降の通念・通説を是正するための試みでもある。

第五章　公武体制と王朝貴族たち

隠岐

本章では十二世紀末以降の鎌倉段階を対象としている。東国政権下にあっても、京都の王朝は伝統権力として大きな役割をになっていた。あたりまえのことだが、〝鎌倉時代〟のイメージは鎌倉の武家が公武関係のなかで優位に立つ世界だろう。誤りではないが危うい。京都の王朝権力は鎌倉幕府の一五〇年間を規定しつづけていたわけで、鎌倉時代は武士あるいは武家のみではない。武士に象徴化させることはもとより正しいが、闘う貴族という切り口でこの時代を整理すると、どのような構図が用意できるのか。ここでは以下の二つから考えたい。

一つは「王朝貴族たちの選択」と題し、政治的画期とされる幾つかの事件に取材しながら考えてみたい。内乱期の大江広元・一条能保、建久七年の政変にかかわる土御門通親、公武闘争の節目ともなった承久の乱関係での公卿たち、あるいは公武権力の調停者として台頭する西園寺一族等々が対象となろうか。

そして二つ目の主題は「文人貴族、一所懸命の闘い方」として鴨長明から藤原定家あるいは兼好法師など、教科書でおなじみの文人たちである。さらに歌人にして鎌倉末期の政治に影響を与えた冷泉為兼等々を取り上げたいと思う。彼らもまた芸能・文学に足跡を残しながらも折々の出来事に自らの進退を賭《と》して闘った。

(1) 王朝貴族たちの選択

〈大江広元の知られざる闘い〉

「闘う貴族」は何も京都だけのものではない。鎌倉にもあった。関東の新政権を支えた京下りの官人たちである。「関東伺候ノ輩《かんとうしこうのともがら》」と称された人々は頼朝のブレーンとして活躍した。「関東」(幕府)の体制固めに寄与した。大江広元はその代表といえる。

組織は異質な要素を挿《さしはさ》むことで凝固作用が与えられる。幕府内部にあって、吏僚たる立場での広元の役割とはそれだった。広元は「関東」の知恵袋的存在として大きな足跡を残した。京都は彼を「二品ノ御腹心専一ノ者」(『吾妻鏡』文治二年閏七月十九日条)と評した。例えば守護・地頭設置の献策であり、あるいは政所別当(長官)として幕政への関与だった。京都を知悉していた広元は王朝の権威の正体にくわしかったことも、この人物の価値を高いものとした。例えば承久の乱での広元の態度だ。

承久の乱にさいし「関東」の結束を語った北条政子の演説は有名だ。が、それは合戦にさいしての心構えだった。戦略・戦術は別の次元でもある。箱根・足柄坂の関を固め迎撃策を主張する御家人たちに対し、広元はこの迎撃主義で上皇側の軍勢と戦うことの非を主張した。

失うものが無かった源平争乱期の東国武士団と、内乱の果実(所領・所職)を入手後の承久段階の彼らの意識は同じではなかった。〝攻撃は最大の防御〟よろしく、広元たちが主張したのは京都への「関東ノ軍士」派遣という積極攻勢論だった。承久合戦での在々所々での合戦での勝利は、戦闘以前の戦略的構想にあった。そしてそれへの提言をなしたのが、「関東伺候ノ輩」たる立場の広元や康信たちだった。

鎌倉にヘッドハンティングされた広元や康信の大江氏・三善氏は、文章《もんじょう》道・明法《みょうぼう》道・算道などの職能で朝廷に仕えた家系だった。摂家《せっけ》・清華《せいが》家・大臣《だいじん》家などの上級貴族とは異なる家格にあった。いわば中下級貴族として王朝国家内での役割が与えられていた。その点で広元らは関東に誕生した新政権のもとで、自身の能力を大きく発揮し得る環境を求めていたことも事実だった。

広元の守護・地頭の献策は、武家政権の骨格を支える最重要のものとなったが、これが貴族出身の広元により提案されたとすれば、彼自身の心の深い闇（苦節を強いた京都政界に対するカタルシスの作用）が一部にあったことを否定はできない。

広元の家系であるが、父は藤原光能《みつよし》、母は大江維順《これのぶ》の娘だった。広元は母方大江氏の維光の養子となった。久安四年（一一四八）の誕生というから、源平争乱を広元が体験したのは三十代の前半のことだろうか。母が明法博士中原広季《ひろすえ》に再婚した関係で、広元は中原姓も名乗った。広元と同じく京下りの官人として著名な中原親能《ちかよし》とは異母兄弟である。その後建保四年（一二一六）には再び大江姓に復した。母方の大江氏は文章道の家系で院政期に活躍した大江匡房《まさふさ》は曽祖父にあたる。文人・文士の血脈といってもよいだろう。

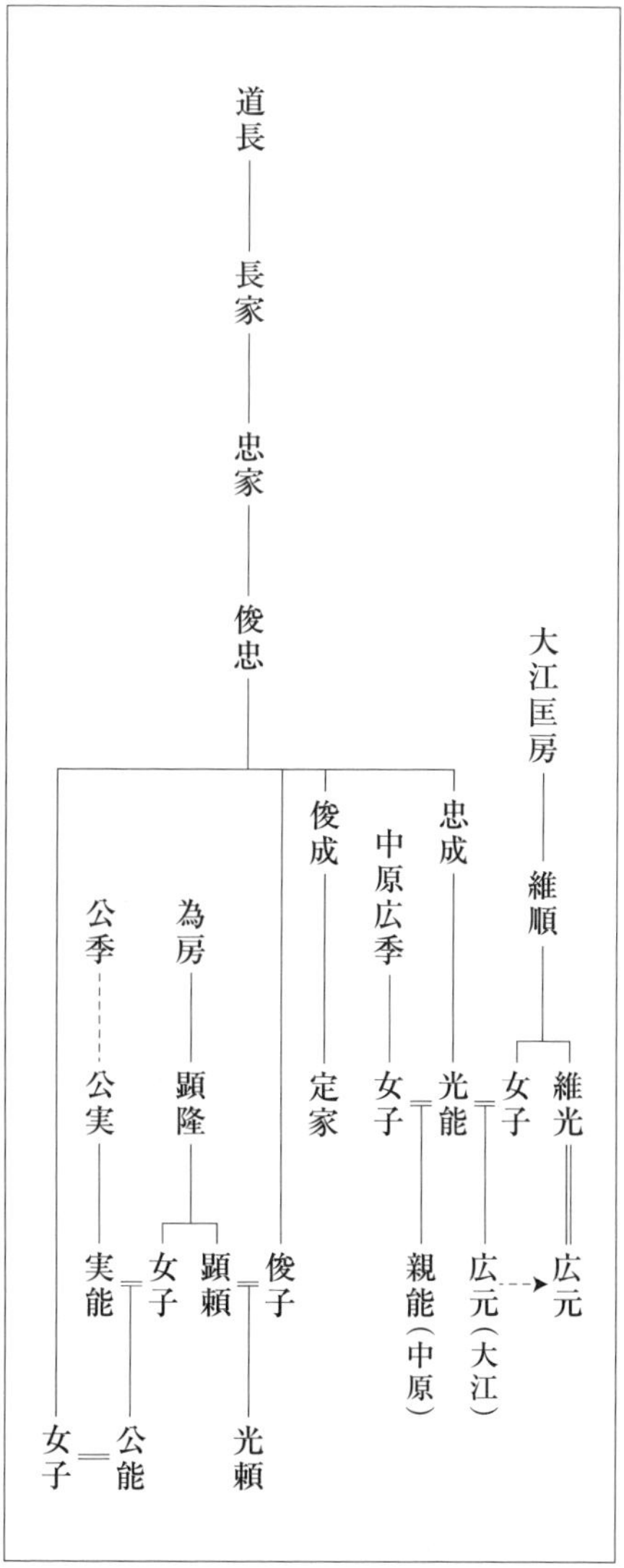

系図34　広元・親能 関係略系図

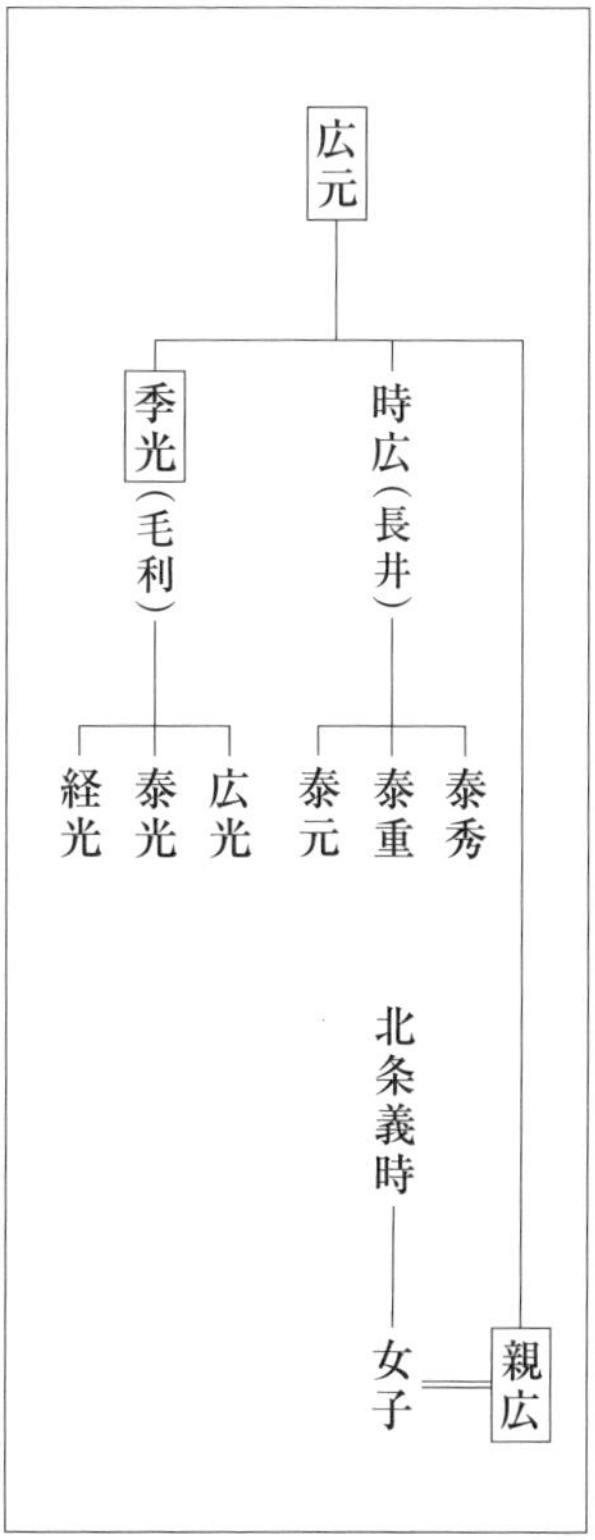

系図35　大江広元、その一族

鎌倉下向以前の広元は王朝貴族の正統的立場での太政官外記の地位にあり、局務に従事していた。『吾妻鏡』では三善康信の鎌倉参着が元暦元年（一一八四）四月のことなので、広元もその前後のころに下向したと推測されている。兄の親能が早くから頼朝に近仕し、その縁で関東に入った。同年十月に公文所（のち政所）の開設にさいし別当となり、その後の幕府の中枢にあって諸種の政策にかかわったことはすでにふれた。

七十八歳で没した広元の最終の位階は、正四位下であった。この間、因幡守・兵庫頭・掃部頭《かもんのかみ》・大膳大夫《だいぜんのだいぶ》などを歴任した。死去した嘉禄元年（一二二五）は、承久体制がスタートした段階にあたる。北条義時に代わり泰時が執権となり、承久の乱の戦後処理がようやく一段落したそんな時期だった。源家将軍の下で北条氏の台頭を見守りながら、「関東」の政治を強固にするための布石をほどこした。

王朝貴族として京都に身をおいた青年期をへて、過半は鎌倉と同化した生涯といえる。頼朝に請われ鎌倉に下向して、そのキャリアを活かし後白河院との政治折衝にもあたった。院からその功績を評され検非違使の宣旨を受けたが、頼朝に幾度となく就任の許諾を確認するなど、人事の進退にも意を払うほどの慎重さを示した。この検非違使任官に関しては、あるいはその脳裏に義経問題が去来したのかもしれない。〝出過ぎない〟ことを自らの行動格率とするかの如き生き方だった。そのゆえか時政・義時・政子、そして泰時との関係においても、北条与党の立場で身を保った。

幕府吏僚たる広元の立場は、軸足は関東におきながらも京都王朝との関係を保持し活動した。そ

広元供養塔（鎌倉市）

のバランス感覚は、保元以降の多くの政変・争乱を体験するなかで、培われたものだった。高きを望まず、自らの分のなかで自己の存立をはかった。文章道の血脈を継承した広元にとって、吏僚というスペシャリストに徹することで公武の情勢を客観視し得たのだろう。

広元の嫡子親広《ちかひろ》は承久の乱直前に伊賀光季《みつすえ》（義時の義兄）とともに、京都守護に任ぜられたが、院側に参陣した。乱後は所領の出羽の寒河《さが》江《え》荘に潜伏、同地で没したとされる。その末裔は寒河江氏を称し同地域で有力武士団となった。

有力武士団といえば広元の四男毛利《もうり》季光《すえみつ》も戦国武将毛利氏のルーツとして知られる。相模愛甲《あいこう》郡毛利荘を名字の地とした。承久の乱では兄と異なり関東に味方し、西国の安芸国吉田荘を与えられ、毛利氏の礎が据えられた。季光の娘は北条時頼《ときより》の妻だったが、季光自身三浦泰村の娘を妻としたため、宝治合戦では最終的に妻側の実家三浦氏に味方し敗死した。

鎌倉の地にはこの季光の五輪塔とされるものがある。頼朝供養塔がある法華堂跡の上部山中のやぐらにすえられている。後世のもので、広元・季光を祖とする長州毛利氏が自らの先祖を顕彰するためのものであった。隣には同じく薩摩島津氏の祖忠久の五輪塔があることも興味深い。

〈鎌倉吏僚たちのそれぞれ〉

広元と並び称された京下りの官人たちといえば、中原親能や三善康信が有名だ。われわれは、彼らが武家との関係が濃厚であるために、王朝貴族たるその側面を忘れがちである。けれども、彼らは公武交渉の要ともなった職責を与えられたことも事実だった。京と鎌倉を往還するその両属性こそが草創期の武家の人的財産だった。

中原親能は広元と五歳ちがいの異母兄で、『尊卑分脈』には父を中原広季とするが、『大友家文書録』には実父は藤原光能とする。母が広季の娘だった関係で外祖父広季の養子となり中原氏を称した。『玉葉』には中納言源雅頼《まさより》（村上源氏）の家人とも見えている（寿永二年九月四日条）。広元の嫡子親広が同じく村上源氏の土御門通親の猶子だった関係も留意されるべきだ。

それはともかく、親能の足跡はやはり頼朝の吏僚たるところにあった。義経が頼朝代官として上洛したさいには京都での人脈を駆使し、交渉にあたった。さらに義経の参謀役として平氏追討軍にくわわり転戦した。その点では武士としての側面も併せ持ち、東奔西走の活躍ぶりがうかがえる。

広元が内務派とすれば親能は外務の折衝に手腕を発揮し、公武の関係とともに幕府内の利害調整にも手腕を発揮した。親能はまた頼朝の娘三幡《さんまん》の乳母夫であり、その死にさいし出家した。斎院次官《さいいんのじかん》あるいは掃部頭《かもんのかみ》の肩書で『吾妻鏡』に登場、京都守護としても活躍している。

幾多の戦功で親能の所領は全国に広がるが、わけても鎮西方面に地頭職を多く領有した。これらの所領は子息の季時や猶子の大友能直《よしなお》に譲られた。能直の出自については母方の血脈から三浦氏との関係も取り沙汰されるが定かではない。この能直の末裔が戦国大名の豊後大友氏であり、広元の末裔の毛利氏ともども東国武士団の西遷の事例として興味深い。

三善康信の場合はどうか。広元より八歳年長のこの人物は、問注所執事として源家三代の将軍に仕えた。これまた有能な吏僚とされる。三善氏は明法家の家系に属した。その点では大江・中原両氏と同じく王朝貴族の文人派ということができる。太政官の吏官に任ぜられた経歴でもわかるように、朝堂内での能吏だった。頼朝とは乳母つながり（康信の母の姉が頼朝の乳母）だった。頼朝との接触を深め月に三回の割合で、京都の動静を伊豆に伝えたことが『吾妻鏡』に語られている。挙兵は京都の康信の情報によるところも大きかった。

康信が鎌倉に下向したのは元暦元年（一一八四）のことで、四十歳代半ばのころだった。広元と二人三脚で新天地の関東での土台づくりに尽力した。王朝の制度を知り尽くした彼らの力は、誕生後間もない新政権の行方を左右した。頼朝は適所にその京下りの吏僚たちを配しながら、政権運営の軸にすえた。

康信の後半生は鎌倉とともにあったが、承久の乱直後八十余歳で没した。その間、問注所執事として幕府の裁許関係の役務をまっとうした。〝高みを望まない〟生き方は、広元あるいは親能と同じだった。その最晩年に勃発した承久の乱では京都進撃に慎重だった御家人たちを前に、広元とともに即時攻撃論を主張した。機先を制し戦うことでしか得られない勝利を確信していたからだ。こうした決断の迅速さには、鎌倉に同化した王朝出身の貴族の意地があるようだ。

彼らの末裔は鎌倉・室町期をつうじ、町野《まちの》・太田《おおた》・矢野《やの》・富部《とべ》・飯尾《いのお》・上田《うえだ》などの名字を有した幕府の奉行層として活躍した。腰のすわり方という点では、広元・親能、そしてこの善信の三者は共通していた。ひとえに彼らの拠点が鎌倉にあったためだ。頼朝との関係からすれば一条能保《いちじょうよしやす》もまたそんな吏僚にくわえられるべきだろうが、彼の場合いささか事情を異にした。以下ではこの能保についてふれてみよう。

〈王朝貴族一条能保の躍進〉

「天ノ時、地ノ利、人ノ和」とは古来から指摘されるサクセスストーリーの三要素らしい。大物はともかく、中下級貴族で右の三つを巧みに追い風にして内乱期を漕ぎ抜いた人物がいた。一条能保もそんな一人だった。頼朝の妹婿となったことから王朝内での人脈を活かし、時代の変革期を追い風に中納言まで出世した。その能保にもやはり内心は自身の公武両面の「鵺《ぬえ》」的立場に忸怩たるものがあったに相違ない。などと思うのは、公武分立体制が明確となった後世の感覚だろう。事実は少し違うのだろう。むしろ〝人生の二毛作〟を存分に生きたのかもしれない。

能保自身は大納言や右大将家たる頼朝との官職的関係が一義であって、それ以上ではなかった。内乱期以降の能保は、京都の公卿という立場で王朝と関東の協調・媒介役として尽力した。その限りでは前述の大江広元らの京下りの官人たちとは、レベルを異にした。そのことをふまえたうえで、系図を参照してもらいたい。能保の父は北家頼宗流の従四位下丹波守藤原通重、母は右大臣西園寺公能《きんよし》の娘である。能保の子女が西園寺家や九条家と血脈を有するのは、能保自身の家系が公卿の圏内からは遠くなかったからだ。けれども何にもまして能保の地位上昇を確実なものにしたのは、やはり頼朝の存在だった。

久安三年（一一四七）─建久八年（一一九七）の能保の生没年は、ほぼ頼朝（一一四七─九九）のそれと重なる。

頼朝は源平争乱前夜の京都の動勢を妹婿だった能保からキャッチしていた。能保は頼朝の耳目ともいうべき役割をはたした。「ヌケタル器量ノ人」（『愚管抄』巻第六）と評される頼朝の後援を得て、能保は義仲滅亡直後の元暦元年（一一八四）三月左馬頭、文治二年（一一八六）十二月右兵衛督、同五年七月参議、さらに建久二年（一一九一）二月に検非違使別当、翌三月に権中納言、同四年正月には従二位にまで進んだ。その栄進は頼朝という順風を得ることで達成されたといってもよい。

能保は平家滅亡後の文治元年（一一八五）三月、妻とともに鎌倉に下向した。源家の菩提寺ともいうべき勝長寿院《しょうちょうじゅいん》の落慶供養への参列も兼ねての下向だった。鎌倉滞在中に義経と頼朝の不和が生じた。義経問題処理のために京都守護の任にあったのは北条時政だった。当時、頼朝の考え方と京都の時政の間では、対王朝政策をめぐり若干の温度差があったようで、時政は翌年二月に京都守護の任を解かれた。その後任となったのが能保だった。

義経問題や惣追捕使の補任問題に関して、後白河院の思惑を知悉している能保を鎌倉の利益代表として京都守護に任じた。能保の任命については、義経・時政らの武人が京都守護の立場にありながら、王朝側の政策に同化させられたことへの警戒が頼朝側にあったのではないか。時政についても惣追捕使問題をめぐりその可能性が出てきたとすれば、王朝内部に免疫力を有した貴族を京都守護に任ずる方策がなされた可能性もある。突然すぎる時政の京都守護交替の背後には、あるいはそうしたこともあったのではなかったか。能保は京都人脈の要というべき人材であり、内乱後の戦時体制からの脱却にともなう対京都構想のなかで、彼の京都守護が実現された。

ここで系図をご覧いただきたい。能保子女たちの婚姻関係である。大きく分ければ三つになる。①九条家、②西園寺家、③土御門（源）家である。①では能保の娘の一人は関白九条兼実の嫡子良経《よしつね》と結婚、関白道家《みちいえ》はその子であった。鎌倉の四代将軍藤原頼経は道家の子であったから、能保の外曽孫にあたることになる。

そして②の西園寺家は親幕公卿の代表的一族で「関東申次《かんとうもうしつぎ》」の職責を与えられていた。能保の娘（全子《ぜんし》）は西園寺公経に嫁した。全子の娘綸子《りんし》は九条道家に嫁しているので、能保の一条家を介して九条・西園寺は結びついており、三者は婚姻関係を確認できる。そして③村上源氏の土御門家通親《みちちか》

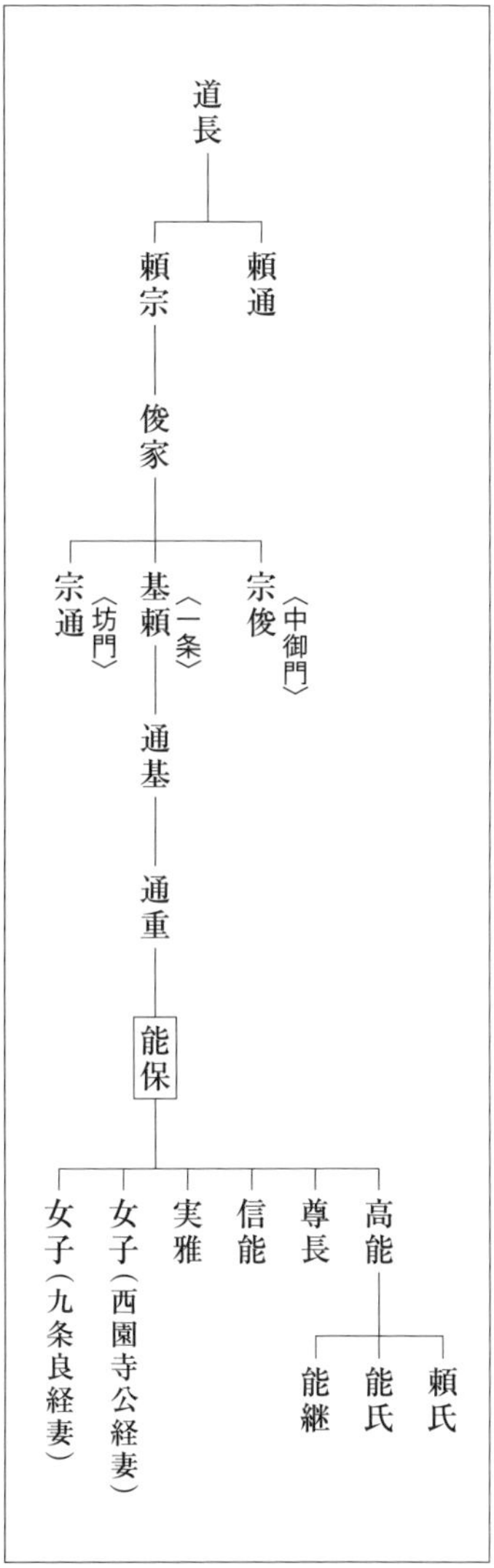

系図36　一条能保の子女たち

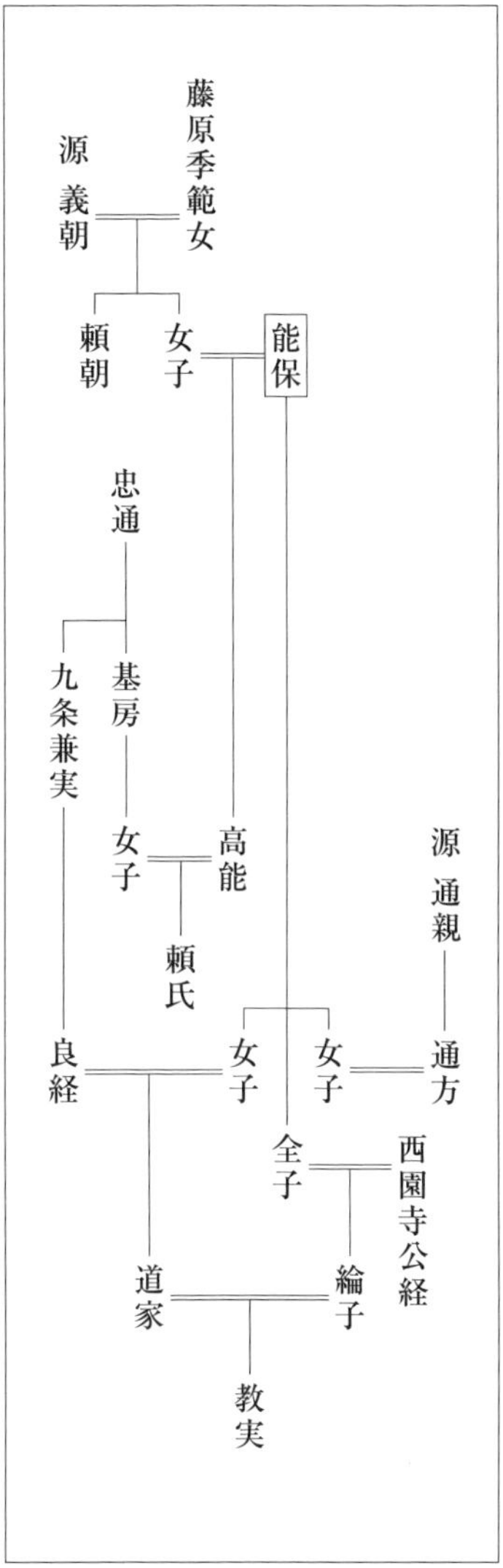

系図37　能保の血脈

の子息通方《みちかた》（母は刑部卿《ぎょうぶきょう》三位範子《はんし》）に嫁した娘もいた。よく知られるように、通親は村上源氏のエースとして九条兼実のライバルになった人物で、後述の建久七年の政変の中心人物とされる。頼朝は兼実からこの通親へと人事のシフトをはかったが、その通親派とのパイプ役には能保も一枚からんでいたと推測される。

こうして見ると、能保の出世・栄進は頼朝との関係によるところはあるにせよ、能保自身の子女たちの婚姻にはたす役割も大きかった。能保の王朝内での優位な立ち位置も、この点を無視しては語れない。〝女子力〟はこの時代の政治を左右するほどだったことに改めて思いをいたすべきだろう。

「闘う貴族」という視点で能保を考えた場合、武家（頼朝）の代理人という立場から京都政界内部で、自身を燃焼させた人物と評することができる。その点では与えられた運命を受け入れ、これを糧に新興の権門として時代の先頭を走った。能保の妻は後鳥羽天皇の乳母となったが、同族の坊門家もふくめ後鳥羽との関係を深めた。頼朝の大姫入内の構想もそうした流れだった。

九条家も西園寺家もその限りでは鎌倉期に台頭する権門であり、武家（鎌倉）との関係によった。能保の場合は、九条や西園寺ほどの名門ではなかったがために、頼朝を媒介とした形での婚姻は権門に参加するための〝肥やし〟だった。その能保も建久八年十月三日、五十一歳で没した。頼朝にとってその死は朝堂内での足場を失う大きな損失となった。頼朝という武家を楯に、伝統権門と闘う新興の能保という構図を描くことができる。能保の存在は武家にとっても大きく、その死は鎌倉の橋頭堡を弱めることにつながった。

建久七年の政変は能保死去の前年のことだった。以下ではこの政変についてふれることとするが、その前に源平争乱（治承・寿永の乱）をふくめた内乱期の王朝事情を簡略に整理しておきたい。

〈内乱期の王朝事情〉

平安末期以降の朝堂内の公卿勢力として、村上源氏の台頭は注目される。武門源氏とは異なる立場で公卿を輩出したこの一族は、内乱期の王朝政治を左右するほどだった。建久七年の主役ともいうべき源通親《みちちか》についてはは後述するが、彼が属した村上源氏をくわえた京都政界の見取り図を整理しておく。

摂関期から院政期にかけては、嵯峨源氏や醍醐源氏に代わり村上源氏の朝堂内での台頭が目立つようになる。保元・平治の乱の結果、忠通が勝利し摂関家嫡流は子の基実へと継承される。平氏全盛の時代にあって、基実と清盛の娘盛子《せいし》（白河院）との婚姻で嫡家の地位は盤石に見えたが、平氏の衰退で情況が大きく変化する。弟の基房（松殿）・兼実（九条）は平氏に代わり都の覇者として登場した義仲、さらに頼朝との関係を保持することとなった。寿永二年（一一八三）七月に都入りした義仲は、自らの発言権を強化するため松殿基房の娘を妻にして、旧勢力との関係を推し進めた。

だが、同年末の法住寺《ほうじゅうじ》合戦（二四三頁参照）で、義仲のクーデター（後白河院の幽閉）とその後における没落を契機として、有効なカードは兼実が入手するところとなった。義仲の討滅で、兼実と頼朝との結びつきが強まる。

清盛そして義仲に代わって、都の覇者に鎌倉の勢力が入ったことで、従前からの親頼朝的な兼実の立場は不動なものとなった。内乱終息にともなう政治情勢の変化は、摂関家内部にあって、兼実の九条家を基実・基通の近衛家と同等なものとした。とりわけ武家との関係を密にした兼実の立場は、大きく前進した。

こうした摂関家内部でのヘゲモニーの掌握とは別に、村上源氏の通親の存在も大きかった。兼実と通親は同世代に属した。同世代に属する両人は、文治元年（一一八五）十二月議奏公卿（親幕派の上級貴族）の立場で頼朝と意をつうじていた。頼朝をふくむこの三者は若干の差はあるもののほぼ同世代に属していた。〝女子力〟云々の流れでいえば、この三者には、それぞれに後鳥羽天皇への入内候補がいた。そのことが政変の引き金として作用した。通親の娘在子、兼実の娘任子、そして頼朝の娘大姫という関係だ。ということで、以下ではその「建久七年の政変」に関して考えてみたい。

〈「建久七年の政変」と土御門通親―王朝再建の闘い―〉

「建久《けんきゅう》偃武《えんぶ》」という表現がある。「偃武」は武器を伏せ平和の状態になることをさす。治承《じしょう》―養和《ようわ》―寿永《じゅえい》―元暦《げんりゃく》―文治《ぶんじ》と目まぐるしく改元した「内乱の十年」も終焉を迎えた。その年号が建久だ。戦国時代が終わり徳川的秩序への転換＝「元和偃武」になぞらえた造語で、新しい時代の秩序が代弁されているようだ。ここでの主役は源（土御門）通親である。ライバル九条兼実を朝堂内から退け、幼帝後鳥羽を擁し王朝再建に向けて尽力した立役者である

系図38　源通親と村上源氏

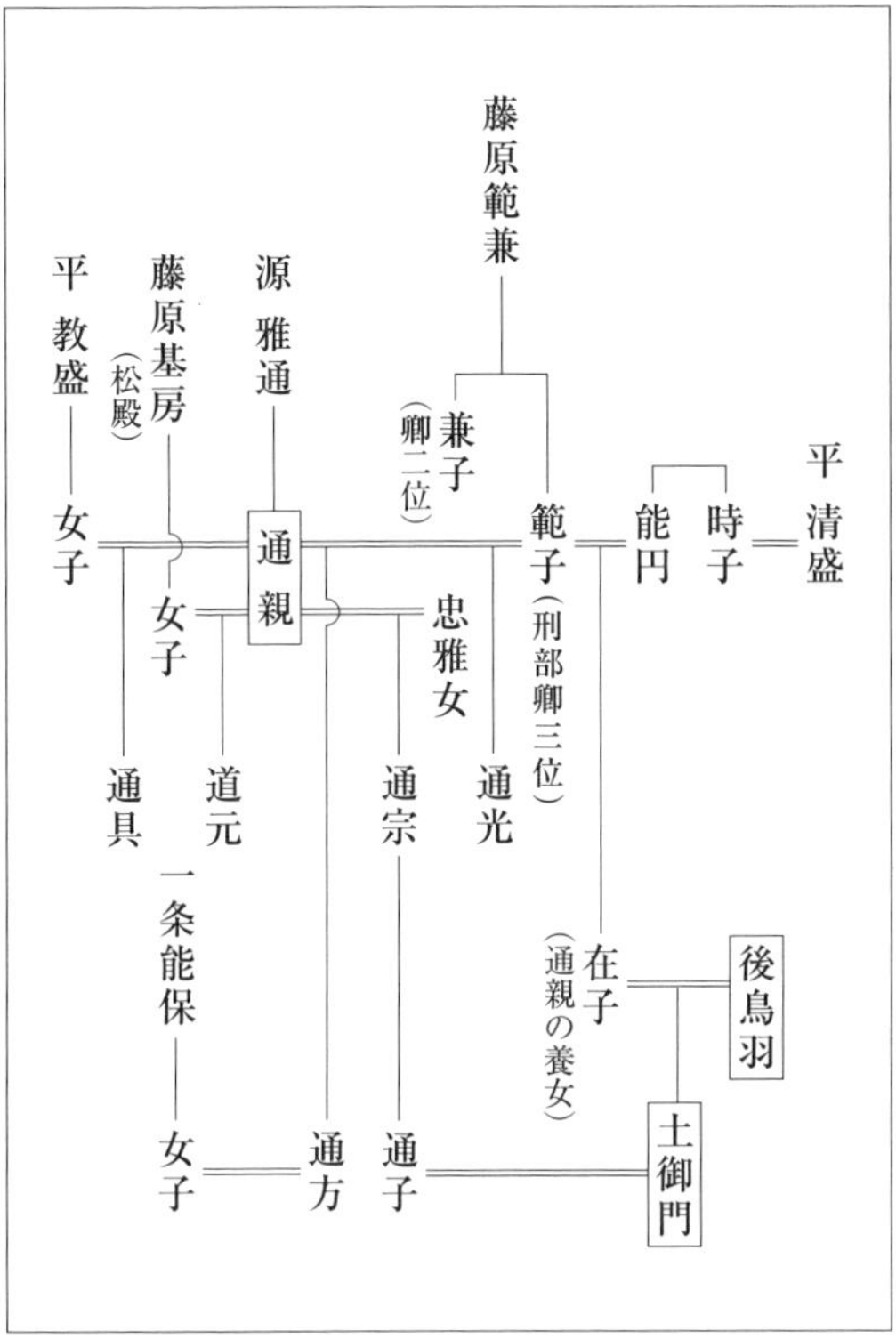

系図39　通親の血縁関係略系図

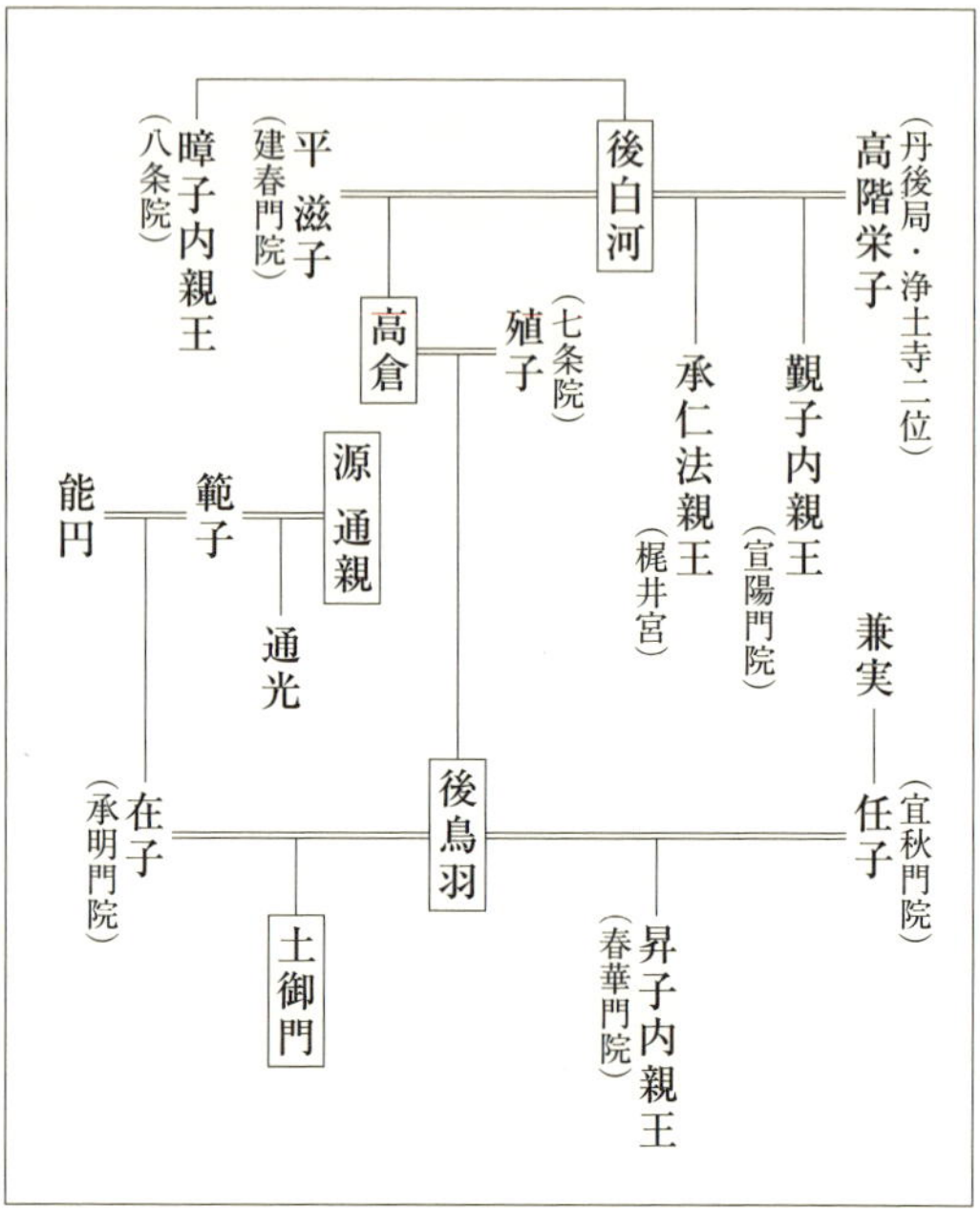

系図40　通親と皇室関係

著名な鎌倉仏教の旗手、道元の父とも祖父ともいわれる人物だ。「倶《とも》に天を戴《いただ》かず」のとおり、兼実と通親は鎌倉初期の王朝内部での競争相手だった。久安五年（一一四九）生まれの通親は、頼朝よりは二歳ほど若い。

流祖の師房《もろふさ》が藤原頼通《よりみち》（宇治関白）の猶子となった関係で、摂関家とも密接なつながりを有した（『神皇正統記』中）。通親は師房の五代の孫にあたる。「建久七年の政変」については『愚管抄』にも語られているが、作者慈円自身もその政変のあおりで天台座主を退くことになったわけで、通親に対する慈円の評価は当然ながら低い。

建仁二年（一二〇二）五十四歳で没したこの人物の栄進ぶりを語ることは別表に譲る。通親に関しては、兼実自身にあってもその評価の振幅が小さくない。「恥ヲ知ラズト謂フベシ、弾指スベシ」（『玉葉』治承四年五月二十七日条）とまで罵倒していることもあれば、ある時は「奉公ノ至、比肩ノ人ナシ、……忠士ト謂フベシ」（『同』文治二年六月一日条）と激賞しており、その評価の差はやはり気になる。兼実自身が直情の人だったから、その語りは引き算も必要だろうが、政界の渉《わた》り方という点では、通親は自らを恃《たの》む人物といえそうだ。

それこそが頼朝さえも〝手玉〟に取った貴族の闘い方の見本だった。

〈通親の官途〉

応保元（1161）	治部権大輔
治承3（1179）	高倉天皇の蔵人頭、中宮権亮を兼任
治承4（1180）	参議、高倉院庁別当
養和元（1181）	後白河院庁別当
文治元（1185）	権中納言
文治3（1187）	従二位
文治4（1188）	淳和院・奨学院別当
文治5（1189）	正二位右衛門督
建久元（1190）	中納言兼左衛門督、検非違使別当
正治元（1199）	右大将、内大臣
正治2（1200）	東宮傅
建仁2（1202）	没54歳

「公卿補任」その他による

通親の婚姻を時期的に整理すると、源平争乱期をはさみおよそ二つに大別される。一つは仁安三年（一一六八）、花山院忠雅《ただまさ》の娘との間に長子通宗《みちむね》をもうけ、その後の承安元年（一一七一）に平教盛《のりもり》の娘との間に次子通具《みちとも》をもうけた。平氏一門の隆盛期で通親が二十歳前後のころと思われる。平氏との関係で順風を得たことは疑いない。

通親の母（藤原長信の娘）は美福門院の女房であった。父の雅通も八条院別当を経験し、一族は美福門院―八条院の人脈につらなっていた。通親は平氏との関係をテコに高倉院に近侍、平氏一門と協調する姿勢を取った。すでにふれた兼実による通親への批判は、平氏に与同する姿勢に対するものだった。平氏西走後は西海に同道せず通親は後白河院に接近する。内乱終息後は頼朝の奏請による議奏公卿に名をくわえられた。

この時期、通親は後鳥羽天皇の乳母刑部卿三位高倉範子《はんし》と結婚した。範子の前夫能円《のうえん》との間に誕生していた在子《ざいし》を養女とし、また範子との間に文治三年（一一八七）に三子通光《みちみつ》をもうけている。通親の二つ目の画期である。

この範子との結婚と同時に、後白河院の寵妃丹後局《たんごのつぼね》高階栄子《たかしなえいし》と結ぶことで通親の権勢は躍進した。文治五年（一一八九）には丹後局所生の覲子《きんし》内親王（宣陽門院《せんようもんいん》）の別当に就任するなど、その権力基盤は拡大される。後白河院から宣陽門院に譲られた長講堂《ちょうこうどう》領の管理も通親にゆだねられていた。こうした情況下で通親は養女の在子を後鳥羽天皇の後宮に入れ、建久六年（一一九五）にはついに皇子（為《ため》仁《ひと》親王、のちの土御門天皇）の誕生をみた。

村上源氏の立場で自らを飛躍させるために、平氏から源氏（鎌倉幕府）への潮目を読みながらの行動だった。そこでもやはり後白河院との関係は大きかった。婚姻関係に注目すれば、どのチャンネルを有効活用するかという政治的センスがあった。とくに刑部卿三位範子や、後白河院の寵妃丹後局高階栄子との人脈は大きかった。通親の闘いはこれを活用しながら、王朝の威信をかけて関東の頼朝も籠絡することになる。

〈政変の裏側〉

「建久七年の政変」とは、後鳥羽体制下での関白九条兼実の更迭をさした。これを仕組んだ人物こそが通親とされる。中宮の立場にあった兼実の娘任子は内裏を追われ、天台座主慈円も罷免され、これに代わり基通《もとみち》が関白・氏長者として返り咲いた。丹後局や通親が天皇と頼朝に兼実のことを中傷したためだと、『愚管抄』は指摘する。頼朝が娘大姫を入内させようとしたことも背景だったと記す。

「頼朝ガムスメヲ内（後鳥羽）ヘマイラセンノ心フカク付テアルヲ……サラニワガムスメマイラセムト云文カヨハシケリ」（頼朝は自分の娘を天皇に入れる気持ちがあり、入内の件を通親に消息で伝えた）とある。すでにふれたように通親は後鳥羽の乳母刑部卿《ぎょうぶきょう》三位《さんみ》（範子《はんし》）を妻としており、頼朝は通親を介し入内要請をしたのだった。『愚管抄』はそのことを指摘したもので、そのとおりなのだろう。

兼実は娘任子《にんし》を建久元年（一一九〇）に入内させることで、外戚の地位を考えていた。頼朝が遅ればせながら娘大姫を入内させた場合、兼実とはライバルとなる。兼実もまた大姫入内で自身の立場が不安定となる可能性は排さなくてはならない。頼朝の立場は、兼実との盟友関係によるか、あるいは丹後局（栄子）―通親―刑部卿三位範子という乳母・近臣関係によるべきかという、二つの人脈の選択だった。後鳥羽天皇の後宮問題に関しては、反兼実派の通親側が優位にあったことは鎌倉側も察知していたわけで、頼朝による通親への消息もそうした背景があった。

前年の建久六年、東大寺大仏開眼供養で上洛した頼朝が丹後局と誼みをつうじていた状況は、はっきりしていた。頼朝が妻子をともない上洛したおりに訪問したのは、覲子内親王（宣陽門院）であった。「建久七年政変」の予兆は前年の頼朝の上洛からはじまっていた。

通親も猶子の在子を入内させており、建久六年にはその在子が皇子（為仁親王、のちの土御門天皇）を生んでいた。この時点で兼実も通親も娘を天皇に入内させていたが、皇子誕生の通親が優位だった。

兼実、通親、そして頼朝と三者の娘たちそれぞれが後鳥羽天皇への入内をめぐり動いた。入内競争に参じた頼朝の思惑は、やはり建久元年（一一九〇）での権大納言・右近衛大将への就任が影響していたのだろう。即刻辞任したとはいえ公卿になることで、大姫入内のことも射程に入ってきたのかもしれない。

そうした頼朝の思惑は別にしても、ここでのポイントは兼実と通親の両者が武家の頼朝を王朝内部にどう位置づけようとしていたかが大きい。通親の場合はどうか。頼朝の娘を入内させ王朝内に包摂することで、頼朝をふくむ鎌倉を王朝体制の膝元におくことを構想した可能性がある。その点では以下は推測でしかないが、通親が人事権を掌握した段階で頼朝の腹心たち、例えば大江広元への急速なる官職推挙（あるいは広元の嫡子親広を通親の猶子にする）、さらには一条能保・高能父子の昇進、また西園寺公経の昇進など、親鎌倉派公卿への協賛的人事が目立つのも興味を引く。

このことは通親が鎌倉の武家を王朝体制下で順応させようとした方策と解せられる。頼朝の大姫入内はどちらの側から仕掛けたのかは明瞭さを欠くが、あるいは通親が頼朝をその気にさせた可能性も否定できまい。これは多分に従前から伝統的思考で、天皇や上皇を中軸にした公武一元化の構想であり、その実現のためには「関東」の自立主義を解体しなければならなかった。通親は武家の自立主義を融解させる手だてを講じた人物といえる。

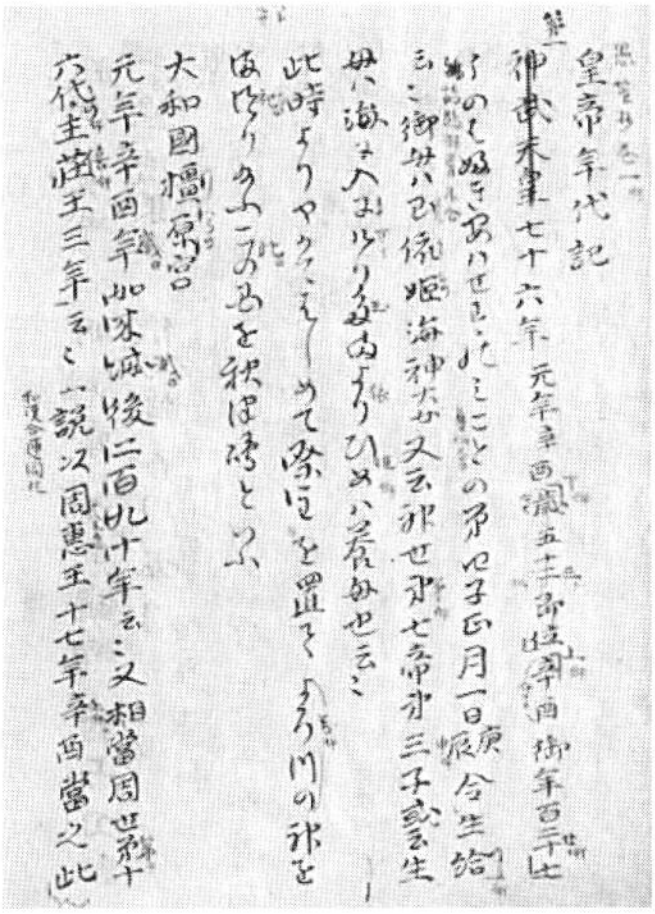

『愚管抄』（国立国会図書館蔵）

対して兼実の構想はといえば、王朝と鎌倉の〝別居主義〟を標榜したのではなかったか。王朝が武家を同居させることの悪しき先例が平氏の政権だったとすれば、兼実は頼朝が〝第二の清盛〟になることを阻止しようとしたのではなかったか。

これは兼実の弟慈円の鎌倉（頼朝）評とも相つうじる（この点は第二章一〇七頁参照）。慈円は天照大神の子孫（天皇、上皇）のもとで、春日明神（藤原氏）と八幡神（武家）が互いに輔翼する形での公武均衡（合体）論を考えていた。『愚管抄』にはそうした諸点が語られている。

そのため右の秩序を解体することへの危惧が、武家打倒をはかる後鳥羽院への諫言となった。兼実と慈円には温度差があったとしても、頼朝に代表される武家を朝家の〝安全弁〟にすえることで公武協調体制をめざそうとした。

こうした通親と兼実の政治構想は論証抜きの推測でしかないが、建久年間における頼朝との距離を考えた場合の理解としては許されよう。二人の貴族たちにとって、頼朝が率いる武家にどう対するのか。内乱後に誕生したこの新しい事態に王朝がどう向き合うのかが問われた。この問題こそが承久の乱に繋がる眼目だった。以下、この点にふれながら承久の乱での「闘う貴族」に言及してみたい。

〈治承・寿永の乱から承久の乱へ〉

「源平の争乱」の語感には、文字どおりの平氏から源氏、清盛から頼朝への権力の転換が示唆されている。簡略な構図としてはそうなる。軍事権門内部での武権の平行移動という側面で整理すれば、そのように理解されることになる。ただし、そうした武家相互の対抗という用いられ方とは別に、「治承・寿永の乱」という呼称も一般化されつつある。要は内乱の有した意義を源平という武家権門内部での相剋からのみで解するのではなく、時代の構造的転換のなかで解釈し直すとの提案である。そこには鎌倉の新しい武権は、東アジア全体のなかで如何なる特色を有した政権だったのか。そうした視点も加味されていた。

鎌倉政権の誕生それ自体に着目すれば、東アジア的秩序とは異なる新しい権力機構が成立したことを意味した。それは、京都王朝からの相対的に自立した軍事権門の成立を意味した。前述した通親や兼実の王朝指導者層がこれにどう折り合いをつけ、向き合ってゆくのか。内乱終息から承久合戦までの段階は、そのなかで公武体制の骨格が形成される時期だった。

たしかに「鎌倉幕府」と呼称されたこの権力は、内乱が誕生させた武家政権の一つということができる。王朝的官職に〝調教〟されることを拒み、「鎌倉殿」の秩序を標榜し、自らを「関東」と称することで、日本国内部で東国武士団の利益代表として君臨することになる。だが、東国での新政権の樹立はさほど容易ではなかった。頼朝は自らの独裁においてこれを実現した。

建久元年（一一九〇）に上洛した頼朝が後白河院に上総介広常の暗殺を語った『愚管抄』の内容は、王朝に協調しようとする鎌倉殿の本音を伝えたものだろう。独立志向の不満分子の排除による王朝の安定こそが頼朝の意思だとすれば、忠臣稀に見る傑物といえるのだが、事態はそう単純ではなかった。頼朝の意思とは別に、東国という場が武権を有したことで生じる問題がより大きかった。承久の乱は頼朝の死によりもたらされる不安定さにともない、独裁者を失った「関東」が王朝と遭遇しなければならない第二ラウンドの戦いだった。

源実朝像（国立国会図書館蔵）

一方で京都王朝内部での公家＝貴族勢力も、武家とは異なる形での闘いがなされていた。承久の乱は十二世紀末の内乱にともなう鎌倉体制の出現を、「治天の君」（上皇・院）＝後鳥羽がこれを認知・承認するか否かの戦いだった。院側の敗北で王朝貴族に癒やし得ぬ傷を刻みつけた事件だった。政治的内紛による人事の争いとしての「闘い」とは異なるレベルのもので、現実に干戈《かんか》を交えての闘諍《とうじょう》・戦争だった。その点では、承久の乱は、治承・寿永の内乱で誕生した「関東」に対して、後鳥羽院を中心とした王朝側がどう〝落し前〟をつけるかが問われた事件だった。治承・寿永のかつての内乱という激震に対しての揺り返しともいうべきもので、ある意味で頼朝の遺産を使いはたした「関東」の最大の試練だった。

政子・義時の幕府首脳部がめざしたものは、実朝以後の東国の安定だった。鎌倉殿は頼朝の血脈でなければならなかった。しかしその血脈にしても比企事件が語るように、東国武士の後見を設定すれば、〝頼家の再来〟をもたらしかねない。実朝に足利氏の娘を嫁する案が浮上したおり、実朝はこれを拒んだと『吾妻鏡』には見えてくる。が、内実は有力御家人の足利と比企が入れ換わることを危ぶむ、北条サイドの意思がはたらいていた可能性もある。京都の坊門家との婚姻は北条側にとっても悪い選択ではなかった。むしろそのように望んだ可能性は充分あり得る。北条が突出した御家人であるためには、将軍との関係のなかで乳母・婚姻関係によるライバルを創らないこと、これに尽きるはずだ。

北条体制の恒久的創出のための布石は、頼朝＝右大将家の〝神話〟を創り出すことも一つだった。

そして源氏の血脈をこの〝神話〟に封印し、第二の頼朝の誕生を許さぬことだった。右大将家の先例を原点にすえ御家人たちの結束をはかるという方策は、「関東」にとっては特効薬だったはずだった。その限りでは後鳥羽院の要望する摂津の長江・倉橋家地頭職停廃問題は、鎌倉にとって「踏み絵」ともいうべき分岐点だった。鎌倉殿による地頭職の安堵という信頼性への揺らぎが内包されていたからだ。

他方、後鳥羽院を中心とした王朝側にとって実朝という潤滑剤を失ったことは、挙兵へのカウントダウンにはずみをつけたことは否めない。その点では〝実朝の官打ち〟あるいは〝呪咀〟云々は、跡づけの理屈にすぎない。院や王朝側にとって武家自体の自立性を緩和させ、京都王朝の一分肢として位置づけ直すことこそが課題だったからだ。

考えてみれば王朝の京都の権力にとって、官職と位階による「関東」の包摂は大きなテーマだった。将軍は頼朝以下源氏三代をふくめ公卿の待遇であり、執権たる北条氏は士大夫層にあたる四位・五位のランクで、有力御家人もせいぜいこれに準じた。そして一般御家人の場合は六位の侍クラスということで、「関東」そのものを王朝的秩序に編入させる。

その点では公家にとって、武家は官位体系のなかで秩序づけられている限りは、王朝の貴族体制は保証される。そのためには実朝には存命してもらうことこそが肝要だった。実朝の右大臣就任は王朝側による鎌倉＝武家包括の算段でもあった。武家を自らの内に包摂するためには、鎌倉殿実朝との連携・協調こそが必要だった。

このように解することが許されるとすれば、実朝に代わるべき新将軍の下向は鎌倉・京都双方にどんな意味があったかも推測可能となる。北条氏（政子、義時）にとって、実朝の血脈が絶えた場合を想定しての将軍下向の地ならしは実朝存命中にできていた。卿二位兼子との間で交わされた密約とはいえ、当然それには院の内諾もあったと思われる。

他方、院側にすれば関東自立主義で公武対立が強まるよりは、鎌倉殿を介しての武家の〝調教〟こそが肝要だった。その点では実朝暗殺後に後鳥羽院が皇族将軍下向による王家の分裂云々を説き反対したとの発言（『愚管抄』）は、院の真意ということからすれば遠いのではないか。おそらくは、後継をめぐる混乱での揺さぶりのカード以上のものではなかった。院にとっての最善は関東の消滅だろうし、次善策はこれを王朝の分枝として包摂すること、そのための王胤貴種の下向はあり得る選択のはずだった。

その点では実朝死後に現実化した頼経（摂家将軍）下向にあっても、王朝の血脈の分与（天皇・院の皇子ではないにしても）は、悪くない結果だったと思われる。そして「関東」にとっても、頼朝に繋がりかつ摂家にも重なる人事は大きな前進だった。

北条を媒介として東国以外からの別個の貴族を招き入れるという情況により、東国の主たる鎌倉殿の〝不可侵性〟が担保されたことになる。北条氏は執権という立場で補佐に徹する。外部（京都）発注の鎌倉殿は常に「玉」として必要だった。両勢力にとって〝ウィンウィン〟の関係だったはずの流れが、後鳥羽の思惑の変異により、大きく変わることになる。公武の住み分けによる現状追認を否とする院の理想希求が、実朝暗殺を機に浮上することとなった。

鎌倉という武家の権力機構は内乱期に生を受けた後鳥羽院にとって、必ずしも所与のものではなかった。頼朝の〝天下草創〟の遺産を消費した「関東」を併呑する機会が、実朝の死去で与えられた。したがって臨戦態勢への舵切りは実朝暗殺以後に現実化されたわけで、〝それ以上〟を望んだ後鳥羽院の独断的挙兵ということになる。

いささか観念的な話になったが、以下での内容はこの承久の乱に材を取って「闘う貴族」たちの姿を紹介しておこう。いわば敗者の立場からの話である。

〈承久合戦の敗者たち―闘う貴族たちの諸相―〉

承久合戦に参じた確信犯というべき貴族たちも少なくなかった。常識的通念からすれば負け組に属した公卿ということになる。ただし、承久の乱が公武対抗という面はあったが、公家のすべてが一枚岩として後鳥羽院側に与したわけではなかった。その顔ぶれたるや、後鳥羽院の西面衆(院中の警備に従事した武士)あるいは乳母関係による人々の参陣が少なくなかった。その限りでは西園寺・九条家のような大臣・摂関家レベルでの家柄ではなく、西面衆をふくむ院の近臣たちが過半だった。

言わずもがなではあるが、西面武士が院の武力基盤だったことはたしかだとしても、別段承久の乱を想定して院が設置したものではない。院方に参じた貴族たちは木曽川や宇治川の戦いで最前線に立たされた。院方の武士たちを鼓舞・鼓吹するための戦闘投入だった。敗色濃い情況のなかでの戦陣の様子については、関係諸史料に譲るとして、院方加担の公卿たちの戦後はどうであったのか。為した行為には責任がともなった。合戦・戦争に対する責任が糾弾された。

承久の乱は承久三年（一二二一）五月に勃発、六月中に木曽川合戦とその後の宇治川合戦で京方の敗色が決定、七月以降に加担した貴族・武士への懲罰がはじまる。主導したのは、義時の意を受けた泰時であり時房だった。後鳥羽院とともに子息の上皇たちの配流が決せられ、これに積極的にくわわった貴族たちも罰せられた。

戦場に臨んだ貴族としては、すでに述べた平治合戦での藤原信頼あるいは法住寺合戦の鼓判官知康などが知られるが、この承久合戦の規模と深さはやはりその比ではなかった。播いた種を刈り取ることを敗れた側の貴族たちは求められた。たとえ「後悔、腸《はらわた》ヲ断ツモノカ」（『吾妻鏡』承久三年七月六日条）と慙愧《ざんき》の想いを抱いたとしても、処断はすみやかになされた。以下では四人の貴族たちの運命について紹介しておこう。

①按察使中納言光親

「無双ノ寵臣」「宏才優長」（『吾妻鏡』）と評された藤原光親は、承久三年七月十二日東海道駿河の加《か》古坂《ごさか》（静岡県駿東郡小山町）で斬首された。四十六歳であった。承元三年（一二〇九）には右兵衛督・検非違使別当、そして二年後には権中納言と栄進し院に重用された。光親への処断は義時の追討宣旨へのかかわりだった。ただし、光親自身の意思は院とは別であったとされる。

後鳥羽の挙兵を早計として諫めつづけた光親の闘いとは、院への諫言など公私双方の立場での矛盾・葛藤にあった。「諫議ノ趣スコブル叡慮ニ背クノ間、進退コレ谷《きわ》マルトイヘドモ、追討ノ宣旨ヲ書キ下ス」とは光親の心情を評した『吾妻鏡』の表現だが、結果は結果である。院の光親への信頼の厚さは、妻の藤原経子・娘満子《まんし》ともども順徳院の乳母であり、叔父宗頼の妻は有名な卿二位兼子という血縁関係からも想像できる。

ちなみに父光雅《みつまさ》も後白河院近臣で、かつて義経に与同し頼朝追討の院宣にかかわったため、頼朝に指弾され解官《げかん》されている。父子ともども追討宣旨にかかわるという因縁だった。文人貴族の家系に生まれた者の宿命とはいえ、自らの意思とは異なるところで、身をゆだねざるを得ない悲運がそこにあった。

②中御門中納言宗行

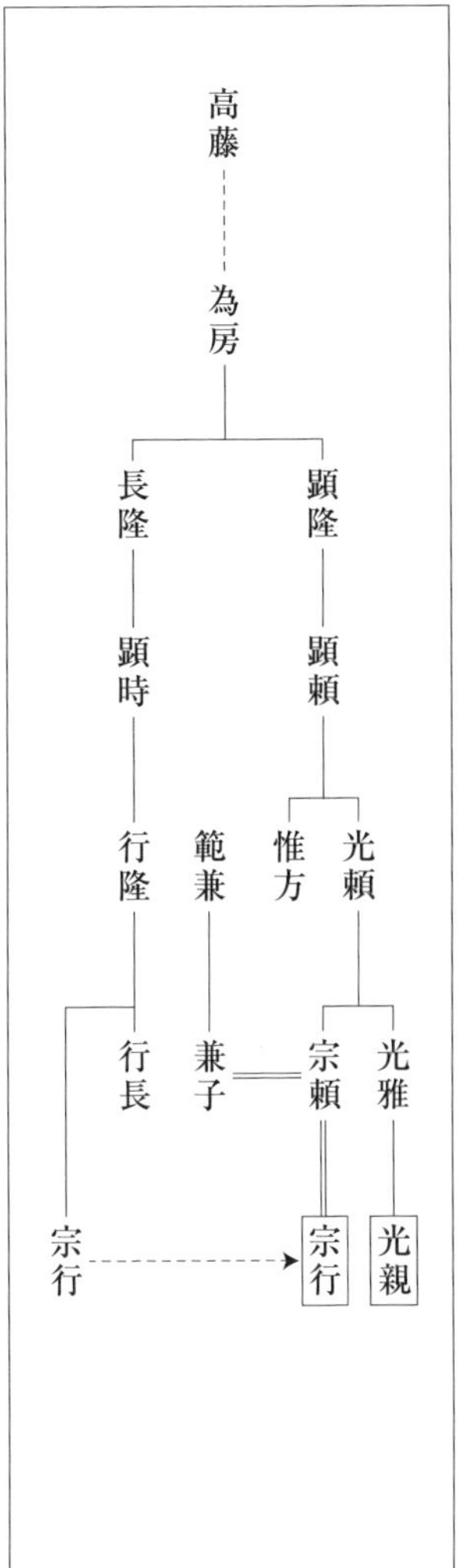

系図41　光親・宗行関係図

高藤流藤原氏に属した宗行《むねゆき》も承久合戦では、闘う貴族として京方に与し斬された。前述の光親とは近い血筋にある。後鳥羽院に『貞観政要《じょうがんせいよう》』（唐の太宗の政治問答集で帝王学のテキストとされる）を講じた公卿で、院の政治顧問というべき立場だった。覇道と決別し王道主義を標榜する宗行の理想主義的立場は、院のめざす政道に近いものがあった。当初より武家打倒の確信犯としてこれに参加した。養父宗頼の妻が卿二位兼子であったことも反鎌倉を加速させた。実父の行隆は弁官の実務官僚で行隆自身およびその子息は『平家物語』の作者に比定される向きもある。

昔南陽県ノ菊水《きくすい》、下流ヲ汲《く》ミテ齢《よわい》ヲ延ブ、今東海道ノ菊河、西岸ニ宿リテ命ヲ失フ

と東国護送の道すがら途上の東海道菊川宿（静岡県島田市）で詠じた漢詩、あるいは、

今日スグル身ヲ浮島ノ原ニテモ終ノ道ヲバ聞キ定メツル

と無常の道へとおもむく直前に詠じた和歌などは、まさに文人たる誇りと悲哀が語られている。『吾妻鏡』（承久三年七月十日、十三日条）に見える宗行の道行きの描写には、死への諦念と生への執着が微妙に交差する感情のおもももちが看取される。

宗行の幼名は行光《ゆきみつ》で、実父はすでにふれた行隆《ゆきたか》である。中御門宗頼の猶子となり宗行と改めた。

宗行供養塔（静岡県島田市菊川宿）

建保二年（一二一四）参議、同六年権中納言となった。後鳥羽院のブレーンとしての来歴は「合戦張本衆ノ公卿」（戦争の首謀者）と指弾された。四十一歳で東海道の露と消えたこの人物も、自身の信ずるところにしたがい闘った貴族だった。

③甲斐宰相中将高倉範茂

この高倉範茂《のりしげ》も同様だった。六月十二日の京都防衛のために宇治川の戦場に臨んだ。官軍の士気を鼓舞するための参陣である。主戦派公卿の代表と目された範茂は、あらゆる意味で後鳥羽院と近かった。

南家貞嗣《さだつぐ》流に属し、父は範季《のりすえ》、母は平教盛《のりもり》の娘教子《のりこ》であった。彼自身平知盛《とももり》の娘を妻としており、平氏との血縁も強かった。当然ながら鎌倉側への敵愾心もあったはずだ。姉重子《じゅうし》（修明門院《しゅうめいもんいん》）は後鳥羽院に入内、順徳天皇・雅成親王の母となっている。そして従姉妹たちには院の乳母たる範子・兼

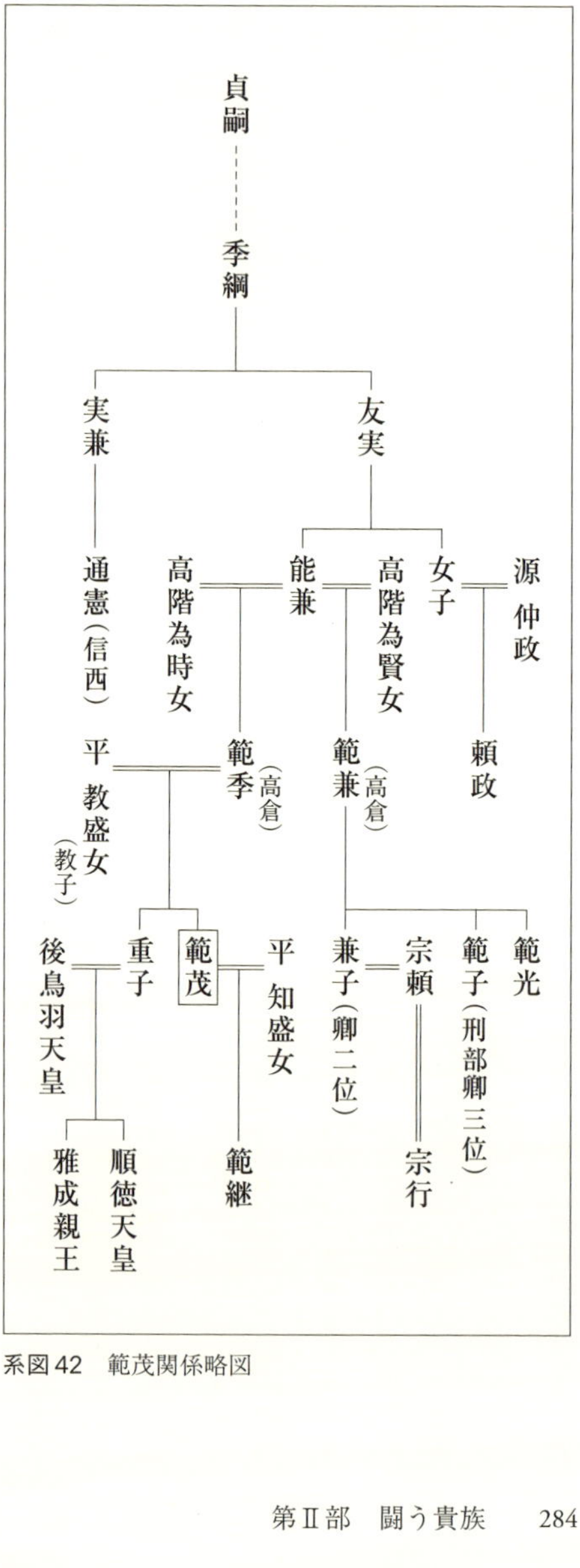

系図42　範茂関係略図

子たちがいた。そうした血縁の環境が範茂を討幕へと向かわせた。

後鳥羽・順徳両院体制下で枢要な位置を与えられた範茂は、院近臣たちのなかでも期待値の高い人物とされた。その最期は本人のたっての希望で入水に処せられた。七月十八日、北条朝時《ともとき》の預りとなり足柄山麓の早川で執行された。『承久記』には「剣刀《つるぎやいば》ノ先ニカカリテ死スル者ハ修羅道ニ落ルナレバ」と語り、「フシ付」とされた。修羅道を常住とする武士たちとは異なる感性が、かかる刑死を選ばせたのだろう。「遥ナル千尋《ちひろ》ノ底ヘ入《いる》時ハ、アカデ別シ妻ゾ恋シキ」と辞世の歌を残しての死出の旅路だった。三十六歳だった。

④一条宰相中将信能

最後に一条能保の子信能《のぶよし》である。「関東」をバックにした新興勢力で、土御門・西園寺・九条といった有力諸家と婚姻関係にあった。頼朝の存在が特効薬だった能保の時代が終わると、一族は鎌倉派と京都派に分裂した。高能《たかよし》（早逝）と実雅《さねまさ》は前者、尊長《そんちょう》と信能は後者に属した。

ただし信能の場合その帰趨は必ずしも明確ではなかった。信能の姉妹二人がともに親幕派の西園寺公経《きんつね》・九条良経《よしつね》に嫁していたことも影響した。しかし、異母兄尊長（二位法印）が後鳥羽院に近仕し深く信頼されており、信能自身も順徳天皇の蔵人頭に任ぜられ、実務面での才能は後鳥羽・順徳サイドから期待されていた。そうしたことから王朝内での人事の閉塞状況打開を自らの内に課しての挙兵といえる。

一条家の場合その急速な台頭は、能保と頼朝の個人的関係にあった。建久年間に両者が他界したなかで、嫡子高能も死去し「関東」の人脈的磁場は弱っていた。後鳥羽院政の登場は、そうした一条家に新しい光明を提供することとなった。九条兼実が失脚し、さらに土御門通親も間もなく死去するなかで、新興の一条家に再生のチャンスが与えられたからだ。尊長および信能は院近臣として討幕に加担することで存在証明となした。ここに中級貴族のささやかな自己主張を汲み取ることができそうだ。

以上、承久の乱にさいし四人の代表的「闘う貴族」のケースを見てきた。そこには乳母関係など

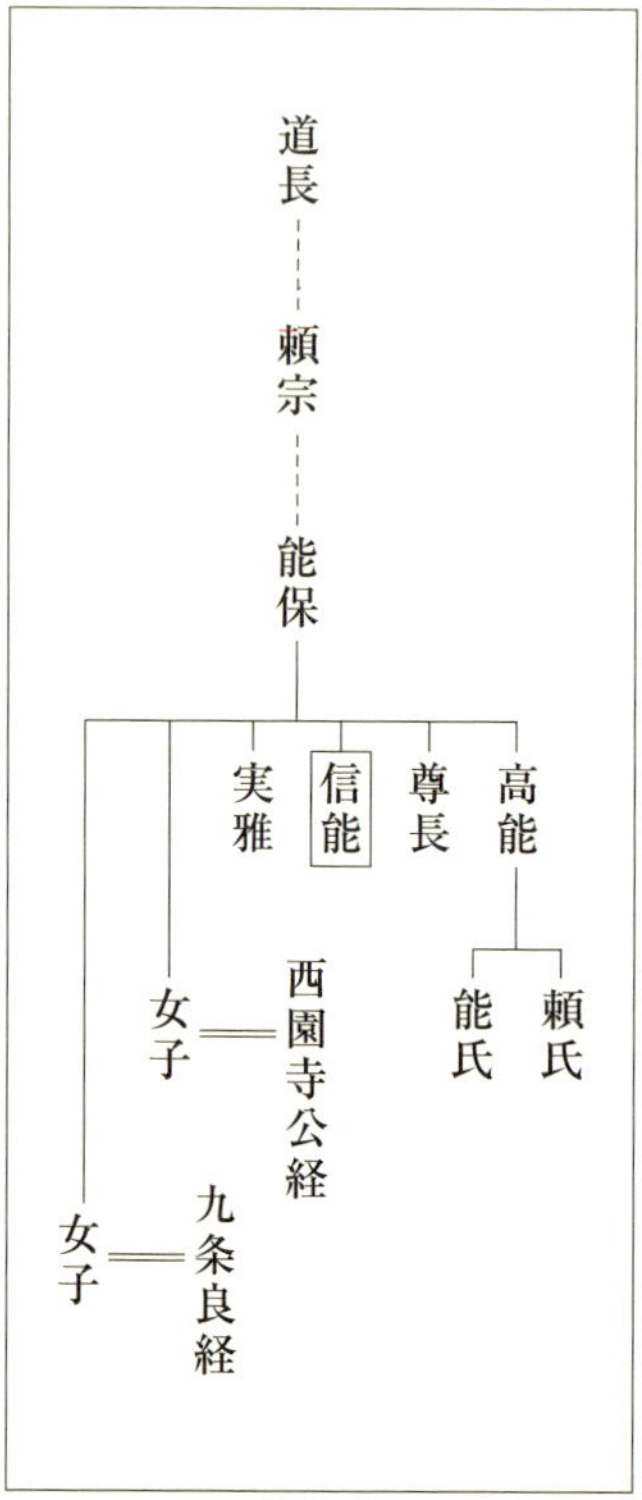

系図43　信能関係略図

を軸とした中級貴族たちが、伝統的権門に対抗するため後鳥羽院を救世主とした状況があった。他方、院側も新たなる政治基盤を王朝内で創出するためには、彼ら新興勢力の組み込みを必要とした。

承久の敗者たちの真の敵対相手は、実は幕府ではなかった、という逆説（パラドックス）の当否はともかくとして、後鳥羽院自身が所与の公武体制の閉塞感からの脱却をめざそうとしたわけで、そこに活路を見出した新興貴族たちの上昇志向への挑戦でもあった。

〈伸るか反るか、西園寺公経の強運〉

運命の岐路は必ずある。承久の乱は公家・武家それぞれに大きなターニングポイントとなった。勝利した幕府側にも敗者はいるし、敗れた院側・公家側にだって勝者はいた。貴族側のすべてが敗北したわけではない。当然すぎるこの事実をおさえたうえで、われわれが俎上にすえるのは西園寺公経その人だ。鎌倉初期の公卿で太政大臣・関東申次《もうしつぎ》という立場の親幕派の人物である。公約数的説明を辞典的に付記すればこうなる。ちなみに西園寺は洛北に同一族が建立した氏寺に由来する。現在の金閣寺辺りである。

承久の乱にさいし後鳥羽院からの討幕要請を拒んだため、公経・実氏《さねうじ》父子は、合戦の参謀役だった尊長により馬場殿《ばばどの》に幽閉された。修羅場をしのいだ西園寺父子の動きは幕府側の勝利に寄与したとして、同一族の朝堂内での地位は乱後不動のものとなった。このあたりの事情は『吾妻鏡』や『承久記』にくわしくのせられている。治天の君・後鳥羽院に抵抗した公卿として記憶される人物といえそうだ。

北家閑院《かんいん》流の公実《きんざね》の子通季《みちすえ》を始祖とする。父は内大臣実宗《さねむね》、母は権中納言藤原基家《もといえ》の娘とされる。公経の開運も頼朝との関係が大きい。二つある。一つは頼朝の命の恩人とされる平頼盛の娘を祖母としていたこと。頼盛に対しての頼朝の厚遇はつとに『平家物語』などでもくわしい。二つはこれまた頼朝がらみで一条能保（頼朝の妹婿）の娘全子《ぜんし》を妻としていた。頼朝に繋がる二重の縁が鎌倉期での西園寺一族の浮上を決定づけた。建久七年（一一九六）に左中将・蔵人頭に就任した公経を評し「中納言（能保）入道ノ聟ト謂フヲ以テ、此恩アリ」（『三長記』同十二月二十六日条）とも見えている。その二年後に公経は参議へと昇進した。

くわえて公経の台頭は摂関家との血縁も影響した。妻の全子の姉は九条良経（父は兼実）に嫁して

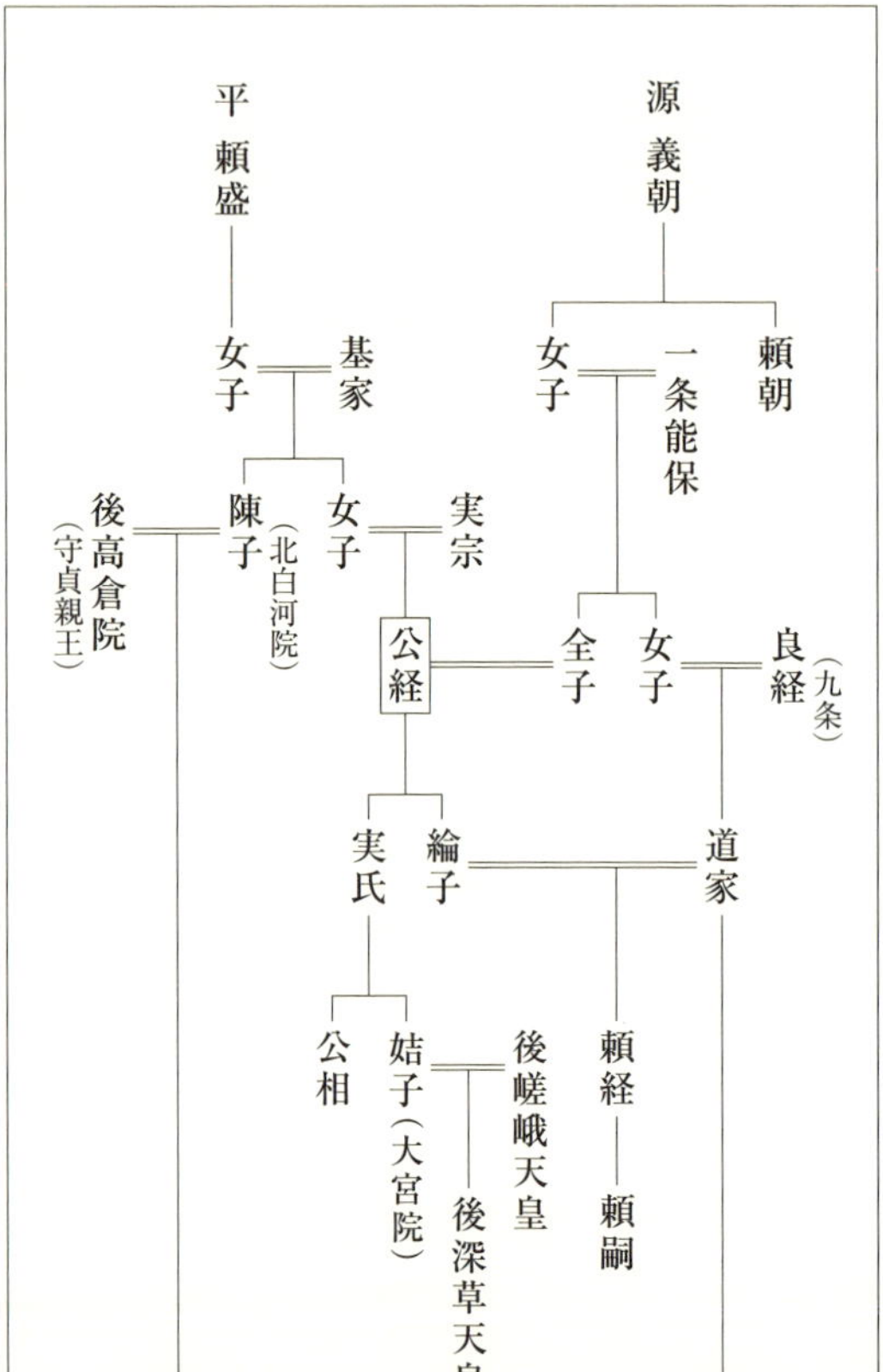

系図44　西園寺公経の血脈

おり、両人の間に生まれた道家に公経は娘の綸子《りんし》を嫁がせている。承元二年（一二〇八）のことだ。四代鎌倉将軍藤原頼経は綸子と道家の子であり、公経は外祖父の立場にあった。公経の関係系図を見ていただくと、鎌倉将軍家と京都の媒介役として西園寺一族がいたことがわかる。

承久の乱は「関東」との関係を推進してきた公経にとって〝伸るか反るか〟の試練となった。一条家はここで院側に参じた。だが「関東申次《かんとうもうしつぎ》」の地位にあった公経は、後鳥羽院側から武家への内

隠岐

応を警戒され、子息実氏ともども幽閉されたが（『吾妻鏡』承久三年五月二十一日条）、その直前に院の挙兵を鎌倉へ伝え、武家の勝利に貢献した。

闘わざるを得ない情況に追い込まれた公経の判断に〝ブレ〟はなかった。院側が勝利した場合、自己の存立が危ぶまれる情況下での当然の選択だった。何事かを為すことで与えられる結果には、存亡をともなう。承久の乱がそうだった。公経の強運を言い募れば非学問的になるが、同家の浮沈はひとえにこの戦いでの行動にかかっていた。変革を望まぬ勢力は後鳥羽院に与することができなかった。公経の西園寺家はその代表だった。武家との協調体制のなかでの安定を是とする西園寺一族にとって、承久の乱はその意地を示す闘いでもあった。

乱後は鎌倉側の意を受け朝堂改革の中心となった。内大臣から貞応元年（一二二二）には太政大臣となり清華家《せいが》としての極官《ごくかん》に昇った。ちなみにこの二年後の元仁元年、公経は北山別荘に西園寺を建立している。道長の法成寺《ほうじょうじ》に比される壮麗さだったと『増鏡』は語っている。この北山の別荘はかつて自身の家領尾張国松枝荘を兵部卿仲資王《なかすけおう》の家領と交換したものだった。「ひたぶるに田舎めきたりしを、更にうち返しくずして、艶ある園を造りなし」たものだった。

晩年、西園寺入道大相国と号された公経は、定家の『明月記』にも「大相一人ノ意ニ任セ、福原平禅門（清盛）ニ超過スルカ」（寛喜三年三月二十二日条）と言われるほどの権勢を示した。そのためもあろうか、鎌倉の威を背景とした権勢に批判も少なくなかったという。七十四歳で没した公経を評して「朝ノ蠹害《こがい》、世ノ奸臣《かんしん》ナリ」（『平戸記《へいこき》』寛元二年八月二十九日条）ともある。〝人生、味方半分、敵半分〟といったところか。

さらに仁治三年（一二四二）後嵯峨天皇が即位すると、孫娘姞子《きっし》（大宮院）を入内・立后させ、かつての摂関家同様外戚となる基礎を築いた。「積善《せきぜん》の余慶《よけい》」かどうかはわからないが、西園寺家中興の祖といわれるほどのサクセスストーリーも、承久の乱での選択が大きかった。

〈五摂家と西園寺家〉

鎌倉時代は公家社会にあって「家格」の固定化がなされた時期だった。承久の乱の遠因には家格固定化にともなう閉塞状況の打破という側面があった。幕府との協調関係に努めた西園寺家が「関東申次」の地位を確保し朝堂内に発言権を強める一方、従来の摂関家は五家に分流した。

兼実が摂政に任ぜられて摂関家の嫡流は、近衛家と九条家に分かれる。兼実の孫道家は鎌倉将軍頼経の父として、あるいは皇室の外戚として力を有した。その子の教実（九条）・良実（二条）・実経（一条）の三子は、それぞれ摂政となり分立した。

他方の近衛家も基実の曽孫兼平の時代に鷹司《たかつかさ》家が分出、摂関家は五家に分流し各家々から相互に摂関を出すようになる。

西園寺家はその隘路《あいろ》をぬうように台頭し、朝廷と幕府との調整役（＝関東申次）の地位を背景に、発言力を強めることとなる。公経に関していえば、相互に対抗心をもった近衛・九条両家の和解（近衛兼経《かねつね》と九条仁子との結婚）にも一役買うほどで、清華家たる立場の面目をほどこした。この西園寺と皇室関係のネットワークは系図45のとおりになる。

西園寺公経（宮内庁三の丸尚蔵館蔵）

摂関家は公式には摂家《せっけ》と呼称され、藤原氏の嫡統をさした。西園寺家は摂家につぐ清華家に位置した。徳大寺《とくだいじ》・三条《さんじょう》とともに閑院《かんいん》流に属し、その官途は大臣・近衛大将を兼ね太政大臣にまで昇進する家系をいった。閑院は右大臣藤原師輔《もろすけ》の子公季《きんすえ》が住した居所に由来する。系図でもわかるように、公季の曽孫実季《さねすえ》とその子公実《きんざね》が院政期に外戚として権を振るったことが飛躍の契機となった（実季の娘苡子《いし》は堀河天

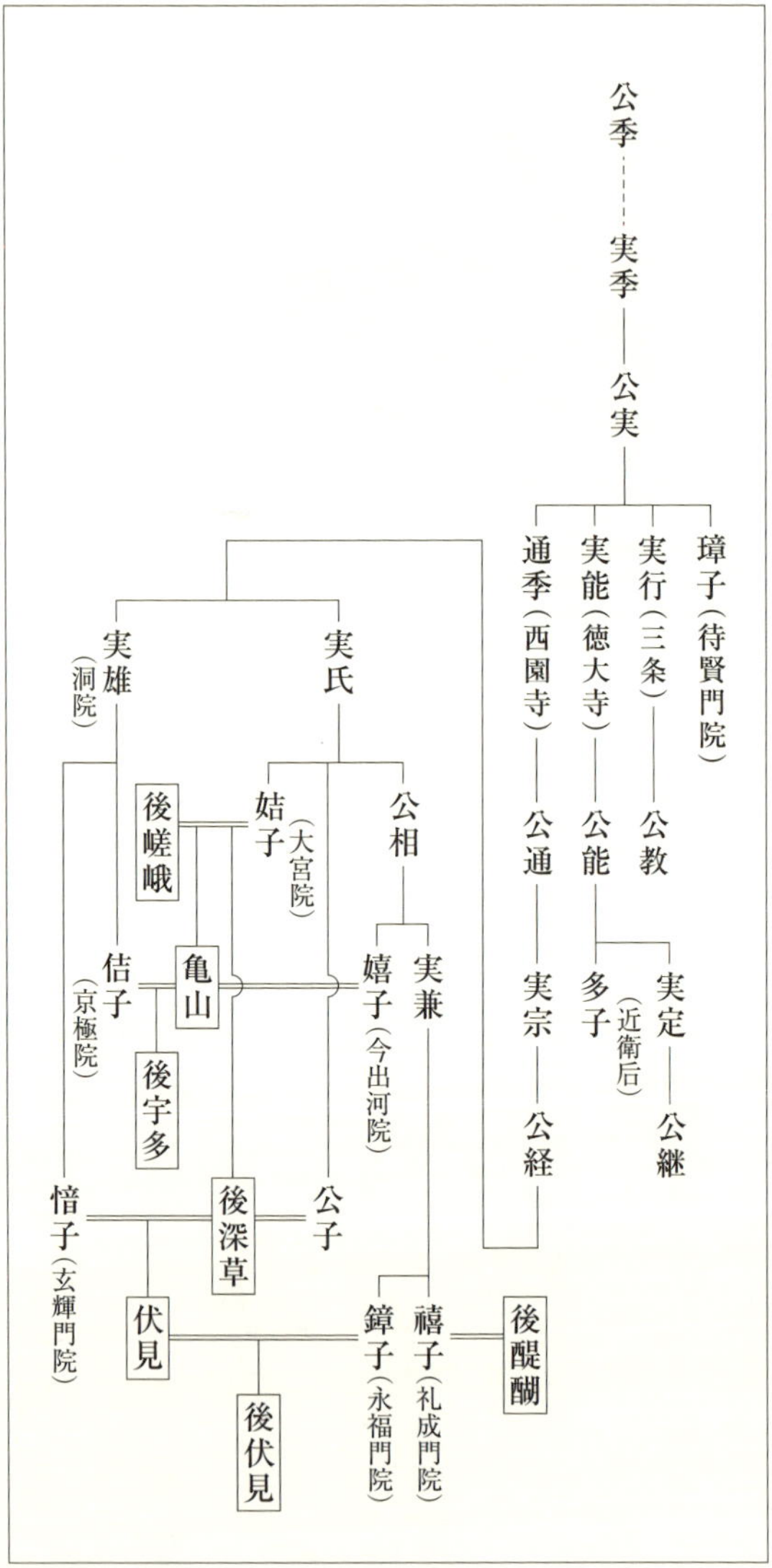

系図45　閑院流と西園寺の血縁関係図

皇の女御になり鳥羽天皇を生み、公実の娘〈璋子《しょうし》・待賢門院《たいけんもんいん》〉は鳥羽の中宮となり崇徳・後白河を生む）。この公実の三子から西園寺・徳大寺・三条が分出する。

これら閑院流は摂家につぐ家格を形成し、清華家あるいは大臣家と称された。近衛大将を歴任するかどうかの相違があるにせよ（歴任すると清華）、極官が大臣（太政大臣も含む）となる家柄をさす。

この閑院流の人々の名乗りの特色として流祖の公季以来、「公」または「実」を付けるのが通例とされた。

ついでながら徳大寺家は公実の子実能《さねよし》が衣笠岡《きぬがさおか》に徳大寺を建立したことにちなむ。実能の子公能は楽才高く、娘多子は近衛天皇に入内している。また実定は議奏《ぎそう》公卿として活躍した。さらに三条家については、公実の長子実行《さねゆき》の居所三条殿に由来する。笛を得意としたこの家系は後世に諸家（正親町《おおぎまち》二条・三条西《さんじょうにし》・姉小路《あねがこうじ》・武者小路《むしゃのこうじ》等々）を分出した。

摂家・清華（大臣家）につぐものとして羽林《うりん》家がある。これは近衛少・中将をへて参議・中納言・

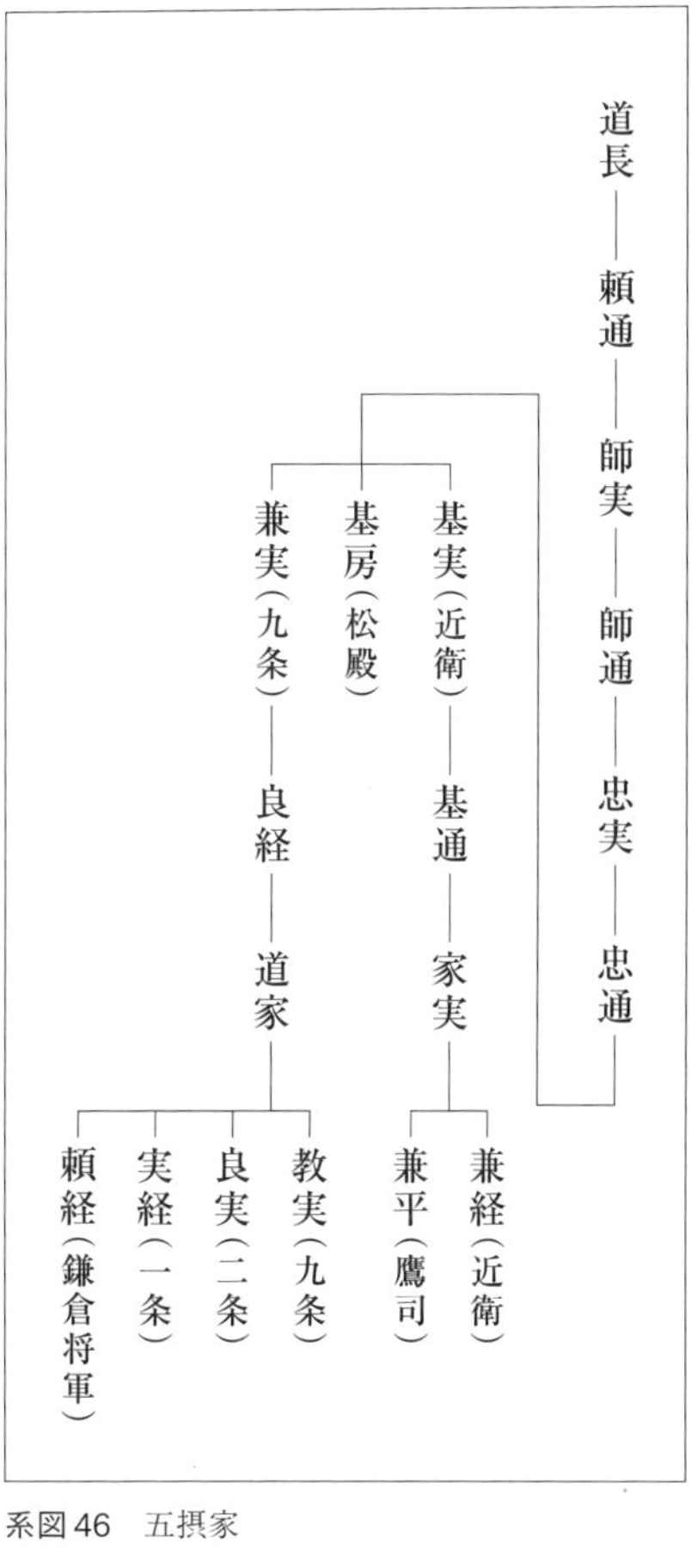

系図46　五摂家

大納言に昇る家柄で、四辻《よつつじ》・山科《やましな》・高倉《たかくら》・難波《なんば》・飛鳥井《あすかい》等々の諸家があった。さらに羽林家の下に位置した名家《めいか》は弁官・蔵人を兼ね大納言へと昇進する家柄で、日野《ひの》・広橋《ひろはし》・烏丸《からすまる》・柳原《やなぎはら》等々が知られる（以上の家格の諸事情は近世の著作だが『故実拾遺《こじつしゅうい》』が参考になる）。

西園寺家に話をもどすと、公経の子実氏は寛元四年（一二四六）太政大臣となり、娘二人を後嵯峨《ごさが》・後深草《ごふかくさ》両天皇に入内させ五摂家をしのぐ勢力を示した。実氏の孫実兼《さねかね》の娘二人も伏見・後醍醐両天皇の中宮となった。しかし「関東申次」というその立場は幕府の後援が前提であったため、北条氏滅亡後は勢力が弱体化する。後述するように、実兼の曽孫公宗は後醍醐の建武政権に反旗をひるがえし、中先代（北条時行）に与党化して敗北した。その後、室町期には公宗の子実俊《さねとし》の時代に再興されるが往時の権勢はなくなった。

（2） 文人貴族、一所懸命の闘い方

〈地下歌人、鴨長明の「世間」への抵抗〉

時間や時代を超え人々の記憶に残るのは、芸能や文芸にかかわった文人貴族だろうか。隠者文学の代表というべき『方丈記《ほうじょうき》』の作者として鴨長明の名は有名だろう。鎌倉末期の『徒然草《つれづれぐさ》』とともに随筆の双璧とされる。「行く河の流れは〜」も「つれづれなるままに〜」も、いずれも暗誦させら

れた記憶があるはずだ。「断《だん》・捨《しゃ》・離《り》」という仏教用語が昨今の話題となったが、物欲を棄て身軽になる行為をさす。ここでの主役長明もまた「断・捨・離」の実行の人だった。

その『方丈記』には、安元《あんげん》の大火、治承《じしょう》の辻風、養和《ようわ》の飢饉、元暦《げんりゃく》の大地震、等々の京都の惨状が語られている。戦乱の時代を生きた文人貴族の脈搏が伝わるようだ。そこには内乱の時代の足跡が文学的筆致で描かれている。

長明の家系はその名字が示すように父祖代々から鴨社の氏人で、父長継《ながつぐ》は賀茂御祖《かもみおや》（下鴨神社）の禰宜《ねぎ》だった。長明誕生の久寿二年（一一五五）は保元の乱の前年にあたる。死去したのが建保四年（一二一六）とされる。応保元年（一一六一）に従五位下に叙せられ、その後十八、九歳で父を失った。幼少から和歌の手ほどきを受け自らも研鑽に努めたようで、藤原俊成（定家の父）と並ぶ歌人の源俊《しゅん》恵《え》に師事したという。

文治三年（一一八七）三十三歳のおり、『千載集《せんざいしゅう》』を初入として勅撰和歌集に二十五首ほどの歌が見える。宮廷歌人としての長明の登場は四十六歳の時だった。建仁元年（一二〇一）には後鳥羽院に見出され、和歌所の寄人《よりうど》となった。ここに集った俊成・定家父子や土御門通親・慈円・九条良経たちに比べ、地位は低いが歌を介しての交流は大きな収穫だったはずだ。だが一方で、地下官人《じげかんじん》たる悲哀も味わったに相違ない。

長明の多才は琵琶の世界でも発揮され、宮中の楽所預《がくそあずかり》中原有安《ありやす》もその熱意に期待したとされる。歌や琵琶への精進ぶりは下級貴族たる長明の心の糧となったが、自身の想いはやはり神職就任にあった。その長明にとって隠遁を決意させる出来事があった。賀茂社（河合社）の神職未就任の一件がそれであった。この事件は彼が和歌所に出仕していた元久元年（一二〇四）のころと推測されている。長明は賀茂社の神職就任に望みをかけていたが、一族の長老格の祐兼《すけかね》からの「社ノ奉公日浅シ」との理由で拒まれたのである。父と同じ同社職の継承を心待ちにしていただけに、その失望は大きかった。

長明の死後半世紀ごろに出た『文机談《ぶんきだん》』に載せる話である。大原での出家（法名蓮胤《れんいん》）が元久元年（一二〇四）の春とされているので、右の神職未就任事件も遁世の引き金となったことは疑いない。長明五十歳のころだった。また、『文机談』には「秘曲づくし」の宴席で琵琶の秘曲「啄木《たくぼく》」を演じたことが、楽所の藤原孝道に指弾されたとある。この出来事がいつのことかは明瞭を欠くが、和歌所寄人の時期と重なっていたようだ。右の二つの出来事はいずれもが、一族あるいは仲間うちからの責めによっていた。それを理不尽としたのは、あるいは長明の一本気な性格だったかもしれないのだが……。

規範なり先例を重視した官人社会という〝世間〟の有り様に心が折れたせいなのか、後鳥羽院の慰留にもかかわらず出家してしまう。院は先の神職就任の一件に関しては、自らが調停にのり出し賀茂社の関係末社の禰宜に長明を推挙しようとまでしたが、彼は固く辞し隠遁した。その狷介《けんかい》すぎる性格については、歌人の源家長も指摘しているほどだったという（以上の諸点は『日本古典文学大系』解題参照）。となれば、長明の居場所はその官人的〝世間〟から離れることでしか、心の鬱積を解き放つことができなかったのかもしれない。一つの場（相伝の神職）へのこだわりこそが、長明のすべてだった。

現代に生きるわれわれは〝社会〟と〝世間〟を巧みに使い分け日常を暮らしている。だから、世間は社会の構成空間だとしても、そこは同一次元の延長ではない。心が折れそうになれば、いずれかに軸足を移すことでそれを回避することが可能だ。

けれども長明が生きた中世はちがった。官人の社会も歌と琵琶にかかわる世間も不即不離《ふそくふり》だった。その社会と世間にあえて溝をつくることが遁世という行為なのではなかったか。家職たる神職への就任を拒む一族という〝世間〟にあえて抗うための浄化意識が、遁世・出家を決意させたのかもしれない。けれども〝文人〟たることへの長明の執心は〝世間〟との絶縁を容易に許さなかった。

洛北大原で五年を過ごした後、長明は洛南の日野の法界寺《ほうかいじ》近辺に方丈の庵を結ぶ。長明の『方丈記』はここでなされた。『無名抄《むみょうしょう》』『発心集《ほっしんしゅう》』の著作もまたこの地でのことだった。ちなみに『方丈記』はその末尾に建暦二年（一二一二）とあるから出家・遁世の八年後のことだ。

その前年、長明五十七歳のおりに飛鳥井雅経に誘われ、鎌倉へと下り将軍実朝（当時二十歳）に面会している（『吾妻鏡』建暦元年十月十三日条）。

草も木も靡《なび》きし秋の霜消えて　空しき苔を払う山風

鴨長明像　「肖像集」(国立国会図書館蔵)

この歌は長明が実朝に謁し、その後に頼朝の法華堂《ほっけどう》にて詠んだ追懐の歌として『吾妻鏡』にのせるものだ。天下草創をなした頼朝の武功の空しさが秋霜を払う山風の対比のなかで語られており、ここには歌人としての長明の無常観も伝わる。しかしそこには無常・詠嘆で納まりきらない閑居遁世人《とんぜびと》の執心も見え隠れする。というのも、そもそもの鎌倉下向の目的は単なる物見遊山《ものみゆさん》ではなかったに相違あるまい。まして頼朝の追憶などではないはずだ。つまりは鎌倉での猟官目的もあってのことだったとの指摘もある。

無常観のみで割り切れない内面の矛盾を省察するための著作、それが『方丈記』だったのだろうか。その意味では長明もまた、自己と世間への向き合い方のなかで闘った教養人だった。六十二歳で没した長明の生涯は、必ずしも恵まれたものとはいい難いが、そこから滲み出た葛藤が彼の作品に深みを与えている。

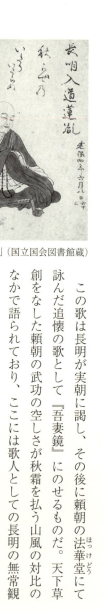

〈『海道記』源光行の自責と鎮魂の旅〉

身の呵責《かしゃく》に苦しみ踠《もが》いた貴族がいた。承久の乱で助命された源光行《みつゆき》はその苦渋を鎮魂の紀行文としてしたためた。彼も自身の内面を彫磨することで、承久の記憶を形に残した。これも文人貴族としての懸命な闘い方だった。京都・鎌倉往還の記は『海道記』の名で親しまれている。その作者に比定されているのが光行だ。『群書類従』などもふくめ、古くから光行は『海道記』の作者に擬せられている。鴨長明や藤原行長説も流布しているが、生存年代からは光行が可能性が高いので、ここではそれを前提に整理しておこう。前述の鴨長明は光行の十年ほど先輩だった。後鳥羽院の北面として歌壇に出入りしており、京都との縁も深かった。ただし光行の場合、「関東伺候ノ輩」として、建久九年（一一九八）以降、十年ほど在鎌しており、頼家・実朝の学問や歌の手ほどき役の一人だった。

光行と幕府の縁は平家に与同した父光季の助命嘆願にはじまる。元暦元年（一一八四）のことだった。大和守や河内守を歴任、歌人としても『千載集』の編者に名をつらね勅撰集には二十首近くが採首されている。俊成に歌学を学び定家とほぼ同世代に属したこの人物は、当代有数の文化人だった。彼の才人ぶりは白拍子にかかわる楽曲を創ったことでも有名だ。このことは『徒然草』（二二五段）にも紹介されている。その光行が捕縛されたのは、義時追討宣旨に副状を付したことの罪であ

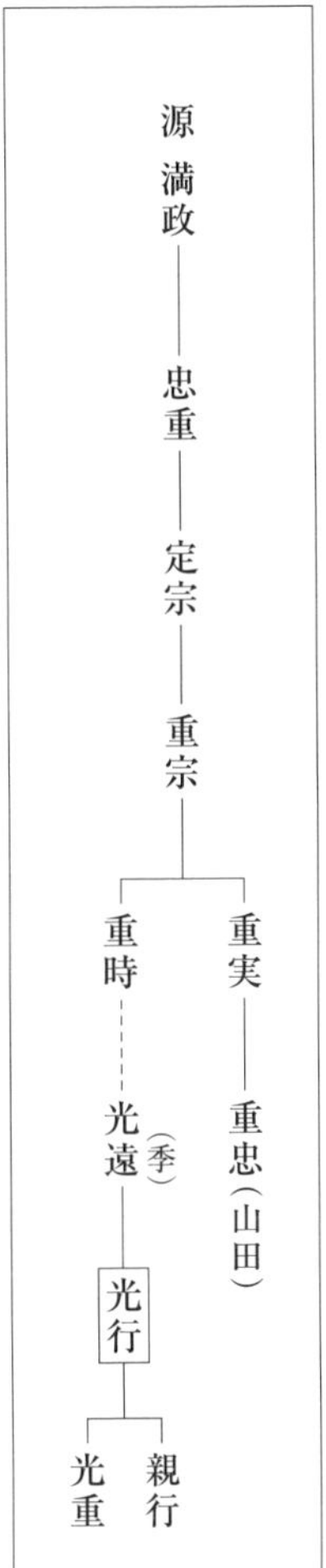

系図47　源光行関係略系図

小夜の中山の夜泣石跡（静岡県掛川市）

った。

「関東数ヶ所ノ恩沢《おんたく》ニ浴シナガラ、院中ニ参ジテ東士ノ交名《きょうみょう》ヲ注進シ、宣旨ノ副文ヲ書ク」（『吾妻鏡』承久三年八月二日条）とあるように、裏切り行為への処断だった。だが、光行は子息親行の助命懇願で助けられた。乱のおりに鎌倉に出仕していた親行が、一条実雅《さねまさ》（能保の子、義時の娘婿）に懇請して救われた。金洗沢《かねあらいさわ》（鎌倉市七里ヶ浜）での刑死寸前のことだった。光行・親行父子のように、承久の乱にさいし公武分属という立場も少なくなかった。「関東伺候ノ輩」と称された彼らは、その去就に迷うケースがあった。京都か鎌倉かの選択で、運命を異にした。

光行は助命以後も鎌倉にいたようだ。『吾妻鏡』の記事に登場する最後が文暦二年（一二三五）の六月三十日条に見える。「六月祓《みなつきはらえ》」の有無に関しての答申者として「河内入道」の名がたしかめられる。『令義解《りょうのぎげ》』や古歌などを引用しての博覧ぶりは、歌人にして有識家たる文人貴族の一面が語られている。

『海道記』の成立期ははっきりしていないが、貞応二年（一二二三）四月京都を旅立ったことが記されており、これを信用すれば乱後二年をへてのものだった。「五旬」を過ぎた「閑素幽栖ノ侘士《わびびと》」という隠者に仮託しての道中記の体裁がとられている。そこに貫流する主題は承久の敗者たちへの追悼であり、鎮魂だったと見ていいはずだ。四月四日の京都出発から同十八日の鎌倉到着までの道程は鈴鹿を越え尾張・三河と旅を重ね、遠江そして駿河へと入る。この地域は「合戦張本ノ公卿」たちが東国下向のおりに多く斬された地域だった。

『海道記』の十二日から十五日の数日間の悲愴にあふれた叙述には、承久の記憶が凝縮されているようだ。そこに特別なる想いが込められていることを看取できる。当該の地に立つことで、その亡魂を訪《おとな》うことに意が注がれている。「卿相羽林ノ花ノ族《ヤカ》ラ、落テ遠ク東関ノ東ニ散ヌ」との語りに、生き残った者の呵責と敗れし者への悼む想いが伝わる。

遠江の小夜《さよ》の中山《なかやま》を過ぎ、菊河では宗行の足跡を追慕し「其身累葉ノ賢キ枝ニ生レ、其官ハ黄門ノ高キ階ニ昇ル……カ、ルウキ目ミムトハ思ヒヤハヨルベキ……」と憐憫を隠さない。そして駿河では光親などに想いをはせ、「帰泉ノ霊魂ハ、九夜ノ夢ニマヨヒニキ、……無常ノ郷トハ云ナガラ、無慚ナリケル別カナ」とその悲しみを語る。さらに早川では水死を選んだ高倉範茂をしのび「波ノ声鳴咽《おえつ》シテ哀傷ヲヨス」と詠じている。

同じく斬せらるべき憂き身でありながら生を与えられた光行は、自身の始末のつけ方で彼なりに苦闘があったはずだろう。罪人たることへの呵責を償うための旅だった。とすれば、鋭敏な感性を有した光行にとっては、厳しくつらい鎮魂の海道下りだったに相違あるまい。

文人・歌人たる光行はまた親行とともに、『源氏物語』の注釈書（『水原抄《すいげんしょう》』）をなした人物としても知られる。両者ともに武家（関東）との接点が濃厚な文人貴族ということができる。同じ文人ながら光行とも親交がある藤原定家は、あらゆる意味で対称的だった。次にはその定家の闘いの足跡にふれておこう。

〈芸術至上主義者定家の家運隆盛の闘い〉

藤原定家といえば『小倉百人一首』の編者として知られている。『明月記』に「紅旗征戎《こうきせいじゅう》、吾ガ事ニ非ズ」（治承四年九月）と高踏趣味の言い草で自らを韜晦《とうかい》させる気難しい人物と定評がある。二条・冷泉・京極という歌の家の元祖にあたる定家は、まさに歌聖ともいうべき位置を与えられた。鎌倉将軍実朝の歌の師であり、『新古今和歌集』編纂の中心として活躍したことでも知られる。

この人物も人知れず苦労があった。後鳥羽院との葛藤である。そして歌の家たる御子左《みこひだり》家の嫡流として、家芸・家職を子々孫々へと伝える責務もあった。定家にとってそのすべてが重かった。

定家は平治の乱の三年後応保二年（一一六二）に生まれた。父は俊成《としなり》、母は藤原親忠《ちかただ》の娘（美福門院に仕えた女房加賀）である。その没年が仁治二年（一二四一）なので八十年を京都で過ごしたことになる。源平の争乱も承久の乱も定家の時代の内にある。

系図でもわかるように道長の五男長家《ながいえ》の四世の孫で、定家は下降線をたどる御子左家の家勢挽回に尽力した。文人貴族たる立場での闘いとは、歌学の家としての隆盛と、王朝内部での官位上昇の二つにあった。九条兼実・良経父子に仕え、西園寺家との姻戚（公経の姉を娶り、子の為家を公経の猶子にする）もそのことの布石に繋がった。ともに関東の幕府とは深いかかわりの公卿たちで、定家自身も将軍実朝とは和歌を介し繋がりが強かった。さらに東国御家人の宇都宮氏との婚姻関係も注目される。定家の人脈は、王朝の胎内では納まりきれない広さがあった。

主要官歴を辞典風に語れば、建保二年（一二一四）参議となり、安貞元年（一二二七）に正二位に進み、貞永元年（一二三二）に権中納言に任ぜられた。家筋としては極官《ごくかん》である。翌年に出家、明静《みょうじょう》と号し、その十年後に没した。一見、順風に見える官歴のみからではその苦悩は理解できないようだ。

一般に家芸の継承と伝授は、摂関期をかわきりとして院政期以降に顕著となる。すでにふれたように、家勢の躍進に向けての精進は、時代が定家に与えた宿命だった。そのために婚姻や人脈の広げ方も意味があった。それもまた闘いなのだが、定家にとってのこだわりは家学云々を離れて、歌

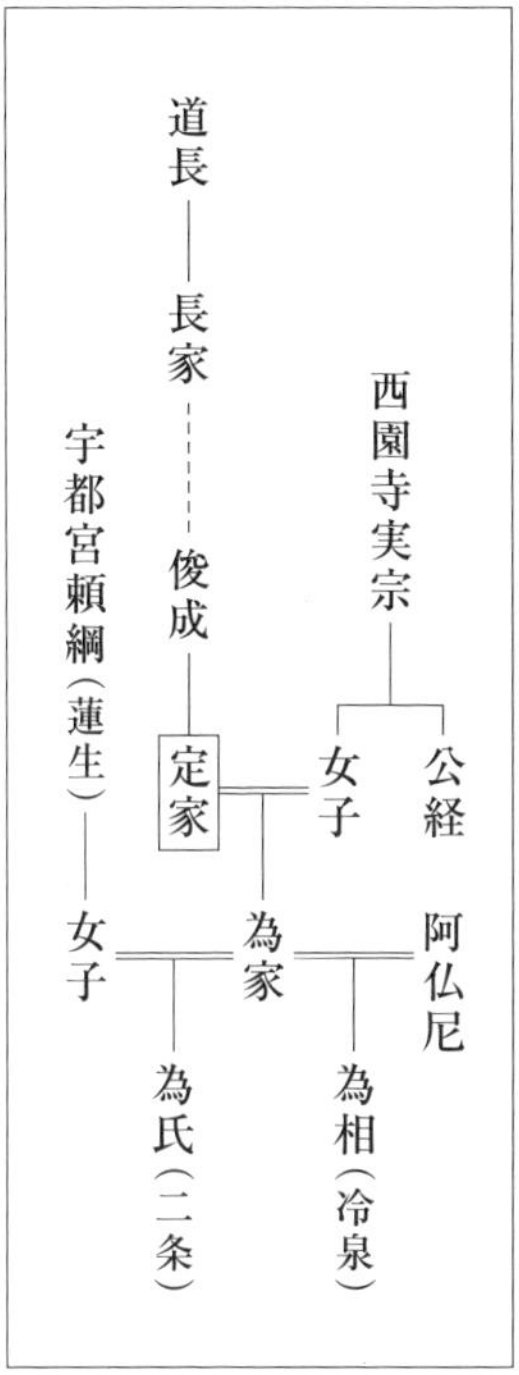

系図48　定家血縁関係略系図

定家像　「小倉百人一首」(国立国会図書館蔵)

人として和歌とどう向き合うのかにあった。それは歌が定家に与えた運命だった。家としての官職的栄進と歌人としての評価の間にあっての相剋である。ましてやこの二つの場面に関係したのが、他ならぬ後鳥羽院であってみれば、定家の苦悩はなるほど察するに余りあるようだ。だから承久合戦後の定家の心中はいささか複雑だったと思われる。

定家の一代記を述べることは他に譲るとして、ここでは文人たる定家の闘い方のみを問題としたい。この問いに答えるとすれば、院との間に横たわる感情的な対抗・対立は大きかったということだろう。

歌の家のスペシャリストたる定家の矜持と、政治・文化のジェネラリストたらんと自任する院との葛藤だった。歌学の方向性をめぐる確執とともに、反幕的気分をつのらせた院との意識の相違もあったであろう。芸術至上主義に徹した定家は自身を政治から遠い場におこうとしていた。「紅旗征戎、吾ガ事ニ非ズ」の表明も、政治と時代に翻弄されそうになる己への戒めもあった。内乱期での物情騒然たるなかにあって、わが道を貫こうとする強さはやはり芸術家としてのそれであった。妥協の融解点が低くなかった定家にとって、そうした拘《こだわ》りの生き方は貴族・官人としての出世にも影響した。

以前に紹介した実方中将が歌の優劣から藤原行成との暴力沙汰で左遷されたように、定家もまた暴行が災いした。文治元年（一一八五）二十四歳のことだ。殿上で少将源雅行《まさゆき》を殴り、四ヶ月の除籍処分を受けた。芸術家肌特有の感情の導火線の短さが災いしたのだろうか。ともかくその短慮が昇進にも影響した。二十九歳で従四位下、三十四歳で従四位上とその昇進は必ずしも早いわけではなかった。その間、父俊成の指導のもと、叔父寂蓮や西行あるいは慈円らと親交を深めた。

この時期、主筋の九条兼実が建久七年の政変（二六六頁参照）で失脚、九条家に出仕していた定家の歌壇での位置も苦しくなった。けれども後鳥羽院の歌壇への参入が認められたことは、父俊成の援助があったにせよ大きな収穫だった。建仁元年（一二〇一）の和歌所寄人《よりうど》の拝命と、その後の『新古今和歌集』の撰者への就任は歌人たる誉れだった。しかし数年後に俊成が他界したことで外護《げご》を失った定家の激情さが、しばしば後鳥羽院との間に不興を醸した。それが顕著となるにはさらなる時間の重なりがあったにせよ、逆風が吹きつつあった。事実、定家は四十歳以降、昇進がほぼ十年間滞ることになる。

定家は父俊成を「歌詠み」と称し敬慕していた（『井蛙抄《せいあしょう》』）。俊成の他界後、定家は歌の家の地位を堅固にするための闘いを強いられることになった。王朝歌壇という場での懸命なる精進が、その精神に拍車をかけた。定家の歌論は『毎月抄《まいげつしょう》』（藤原家実《いえざね》が毎月、歌の添削を請うたのに答えた定家の歌論書）に詳細だが、「幽玄《ゆうげん》」とか「有心体《うしんたい》」とかの理屈は別にして、「歌に師なし、旧を以って師となす」（『井蛙抄』六）との発言に〝らしさ〟が出ている。不羈《ふき》の気分が横溢していた定家は、後鳥羽院に対しても憚りがなかった。

〈鬱屈と屈折〉

定家は五十歳にして何とか公卿の仲間入りができ、その後に参議から治部卿と昇進するが、承久二年（一二二〇）に定家が詠じた歌が院の逆鱗《げきりん》にふれ宮中を追放されることになる。定家五十九歳、院は四十二歳であった。発端は定家が順徳天皇主催の歌会で詠じた一首が院の激怒をさそったというものだった。承久の乱勃発の一年前のことである。鬱屈していた院の忿懣《ふんまん》に火をつけたのが、これまた定家の屈折した心情だった。文人に特有のある種の韜晦《とうかい》は定家にも共通していた。問題となった歌とは、

道のべの野原の柳したもえぬ　あはれ歎きの煙くらべに

承久二年二月十三日の内裏歌会での題詠の一つが「野外柳《やがいのやなぎ》」だった。歌意は、「野の柳が春となり下萌えをしたが、私の暗くくすぶる嘆きの煙と競い合う如くだ」と。この歌の本歌は菅原道真のものだった。怨霊として王家に仇したかつての道真の記憶は、院には好ましいものではなかった。そして、それ以上に柳にまつわる両人の暗い出来事があった。『明月記』が語る七年前のトラブルである。院の住居高陽院《かやのいん》の柳が枯れ、代わりに定家の屋敷のものが強権発動で移植された。その院の専

横が定家の怨念となって、まさに燻《くすぶ》りつづけていた。

この出来事について、定家の『明月記』では「近代ノ儀、草木猶ホカクノ如シ」（建保元年正月二十九日条）と院へ憤りを隠さない。さらに、「神剣海ニ没シテ茲《ここ》ニ卅廻」（建保元年四月二十九日条）とも記す。「宝剣」云々は後鳥羽院にとっては、禁忌にふれるものだった。定家自身の底意が当該の歌の底流に蟠《わだかま》る形で宿されていたとすれば、両人の間での溝は浅くなかった。後鳥羽院の即位の正統性については、院自身の負わされていた宿命的な葛藤だった。

ちなみに、安徳天皇をともなっての平氏西走のおり、神器は都になく神器不在のまま幼少の後鳥羽が即位することとなった。皇位の正統性についての疑念・葛藤とはそのことをさす。その点からすれば、精神の浄化（カタルシス）を天子たることへの「正統」性への問いかけとなって爆発したのが、承久の乱の側面にもあった。定家が日記に伝える宝剣云々は、当時の公卿たちの大方に共通する思惑だった。院にとって三種神器無きままの即位は、自身の精神の深いところで点滅しつづけていた負の記憶だった。院の定家に対する勅勘事件の背景には、そうしたことも関係していたとされる。

柳をめぐっての定家の〝わだかまり〟と、院の強権発動への〝うしろめたさ〟、この二つの思惑が歌を介して交差した。柳の下萌えと煙くらべを暗喩した定家の執念は、院の逆鱗に

後鳥羽院像（宮内庁三の丸尚蔵館蔵）

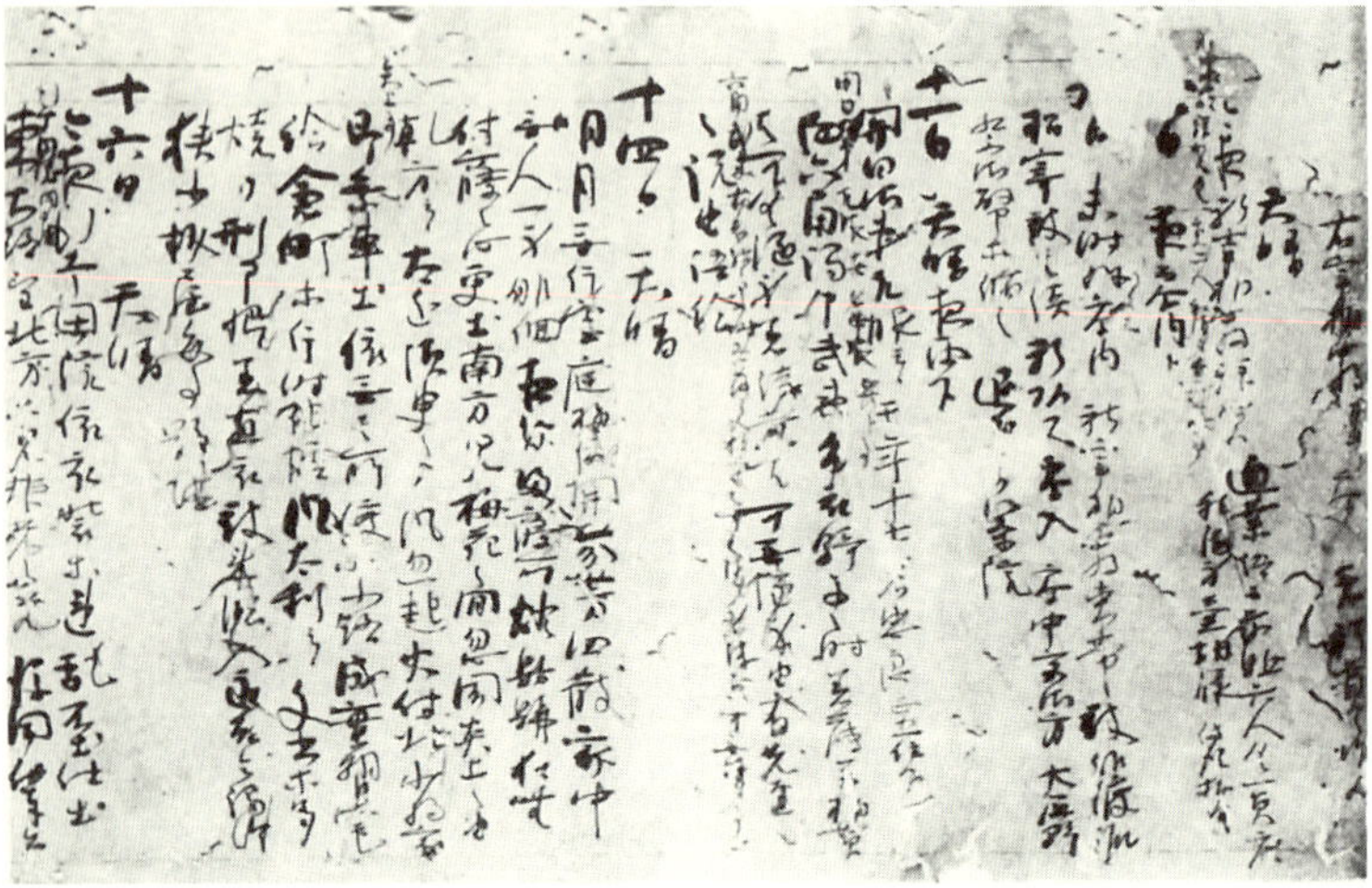

『明月記』（国立国会図書館蔵）

ふれる結果となったのだ。「至尊」たる立場で、「至強」をめざす院にとって、すべては圧服されねばならない。些細であるはずの歌の世界であろうが、院にとっては定家の歌意に許し難いものを感じたに相違あるまい。乱勃発までに一年余、承久二年二月のこの事件は、過剰と思える院の反応には心の揺らぎが投影されているようでもある。

公卿たる立場の定家にとって、勅勘で出仕を停められるという事態はショックがともなった。定家は民部卿から長らく昇進がかなわず、この時期、厳しい局面に見舞われていたことも事実だった。一方で、子息為家は順徳天皇のもとに出仕し歌道への専心が見えはじめていた。併せて関東の有力御家人宇都宮《うつのみや》頼綱《よりつな》（蓮生《れんせい》）の娘との婚姻も承久二年前後のことだった。さらに実朝の歌の師たる立場で親幕派の西園寺家との婚姻関係も有していた。関東への傾きを深める定家に関して、あるいは後鳥羽院側に、感情的にいささか思うところがあったのかもしれない。

その院との確執も承久の乱で消滅する。両者の関係は凍結されたままで終焉を迎えた。歌の家を背負ったスペシャリストたる誇りは、和歌をもふくめた文化の力ですべてを包括しようとする後鳥羽院の強烈な意志の前では、無に帰する可能性さえあった。この院の絶大な求心力の延長に武家をもわが懐の内に包摂する方向を宿すところとなる。

定家の血縁ネットワークが関東・武家に傾いた点は、すでにふれた。『小倉百人一首』の名で後世に親しまれているこの作品は、定家が子息為家の岳父宇都宮蓮生の懇請で編じたものだった。文暦二年（一二三五）のこととされるので（『明月記』同年五月二十七日条）、乱後数年をへた時期のことだった。定家七十四歳の仕事である。

定家は新帝後堀河のもとで『新勅撰和歌集』の撰進を命じられた。これが完成したのが、『小倉百人一首』の時期と重なる。後鳥羽院の『新古今和歌集』と異なる次元の勅撰をめざし、新たなる天皇後堀河のもとで撰進の主役とされたのが定家だった。当然ながら「関東」への配慮があった。四千首の歌々は平明・温厚なものであった。そこには後鳥羽・順徳両者の歌は採首されていない。政治的配慮によったものだろうが、定家の内奥には歌人たる二人の至尊たちへの敬意もあった。

公的な『新勅撰和歌集』に入れられなかった両者の遺志を汲み上げることが、残された王朝人たる使命だ、と思ったか否かは不明だが、より自由な裁量で私的に採首されたのが『小倉百人一首』だった。定家自身の個人的好みによる自由裁量のなかで、古来からの歌人たちの百首を選定したものだった。多くが『古今和歌集』をはじめ平安後期以降の王朝の馥郁《ふくいく》たる香りを有した文化の結晶だった。

そこには後鳥羽院への感情的な蟠《わだかま》りも昇華している。天智・持統の両天皇ではじまり、後鳥羽・順徳でしめくくられている『小倉百人一首』の世界には、定家なりの想いが込められていると判断される。天皇ではじまり、天皇でおわる、というそのスタイルにはある種のストーリー性が宿されている。とりわけ承久の乱の敗者となった二人の至尊たちの記憶を歌に託し残すことだった。王朝への回想を文化のレベルで形にすること、それを定家自身の生きた証しとしたい。そんな願望が『小倉百人一首』の一面にはあったのではないか。

その限りでは定家の王朝貴族としての意地の表明でもあった。武家には武力で敗北したとしても、王朝の伝統を継承する文化の力を後世に伝えること、そんな闘いを自らに課し形にすることが定家の挑戦だった。

〈冷泉為相の「一所懸命」〉

「一所懸命」は武士の世界のみではなかった。貴族もまた自身の家領・荘園の財産保持のために苦闘を強いられた。承久の乱から半世紀ほどの時が流れていたが、ここでの主役は冷泉《れいぜい》家の祖為相《ためすけ》である。定家を祖父に、為家を父にもったこの人物は、所領相論のために鎌倉を訪れ当地で没した。鎌倉の浄光明寺《じょうこうみょうじ》にはこの為相の宝篋印塔《ほうきょういんとう》（供養塔、墓碑塔）と称されるものがある。為相の母は

『十六夜日記《いざよいにっき》』の作者阿仏尼《あぶつに》である。情熱の歌人とされる彼女も子息為相の所領相論援護のために鎌倉上訴をなした。『十六夜日記』はその道すがらの紀行とされる。為相に関して簡略に来歴を記せば、次のようになる。

北家長家流に属し官歴は正二位権中納言、為家の晩年の子であった為相は、阿仏の懇願で兄為氏《ためうじ》に与えられていた所領や祖父定家以来の相伝の和歌・文書が譲られた。このことが一族内での対立の原因となった。阿仏・為相母子の懸命の地は、播磨国・美嚢《みのう》郡細川荘（兵庫県三木市、神戸の北方に位置する）である。この荘園の伝領経過は後にふれるとして、まずは骨肉の争いを略記しておこう。

為相の生涯は所領相論のためについやされたようなものだった。六十六歳の為相の生涯の過半はこの訴訟のなかにあった。父為家には宇都宮頼綱の娘との間に為氏・為教の二子があった。嫡妻死後、安嘉門院《あんかもんいん》（守貞親王＝後高倉院の王女邦子、後堀河天皇准母）に仕えていた四条（右衛門佐とも）を為家は後妻に迎え、誕生したのが為相だった。弘長三年（一二六三）のころとされる。

異母兄為氏はこの時四十二歳、親子ほどの年齢差があった。剃髪して阿仏尼と称した四条は、前述したように幼少の為相のために、為家に請うて細川荘を譲られた。晩年の為家に悔返権《くいかえしけん》を行使させ、文永十年（一二七三）、嫡子為氏に与えた細川荘を為相へと譲与させた。翌々年為家は七十九歳で没したが、案の如く父の死後に為氏（五十四歳）と為相（十三歳）との間で細川荘の領有をめぐり争いとなった。

現在にもつうずるこの遺産相続争いで、為氏側は悔返権の行使は後妻阿仏の讒言《ざんげん》によるものだと

阿仏尼（冷泉家時雨亭文庫蔵）

主張し、細川荘の譲渡を拒みつづけた。そして鎌倉上訴となった。というのも細川荘の地頭職はかつて将軍実朝から定家が与えられたものだったからである。そのため幕府に裁許を仰ごうとした。阿仏が訴訟のために都を出立したのは弘安二年（一二七九）十月十二日のことだった。当時、幕府は蒙古の再来の準備に慌ただしく、訴訟は長期にわたり、勝訴に十年を要した。

『十六夜日記』の最後は訴訟の成功を祈る長歌がそえられているが、彼女の存命中には解決されなかった。この間、為相は鎌倉の藤ケ谷《ふじがやつ》に住し関東歌壇の育成に力を注ぐが、訴訟問題は解決したわけではなかった。

二条家はこの時期、為氏からその子為世《ためよ》の時代となっており、為世は幕府の判決に異を唱えたため再審となった。その結果、今度は為世に細川荘地頭職の安堵がなされることとなった。為相は再訴して訴訟は二十年間にわたりつづけられたが、結局は為相の主張が認められ、十四世紀初頭の正和二年（一三一三）に勝訴が確定した。為相側には父為家が遺した譲状という物的証拠があり、これが大きな強みとなった。

別表はそうした為相の所領相論をめぐる「一所懸命」を一覧したものである。訴訟のために下向した為相は命を懸けるほどに闘った。為相の一生は訴訟のためについやされたことになる。それは

〈細川荘の相論の流れ〉

1259（正元元）	為家、為氏に細川荘などの所領譲与
1263（弘長3）	為相誕生
1273（文永10）	為相の母（阿仏尼）、為家に細川荘の悔返を懇願
1274（文永11）	為家、細川荘地頭職の為相への譲状作成
1275（文永12）	為家79歳で没。為氏（54歳）、為相（13歳）との間で相論
1279（弘安2）	阿仏尼、鎌倉出訴のため、鎌倉へ
1282（弘安5）	この年まで阿仏尼、鎌倉滞在
1289（正応2）	幕府が為相に細川荘地頭職領有を認める
1291（正応4）	為氏の子為世、幕府裁定不服で提訴、幕府、細川荘地頭職を為世に安堵〈この間、相互に裁判継続〉
1313（正和2）	再度為相の細川荘地頭職安堵
1328（嘉暦3）	為相、鎌倉で没（66歳）

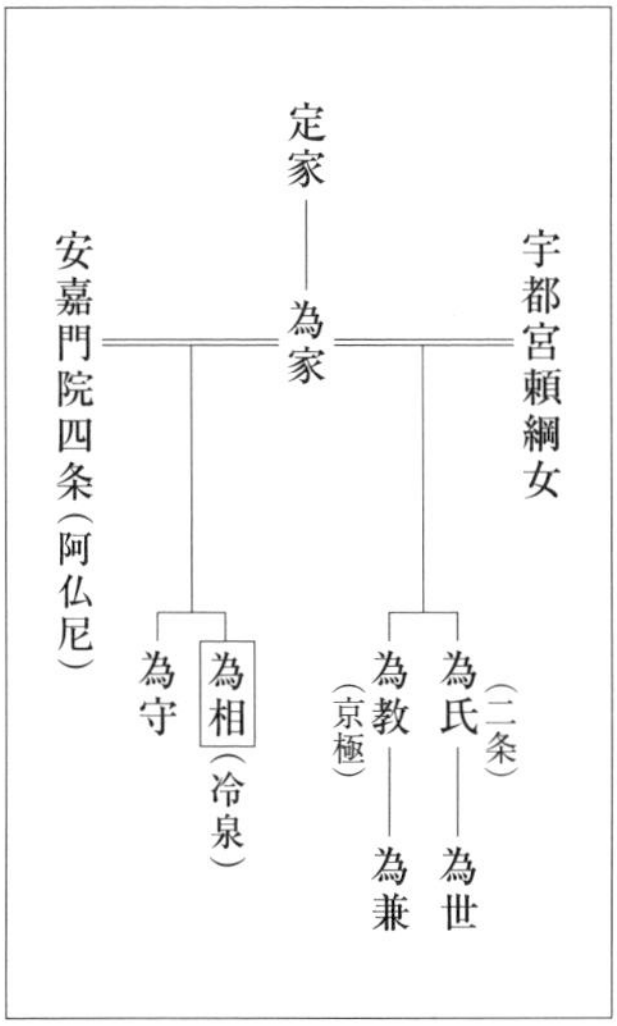

系図49　為相関係略系図

それとして、歌学を業とした為相はこの間、歌人として作品も残している。連歌の式目である『藤谷式目』『柳風和歌抄』なども為相の私撰とする説もあるようで、冷泉家の祖として鎌倉歌壇の指導者たる面目を伝える。この時期、京都歌壇にあっては二条・京極両派の歌学上での争いがあったが、為相は中立的立場をとることに努めている。

為相で想起されるのが謡曲『六浦《むつら》』であろう。そこには金沢称名寺《しょうみょうじ》の「青葉の楓《かえで》」が登場する。この地を訪れた為相が「いかにして此一本に時雨《しぐれ》けむ　山に先たつ庭のもみぢ葉」（季節の紅葉を楽しみに来たのに、紅葉していない山々の木々に先立ち、この木だけが自分のために紅になってくれることの優しさよ）と詠じたという。この為相の歌に感じた楓の精が「あゝ面目の御詠歌やな　我数ならぬ身なれども、手向《たむ》けの為にかくばかり」と感応。その後はこの楓は面目をほどこし、常盤木のようになったとある。

為相の『藤谷和歌集』を典拠としたものらしいが、称名寺という場にあって「草木国土悉皆成《そうもくこくどしっかいじょう》仏《ぶつ》」の仏徳を讃えたものでもある。今日でも謡蹟として代を重ねた楓が境内に見えている。『鎌倉攬《かまくららん》勝考《しょうこう》』（江戸後期の地誌書）にもくわしく語られており、近世の観光名所だった。為相の歌とともに楓のことについては尭恵《ぎょうえ》の『北国紀行《ほっこくきこう》』にも記されており、為相にまつわる伝承の一つとしておさえておきたい。

〈細川荘伝領次第―定家から為相へ―〉

ここで話を再び為相の祖父定家の時代にさかのぼらせたい。係争の地細川荘について知るためだ。同荘は父の俊成が定家の姉九条尼《くじょうに》に譲ったもので、領家職《りょうけしき》と預所職《あずかりどころしき》がその権益だった。本家職《ほんけしき》は八条院（鳥羽院皇女暲子）が持っていた。

荘園はなかなか理解するのが難しいが、一つの所領（荘園）に複数の権益（得分権《とくぶんけん》）が重なる土地支配のシステムと説明できる。要は当該荘園に対する収益を複数の領主で分かち合うもので、各領主は荘園のいずれかの部分の収益を領有することになる。本家職とか領家職、あるいは預所職、さらには地頭職《じとうしき》、名主職《みょうしゅしき》などの所職《しょしき》の名称も、その荘園内部でのどの職掌・職責を体現しているかにもとづく呼称だった。

冷泉為相（冷泉家時雨亭文庫蔵）

定家が領有した荘園は、細川荘をふくめ十五ヶ所ほど知られる。その領有のパターンは家領《けりょう》型と俸禄《ほうろく》型の二つに大別されるという。これは荘園を領有した貴族たちに共通するもので、前者は荘務権を自ら有したもので畿内周辺に、後者は得分を主としたもので荘務権はないものをいった。細川荘は前者のタイプに属するものだった。

定家は細川荘のある播磨に、俊成から譲与された磯《いそ》部荘《べのしょう》の一部も保持していた。当初は俊成から同荘の預所職を相伝した。一方、細川荘については、定家の姉九条尼に領家職と預所職が与えられた。その後、建暦二年（一二一二）、重病となった九条尼は、これを卿二位兼子に寄進しようとした。定家の官位がいささか滞りがちの時期で、後鳥羽院の乳母の兼子へ懇意を示そうとした姉なりの配慮だったかもしれないが……。けれどもその寄進は兼子の辞退で実現せず、細川荘を定家が領有したのは姉の没後のことだった。

紆余曲折はあったが、細川荘の領家職と預所職は定家の領有に帰した。この荘園を定家が相伝したのは、建暦三年（一二一三）から嘉禄元年（一二二五）の間だと推測されている。『明月記』には嘉禄六年以後、一貫して荘務に関する記事が多く見られるからだ。

この段階までは定家には地頭職の得分は与えられていない。本家は八条院だったが、領家・預所の諸職をふくめ地頭職にいたる一円的な排他領有を実現するには、武家の進止《しんし》（支配）に属した地頭職の領有が実現しなければならない。貴族たる定家にとって、元来は御家人が補任された地頭職の分与は極めて特別な状況による。定家の場合、将軍実朝の和歌の師たることの資格において、地頭職の拝領がこの嘉禄元年から間もないころに実現したらしい。

これは例の為相の訴訟文書のなかに所引の「彼ノ地頭職（細川荘）ハ、右大臣家（実朝）ノ御時　和歌ノ御師範トシテ、入道中納言家（定家）拝領」（『冷泉家文書』、正和二年七月二十日「関東裁許状」）とあることから、当の地頭職が実朝から与えられたものだったことがわかる。『吾妻鏡』には定家が実朝にこれ以前に『万葉集』の抄本を送っていること（建保元年十一月二十三日条）などを考え合わせれば、定家への地頭職分与もそうした状況のなかでのことだと理解される。つまり定家は領家・地頭両職を兼任して、荘務執行権を保持しこれを子孫に譲ったとみられる。

為家そして為相へと相伝された細川荘の権利関係は、こうした流れがあった。御子左《みこひだり》家の本家為氏（二条家）が伝領した家領の一所＝細川荘は、このように為相に譲られた。当然ながら阿仏・為相母子にとって、これこそ命を懸けるべき所として訴訟に臨んだ。二十年間におよぶ意地の相論の背景をなすのはこんなところだった。

以上、定家あるいは為相の所領にかかわる文字どおりの「一所懸命」をながめた。けれどもそうした経済的な世界とは別に、内面的・精神的な場面での「闘い」もあった。次の主題の兼好法師についての内容はこれにかかわる。

兼好法師の墓所のある長泉寺（京都市右京区）

〈つれづれに時代を背負った兼好法師の強さ〉

おそらくだが、コラム欄の書き手として今の時代にも充分に通用するセンスの持ち主だったろう。兼好法師はそんな人物だった。『方丈記』とともに、『徒然草』は中世の隠者文学の代表として誰しもが思い浮かべる。この両者はあらゆる意味で対称的だった。ともに変革期に登場したが、無常観を主題としつつも兼好は現実対応型のしたたかさがあった。随時・随所・随意の書きぶりは『徒然草』の真骨頂だった。それは先輩格の『枕草子』や『方丈記』でもおよばない。

そこには身分や階層を超えての世俗・世間に対する深い洞察力、明瞭な原理や原則を自己に課さないという情況主義が底流にある。『徒然草』の文学的議論はここでの主題ではないので別に譲るにせよ、二四三段におよぶ主題の数々に登場する人物は実に多彩である。鎌倉末期の時代の足跡を見極める興味深い内容が提供されている。

兼好が生きた時代は、弘安から観応という年号におよぶ。元寇から鎌倉滅亡、そして建武新政さらに南北期動乱とつづく激動の時代であった。その点では兼好も時代の子であり、彼の思考を規定するさまざまはそのなかで育まれた。

例えば『太平記』に載せる高師直《こうのもろなお》恋文代筆の一件がそれだ。この話はすでに第I部〔恋する武士〕でもふれたが、おそらく史実に近いと思われる。人妻に懸想した師直の代わりに兼好が恋文を作したとの話だ。器用人たる兼好にしてありそうな話である。兼好の歌集には代作の恋歌もあるし、師直との交流にしても『園太暦《えんたいりゃく》』（洞院公賢《とういんきんかた》の日記）貞和四年（一三四八）十二日二十六日条にみえ、絵空事ではないのだろう。好奇にして数奇の立場を貫いた兼好であれば、そうしたことがあったと思わせる。

かりに長明ならば、そんな話はあり得ないのではないか。そのあたりが同じく時代の転換期とはいえ、鎌倉末・南北朝期の人物らしさということか。その限りでは兼好は節義なり忠義からは距離があったようで、さほどの潔癖な持ち主でもなかった。『徒然草』にはそんな兼好の生き方の破片が随所にうかがえる。

兼好は神祇官に仕えた卜部《うらべ》氏の出身で、吉田神社（京都吉田山に所在する藤原氏の氏神）の社務職の家系に属した。「三十一歳での出家までは、左兵衛佐の肩書を有した下級官人だった」と、「系図」には見える。若い時期には堀河家の家司をつとめ、堀河具守《とももり》の娘基子《きし》（後二条天皇の生母）の縁で朝廷に出仕し、後宇多上皇の北面に侍し六位蔵人・左兵衛佐となった。祖父は兼名《かねな》、父は治部少輔兼《かね》顕《あき》である（ただし近年の研究では兼好を吉田家出身と解する立場は後世からの解釈とする）。

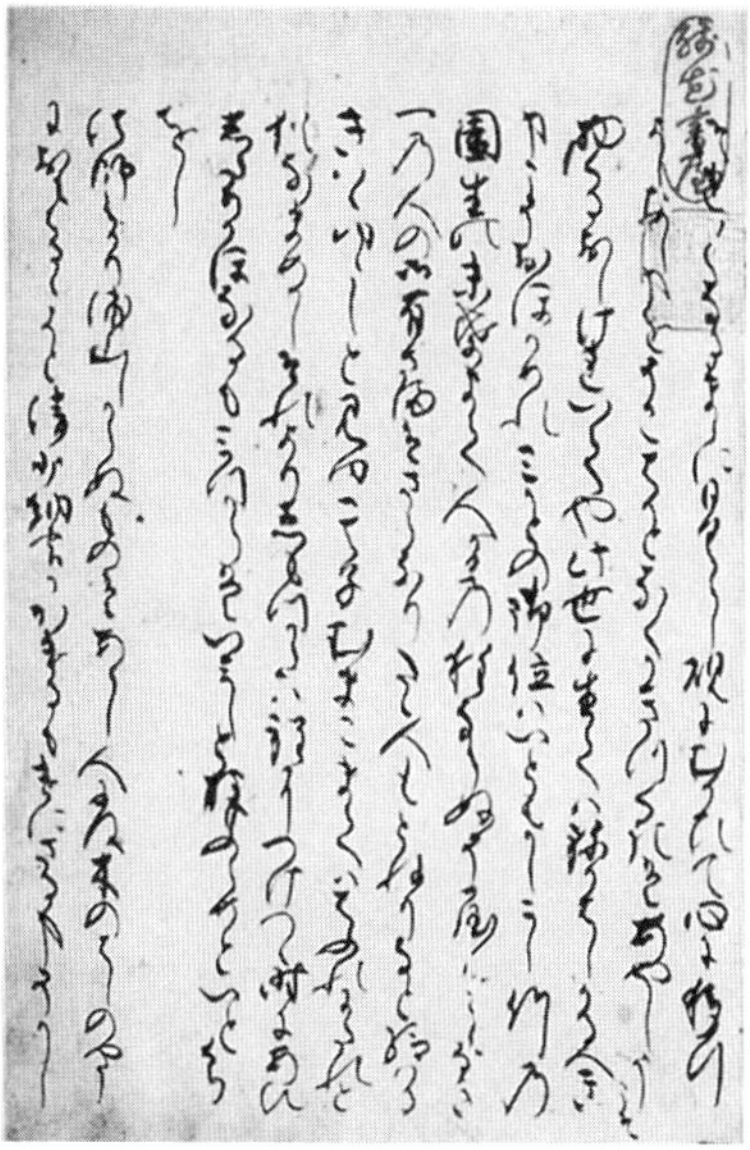

『徒然草』近藤信尹筆（日本大学文理学部図書館蔵）

人生の過半は仏道世界に身をおいたが、歌人としての立場も保持した。半ば自由人的気質のなかで著されたものが『徒然草』だった。四十八、九歳のころの作品といわれる。そこに登場する人物呼称や官職名から推して、鎌倉末期の元徳二年（一三三〇）の末から翌元弘元年秋の成立のようだ。

兼好は鎌倉には二度（一回目は一三〇

六—〇八年まで、二回目は一三一八年ころ）ほどおもむいている。母が執権金沢貞顕《かねさわさだあき》の執事倉栖《くらす》氏の娘だったという縁も手伝ったようだ。松下禅尼《まつしたのぜんに》（北条時頼《ときより》の母）についての一八四段、安達泰盛《やすもり》にふれた一八五段、北条宣時《のぶとき》の二一五段、最明寺入道時頼《さいみょうじにゅうどうときより》の二一六段などは、その鎌倉での見聞録が材料となっている。王朝に身をおきながらも、その世界の価値を標榜せず、武家を視野に入れての思考の広さはやはり時代が育んだものだった。

兼好は当初は大覚寺統派の宮廷歌人に接近し、その後は持明院統派にも出入りするなど幅広く活動しており、党派性から超越していた。二条為世《ためよ》（為相の細川荘での訴訟相手で大覚寺統の歌壇の重鎮）に師事し、広くは二条派の歌人とされる。ちなみに『徒然草』の命名は、その二条派の系譜に属した室町期の武将今川了俊《りょうしゅん》（貞世《さだよ》）によるという。

いずれにも属さぬ精神の自由さは、多少の経済的基盤が前提となる。彼が浮き世離れの遁世人ではなかったことは、『大徳寺文書』からもうかがえる。正和二年（一三一三）には山科《やましな》の小野荘《おののしょう》の田一町を九十貫文で六条有忠《ありただ》から買ったこと（同年九月一日「六条有忠等田地売券」）、あるいは元亨二年（一三二二）には大徳寺にその田を三十貫文で売買したとの寄進状が残されており（同年四月二十七日「兼好田地売券」・同「兼好田地寄進状」）、経済感覚もそれなりだったようだ。出家後は小野荘・修学院・横川《よかわ》などに住し、「和歌ノ数奇者《すきもの》ナリ」（『園太暦』貞和二年閏九月六日条）の立場で偏頗なき生涯を送ったという。

その偏りなき振る舞いは言うは易いが、なかなか難しい。無常観に支えられた生き方なればこそ、公武いずれにも属さない関係性、ある種の無所属・無縁性こそにその活路を見出そうとしたのかもしれない。「此比《このごろ》、都ニハヤル物」ではじまる『二条河原落書《にじょうがわらのらくしょ》』は、建武体制下での政治状況を皮肉ったものとして著名だ。そこには「京、鎌倉ヲコキマゼテ一座ソロワヌエセ連歌」との有名な一節もあるが、当の兼好もその状況を見聞したであろう。けれども、それを当該の「落書」のように批判的言説で語ることよりは、彼はその矛盾をふくむ社会のおもしろさを自らの立脚点とした。

鎌倉末から南北朝という動乱の時代は、政治的正義への偏頗性がややもすれば勝ることがある。京都か鎌倉か、あるいは大覚寺か持明院かと、それぞれが自己を主張するなかで〝憂き世〟的厭世観から解放された形で〝浮世〟的現実に立脚して、物事の本質に迫ることが兼好流のしたたかさだった。それもまた時代に対しての闘いだった。

第六章　動乱期南北朝の貴族たち

「無礼講」の場面　『太平記絵巻』(埼玉県立歴史と民俗の博物館蔵)

本書もいよいよ最終章を迎える。平安期・鎌倉期と闘う貴族をながめてきたが、ここでは王朝の語感が終焉する十四世紀史を軸に考えたいと思う。取り上げる人物の多くは、『太平記』にも顔をのぞかせている。『太平記』の主役は多彩な戦闘シーンで語られる武士たちではあるが、貴族も分に応じた闘諍《とうじょう》を強いられた。元弘・建武の乱をかわきりに建武新政、さらに南北朝期に生きた貴族たちの闘諍の数々は、そのまま彼らの年代記になる。

以下ではこの時代の貴族たちの闘う姿を（1）「「忠臣」公家たちの諸相」と題し、京極為兼・日野資朝および俊基、さらに吉田定房といった当該期の人物たちに射程をすえ、動乱の予兆を考える。（2）「闘う貴族たちの真骨頂」では、千種忠顕・北畠親房および顕家父子、さらに北朝の日野資名など、南北朝動乱の時代に活躍した貴族たちの足跡を読み解くことにする。

(1)「忠臣」公家たちの諸相

〈歌人京極為兼の闘魂と二度の配流〉

以前にも紹介したように、「棺《ひつぎ》ヲ蓋《おお》ヒテ事定マル」とは人物の価値は死後に定まるとの故事だが、歌人の京極為兼《きょうごくためかね》にもそれはあてはまるようだ。鎌倉末期の京都政界にあって政争にやぶれ、佐渡にそして土佐へと配流の憂き目に遭いながら、歌の道を研磨しつづけた強靱な精神力の持ち主だった。為兼が生きた鎌倉末期は持明院・大覚寺両統に皇統が分流した時期だった(両統迭立《てつりつ》)。持明院統に近い立場の為兼は京歌壇の旗手として活躍するが、一方で政治の分野でも頭角をあらわした。

為兼のライバル為世は、定家の嫡流たる二条家の中心である。〝敵の敵は味方〟のとおり、甥の冷泉為相とは近い距離にあった。定家の歌学の流れが為家以降、二条・京極・冷泉に分かれたことは既述した。このうち関東歌壇にも軸足を有した冷泉派とは別に、為兼の京極派は二条派といろいろと対抗関係にあった。京都という同一土俵での争いに大覚寺・持明院両統の対立が拍車をかける。そんな構図だった。

和歌の編纂は勅撰という形式に示されているように、王権の存在証明にして自己主張の象徴だった。醍醐天皇の『古今集』から後鳥羽院の『新古今集』がそうであったようにである。後鳥羽院にいたっては、挙兵さえもが文化力(和歌力)の誇示と思わせるフシさえあった。承久の乱には〝文化闘争〟との見方もあるくらいである。この場合の文化は政治をも含有したもので、歌という文化によって武家をも統合するための闘いということになる。そうした解釈を可能にさせるほどに和歌の道は時代を大きく規定した。

ここでの主役の京極為兼もそうした意味で、時代を背負った歌人ということができる。

為兼は鎌倉中期の建長六年(一二五四)に生まれた。没年は正慶元年(一三三二)、七十九歳というから幕府が滅ぶ一年前のことだ。配所の河内にあっても花園上皇が自作の歌の評を請うほどに、為兼は歌の道に傑出した執念の人だった。妥協のない強烈な個性は、持明院統の歌人として自らが依拠する伏見・後伏見体制の権力基盤の支柱となった。

為兼の父京極大納言為教は歌才においては平凡だったのか、その分子息の為兼への期待も大きかった。為兼の順風は弘安三年(一二八〇)二十七歳のおりに訪れた。後深草の皇子熙仁《ひろひと》(のちの伏見天皇、当時十七歳)への出仕だった。主家たる西園寺実兼《さねかね》の推挙によったとされる。歌好きの親王の師範たる立場で為兼に白羽の矢が立てられたが、それは西園寺家の累代の家司《けいし》三善《みよし》氏を母にもったという為兼の偶然もあった。嫡流家の二条為氏・為世は大覚寺の亀山院に出仕していたこともあった。実兼と持明院統の後深草院との結びつきに関しては後述するが、歌以外でも東宮から全幅の信頼を得た為兼はその家格からは大いに躍進をはたす。

為兼の闘いの方向は大きく二つある。一つは自己の豊かな才質を政治の場にまで広げ、家門を隆盛に導くこと。二つはそのために降りかかる火の粉を自らの力で鎮火しなければならなかったことだ。その過程で為兼の後半生は二度の配流という憂き目を経験することになる。為兼は自己を歌の世界のみに沈潜させることを拒んだ。もちろん、それは半ば彼の個人的資質によるものだが、半ばは時代が与えたものだった。その限りでは、両統迭立という時代が一人の歌人に政治を背負わせたともいえる。

家門の隆盛という点から見れば、京極派の流れを汲む為兼は、定家の嫡流二条派に比べ劣勢にあった。大覚寺統の総師亀山上皇に近い二条派とは水をあけられていた。為兼の伏見院（持明院統）への接近は、歌壇の勢力構図に変化をもたらすことになった。京極派の特徴は鋭い声調とリズム感が持ち味とされるが、その京極の歌風が弘安年間の後半に台頭しはじめる。弘安十年（一二八七）、大覚寺統の後宇多天皇が譲位し、持明院統の伏見天皇が践祚《せんそ》した。

伏見の父後深草上皇の院政が開始され、為兼は翌年に蔵人頭に抜擢される。官房長官ともいうべきこのポストは持明院統内部での彼への期待値の高さがうかがえる。左中将を兼任した為兼はやがて翌年には参議へとすすみ、従二位に叙せられ公卿の仲間入りをはたした。三十六歳のおりであった。為兼が権中納言に昇ったのは正応四年（一二九一）のことで、以後彼は本格的に政治の表舞台へと駆け上る。伏見治政下で信頼を得た為兼は、参議・権中納言の立場で官人や僧官人事にも関与、その権勢は「諸人帰伏」（『実躬卿記《さねみきょうき》』永仁元年四月二十三日条）といわれるほどの力を有した。

しかし、その為兼にも逆風が吹きはじめる。永仁四年（一二九六）の佐渡配流だ。従来も幾つかの解釈があった。陰謀説がそれであり、讒言《ざんげん》説がそれだ。「粗《あらあ》ラ政道ノ口入《くにゅう》ニ至ル、仍テ傍輩ノ讒アリ、

（中略）仍テ武家、佐渡国ニ配流ス」（『花園天皇宸記《しんき》』元弘二年三月二十四日条）とも記されている。前者は持明院統内部での派閥争いとか、大覚寺統側からの為兼排斥との解釈である。後者は伏見院治政下で急速に台頭した為兼への敵対勢力からの佞視《ねいし》との理解だ。昨今の研究ではいずれも是正されつつある。とりわけ前者の陰謀説は、討幕に向けての為兼の政治的役割を過大視した解釈とされる。

今日の理解では配流直前の「南都闘乱事件」の影響が大きいとされる。一乗院・大乗院両者の対立・抗争に端を発したこの事件の引責が大きかったという。佐渡配流は為兼が四十五歳のことで、五年後に召還が許された。赦免・再出仕した為兼は、持明院統の治世下で自らの家学の集大成として勅撰の『玉葉集《ぎょくようしゅう》』の編纂にむけて尽力することになる。

かつて永仁年間（一二九三―九九）に為兼の京極家と為世の二条家が撰者としての覇を争い、勅撰集が流産したことがあった。そのため『玉葉集』では為兼は余人を交じえず独撰という形式をめざした。けれども為世は嫡家の意地を示すべくこれに異を唱え、自らがこれへの参画を望み為兼排除を主張し、両者の間で激烈な論議がくり返された。和歌史上「延慶の訴陳《えんきょうのそちん》」と称されるものがそれである。為世自身は永仁の勅撰辞退後、大覚寺統の後宇多院治世下で『新勅撰集』の編纂をおこなっていた。為兼佐渡配流中でのことだったが、為世にとっては二条家の矜持として、持明院体制下での勅撰も手がけることを切望した。伏見院治政下での為兼の『玉葉集』への物言いの背景には、そんなことがあった。結果的に為世の上訴は不首尾に終わった。が、遺恨は残された。

『玉葉集』をめぐる争論が落ち着きを見せはじめた延慶三年（一三一〇）春、為兼は五十七歳にして権大納言に任ぜられた。伏見院の為兼への引級《いんぎゅう》人事だとしても、その厚い信頼関係は「水魚ノ如シ」とされた。その伏見院も正和二年（一三一三）に出家し政務を子息の後伏見上皇に譲った。為兼も伏見院に殉じ出家したが、実際は南都の僧官人事など依然として力を保持していた。新たに院政を展開する後伏見院にとっては、父帝以来の権臣の為兼との溝が深まりつつあった。

「旧院（伏見院）ノ寵ヲ以テ人ニ驕ルノ志アリ、是ヲ以テ上皇（後伏見院）ノ叡慮ニ背ク、正和以来曽テ通ゼズ」と、『花園天皇宸記』はその間の事情を伝える。さらに「関東申次」西園寺実兼の為兼に対する警戒感もあった。伏見院治政下にあっては両者の関係は良好だったが、為兼の台頭は西園寺家の脅威に繋がりかねない状況が生まれた。

こうしたことが重なったためか、晩節ながら為兼は六十三歳で配流の憂き目にあう。正和五年（一三一六）に「彼（西園寺実兼）ノ讒ニヨリ関東重ネテ土佐国ニ配ス」（『花園天皇宸記』元弘二年三月二十日条）。「関東申次」たる実兼が為兼配流の主謀者だったが、それを容認したのは後伏見の可能性も高い。この時期、為兼の最大の擁護者伏見法皇は彼の配流の翌年没したこともあり、その召還は実現せず、配流先で七十九歳で無常の道へとおもむいた（この構図は有名な菅原道真の左遷に似ていなくもない）。

花園天皇（宮内庁三の丸尚蔵館蔵）

以上ながめたように、為兼の政治介入は自らが政権クーデターの主役となったわけではなかった。仕掛けたわけではなく、仕掛けられた罪のなかで運命に殉じる強さがそこにあった。持明院統の伏見院に見出され、勅撰歌集の編纂に参画しながら、京極派を隆盛に導いた為兼の役割は大きかった。閉塞状況の打破という点で為兼は歌と政治という二つの世界で闘った貴族といえそうだ。

〈鎌倉後期の皇統と両統迭立〉

ここで鎌倉後期の王朝世界の推移についてふり返っておこう。そのはるか射程には皇統分裂と南北朝の動乱がある。承久の乱以後、後鳥羽院の皇統に代わって二つの流れがあった。まず守貞《もりさだ》親王(後高倉院)—後堀河—四条という流れである。守貞は平氏の天皇安徳の兄にあたり、後鳥羽の同母兄だった。平氏西走のおり、安徳天皇とともに西海にともなわれ帰還をはたした。幕府はこれを擁立しその子孫を皇位にすえた。

その流れにある四条天皇が幼少で没したこともあり、これに代わり浮上したのが二つ目の土御門天皇の流れだった。承久の乱にさいしては穏健派と目されたこの天皇は、自らすすんで配流を望み土佐に配された。このあたりの事情は『神皇正統記』や『増鏡』にくわしく記されている。土御門天皇以降の、後嵯峨—後深草—亀山とつづく皇統の流れがそれにあたる。

仁治三年(一二四二)、後嵯峨天皇が即位した。この年の六月に北条泰時が没し、三年前には後鳥羽が隠岐で亡くなっていた。後嵯峨の即位はその意味で承久の記憶が消えたところでのスタートだった。〝鎌倉〟の時代が定着をみた段階でもあった。文保二年（一三一八）の後醍醐即位にいたる七十余年間の後期鎌倉体制はかくしてはじまった。

この間さまざまな出来事があった。幕府に限っても、頼経―頼嗣の摂家将軍から宗尊下向にともなう親王将軍の登場と、これに並行する形で動き出した執権北条時頼の得宗体制への流れであった。モンゴル襲来の外交の危機も、十三世紀の朝幕関係の動向に影響を与えるところとなった。そのあたりの事情は了解のこととして、以下では両統迭立の場面に限定して掘り下げたい。

後嵯峨上皇は天皇退位後二十数年間におよぶ長期の院政をおこなった。この間、第二皇子恒仁（のちの亀山天皇）との絆が強く、第一皇子後深草天皇の譲位後これを即位させた。このため皇統が分立することになり、その居所にちなみ、後深草の系統を持明院統、亀山の系統を大覚寺統といった。この両統は皇位継承をめぐり抗争し、その後の南北朝対立の因をなした。

教科書的に説明すれば以上のようになろうか。皇統二派の分立はかつて平安王朝の時代にもあった。冷泉―花山―三条朝、円融―一条朝がそうだった。皇統が縦（嫡流）から横（兄弟）に動くときは概して危機の状況が現出する。冷泉・円融の時代、崇徳・後白河の時代、安徳・後鳥羽の時代、いずれも波乱ぶくみの時代だった。後深草そして亀山もしかりであった。両統迭立の時代はここからはじまる。

そのきっかけは後嵯峨上皇（院）が後深草天皇の弟の恒仁（のちの亀山天皇）を皇太子に立てたことによる。文永九年（一二七二）に後嵯峨上皇が没し、亀山天皇が子の後宇多に譲位して院政をおこなったことで、亀山の兄後深草上皇は不満を抱き幕府に働きかけ、後深草の皇子（熙仁《ひろひと》）を後宇多の皇太子とさせた。これによって大覚寺統の亀山―後宇多の流れは、持明院統の後深草―伏見へと変わることになる。

その背景の一つは幕府の首脳部の後深草への同情にくわえて、「関東申次」西園寺実兼の持明院統への接近があった。というのも、実兼は妹の嬉子《きし》を亀山に入内させていたが、皇子を生まず退下した。妹が寵を失ったことから亀山院との間に溝が生じ、それが不遇の後深草院への接近に繋がったとされる。

かくして持明院統の時代がおとずれた。弘安十年（一二八七）、後宇多が譲位して持明院統の伏見天皇が践祚、これにより後深草上皇の院政が開始される。その翌年胤仁（のちの後伏見天皇）の皇太子が実現し、大覚寺統側は皇位継承で劣勢を強いられる状況となった。こうした場面のなかで皇統転換を求めた大覚寺統サイドは、後嵯峨院の意志が亀山系の皇統継続にあったことを主張、両者は幕府の判断を求め対立を激化させた。

正安三年（一三〇一）、大覚寺統の後二条即位にさいしては、両統が幕府をまき込む形で立太子を抗争、このため文保元年（一三一七）に幕府は皇位の継承を両統の和議で決定し、武家はこれに関与しないことを申し入れた。そのおり幕府の提案は次のようであった。

①花園天皇（持明院統）に代わって尊治《たかはる》親王（大覚寺統・後醍醐天皇）が即位し、皇太子として邦良《くによし》親王（大覚寺統）を立て、その次の皇太子は量仁《かずひと》親王（持明院統）とすること。

②天皇の在位は十年とし、量仁親王以後も両統が交替する、というものだった。
しかし、両統内部でそれぞれ皇統分裂の危機も生じた。持明院側では後伏見と弟の花園の二系が、また大覚寺側でも後醍醐と兄の後二条の二系が再分裂の可能性をはらんでいた。

こうした情況下で後醍醐が三十二歳で即位した。文保二年（一三一八）のことだ。後醍醐天皇はその諡名《おくりな》からも知られるように「延喜・天暦の治」の再現をめざし、意欲的に政治を推進した。親政はその四年後にスタートした。正中の変はさらにその二年後のことだった。次なる主役はその政変の中心日野資朝《すけとも》・俊基《としもと》である。

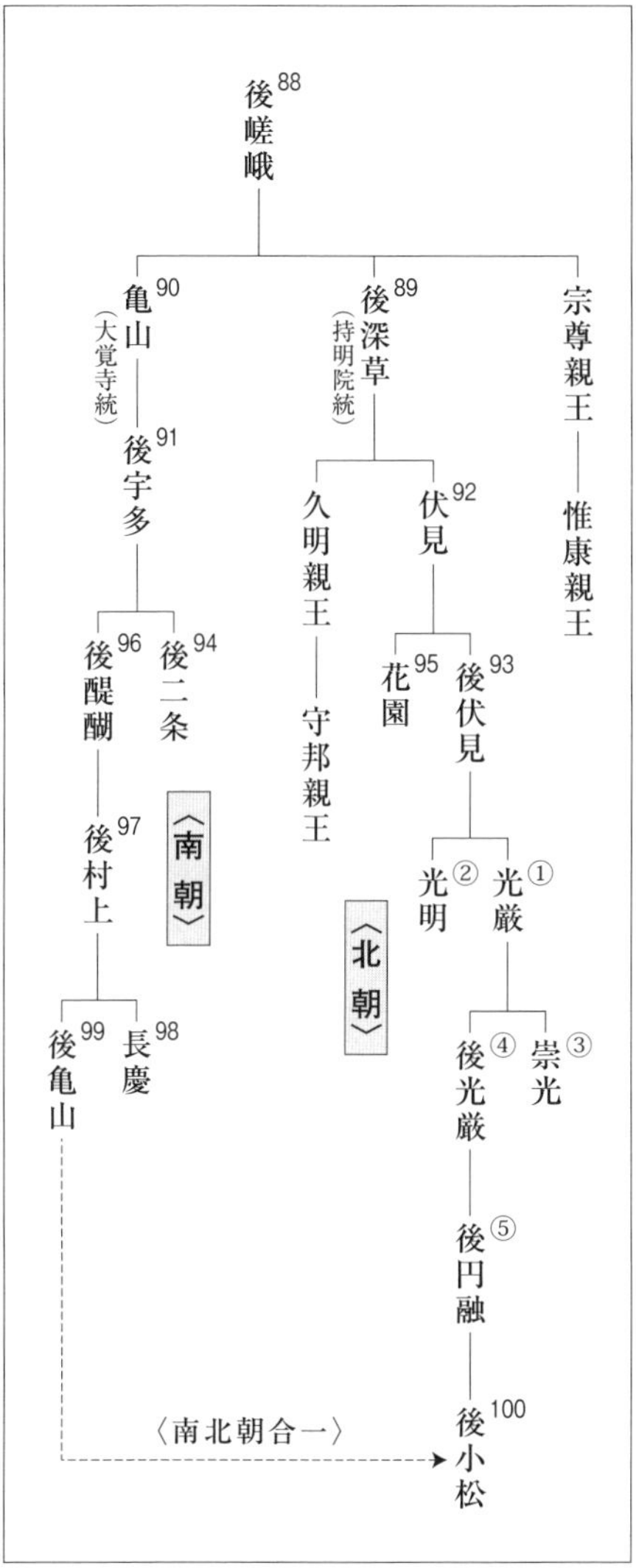

系図50　南北朝期天皇略系図

『絵本徒然草』第153段「為兼大納言入道召し捕られて」（国立国会図書館蔵）

〈行動派公卿、日野資朝の「かくこそあらまほしけれ」〉

京極為兼よりも少し遅れて世に出た信念の公卿があった。日野資朝である。『太平記』でもおなじみだろう。後醍醐天皇の討幕計画―正中の変―にかかわり佐渡で刑死した人物だ。為兼の二度目の配流にさいし、その威風堂々たる様子に資朝はおおいに心を動かされたことが、『徒然草』にも見えている。

為兼の大納言入道、召し捕られて、武士どもうち囲みて、六波羅へ率て行きければ、資朝卿、一条わたりにてこれを見て「あな羨まし。世にあらむ思ひ出、かくこそあらまほしけれ」とぞ言はれける。

（『徒然草』一五三段）

ここには為兼のように信念を貫き、これに殉ずる姿勢を「羨まし」と語り、自らもかくありたいと願う資朝の心持ちが伝えられている。凛とした為兼の生き方はこの資朝にも伝わったのだろうか、後醍醐の側近として討幕への足跡を残した。

正中の変（一三二四）で捕縛され、元弘二年に斬された資朝は、悲劇の人物として語られてきた。討幕の火つけ役として『太平記』が語る資朝は、直接的には干戈《かんか》交える戦いはしなかったにせよ、戦略・策略の面で闘う貴族としての姿勢が濃厚だった。鎌倉的秩序を非とし、公武一統に向けての助走の役割を演じた。

資朝の日野氏は北家藤原氏の真楯《またて》流に属した。山城国・宇治郡日野を本貫《ほんがん》とし、公卿になり得る堂上《とうしょう》家の家柄だった。系図51を参照していただくとわかるように、後にふれる俊基も一族に属した。資朝の父俊光は大納言まで昇り鎌倉で客死し、鎌倉大納言とも称された。そもそもこの時期は大覚寺・持明院両統が自派の力で政局を転換させることができず、幕府の支持を切り札とした。そのため両派の幕府詣でがさかんになされ、工作のために鎌倉に公卿たちが派遣された。資朝の父俊光もそうした関係で鎌倉を訪れていた。父子ともに文章博士で、資朝は従三位権中納言で公卿の地位にあった。

正中元年（一三二四）に佐渡に流され、元弘二年（一三三二）五月配所で誅せられた。『大日本史賛藪《さんそう》』には「親臣ヲ以テ大謀ニ与《あずか》リ、倡《となえ》ヘテ無礼講《ぶれいこう》ト為スハ、則チ先ンジテ自ラ敗闕《はいけつ》ヲ取ルノ道ナリ」

とある。ここには後醍醐天皇の側近として討幕に関与、無礼講を主催し率先してその身を犠牲にしたと評されている。

右に語る「無礼講」は『太平記』が伝えるもので「其ノ交会遊宴ノ体、見聞耳目ヲ驚セリ、……山海ノ珍物ヲ尽シ、旨酒《ししゅ》泉ノ如クニ湛《たたへ》テ遊戯舞《ゆうぎまい》歌フ、其間ニハ只東夷ヲ亡ボス可キノ企ノ外ハ他事ナシ」（巻二）とあるように、討幕挙兵を募る手段としてこれが催されたとある。六波羅探題襲撃を目的としたこの討幕計画も事前に洩れ失敗に帰した（このことはすでに〔**恋する武士**〕の土岐氏の項でもふれた）。

正中の変で責めを負った資朝は佐渡へと流されるが、『太平記』には配流された資朝の処刑近きを知り子息阿新丸《くまわかまる》（のちの日野邦光）との悲涙の場面が見える。母を説得し敦賀より佐渡へとおもむき対面を請う阿新の話は有名だろう。阿新十三歳、斬された資朝は四十三歳だった。父の遺骨を抱き帰京した阿新は、その無念をはたすべく後醍醐・後村上に仕え足利義詮と合戦するなど、闘う貴族としての面目をほどこした。父子二代にわたる忠臣ぶりが伝えられている。

「無礼講」の話は『太平記』とは別に『増鏡』（「久米のさら山」）でも描かれており、史実に近いものがあった。ちなみに『花園天皇宸記』にも「近日アル人云ハク資朝・俊基等、結衆会合ス、乱遊或ハ衣冠ヲ着セズ、ホトンド裸形ニシテ飲茶ノ会アリト、……世ニコレヲ無礼講ノ衆ト称ス、」（正中元年十一月一日条）とある。『太平記』には、この資朝とともに俊基についての悲話も伝えている。以下ではその俊基を述べることとしよう。

無礼講事付玄恵文談事　『太平記絵巻』（埼玉県立歴史と民俗の博物館蔵）

〈日野俊基という悲劇〉

資朝と同じく忠臣の誉れ高い人物として、歴史教科書に必ず顔をのぞかせるのがこの俊基である。「歴史は勝者により創られる」ことは否定できない。この場合の勝者とは短絡的な意味での時間軸ではない。かなりの長期スパンでながめた場合に、一時の敗者がその後の評価で復活することがある。その最たる人物こそが日野俊基だろう。

鎌倉の源氏山公園にある葛原岡《くずはらおか》には、建武新政を領導した俊基を祀った神社（葛原岡神社、明治二十年創建）が建立され、今日でも有志による「俊基祭」が催されている。小型の円墳の頂きに俊基の供養塔とされる宝篋印塔《ほうきょういんとう》が見える。『太平記』が万感の想いでその悲憤を語り、近代明治が創出した中世の記憶を形にしたものでもある。この社殿ができる三年ほど前の明治十七年（一八八四）に、俊基は明治政府によって従三位に贈位されている。

俊基朝臣再関東下向　『太平記絵巻』（埼玉県立歴史と民俗の博物館蔵）

この時期をふくめ、明治・大正期の近代は過去の歴史を顧みてその復興・再生が試みられた時代だった。「国民を創出するための共通の価値ある過去」が求められたからだ。基準は天皇との距離だった。後醍醐の建武新政に尽力した人々が忠臣として、神に祀られ贈位された。

　そうした形で敗者を復活させることがなされ、復古的歴史観が隆盛期を迎えた。幕末の平田派国学や水戸学の流れが、鎌倉という場でも感応していたことになる。その限りでは近代の明治国家は、ある形で中世を発見・再生させた。その発見は自らの歴史の過去を中世の記憶にまでさかのぼらせることで、忠臣たちを顕彰した。その俊基の供養塔とされる傍らには、「鎌倉町青年会」による次のような碑文が見える。

俊基被誅事并助光事　『太平記絵巻』（埼玉県立歴史と民俗の博物館蔵）

俊基朝臣墓所

藤原俊基朝臣ノ朝権ノ恢復《かいふく》ヲ図《はか》リテ成ラズ　元弘二年六月三日北条高時ノ害ニ遭ヒ　秋《とき》を待たで葛原岡に消ゆる身の露の恨や世に残るらん　ト永キ恨ヲ留メタルハ此ノ処ナリ

大正六年三月建之　鎌倉町青年会

『太平記』（巻二、「俊基朝臣再関東下向事」「俊基被誅事并助光事」）が記す俊基の無念がここに再現されている。右に刻まれている碑文それ自体が今や文化財と呼び得るほどに古色を帯びている。郷土の鎌倉を慈《いつく》しみ史蹟の保存に情熱をついやす「青年会」の意志が伝わってくる。元弘の変で誅された俊基は、明治以降には〝俊基という悲劇〟

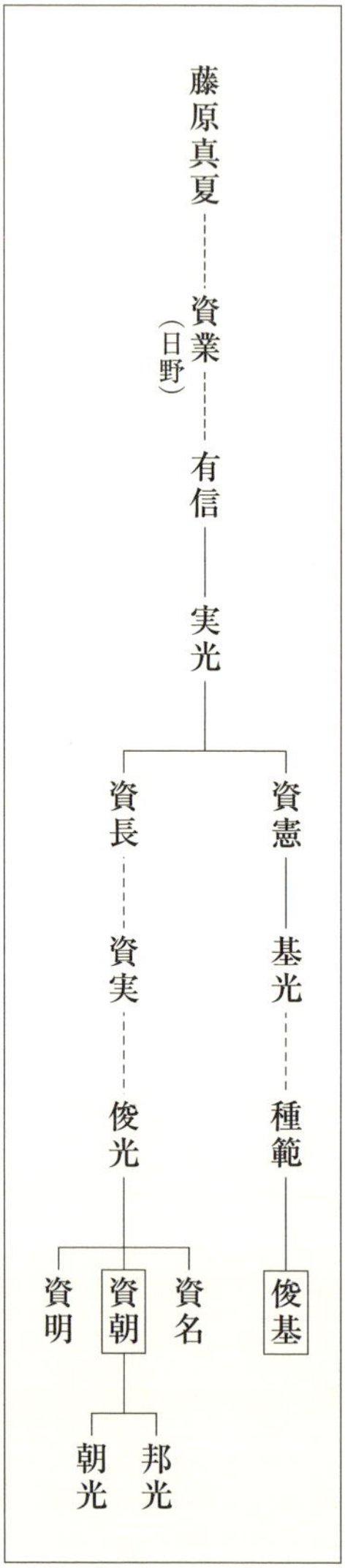

系図51　資朝・俊基関係略系図

として括《くく》られ、人々の記憶のなかに定着した。

俊基が最期を迎えた鎌倉は、忠臣公家の伝説創造にふさわしい場だった。武家の都にあって、これに抵抗するシンボリックな存在として俊基的悲劇が語り継がれてゆく、俊基はその格好の材料だった。国定教科書がこぞって取り上げた歴史の教材に、この俊基が登場するのも肯《うなず》けるはずだ。その限りでは大塔宮護良《おおとうのみやもりよし》親王の鎌倉宮も、新田義貞の宝剣投入の稲村ヶ崎も、南朝忠臣たちの世界で鎌倉は彩られている。俊基という存在は〝俊基という悲劇〟として歴史のなかで練り直された。

近代という時代はこうした忠臣たちを掘り起こし、〝国民の記憶〟として定着させた。明治国家はこの俊基を贈位することで顕彰した。明治十七年（一八八四）に従三位が贈られており公卿として遇した。その限りでは俊基の名声は資朝を凌いだ。ともに後醍醐の側近として両人は同族とはいえ、家格は異なった。資朝は公卿であり、俊基はそうではなかった。

俊基の父は系図にあるように大学頭の地位にあった種範《たねのり》で、日野家の傍流に位置した。後醍醐に抜擢された俊基は蔵人頭として討幕に参画した。延暦寺の訴状をわざと誤読して、衆人の嘲りを買いそれを恥じて蟄居《ちっきょ》すると称し、諸国遊歴し反幕勢力の糾合に努めた。『太平記』が語る如く天皇与党の連携強化のため諸国に潜伏し密謀を具体化したが、正中・元弘の二つの政変が露見し捕縛された。俊基が葛原岡で斬されたのは元弘二年（一三三二）六月のことで、幕府倒壊の一年前のことだった。

正中の変では鎌倉に送られたがからくも難を逃れたものの、元弘の変では首謀者の一人として捕縛される。この俊基を密告したのが次に語る〝三房〟の一人、吉田定房《よしださだふさ》だった。

〈「後三房」たちの知られざる闘い、諫草する公卿たち〉

吉田定房、万里小路宣房《までのこうじのぶふさ》、北畠親房《きたばたけちかふさ》を世に「後三房《のちのさんぼう》」と称した。平安時代の院政期に登場した大江匡房《まさふさ》・藤原伊房《これふさ》・為房《ためふさ》と区別して、そう呼称した。例えば瑞渓周鳳《ずいけいしゅうほう》『臥雲日件録《がうんにっけんろく》』には「前《さき》ニ三房有リ、後《のち》ニ三房有リ、皆本朝博物ノ士ナリ」（文正元年七月十二日条）と見えている。ただし「後三房」は博学・博物の人士だけではなかった。建武新政にむけて後醍醐のブレーンとして闘う貴族を演じた人物たちということができる。彼らに共通するのは、後醍醐天皇に苦言（「諫草」）を呈することで自己の信念にしたがい行動したことだった。

後醍醐は即位の四年後に父の後宇多院の内諾を得て念願の親政を開始し、人材の登用を実施した。先述の日野資朝・俊基などは、従来の門閥とは異なる人々だった。ただしその討幕の動きが進展するなかで、それを危ぶむ側近もいた。「三房」の一人吉田定房がそうだった。定房は元弘元年(一三三一)四月、討幕計画を幕府に密告した。天皇の乳母夫で中枢にいた定房はその計画の無謀さを知り、「諫草」してこれを止めるべく尽力したが難しいと知るや一転、皇統の保全のため首謀者として俊基の名を武家に伝えたとある。

定房はかつての正中の変でも嫌疑をかけられた後醍醐天皇を守るべく、勅書を草し幕府に弁明していた。そのおり勅書を奉じ鎌倉に下向したのが万里小路宣房だった。元弘の変の直前、元徳二年(一三三〇)六月、定房が天皇に提出した諫言の眼目は次のようなものだった。

「国家草創ノ事、叡念議アルニ似タリトイヘドモ、天命イマダ知ラズ、時機測リガタシ……」(「吉田定房奏状」)と語る諫言の中身は、天下の形勢から国家草創の時宜ではないこと、畿内の兵力召集も武家と対抗し得るものではないこと、失敗すれば皇統断絶のおそれがあること、等々を指摘し、兵革を用い武家を強引に倒すことの非を説き、時運による衰退を待つべきとの考え方を具申した。けれども定房の意見は退けられた。ために元弘元年(一三三一)四月、討幕計画の首謀者として日野俊基のことを告げたのだった。

定房は後醍醐の隠岐配流後、持明院統の光厳天皇に出仕するが、その後建武政権下でも後醍醐の信任厚く重用された。以後は天皇を供奉し吉野にも同行、この地で延元三年(一三三八)六十五歳で没した。

この定房よりも年長で、同じ家門に属した万里小路宣房も忠節の人だった。彼は左大弁、権中納言を歴任した有力公卿だった。彼の子息藤房《ふじふさ》・季房《すえふさ》両人ともどもが天皇の笠置《かさぎ》遷幸に同行、やがて幕府に捕縛され常陸・下野へと配流された。宣房は吉田定房と同じく、大覚寺統の後宇多・後醍醐二代に仕えた公卿だった。後宇多院政下で評定衆だったので、後醍醐の親政実現のために天皇の意を受けて、院政廃止の建議を後宇多に打診した人物だった。

親政スタート後の討幕計画（正中の変）で天皇不関与の弁明を鎌倉側と交渉したのも宣房だった。『太平記』（巻五）によれば、光厳天皇治政下にあって失意の宣房を持明院統に召そうとした。勅使は日野資名《すけな》（資朝の兄弟）だった。両者言説を尽くし自身の信ずるところを語る場面は、虚構があるにしても真に迫るものがある。陰謀の一件を側近として察知し得なかったことの不明さから出仕を拒む宣房も、中国の故事を駆使した資名の弁舌に心を動かされ、配流中の子息の斟酌も思い併せ、天下のために持明院統への出仕を決意するというものだ（「宣房卿二君ニ奉公ノ事」）。

「諫草」という点では子息藤房のそれが有名だ。建武体制下で中納言・検非違使別当の要職にあった藤房は、内裏造営計画および恣意的人事や恩賞沙汰にちなむ後醍醐の専制姿勢に反対し諫言を奏した。が、結局は受け入れるところとはならず建武元年（一三三四）十月五日、突然出家・逐電した（『公卿補任』）。その経緯については同じく『太平記』（巻十三「龍馬進

後醍醐天皇（清浄光寺蔵）

奏ノ事」「藤房卿遁世ノ事」）にくわしい。

定房さらには宣房・藤房父子の諫言は忠臣たる立場からのものだった。「龍顔少シ逆鱗《げきりん》ノ気色有テ、諸臣皆色ヲ変ジケレ」（巻十三「龍馬進奏ノ事」）とあるように、忠言は耳に逆らい、逆鱗にふれるものだとしても、これを敢えて行うところに彼らの矜持《きょうじ》があった。

三人目は北畠親房である。村上源氏の末裔に属したこの人物は、『神皇正統記』という不朽の史論書を著した。歴世天皇の来歴を後醍醐にいたるまで詳述したこの作品は、後世にまで圧倒的影響力を与えた。北畠大納言入道と称され、吉野南朝の再興に力を尽くした行動力は闘う貴族そのままだった。親房が生まれたのは永仁元年（一二九三）というから、大覚寺・持明院両派の対抗が激しい時期だった。

定房・宣房の二人よりは若輩で、後醍醐天皇より五歳ほど若かった。天皇の最高の政治顧問でもあり、後醍醐の個人的気質をふくめ欠点も存分に知り尽くしていた。『神皇正統記』はその意味で後醍醐オンリー主義ではなかった。随所に公正な表記が見られる。天皇統治の正統性を儒・仏・神の思想的文脈から理論づける構想力は、慈円の『愚管抄』とは異なる持ち味を提供してくれる。親房の構想の根本にあるのは、武家の政治を必ずしも否定しているわけではないという点だろう。とりわけ頼朝あるいは泰時の評価は高い。義時でさえも後世のような筆誅がなされているわけではなかった（この点、一三六頁参照）。

天子たる器量への期待値を標榜する親房にとって、「継体《けいたい》ノ道ノ正路《しょうろ》」こそが重視されるべきだとする。つまりは天子たる資格を継承する正統なる力量が重視されるべきだとする。その点では後醍醐による建武体制は武家が政治をになう力量を喪失したことから当然の流れと解する。けれどもその公家一統のことと天皇の個性とは親房にとっては別の問題だった。その後醍醐の立場を認めつつも突出した個性への危惧も抱いていた。親房の子顕家《あきいえ》については別の項で語ることになるが、その顕家が著した後醍醐天皇への奏状・諫草は、多分に親房の意識も投影されていたと判断される。

延元三年（一三三八）五月十五日付の「北畠顕家奏状」がそれだ。天皇晩年の時節にあたる。従二位権中納言・鎮守府将軍だった顕家は、この奏状提出後に和泉石津《いずみいしづ》で戦死した。「書ハ言ヲ尽サズ言ハ意ヲ尽サズ」の文言を有した奏状の根幹は、「人材登用」に関しての一・三・四・七条、「資素倹約」「法令遵守」にかかわる二・五・六条に大別される。概して建武政権下の便宜主義的な恣意的人事の弊害を指摘、併せて過差《かさ》の宴飲にともなう人心の離反にも言及、鋭い警句を発せられている。

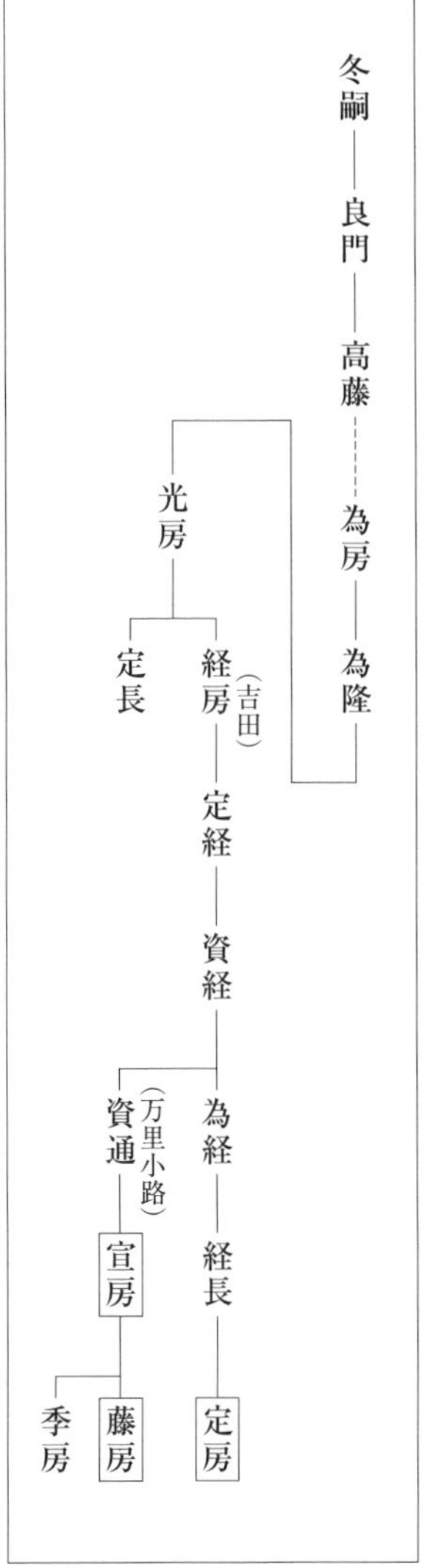

系図52　吉田・万里小路略系図

奥州の地で日々戦場にあった顕家なればこそ、外から見える朝政の不備・不明が充分すぎるほどにわかっていた。右にふれた顕家の奏状が語られている危機意識は、親房も共有していたはずだ。親房の場合、それは『神皇正統記』という史論書に結晶化された。天子たることへの資質と、そのあるべき姿を将来に向けて発信しようとした。

それはともかく、南朝劣勢のなかにあって親房の不屈の精神は常に抗戦にあった。彼の六十有余年の生涯、とりわけ吉野以後は闘いの連続だった。東国における南朝再建のための常陸経略は親房の真骨頂が凝縮した時間でもあった。親房は正平九年（一三五四）に賀名生《あのう》で没したが、時代は足利尊氏・直義の内紛（＝観応《かんのう》の擾乱《じょうらん》）もおわり、南朝は〝冬の時代〟を迎える段階だった。

〈西園寺公宗の見果てぬ夢、天皇暗殺の謀議〉

建武新政は貴族すべてに歓迎されたわけではなかった。幕府との関係が良好だった西園寺家は、承久の乱後「関東申次」の地位により朝堂間での権勢は絶大なものがあった。「承久ノ合戦ノ時、西園寺ノ太政大臣公経公、関東へ内通ノ旨有シニ依テ、義時其日ノ合戦ニ利ヲ得タリシ間、子孫七代迄西園寺殿ヲ憑《たの》ミ申スベシト云置キタリ」（『太平記』巻十三「北山殿謀叛ノ事」）と語られている。公武間での西園寺家の権勢は幕府滅亡後に弱体化したこともたしかだった。その点では建武体制には双手を挙げて賛成とはならなかった。鎌倉再興の夢を実現するために、建武体制打倒にむけて動いた主役が西園寺公宗だった。

武家の後見を失ったこの時期、公宗は西園寺家を隆盛に導くための闘いに出た。『太平記』にのせる公宗の計画は以下のようなものだった。おりしも関東では北条高時の遺子時行《ときゆき》が信濃の諏訪氏とともに、鎌倉奪還の計画が進行中であった。これに乗じて公宗は時行の叔父にあたる北条泰家《やすいえ》（時《とき》興《おき》）を京都側の総大将に仕立て、東西呼応しての反乱を企図した。幕府滅亡時に高時の弟泰家は自害せずに奥州逃亡後、西園寺家を頼って京都に潜伏していた。その泰家を秘かに匿《かくま》い反乱計画を具体化させ、後醍醐体制の転覆をはかろうとした。

公宗が玉《ぎょく》として仰ぐのは、持明院統の後伏見院だった。この挙兵計画で劣勢挽回に挑もうとした。自邸に西京の大工を招き湯屋（温室）を設《しつら》え、そこに刀剣を埋め込んだ落とし穴が仕掛けられたとある。紅葉の宴にかこつけ天皇を誘殺しようとの計画だった。

だが、事の顚末は公宗の思うようにはすすまなかった。行幸前夜、身の危険を暗示する天皇自身の霊夢と、公宗の異母弟公重《きんしげ》の密告もあって露見してしまう。『太平記』にある霊夢云々の記事はともかく、後醍醐の近臣たる公重が兄の不穏な動きを察知しての報は、そのとおりだった。例の『神皇正統記』にも、公宗の一件については、「承久ヨリ関東ノ方人《かたうど》ニテ七代ニナリヌルニヤ、高時モ七代ニテ滅ビヌレバ、運ノシカラシムルコトトハオボユ」と述懐する。

公宗の父は右大臣実衡《さねひら》、母は権大納言二条（御子左《みこひだり》）為世《ためよ》の娘である。為世はすでにふれたように、定家の子孫で嫡流にあたる。公宗の叔母は後伏見院の女御で光厳・光明の生母（広義門院寧子《こうぎもんいんねいし》）である。正中二年（一三二五）に権中納言に任ぜられ、量仁《かずひと》親王（のちの光厳天皇）の春宮権大夫《とうぐうごんのだいぶ》を兼ねた。

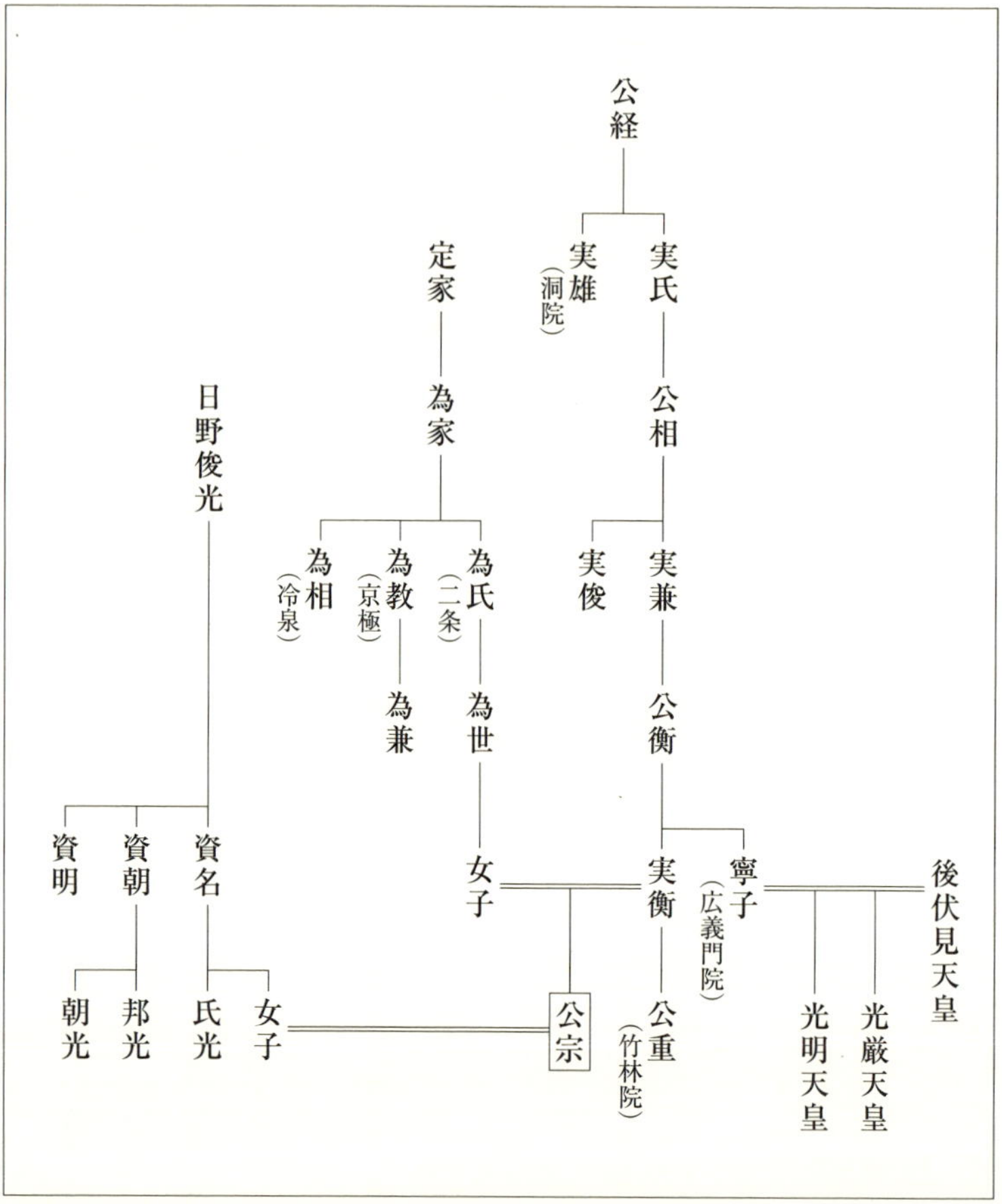

系図53　西園寺家の血縁関係図

こうした関係から人脈的に持明院統との関係が濃厚だった。

元徳二年（一三三〇）権大納言に進んだ公宗は、その後の幕府倒壊の一ヶ月後に官を辞したが、建武体制下では兵部卿に任ぜられていた。公宗にとって目指すものは持明院統の後伏見院政下での関東との二人三脚体制の再現だった。その限りでは後醍醐との協調なのか非協調なのかの選択は、最終的に武家（幕府）との折り合いと関連する。公宗の公武合体・融和主義は、宗尊親王以下の鎌倉将軍を輩出した持明院統側には望ましい方向だったことになる。

天皇暗殺計画の深い意味はここにあったわけで、北条の復活はその限りでは持明院統側にも、西園寺側にも歓迎すべき状況だった。ただし西園寺一門は必ずしも一枚岩ではなく、建武体制誕生のおりには、大覚寺統側へと接近した流れがあった。竹林院《ちくりんいん》公重は自らの立ち位置を守るためにも兄の計画を阻止しなければならなかった。そうした思惑がからみながら事件は落着をみた。

公宗は計画を進言した家司三善文衡《みよしふみひら》とともに捕縛された。公宗は出雲流罪と決して名和長年に預けられたものの、命令の行きちがいで六条河原で斬されたという。

〈日野一族の雪冤〉

以下では西園寺公宗事件に関与した日野資名《すけな》・氏光《うじみつ》父子についてもふれておく。日野一族といえば資朝や俊基が有名だ。いずれも建武体制の布石をなした人物として後世はこれを顕彰した。これと逆の評価を与えられたのが資名・氏光だった。公宗が斬されたのは『公卿補任』・『尊卑分脈』で八月二日となっている。このおり同罪で刑死したのが日野氏光だった。氏光の妹（姉）は公宗の妻にあたり、日野家は外戚にあたる。氏光の父資名もこの事件に関与していた。

資名の兄弟が資朝である。その点ではこの資名兄弟も、公宗兄弟と同じく持明院・大覚寺両派に分かれて行動していた。この皇位転覆計画については『匡遠記《ただとおき》』（小槻匡遠《おづきただとお》の日記）がある程度の真相を語ってくれる。「今日西園寺大納言公宗卿・日野中納言入道資名卿父子三人、召シ置カルト云々、各武士相向フト云々、以テノ外ノ事カ」（建武二年六月二十二日条）とあり、資名父子の名が見えている。

また「太上天皇（後伏見院）ノ旨ヲ奉《たてまつ》リ、国家ヲ危クセント謀《はか》ル」（同二十六日条）ともあり、後伏見院との連携を視野に入れての密謀だったようだ。資名はかつて後伏見院の子光厳天皇の擁立に尽力した人物としても知られる。六波羅探題陥落のさい、北条仲時《なかとき》らと光厳院を奉じ京都を脱出した資名は光厳院の信頼も深かった。持明院統の光明天皇擁立を企図する尊氏の意を受け、資名は光厳院の院宣を取り次いでいる。〝忠臣〟は何も南朝の専売ではない。

南朝忠臣云々が喧伝されたのは、名分主義思想が広まる近世のことだった。幕末維新にかけての『大日本史』的観念による皇統の正統史観の影響が大きい。『大日本史』の副産物『大日本史賛藪』（安積澹泊《あさかたんぱく》）については幾度かふれたが、そこには正閏《せいじゅん》思想（正統と非正統の別を明確に判ずる主張）の建前にもとづき北朝に与した貴族たちの評は低く、時には筆誅にも近い評がなされている。日野資名父子もこれに近い。

光厳・光明両院に近仕した彼らはその立場のなかで、自己の信念にもとづき行動し闘った。その意味では後世の歴史に冤ぜられた人々の代表でもあった。「雪冤」という話がある。罪を雪《すす》ぐこと、身の潔白を示すことの意味だが、歴史の時間の重みのなかでその位置づけに諍《あらが》うという意味では、資朝や俊基のみが悲劇の主人公だったのではない。

「叛臣ノ名ヲ免レシム、以テ一世ヲ欺罔《ぎもう》スベキモ、万世ヲ欺クベカラズ」とは、『賛藪』に載せる澹泊の資名評であるが、そこには尊氏が奉じた光厳院擁立に寄与した資名の行動は当該の時代を欺けても、後世（歴史）はこれを欺くことはできない、と。こんな意味だ。〝正義は勝つ〟という図式化された観念からすれば、南朝正統主義で貫かれた『大日本史』的評価ということができる。が、澹泊自身も「光厳院ノ功臣ナレドモ、後醍醐帝ノ罪人ナリ」と述べるように、忠臣・功臣の基準は必ずしも単純ではなかった。「邪正一如」と見るならば、歴史における人物の正邪の評は容易ではない。

（2）　闘う貴族たちの真骨頂

〈干戈交えた貴族・北畠顕家の破天荒〉

干戈の戦場にあった顕家はまさに破天荒の「武将」だった。天荒とは不毛の地をさし、その荒野に沃野をもたらす意味から転じ前代未聞の行為をさした。進士《しんじ》の上級官吏登用試験に合格者を一人

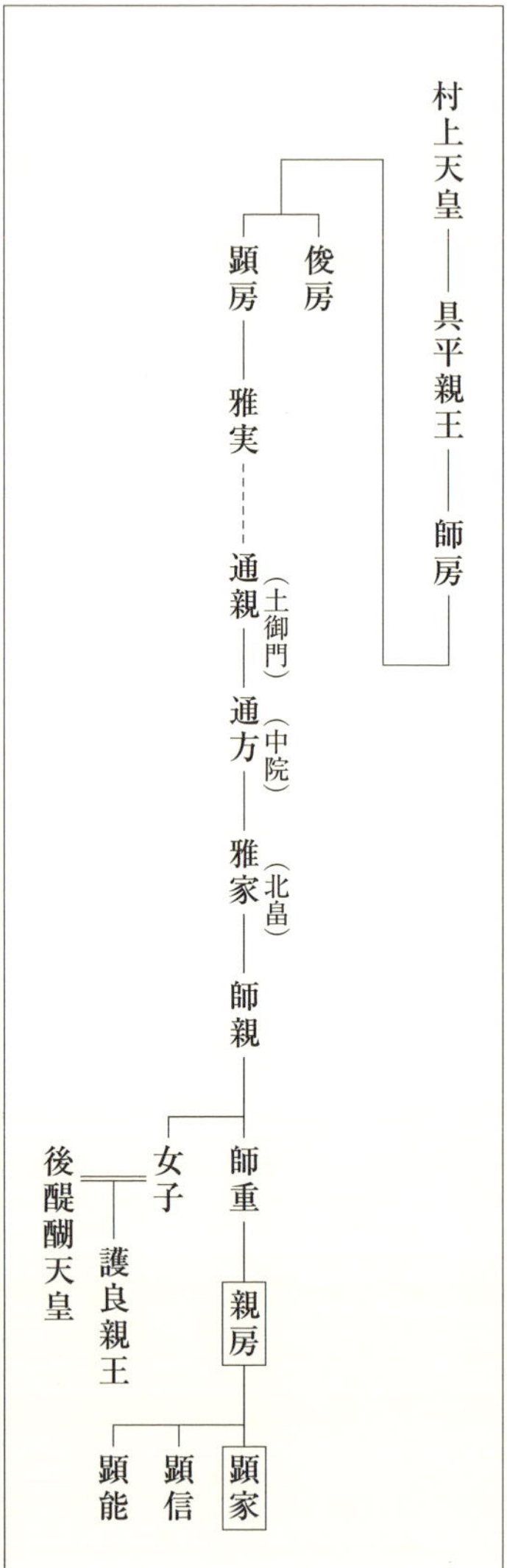

系図54　北畠親房・顕家関係系図

も出さなかった荊州の地から劉蛻《りゅうぜい》なる人物が、及第した唐代の故事にもとづく。型破りの行動をする人物の形容句として、北畠顕家はまさに破天荒な貴族だった。将官級の武人を武将というが、彼は官職としてもそれにふさわしい。〝らしさ〟という点で本来は武事にかかわらないことこそが、貴族の語感に付着した観念だろう。けれども、この時代はそうした貴族の観念とは別個のタイプを生み出した。自らの強靱な意志で困難を切り開いたその行動力は、闘う貴族の象徴だった。

哀哉《あわれなるかな》、顕家卿ハ武略智謀其家ニアラズトイヘドモ、無双《むそう》ノ勇将ニシテ、鎮守府ノ将軍ニ任ジ奥州ノ大軍ヲ両度マデ起《おこし》テ、尊氏卿ヲ九州ノ遠境ニ追下《おいくだ》シ、君ノ宸襟《しんきん》ヲ快ク休ンジ奉ラレシ其誉レ、天下ノ官軍ニ先立テ争フ輩《ともがら》無カリシニ、聖運天ニ不叶《かなわず》、武徳時至リヌル其謂《そのいわれ》ニヤ、股《こ》

〈顕家関係年表〉

1333（元弘3）
10月　北畠顕家、義良親王を奉じて陸奥下向（陸奥将軍府）
12月　足利直義、成良親王を奉じて鎌倉下向（鎌倉将軍府）
1334（建武1）
10月　護良親王逮捕、翌月鎌倉配流
1335（建武2）
6月　西園寺公宗の天皇暗殺計画
7月　北条時行、信濃に挙兵（中先代の乱）
直義、護良親王を殺し、鎌倉脱出
8月　尊氏、時行討伐に下向。鎌倉奪回
11月　義貞、尊氏討伐のため京都を出陣
12月　箱根、竹ノ下の合戦。北畠顕家の奥州軍、尊氏追討のため奥州を出発（第1回）
1336（延元1、建武3）
1月　尊氏・直義軍入京。顕家・義貞軍、足利軍を破る
2月　尊氏、九州へ西走
3月　顕家・義良親王、陸奥へ帰国
4月　筑前多々良浜での勝利後、尊氏、博多を出発し東上
5月　摂津湊川の戦い、後醍醐天皇、叡山に避難
6月　尊氏、光厳上皇を奉じ入京
10月　義貞、恒良・尊良親王を奉じ北陸・越前へ
12月　後醍醐天皇、京都脱出、吉野に（南北朝）
1337（延元2、建武4）
1月　顕家・義良、霊山に移る
3月　越前金ヶ崎城陥落
8月　北畠顕家軍、奥州出発（第2回）
1338（延元3、暦応1）
5月　顕家、後醍醐天皇に諫奏、和泉の石津で敗死
閏7月　義貞、越前藤島で戦死
8月　尊氏、征夷大将軍
9月　北畠親房らの東国経略計画
1339（延元4、暦応2）
8月　後醍醐天皇没

肱《こう》ノ重臣アヘナク戦場ノ草ノ露ト消給シカバ、南都ノ侍臣・官軍モ、聞テ力ヲゾ失ヒケル

引用がいささか長くなったが、顕家の阿倍野《あべの》での討死にまつわる『太平記』（巻十九「青野原軍ノ事付嚢沙背水ノ事」）の評である。内容は①出自・家系が語られ、②経歴と戦功の言及、③最後に時運逆境の情況が述べられている。「闘う貴族」たる真骨頂は「奥州ノ大軍ヲ両度マデ起テ」の部分にあったわけで、経歴および戦闘の足跡を以下年表を見ながら整理しておこう。

「奥州ノ大軍」云々とあるのは、建武体制下で異旗《ことばた》を立て武権の樹立をはかった尊氏との二度の戦いだった。一回目が建武二年（一三三五）十二月、二回目が延元二・建武四年（一三三七）八月だった。この間の大局を『梅松論』や『太平記』でたどるとおよそ次の流れであった。

顕家の奥州軍が多賀国府を出立したのは、一三三五年十二月のことだった。中先代の乱の鎮圧後、反旗した尊氏追討のためだった。新田軍を箱根で敗走させた尊氏軍は、これを追撃し東海道を西上した。追うように顕家軍が南下した。新田軍、足利軍、さらに奥州軍という形で追撃戦が展開する。

この間、顕家の奥州軍は常陸北部の甕《みか》の原《はら》（日立市）で足利側の佐竹氏と交戦（『太平記大全』）、箱根合戦には合流できず六万余騎で東海道を西上、翌年一月には近江愛智川《えちがわ》宿に到着した（『太平記』巻十五「奥州勢坂本ニ着ク事」、『梅松論』）。この地で佐々木氏の観音寺城《かんのんじじょう》を攻略し、その後義貞軍とども近江の坂本に着陣する。三井寺（園城寺）に布陣する足利軍（大将細川定禅《じょうぜん》）を攻撃、その後、顕家軍は義貞勢とともに足利軍を丹波へと潰走させた。翌二月、丹波から摂津入りした尊氏軍を豊島《てしま》

河原《がわら》（池田市・豊中市付近）・打出《うちで》浜合戦で破り西走させた（『梅松論』）。

顕家率いる第一次遠征軍は、この尊氏西走で帰京する。顕家はその武功で鎮守府将軍に任ぜられ、同年三月陸奥へと下向、五月国府に帰着した。だがその時期、尊氏軍は鎮西から西上、湊川《みなとがわ》合戦で楠木軍を破り京都を奪回した。かくして、後醍醐側の劣勢のうち、同年末に吉野へと天皇は移り南北朝時代がはじまった。これに先立ち足利勢は八月に一族の斯波家長《しばいえなが》を東国へ派遣し、常陸方面の巻き返しをはかった。

翌延元二・建武四年（一三三七）一月、顕家は態勢立て直しのため陸奥での拠点を南の霊山《りょうぜん》（福島県伊達市霊山町）へと移した。二回目の奥州軍の上洛はその半年後のことだ。この年は南朝勢力の拠点の越前金ヶ崎城が陥落、厳しい戦局にあり顕家の奥州軍への軍勢催促がさかんになされていた。八月顕家は再び西上の途につく。

結城宗広《ゆうきむねひろ》・伊達行朝《だてゆきとも》以下、葛西《かさい》・南部《なんぶ》の諸武士団を率い白河関を越えるころには「十万余騎」との大軍勢にふくらんだ。利根川合戦を制した顕家軍は、十二月鎌倉を攻略した（『太平記』巻十九「奥州国司顕家卿幷新田徳寿丸上洛ノ事」「奥勢跡ヲ追テ合戦ノ事」）。その鎌倉攻防戦では尊氏の嫡子義詮《よしあきら》以下上杉《うえすぎ》・高《こう》の有力諸将が奥州軍を迎撃したが、死守できず敗走した。鎌倉を奪還した顕家の奥州軍の数はさらにふくらみ、翌年の正月鎌倉から畿内をめざした。

その様子を『太平記』は「東国ノ勢宮方ニ随付事《したがいつくこと》、雲霞《うんか》ノ如シ」（巻十九）と記す。美濃・尾張戦線での激戦の様子は他に譲るとして、顕家軍の岐路を分けたのは黒地川《くろぢがわ》（黒血川、岐阜県関ヶ原町）で

の戦いだった。京都にいた尊氏は奥州勢を迎撃すべく背水の陣で臨み、顕家軍は長駆の消耗戦で入京を難しくさせた。当時、越前方面では義貞の新田勢が北国を再度制圧しつつあった。戦略的にはこの新田勢と協力しつつ、両翼から京都の尊氏を挟撃することが良策とされた。しかし、顕家はその提携を拒み自力更生を選択、結果的に京都攻略を放棄して伊勢路から吉野への道を選ぶこととなった。

結果論ではあるが、軍略・戦略上からは顕家の選択には問題が残ったとされる。日々戦場にあった顕家にとっての闘いは、当然ながら干戈交える世界のそれだった。が、他方で吉野の後醍醐への諫奏の決断もあった。後者については以前に述べたように、その奏状の過半は人事に関しての政策的疑念だった。それとは別にここでふれておきたいのは、顕家の官職である。

奥州国司顕家卿并新田徳寿丸上洛事　『太平記絵巻』(埼玉県立歴史と民俗の博物館蔵)

参議・従二位の官位を有した顕家が任ぜられた鎮守府将軍は、従五位相当のそれだった。武功にくわえて陸奥守に対応させたものだろうか。伝統的官職秩序にあっては参議・従二位保持者からすれば例外的である。後醍醐天皇による「新儀」ともいうべき任官だった。これを不満とした顕家は「大」を付すことを奏請して「鎮守府大将軍」となったという。

これは家格や伝統を無視し人事を差配する天皇への痛烈な批判でもあった。義貞との連携よりも貴族たる立場で孤高ながら自立の方向をめざしたのは、戦略論とは別に自らの誇りを懸けた闘いを演じたかったのかもしれない。

公家の武家化を推進する建武体制にあって、かつての護良の征夷大将軍と同じく、顕家の鎮守府将軍は、従前の先例とは別の方向だったに相違ない。この公武統合の観念は、家格なり官

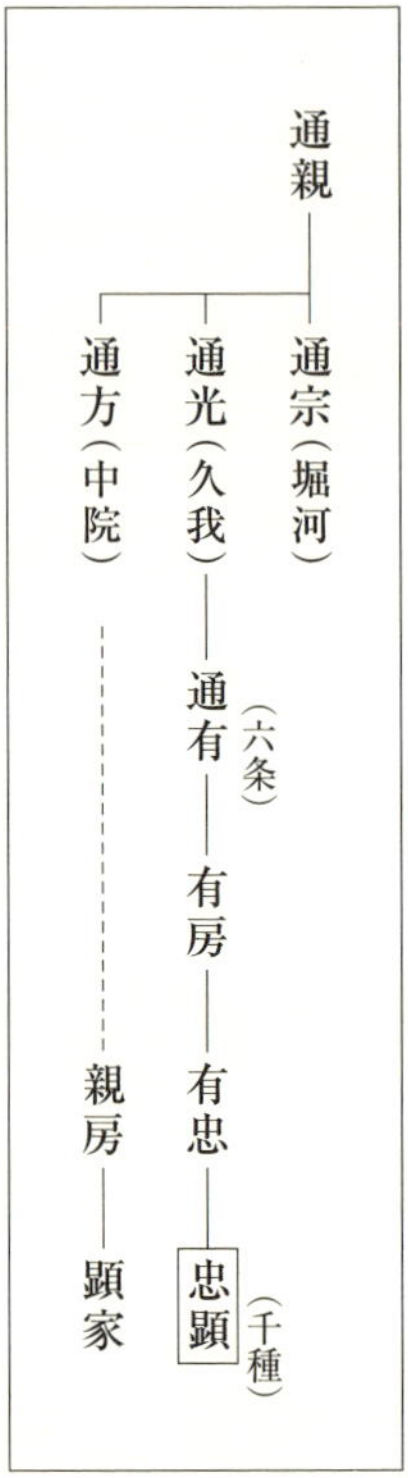

系図55　千種忠顕略系図

職秩序を堅持する顕家の立ち場からは、やはり埋め難いミゾがあった。闘う貴族顕家のあるいは限界もそこにあったものかもしれない。

〈婆娑羅的貴族千種忠顕の奮戦〉

近日、婆佐羅《ばさら》ト号シ専《もっぱ》ラ過差《かさ》ヲ好ミ、綾羅錦繍《りょうらきんしゅう》（絞り染めの織物）、精好《せいこう》 銀剣《しろがねつるぎ》、風流服飾《ふうりゅうふくしょく》、目ヲ驚カサザルコトナシ、

これは『建武式目《けんむしきもく》』の第一条に指摘するものだ。一般に見栄を張って派手に振る舞い、形式・常識から逸脱する行為を「婆娑羅《ばさら》」（本来は仏教用語で梵悩打破の金剛石の意で、転じて自由自在に枠組を打開する行為や人物）と称した。『太平記』では近江の佐々木導誉《どうよ》（高氏《たかうじ》）に代表される大名武士への呼称として知られている。だが、これは武士のみの世界ではない。貴族もまた「婆娑羅」風味の人物

がいた。千種忠顕《ちぐさただあき》は行動も雰囲気もそれにふさわしかった。

彼は建武三年（一三三六）六月五日、叡山攻略の足利直義軍を迎撃、最期をとげた。楠木正成《くすのきまさしげ》・名和長年《なわながとし》・結城親光《ゆうきちかみつ》とともに「三木一草」（楠木・伯耆・結城・千種）と呼称された。そのなかで唯一の貴族出身者ということで、忠顕は特異な存在といえる。村上源氏に出自を有した六条一族は、学問を家業とした。その庶流に位置し、同族には公卿レベルの北畠一族がいるが家格に隔たりがある。忠顕の父有忠《ありただ》は息子の奔放な行動にしばしば苦言を呈したとある。千種は伊勢（鈴鹿方面）の地名に由来した。忠顕は伊勢千種氏の祖とされた。

『太平記』の語るところでは「文字ノ道ヲコソ、家業トモ嗜《たしな》マルベカリシニ、弱冠ノ比《ころ》ヨリ我道ニモアラヌ笠懸・犬追物ヲ好ミ、博奕《ばくえき》・婬乱《いんらん》ヲ事トセラルケル間、父有忠卿父子ノ義ヲ離レ、不孝《ふきょう》ノ由ニテゾ置カレケル」（巻十二「千種殿幷文観僧正奢侈ノ事付解脱上人ノ事」）とある。

要は放蕩息子だったという。「文字ノ道」より「兵馬ノ道」を好んだからだった。そんな忠顕を後醍醐天皇は抜擢した。元弘の変で笠置に同道、さらに隠岐配流にさいしても近仕した。『鰐淵寺文書《がくえんじもんじょ》』にも元弘二年（一三三二）八月十九日の宸筆願文《しんぴつがんもん》にもその署名が見える。そうした忠顕の忠臣ぶりが新政権での躍進を約束させた。頭中将という彼の官職も旧体制では望めないものだった。くわえて丹波など三つの知行国や雑訴決断所三番局（山陰・山陽道担当）寄人《よりうど》という栄職も、逆風のさなかで示した闘う姿勢の賜物だった。

忠顕は明瞭な時期は定かではないが、万里小路藤房と同じくにわかに出家した。藤房については

千種忠顕戦死の地（雲母坂）京都市歴史資料館提供

すでにふれた。諫奏をなした後醍醐側近の公卿である。中先代の乱をかわきりに「公武水火《こうぶすいか》」（『梅松論』）の如き争いが再燃した時期だった。尊氏の入京で京都の攻防戦がつづいたころであった。享楽を凝縮した直後の忠顕の出家には、思うところがあったのだろうが理由は不明だ。〝艱難は共有し得ても富貴は共有し得ず〟の如くだったのか。あるいは同床異夢となった新政の方向への無言の抵抗だったのか。その忠顕が戦う立場で再度の死を懸けた状況がおとずれた。

建武三年（一三三六）五月、西上した尊氏軍を迎撃しようとした楠木正成が摂津湊川で戦死、その報のなかで天皇は比叡山へと逃れる。これを守護して忠顕も同道したが、六月西坂本の合戦で戦死したとある（『太平記』巻十七「山攻メノ事付日吉神託ノ事」）。

東寺を本陣とした足利軍は大軍の主力を東坂本に結集、京都方面は搦手《からめて》軍（大将高師重）を投入した。これを迎撃する官軍側は宰相中将忠顕・坊門少将雅忠《まさただ》以下三百余騎で、多勢に無勢での戦闘だった。

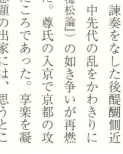

修学院離宮《しゅうがくいんりきゅう》の北方から叡山に延びる雲母坂《きららざか》は、かつてその激戦がおこなわれた場所で、今日でも忠顕の顕彰碑が残されている。新儀を求め革新に性急する弊は、政権の寿命を縮めることとなった。しかし、結果はともかくとして建武体制が志向したものは、「闘う貴族」の創出だった。武士と同等に、それ以上に干戈を交えることを厭わない公家・貴族を創り出すことだった。千種忠顕はまさにその代表だった。

武士も同様だ。北条氏による鎌倉的御家人秩序からの脱却である。しかし一五〇年にわたる武家の秩序は容易には打開できなかった。かつて頼朝が草創した武家の秩序とは何であったかといえば、所有権の不可侵性という一点に尽きる。開発所領にしても、武功による恩領にしろ、付与された所有権は容易には侵されないとの「道理」主義にあった。

建武体制への疑念は、この右の「道理」への危うさに関係した。武家それ自体の存立を危ぶむ意識が、北条とは別の主役をかつぐことで建武体制とは異なる途を選んだ。武家への回帰ながら鎌倉殿とは異なる新たな武権（幕府）の創出の方向だった。そのあたりの事情をもう少し別の角度から考えておこう。

〈革新と反動の間、「三木一草」のそれぞれ〉

建武新政の一つの側面は鎌倉的秩序の変革だった。公武体制からの脱却である。そのなかに家柄・家格秩序の打破もふくまれる。後醍醐がめざした新しい人事の体制は、そうした革新的要素がふくまれていた。公家・貴族世界を例にとれば、鎌倉時代は平安期以来の王朝システムがさらにすすみ、五位以上の「通貴《つうき》」あるいは三位以上の「貴《き》」の家格が固定したことだった。

摂関・院政期にはじまるその流れは、摂関家・清華《せいが》家・大臣家・羽林《うりん》家等々の家格の固定化をうながした。この点は承久の乱にかかわる項でもふれた。後鳥羽院がそうであったように、後醍醐天皇の個性もまた、固定化されつつあった秩序への挑戦という側面があった。だから両者の変革に賛同した勢力は、失うものがなかった貴族であり武士だった。

乾坤一擲《けんこんいってき》の挙兵に当初から参画した人々は、いずれもそうした立場に近い人々だった。尊氏や義貞は吹く風を読みそれに乗った。時代の読み方が巧みだったが、例の「三木一草」はそれとは異なる。彼らはいずれも変革のトップランナーとして、逆風を順風に仕掛けた立役者だった。後醍醐が彼らを特別な形で、新政権の目玉人事としたのもそれなりの理由だった。けれども旧守勢力にあっては、それを非とするものもあった。

北畠親房・顕家父子の場合はその傾向が強い。伝統ないし原理へと回帰するこの父子の場合、極端なる新儀には拒否の姿勢が強い。その点では『梅松論』が語る「朕ガ新儀ハ未来ノ先例タルベシ」との専制的な後醍醐天皇の姿勢を是とするわけにはいかなかった。顕家が奏した諫はそうした意識がふんだんに語られている。具体的には明示されてはいないものの、かの「三木一草」に象徴化された人事などは、家格秩序の破壊に繋がるとした。

もちろん顕家の奏状の時点で、彼らはいずれも戦死していた。ともに建武三年（一三三六）に死去した。結城は一月、楠木は五月、名和は六月、そして千種は六月である。抜擢人事での栄華は短かった。

ちなみに忠顕に関しては、既述したように婆娑羅的気分を演出した人物で、家系的には学問を家業とする中下級貴族だった。同じ村上源氏ながら堂上家たる北畠とは極官を異にした。楠木も同様だろう。河内の千早・赤坂を基盤としたこの一族は、商業活動に主力を置いた長者的武士とされ、御家人体制からは排された存在だったという。名和の場合もその笠験《かさじるし》(鎧に付ける家の標識)が帆掛船であることは有名だが、海上活動への従事を連想させる。これまた商業的海民武士としての性格が濃厚だった。『増鏡』にはその出自を思わせる叙述も見える。

そして結城親光である。白河結城氏という庶流にあったこの人物は、尊氏暗殺をもくろみ討死した忠臣として、『太平記』は筆をついやした。白河結城氏の本宗は下総の結城朝光《ともみつ》を流祖とする名家で、奥州合戦での武功で白河の地に所領を与えられた。宗広・親光父子は討幕と建武政権樹立の武功者だった。とくに親光は六波羅攻略戦のおりに男山(岩清水)に東国武士としていち早く参陣、自らの進退を表明した(『神皇正統記』)。

そうしたことで恩賞として、後醍醐天皇から惣領職がこの白河結城氏に与えられた。これまた武家内部での惣庶関係の秩序への介入であった。東国御家人社会にあって一族統合は、幕府・将軍といえども「家」の自立には不介入主義が原則だった。宗広・親光父子にとっては、建武政権下の「新儀」こそが恩義であり、その報恩こそが忠節に他ならなかった。さらに奥州方面への布石として白河結城氏の奥州検断職への補任は、一族飛躍の基盤ともなった。この一族が陸奥将軍府の北畠顕家の後見的役割をはたしたのは、そうした事情によった。

ひるがえって、後醍醐天皇による本宗結城氏の惣領職の交替は、東国武家社会の道理（慣例）に重大な変更を迫るものだった。庶子・庶流の惣領制的支配からの離脱という風潮（同族結合の解体）が背景にあったとはいえ、そこには天皇権力の一元化にともなう公家一統主義の原理・原則が滲み出ていた。

いずれにしても、「三木一草」に代表される人事は、幕府の御家人体制が堅固な状況では登場し得なかった。革新を志した建武体制ではあったが、立場によっては公家一統の方向性は反動と映じた。鎌倉を超えて、さらなる古き時代に行動規準が合わせられたからだ。天皇親政＝延喜・天暦への回帰はそれを示した。「後醍醐」という天皇名もしかりであり、「建武」という年号もそうだった。後漢を再興した光武帝の「建武中元」に範を求めたことでもわかるように、鎌倉の武家とは、前漢（平安王朝）と後漢（建武政権）の間に異物の如く存在した王奔《おうもう》の「新」王室に他ならない、との認識によっていたからだ。

〈武闘派公家たちの抗心―二条師基・四条隆資・洞院実世―〉

時勢の鋭い折り目という点で延元元・建武三年（一三三六）は記憶されるべき年だ。この年の暮れ、後醍醐天皇は吉野に逃れ、京都の皇統と対立の関係にはいる。南北朝の時代のはじまりである。こ

主上自令修金輪法　『太平記絵巻』(ニューヨーク・パブリックライブラリー・スペンサーコレクション)

ここに紹介する三人の南朝公卿(二条師基《にじょうもろもと》・四条隆資《しじょうたかすけ》・洞院実世《とういんさねよ》)もまた北畠顕家・千種忠顕と同じく甲冑に身をゆだねた貴族だった。忠顕が戦死した比叡山での合戦で同じく、彼らは官軍の陣中に身をおいていた。この戦闘にあっては尊氏側の本陣は東寺に、そして後醍醐側は比叡山にあった。

これを包囲するかのように、六月初旬、尊氏陣営は近江方面の東坂本と京都方面から挟撃する形で、大手・搦手両軍を配備した。官軍側は新田義貞以下の主力を東方に配備した。その関係で修学院北方の雲母坂方面(今道越)への軍勢配備は手薄であった。武闘派公卿たちの多くはこの方面に配されていた。既述の千種忠顕もその一人だった。その忠顕戦死後、両陣営の総力戦は一進一退の戦況を呈していた。

この間、官軍側は東寺の尊氏勢を攻略すべく東西から攻撃に出た。二条師基は一方の大将として官軍を率い市街戦を展開するが戦果をあげることができなかった。師基は九条道家の次男良実《よしざね》を祖とした。家名は二条京極の屋敷に由来した。兄道平の子良基《よしもと》は和歌・連歌の世界での著名人として北朝の中枢にあった。他方この師基は反尊氏への闘う姿勢を堅持した。五摂家の一つ二条家にあっても、家門内部で対立があったことがわかる。師基はその後も吉野にあって後村上天皇の時代に内大臣・左大臣・関白として中心的存在となった。

同じく官軍側にあって、東寺の本陣を南方の八幡（男山）方面から攻略した勢力に四条隆資がいる。かつての正中の変（一三二四年）で日野資朝らと討幕計画に参加、元弘の変（一三三一年）で逃亡し難を逃れた。その後の新政権では中心公卿としてこれまた後醍醐・後村上朝の人的基盤をなした。

京都市街戦にあっては南の鳥羽方面から東寺を攻撃したが、土岐頼直《よりなお》らの防戦で目的をはたせず八幡方面へと退いたことが『太平記』（巻十七「隆資卿八幡ヨリ寄セラルル事」）に語られている。ちなみに隆資の四条家は藤原北家魚名《うおな》流に属し、羽林家の家格だった。平安末期に隆季《たかすえ》が四条大宮に邸宅を有したことに由来する。この隆季の曽孫隆親《たかちか》から四条を名乗った。隆資はその三代の孫にあたる。

洞院実世もまた戦陣にあった。実世の洞院家は西園寺の庶流に属し、鎌倉末期には王家との外戚を有した名族として知られる。公経の子実雄を祖としたこの家は、実雄の娘たちがそれぞれ後宇多（佶子）・伏見（愔子）・花園（季子）の三天皇の生母となり、隆盛を呈した。実世は実雄の玄孫にあたる。比叡山の後醍醐の本営にあって側近として仕えた。戦線膠着の九月から十月にかけて尊氏側か

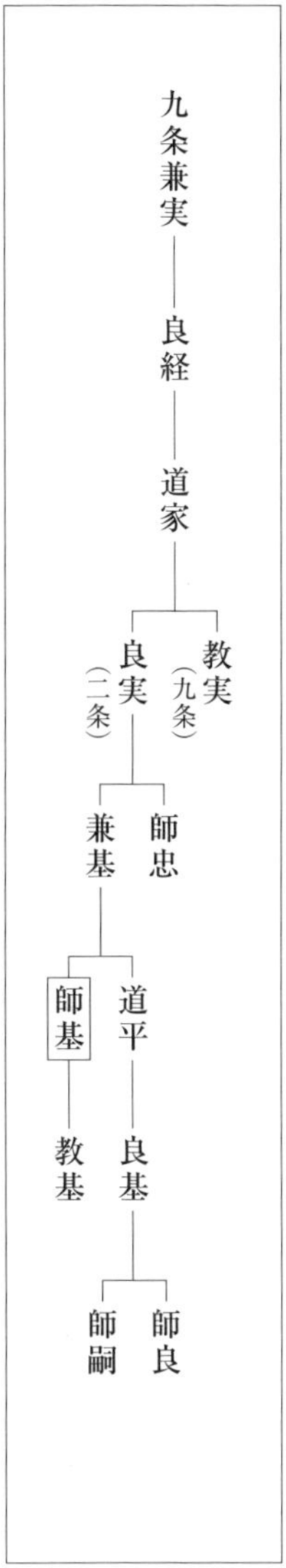

系図56　二条家略系図

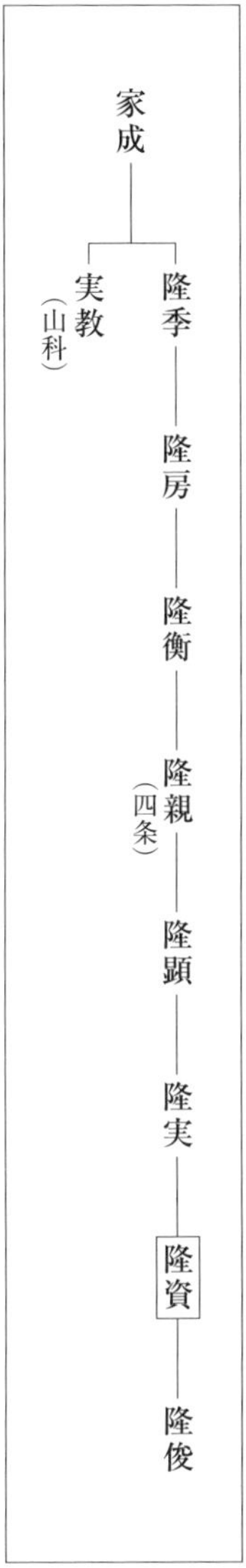

系図57　四条家略系図

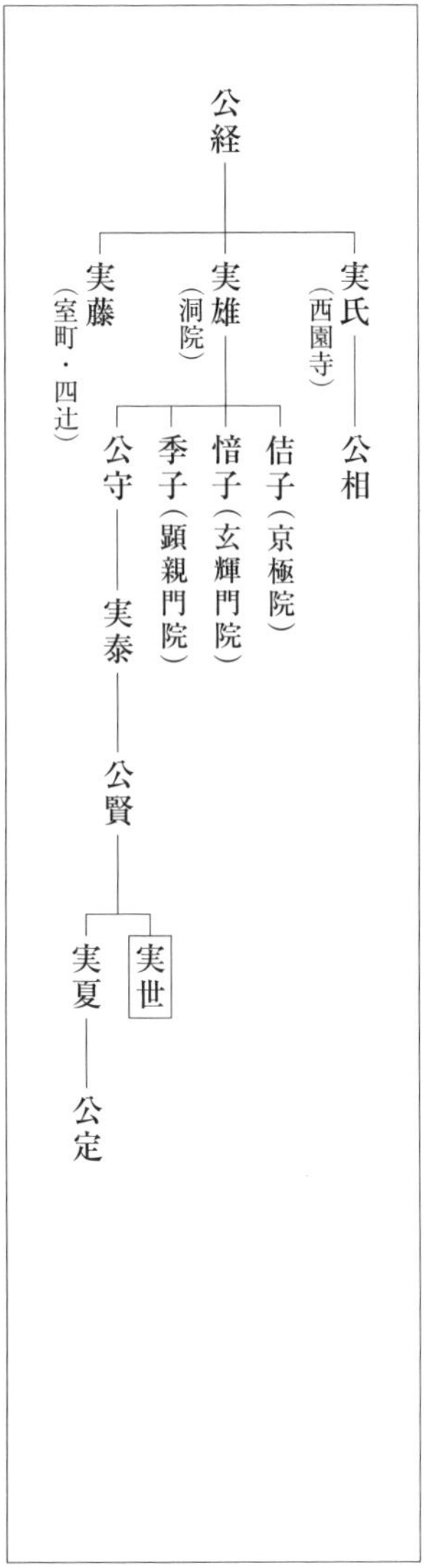

系図58　洞院家略系図

ら打診された和平案の交渉に尽力したことが『太平記』（巻十七「山門ヨリ還幸ノ事」）に見えている。よく知られているように、後醍醐天皇の独断に近い和平受諾に義貞側が否の姿勢を示した。これに対し天皇も戦略論（北国経略による勢力回復策）を提示したため、北国との協賛体制を是とした義貞勢は越前の金ヶ崎に向かうことになる。そのおりにこの実世も恒良《つねよし》親王らとともに同行した。

以上の武闘派公卿たちはいずれも南朝に属し、自らの立場を鮮明にして闘う姿勢を堅持した。二条師基・四条隆資・洞院実世らは当初より元弘・建武の乱に天皇側に味方し、逆境に身をゆだねた公卿たちということがいえる。摂関家・羽林家・清華家の流れに属した彼らは必ずしも嫡流ではなく、その点では家名の存続云々から離れたところで戦陣に参じた貴族たちだった。

〈カリスマの喪失と親房の戦略〉

吉野での南軍勢力が京都を占領したことが四回ほどあった。①一三五一年（正平六・観応二）十月、②一三五三年（正平八・文和二）六月、③一三五五年（正平十・文和四）一月、④一三六一年（正平十六・康安元）十二月である。いずれも後村上天皇の時代のことだ。独力での攻略というよりは武家内部での対立・分裂の機に乗じての奪還であり、短期で終わった。観応の擾乱（一三五〇—五二年）以後は現実には武家の優位が確定した段階であり、四回の南軍侵攻はその間隙を衝いての占領だった。けれども尊氏・義詮の武家の体制は動揺せず、足利将軍を支持する諸国の勢力は現実を選択することで、内乱は終息の方向に動いていった。

『太平記』も全体の七割が、右にふれた南軍の京都進攻以前に焦点がついやされている。「中夏無《ちゅうかぶ》為《い》」の表現で完結する『太平記』は、三代将軍の義満とこれを補佐する細川頼之《ほそかわよりゆき》の登場で終わっている。内乱の大きな節目として武家側が実質勝利するのは、南軍の中枢楠木正行《まさつら》の河内《かわち》の四条畷《しじょうなわて》での戦死の段階だろう。

一三三六年は南北朝時代がはじまる段階だったが、一三四八年の正行の四条畷合戦まではおよそ十余年。甲冑に身を固めた貴族たちも、武士との連帯があればこその戦闘だった。その点では抗心を保持しつつ、吉野方面での彼らの活動も限界があった。

ここで建武体制に参画した有力諸将の最期を簡略に一覧すれば以下のようになろう。南北朝分裂前後の戦闘で、楠木正成・名和長年・結城親光・千種忠顕の三木一草をはじめ、北畠顕家・新田義貞らが敗死する。この建武体制樹立グループの死により、戦力は大きく減殺された。くわえて一三三九年の後醍醐天皇の死は大きく、畿内での武的支柱であった楠木

〈南北朝分裂前後の戦闘〉

1336（延元1、建武3）	
1月	結城親光の戦死（京都合戦）
5月	楠木正成敗死（湊川合戦）
6月	千種忠顕敗死（西坂本合戦）
6月	名和長年敗死（京都合戦）
12月	後醍醐吉野に（南北朝分裂）
1337（延元2、建武4）	
3月	越前金ヶ崎城陥落
1338（延元3、暦応1）	
5月	北畠顕家敗死（和泉・石津合戦）
閏7月	新田義貞戦死（越前、藤島合戦）
9月	北畠親房らの東国経略
1339（延元4、暦応2）	
8月	後醍醐天皇没
1343（興国4、康永2）	
11月	常陸関城陥落、親房吉野に
1348（正平3、貞和4）	
1月	楠木正行戦死（河内、四条畷合戦）

常陸と奥州

正行の滅亡は、吉野側の傾きを決定づけた。

この間、南朝の最大のイデオローグともいうべき北畠親房の東国の常陸攻略も挫折（一三四三年）、その劣勢は明らかとなっていった。後醍醐天皇というカリスマの喪失は、南朝基盤を弱体化させることとなった。

かつて和議の形式による尊氏への降伏にさいし、後醍醐側は地域戦略論の立場をとり後日を期した。この点はすでにふれた。地域戦略構想には三つのブロックがあった。畿内（吉野）を軸に、一つは北国経略（越前から越中・越後への新田勢力と恒良《つねよし》・尊良《たかよし》親王による勢力扶植）、二つは奥州経略（多賀城・霊山を中心に北畠顕家と義良《のりよし》親王による基盤整備）、そして三つは鎮西・九州経略（征西将軍懐良《かねよし》親王派遣にともなう態勢挽回）である。このうち、北国と奥州の中心武将たる新田義貞・北畠顕家の両人を失ったことで、後醍醐側がめざした地域戦略構想は大きく頓挫することになった。

京都占領（一三三六年）段階では足利勢力の軸足がその周辺にあった関係で、北国方面の掃討戦がまずなされ、そのなかで越前の金ヶ崎城が陥落した（一三三七年）。

奥州・東国方面に向けての勢力扶植構想が現実化したのは、北国経略の失敗以後のことだった。北畠親房を中心とした義良・宗良親王らが伊勢大湊より東国に船出したが、風波で初期の目的は達成されなかった（義良は伊勢に帰り、宗良は遠江、そして親房は常陸に上陸）。この時期、親房の息子顕家は同年の和泉石津の戦いで戦死していた。顕家に代わり弟の顕信《あきのぶ》が父を補佐すべく、東国経略に参加していた。

親房・顕家・顕信の北畠父子の強靱な意志は、楠木一族（正成《まさしげ》・正行《まさつら》・正儀《まさのり》）にも対比されるが、北畠一族の場合その出自は貴族だったが、武人的要素も併有していた存在だった。とりわけ親房は劣勢の南朝を再建すべく常陸を中心に結城《ゆうき》・小山《おやま》・小田《おだ》などの有力武士団との連携を模索し、闘う姿勢を堅固に保ったことは特筆されるべきだろう。内乱の継続に向けて自己の正当性を歴史に問うことが要請された。親房はそのための方策を言論で提示した。

以下では言論で闘ったその親房の常陸経略についてふれておこう。

〈北畠親房の孤高の闘い、常陸経略の日々〉

強烈な意志で歴史にその正義を問いかけた人物として、親房はやはり記憶されねばならない。中世が生み出したイデオローグの代表に位置づけられるからだ。東国・常陸経略のなかで著した『神皇正統記』には、その親房の歴史観が反映されている。何よりもその影響力の大きさだった。史実を史論にまで高めたという点では、慈円の『愚管抄』や新井白石《あらいはくせき》の『読史余論《とくしよろん》』も、親房の『神皇正統記』にはおよばないかもしれない。そこに貫かれている過去の読み解き方は群を抜くようだ。そのため、後世とりわけ近世（江戸期）の史論界に与えた影響は少なくなかった。『大日本史』を背景とした幕末の「水戸学」には、この親房が発信した尊王思想が陰に陽に作用していた。

豈《あに》、所謂《いわゆる》、通儒ナル者ニ非ズヤ……幼主ヲ補佐シ、屹トシテ南朝ノ元老ト為レルハ、蓋《けだ》シ諸《しょ》葛亮《かつりょう》ノ風アリ……（『大日本史賛藪』）

例によって安積澹泊《あさかたんぱく》からの引用である。一読して了解されるように、親房への最大級の賛辞である。幼帝後村上を補佐する姿勢は、諸葛孔明をも彷彿させるとある。名分論に立脚した『大日本史』は、親房の考え方に通底するものがあった。

「正閏《せいじゅん》ヲ弁覈《べんかく》シ（正統とそうでないものを明瞭にすること）、綱常ヲ扶植シ、雄深該博《ゆうしんがいはく》、以テ僭偽《せんぎ》ヲ攘《じょう》斥《せき》スルニ足ル（深い知識で真偽を正した）」とも論じており、正閏云々についても『大日本史』的立場から親房の思想に賛意が表されている。

この『賛藪』の一節には、親房の「正義」と裏腹の関係で評された結城親朝の名もあがっている。親房の要請にもかかわらず、これに参じなかった白河結城一族の惣領親朝への非難である。「関城ノ囲《かこみ》ハ、睢陽《すいよう》ヨリ急ニシテ、結城親朝ノ観望《かんぼう》ノ罪ハ賀蘭進明《がらんしんめい》ニ浮《す》グ」と。安禄山の乱で睢陽を包囲されたおり、賀蘭進明の助力を要請したが、これに応じず睢陽が陥落した故事を引用したもので、親朝の日和見的な観望の立場が関城陥落を招いたことが指摘されている。中国の故事を引き合いに親朝の観望主義（情況主義）を筆誅する『賛藪』の立場は、近世的史論の一つの特色だろう。

南朝正統論に立つ『大日本史』的観点からすれば、親房の立場は「恢復ノ志ハ、百折スルモ回《かえ》ラズ、独リ招討ヲ以テ己ガ任ト為ス」との激賞に語られているように、挫折にくじけず己の志を貫徹した原理・原則主義への賛辞につながる。そこには観望論を非として、原則論を是とする名分主義が主張されている。それもまた江戸の時代が育んだ産物だった。

ちなみに筆誅された側の親朝にも言い分はあるはずだろう。父宗広・弟親光ともどもが後醍醐側に与力し、その中心的武力を提供していたことからすれば、一族共同歩調での関城参陣が忠節とされる。この親房的論理の背景には、関東・東北（東国）支配を天皇から委任されたとの王土思想があった。

この親房的論理とは別に、多くの武士にとって相伝所領の継承と、それを保証する政治権力の後ろ楯が必要だった。空手形は有効ではなかった。どうすれば所領の保全と一族の存続が可能なのか。諸国の武士たちにとっては、情況主義に立つ観望の立場が一般的だった。その点ではこの北畠一族・楠木一族、そして九州の菊池一族などはむしろ例外だった。その例外を生み出す時代情況こそもまた議論の主題となるが、それはともかく父子・兄弟が異なる行動をなすことは〝種の保存〟（一族の存続）から当然ともいえる。

目前の利にとらわれない親房的名分思想は、実益をもたらさない。以前にもふれたようにこの時期、下総結城氏の本家は早くから足利側に味方していた。その関係で白河結城氏は本家からの自立・独立をめざし、南朝側に加担した。けれども、同氏にとっては保険も必要だった。南朝に軸足をおくなかでの一族の滅亡の回避だ。親朝が本領を離れず観望する方針は、当然の選択であった。

鎌倉的武家の一五〇年の現実支配をご破算して、〝正義〟という理屈でこれに加担するには〝危険手当〟が必要とされた。親房の七十通を超える書状にも動かされず、一族の立ち位置を考えぬこうとする親朝の意志は精神論で論断できない。親朝への参陣要請の書状のなかには、近隣近傍の武士（例えば石川一族）に対しての助力要請も当然ながらあった。彼らが劣勢の親房側に加勢するためには所領の給与および朝官就任といった明確なる恩賞を必要とした。原理・原則主義に立つ親房は、当然ながら恩賞至上主義を批判する。

正義のためには〝狂気〟の共有が必要なのだろうが、そこにいたるまでには時代は必ずしも成熟していない。近世・幕末に再生される親房的立場の再評価には、さらなる時間が必要となる。

いずれにしても、親房は劣勢ながら南朝勢力挽回のための工作を進めた。五年間におよぶ常陸経略は一三三八年十月の霞ヶ浦・東条荘への着岸からはじまった（『烟田《かまた》文書』）。その後の神宮寺《じんぐうじ》城から阿波崎《あわさき》城、さらに小田城、関城への転戦の日々のなかで、常陸武士団との闘いがなされていった。

例えば尊氏側に参じた鹿島一族の烟田時幹《かまたときもと》がその軍忠状に「吉野没落ノ朝敵人北畠源大納言入道以下ノ凶徒《きょうと》等」と指摘するように、親房一行は「没落ノ朝敵人」にすぎなかった。差出者の烟田時幹は常陸大掾《ひたちだいじょう》流鹿島氏の庶流に属した地域武士であり、右の文言は神宮寺城合戦に参じたおりの軍忠状に語られているものだ。時幹は京都の東寺合戦にも参陣し、早い段階で尊氏側に旗幟を鮮明にした。「朝敵人」なる語を演出することで、自らの立場を確保したうえでの尊氏側への参陣だった。恩賞（本領の保証や新恩の給与）にくわえ、「朝敵」打倒という名目である。前者は将軍経由での武家伝統の実質をともなうもの、そして後者は京都（北朝）側からの認識だとしてもである。

親房が遭遇したのは、こうした情況下での常陸なのである。彼は四面楚歌のその危機を如何に打開しようとしたのか。以下では親房書状を具体的にながめながら考えておこう。

（茨城県立歴史館編『中世東国の内海世界』より作製）

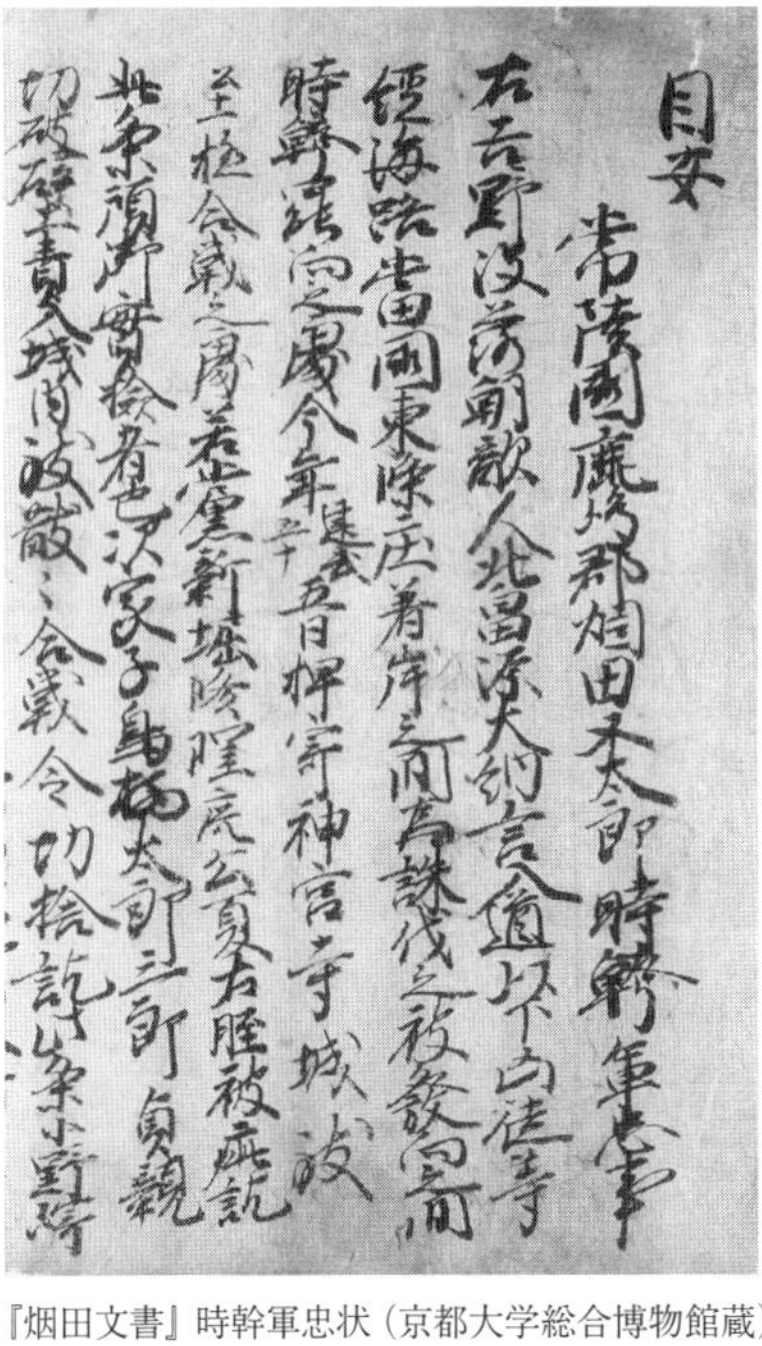

『烟田文書』時幹軍忠状（京都大学総合博物館蔵）

〈親房の戦略構想〉

地勢的関係から常陸は東北と関東の接点にあたる。平安末・鎌倉期以来、常陸には三つの主要な武士団があった。北部の佐竹《さたけ》氏（義光流源氏）、中部の常陸大掾氏（繁盛《しげもり》流平氏）、そして西部の小田《おだ》氏（道兼流藤原氏）である。この三つの勢力のうち佐竹・大掾両氏は早く尊氏側に参陣していた（先の烟田時幹の場合も惣家の大掾氏と歩調をともにした）。小田氏の場合、最終的に尊氏側につくことになるが当初は親房を擁して戦った。

親房にとって常陸は奥州への橋頭堡であった。多賀城《たがじょう》（仙台市の東方）・霊山《りょうぜん》（福島市の北東）の重要ルートに白河関があるが、ここを扼《やく》する形で押さえていたのが結城氏だった。その点では小田氏とこれに隣接する名族下野小山氏（秀郷流藤原氏）をしたがえるためにも、白河結城氏との連携は大きかった。

建武政権樹立のおり親房は子息の顕家ともども、陸奥将軍府を設営した。さらに顕家自身は二度奥州勢力をしたがえ（一三三五年十二月、一三三七年八月）、畿内に進撃したことで、奥州武士団との連帯の余地もあった。その限りでは、自立を保持する利根川以東の関東武士団（旧豪族領主層とされた小田・小山・宇都宮・結城諸氏など）を自らの陣営に組み込む方策も構想されていた。

当面、小山氏については、当主朝郷《ともさと》が顕家の二回目の上洛軍のおりに南朝側に降伏したため、小山・小田を軸に北方の白河結城氏との連帯は急務とされた。

以下、五年間の常陸経略の動きを、今日残されている「親房書状」(『松平本結城文書』所収)と当該地域での政治的情況(合戦もふくむ)から、幾つかの節目にしたがい整理しておこう。

第一期　常陸上陸(一三三八年九月)から小田城在陣(一三三九年十月)までの段階＝常陸合戦以前

第二期　常陸合戦の開始(一三三九年十月)から小田城陥落(一三四一年十一月)までの段階＝小田城攻防戦

第三期　小田城陥落(一三四一年十一月)から関城・大宝《だいほう》城合戦終焉(一三四三年十一月)までの段階

第一期は神宮寺城合戦をへて小田城へと移動した時期で、尊氏の指令により高師冬が関東に下向(一三三九年六月)し、小田城への本格的攻撃の準備がなされた段階だ。

例えば「延元三年(一三三八)十一月二十六日書状」にあるように、親朝の石川氏・小山氏など周辺武士の南朝帰順工作への謝辞と吉野側の現況が語られている。ここには親朝への親房の期待も読み取れる。高師冬の常陸進攻以前ということもあり、対奥州ルート確保への期待が高かったことをうかがわせる。後醍醐死去の直前であったが、義良親王や結城宗広の下向が期待された時期だった。

第二期は後醍醐が没し後村上天皇が即位した情況下で、高師冬の常陸進攻が現実化する。親房が依拠した小田城への攻防戦が本格化した。「興国元年（一三四〇）十月十日書状」には、親朝の軍事行動要請が五ヶ条にわたり連綿とつづられている。そこには情勢急務のおり白河城外への派兵（東海道筋・那須方面）など臨機応変の措置を願う旨と併せて、親朝の要望する後村上天皇への修理権大夫推挙の件もしるされている。

さらに、鎌倉以来の武家の旧儀遵守こそが秩序維持のために必要なこと、先帝後醍醐はこれを無視する傾向があったこと、その新儀さが悪い先例をもたらしたことなども語られており、利益誘導一辺倒ではない硬骨漢親房の意思が看取できる。小田城包囲の劣勢下、親朝の出撃による陽動作戦に期待を高めていた。

また「興国二年十月十六日書状」は小田城陥落の直前のものだが、そこには宇都宮・小山・下妻・長沼・芳賀《はが》の周辺武士たちも敵意を示し小田城は危機に瀕していること、援軍が無理な場合、周辺に出撃し進撃の気勢を示してほしいことなど切迫した内容が語られている。小田治久《はるひさ》の小田開城はその書状の一ヶ月後のことだった。

第三期は小田城から脱出した親房が北方の関城に、春日顕国・興良《おきよし》親王（護良の子、母は親房の妹とも伝える。一三四一年落城直前の小田城に入る）が大宝城に移り、劣勢挽回の最終段階だった。この時期は南軍側の常陸の拠点が次々に陥落、親房の在地勢力の経略は不調に終わる。「興国二年十一月十二日書状」では、大宝城との連携のなかで関宗祐《むねすけ》以下の籠城勢力の士気減退が伝えられ、兵糧物資の窮乏が訴えられている。

右の書状のちょうど一年後に関城・大宝城は陥落した。親房は天皇に対する「忠」と父宗広への「孝」の二つながらを主張し、親朝の説得にあたったが、後方支援に徹した親朝はついに軍勢派兵にはいたらなかった。その間に尊氏側からの親朝の参陣打診がなされていた。親房が関城へと移った段階のころだった。尊氏側の親朝の調略は、興国三年四月に本領安堵の約諾と引き換えに実現されることになる。

　親房がまだ一縷の望みを期待していたころ、親朝は尊氏・親房双方の申し出を推し量りながら、その進退を見極めていたというところだろうか。最終的に「忠」「孝」よりは現実の「利」を選ぶことで、親朝は一族の存続をはかった。義に殉じようとして闘ってきた親房にとっては、歯噛みの仕儀となった。観望論に立った現実路線への転換により、親朝は後世には「懦夫《だふ》」（臆病者）の記憶を歴史のなかに与えられることになった。

小田城址（つくば市教育局提供）

関宗祐の墓（筑西市教育委員会提供）

親朝の路線転換は小田城陥落以後のことだったろう。小田城退去の二日後、親房の無念が親朝宛の書状にも見える。「此間、度々仰セラルルトコロ、戮力《りくりょく》ノ遅々《ちち》ニヨリ、此難義出来《なんぎしゅったい》候ヒ了ヌ」(この落城については度々の要請にもかかわらず、来援が遅延したためにこうした状況になってしまった)。親房の忿懣《ふんまん》が見え隠れするようだ。親朝は関城にあっても物資支援を継続したが情勢は好転せず、そうしたなかでの方向転換だった。

〈闘う貴族の遺産〉

親房の常陸経略の五年間は、関城陥落でおわった。この期間が長いと考えるか、短いとするかはそれぞれだ。それにしても、劣勢のなかよく孤塁を守り抜いたとするのが普通だろう。親房が親朝と交わした多くの書信には戦略上の要請以外にも、武家たる立場での行動原理などに筆がついやされている。親房の歴史意識は何度かふれた『神皇正統記』に示されている。この書物は小田城在陣中の延元四年(一三三九)秋に著されたものだった。

驚くべきことに親房は、その翌年の十二月『職原抄《しょくげんしょう》』も完成させている。前者は史論書であり、後者は有職書としての性格が濃いものだが、そこには親朝に送った書信に通底する内容もある。親朝をはじめとした地域武士たちに日本国のあるべき姿を歴史に問い、語ろうとした面もあった。

親房は自己の有するその言説を普遍化させることで、武士たることとの分限・官職の秩序などを共有してもらおうとした。『神皇正統記』の主眼は歴世の王権の正統性を語ることにあった。幼帝後村上への教訓の書であったことは当然だとしても、より深い日本国の記憶を歴史に問いかける試みだった。

凡保元・平治ヨリコノカタノミダリガハシサニ、頼朝ト云人モナク泰時ト云者ナカラマシカバ、日本国ノ人民イカヾナリナマシ。此イワレヲヨクシラヌ人ハユヱモナク、皇威ノオトロヘ、武備ノカチニケルトオモヘリ是ハアヤマリナリ。

右の『神皇正統記』〈後嵯峨天皇〉の有名な一節に示されているように、親房自身は武家を否定したわけではない。頼朝や泰時など自らの分限を守る存在への賛意は惜しまない。武家を王権の外護《げご》者《しゃ》として位置づけ、武権の役割を相応に評価しているからだ。必要悪としての武家は範を超えない枠で存在すべきだとの考え方である。

要はあるべき日本国の理想の姿は、武士も王民の立場で天皇の下で弓馬に携わり治安維持に尽力することがその使命であるとする、この考え方は興国三年八月のものとみられる書状にも見える。「凡ソ重代ノ輩ハ皆コレ王民ナリ、保元平治以来、源平ノ家ニ属シテ、各陪臣トナリ、皇家ノ列ニ属サズ、承久以来ハ剰《あまつさ》へ、義時・泰時等ノ指麾《しき》ニ拘《かか》ワル。……心アルノ輩、先祖ノ譜系ヲ見レバ、心恥ヂザルベケンヤ」とあるように、頼朝的秩序への回帰を主張したなかにも散見される。そこにあっては北条氏による陪臣支配への臣従を恥として、王家一統下での公武協力体制の樹立と維持こそが主張されており、ブレない親房の強烈な意志が伝わってくる。

凡ソ王土ニハラマレテ、忠ヲイタシ命ヲ捨ツルハ人臣ノ道ナリ。必《かなら》ズ是ヲ身ノ高名《こうみょう》ト思フベキニアラズ。然レドモ後ノ人ヲハゲマシ、其跡ヲ哀ミテ賞セラル、ハ君ノ御政《まつりごと》ナリ。下トシテ競ヒ争ヒ申スベキニアラヌニヤ。

（『神皇正統記』〈後醍醐天皇〉）

ここには人臣の道とは無私の精神たることが説かれ、官職とは勲功により与えられるもので、望むものではないことも力説されている。叙位・任官への限りない要望への批判も強く指摘されている。これなどもすでにふれた親房書状の語るところと一致している。

原則論に立脚した親房の論理はすべての貴族・武家たちが共有したものではなかったにしろ、鎌倉の武家の登場以来の歴史認識においてさほど的はずれではない。例の慈円の『愚管抄』にあっても、親房的歴史認識と重なる部分が少なくなかったことからも、この点は了解されよう。

それにしても、南北朝の時代は戦乱をつうじて、歴史（過去）とどう対峙するかが問われた。武家を歴史の体制内でふくむ時代を経験したなかで、これとどう向き合うかが問題とされた。多くが公家・貴族側からの表明がなされたけれど、武家側も自らの立場を開陳する情況が成熟していた。『梅松論』はその場面でのいささかの味付けがあり、今川了俊《いまがわりょうしゅん》の『難太平記《なんたいへいき》』にその片鱗が表明され、そして『源威集《げんいしゅう》』に武家統治の正当性が歴史に問いかけられるにいたった。そこには公武相互の自己主張の到来という時代の成熟でもあった。
闘う貴族たる親房の真骨頂はその言説による主義・主張の広げ方にあった。文筆による文化闘争を介し、歴史に対してその正当性を問おうとした。親房の東国経略は失敗したが、その種子はその後も点としてではあったが散布された。顕家・顕信の奥州経略は霊山陥落後も葛西・田村・南部といった東北勢力に継承され、やがては奥羽北方の津軽の浪岡《なみおか》氏や安東氏をもまき込む形で動かすことになる。このあたりの事情は本書の範囲外ではあるが、親房的な義の遺伝子は周縁に点線ながらも伝えられたことになる。

貴種を戴く形での南朝の戦略論は、東国・東北世界のみならず鎮西・九州方面でも現実化した。征西将軍懐良《かねよし》親王による鎮西経略である。肥後菊池氏との共同歩調のなかで、独自の存在証明をはたしたことは、これまた特筆されることだった。

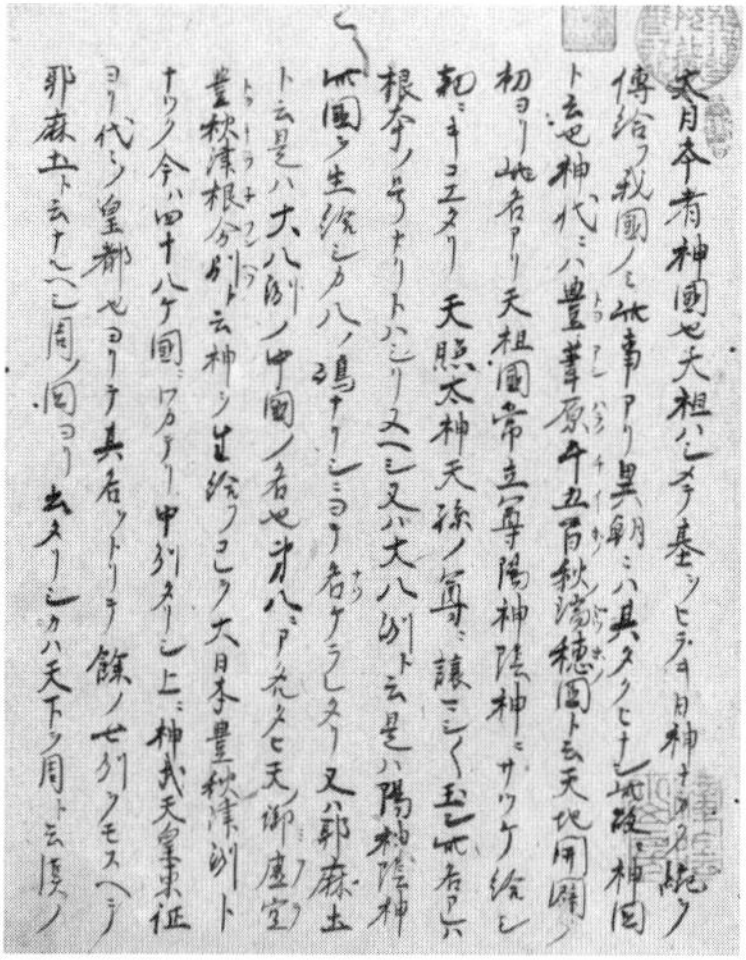
『神皇正統記』（國學院大学図書館蔵）

歴史への洞察を介した親房の文化闘争は、部分として水面下で継承されていった。武家全盛の時代にあっても点滅しつづけた。すでにふれたように、近世江戸期の水戸学には親房的論理が受容されていた。日本思想史あるいは精神史の耕しを必要とするこの方面での成果について、場当たり的に紹介してもはじまらないが、歴史のなかで『神皇正統記』の種子が根づいたことは疑いない。とりわけ常陸という風土が育んだ水戸学の世界はこれが顕著だった。幕末・天保年間（一八三〇～四四）以降、本格化した国体主義や尊王主義への傾きは、やがては西南諸藩に飛び火しつつ大きなうねりとなる。

武家を体内に宿したとき、過去は三つの対応を示した。一つは後鳥羽院の承久の乱に示されるように、武家を排斥する立場だ。治天の君たる院支配権力への構想である。これは失敗した。そして二つが後醍醐による建武体制の樹立だ。そこでは国司・守護並存の地方体制を樹立させる方策がなされた。幕府体制を否定したうえでの武家の体内引き込みによる公家一統の方針である。半ば成功、半ば失敗に終わった。

ただし、建武新政は親房的立場からは「志」において敗北ではなかったことになる。彼の掲げた正義は時代を超えて継承され、歴史のなかでの長い導火線の役割をはたしたためだ。

幕末から明治維新の変革は、武家（幕府）をどう清算するかの総決算にあたる。それゆえに明治維新後は親房の建武体制への回帰主義を評価して「建武中興」の呼称が一般化されるようになる。天皇親政による王政復古、この対比においてかつての建武体制は「中興」の名に値するものに他ならなかったからだ。

かかる解釈の当否は別にしても、親房という闘う貴族の意思は、超歴史的思考ながら正義を標榜する側の支柱とされたことは、歴史の皮肉でもあった。

あとがき

予想外に長い時間がかかってしまった。五年ほど前に約束したもので、『恋する武士　闘う貴族』の表題は、以来ブレることなくそのままである。けれども、中身に関しては数年前に三割程度書き上げたものの、構想や表現の仕方について納得がゆかずすべて破棄した。小説家ほどの文章力があるわけではないが、書きながら惰性に陥ったことが大きな理由だった。何が主張したいのかわからなくなったというのが実感なのかもしれない。

この間、公私の雑事にまぎれ中断がつづいた。再起動までに時間はかかりすぎたが、何とか一書にまとめることができた。頁数はそれなりの分量になった。武士と貴族をそれぞれ分冊することも提案されたが、むしろ一書にまとめることで、異質に見える両者の相互のかかわりを考えたかったので一つにした。平安・鎌倉・南北朝というように、時間軸を少し長目に設定した。武士・貴族ともどもが各時代の画期のなかで、その意識がどのように変貌・変化したのかを考えるためにも、二つの内乱（治承・寿永の乱と南北朝の動乱）のあとさきを考えたからだ。ともかく人物を介して時代を耕すことが本書の眼目である。

〝女々しさ〟と〝雄々しさ〟は貴族と武士の専売の如く解されているが、象徴化されすぎたそのイメージはある局面を切り取った典型である。その姿に誤りはないが、それだけでは語り尽くせないものもある。武士を恋の世界で語らせるとどうなるか。そして貴族を闘いという場で切り取ると何が見えるのか。このあたりのことは、「はしがき」でもふれたところなのでくり返すことはしないが、勇壮すぎる武士像も、王朝風味の華麗な貴族像も文学的記憶としては、嫡流にちがいない。だが嫡流の行儀のよい世界とは別に、生死を懸けた場面で武士・貴族それぞれの〝声〟をどのように聞くことが可能なのか。そうした構想から温めてきた企画が本書である。

武士にしろ、貴族にしろ、反乱・内乱といった場面で当該人物の行動は沸点に達する。この点では本書であつかった人物たちはいずれも各時代の画期のなかでそれなりに影響を有したが、人物論に陥いる弊は排したつもりだ。人物を紡ぐさいに時代背景や制度その他、もろもろの歴史的知識をおりにふれながら挿入することで、時代を汲み上げようとした。そうした目論見とは別に人物列伝風な書き方で中世という時代の片鱗をのぞこうと試みたが、表現の仕方や内容が難しかった気もする。媚びることはしたくなかった。その点では人物の論じ方としては「Y切片」の高いものになっている。初歩的知識はその限りでは織り込みずみから出発したからだ。平易に書くことを射程に入れながらと、思いつつも…だった。ともかく「質」「量」ともどもそれなりといったところだ。以上、意のあるところはおわかりいただけただろうか。

『平家物語』や『太平記』などの諸史料については文中でなるべく出典は示した。また依拠した論文や文献については多数にのぼるが、本書の性格上から文中に注記することはせずに最後にまとめて提示させていただいた。

これまで何度かお付き合いがあった山川出版社から上梓させていただいた本書は、これまた筆者の里程標の一つとなるはずだ。

最後になったが、長らくのお付き合いとなった山川出版社の皆様、そして本書の編集にさいして写真の手配もふくめ、多くの助言をいただいた同社の酒井直行氏に改めて、お礼を申し上げたい。

二〇一五年五月

関　幸彦

参考文献

第Ⅰ部

第一章

有吉　保『百人一首』講談社学術文庫、一九八三
乾　克己他編『日本伝奇伝説大事典』角川書店、一九八六
入間田宣夫『武者の世に』日本の歴史、集英社、一九九一
上横手雅敬『源平の争乱と平家物語』角川書店、二〇〇一
遠藤基郎『後白河上皇』日本史リブレット、山川出版社、二〇一一
北原保雄・小川栄一編『延慶本 平家物語 本文篇』勉誠出版、一九九〇
桑原博史『西行物語』講談社学術文庫、一九八一
五味文彦『絵巻で読む中世』ちくま新書、一九九四（ちくま学芸文庫、二〇〇五）
近藤好和「源頼光 摂関期の軍事貴族」（元木泰雄編『古代の人物6 王朝の変容と武者』）清文堂、二〇〇五
斉藤利男『奥州藤原三代』日本史リブレット、山川出版社、二〇一一
佐伯真一他編『平家物語大事典』東京書籍、二〇一〇
佐伯真一「『軍記』概念の再検討」（『中世の軍記物語と歴史叙述』竹林舎、二〇一一）

佐伯真一『建礼門院という悲劇』角川選書、二〇一四
関　幸彦『蘇る中世の英雄たち』中公新書、一九九八
関　幸彦『百人一首の歴史学』日本放送出版協会、二〇〇九
関　幸彦『武士の原像』ＰＨＰ研究所、二〇一四
多賀宗隼『源頼政』吉川弘文館、一九七三
高橋昌明『平家の群像』岩波新書、二〇〇九
西野春雄校注『謡曲百番』新日本古典文学大系57、岩波書店、一九九八
橋本義彦『貴族の世紀』日本の歴史文庫5、講談社、一九七五
服藤早苗編『王朝の権力と表象』学芸の文化史（叢書・文化学の越境）、森話社、一九九八
兵藤裕己『平家物語の読み方』ちくま学芸文庫、二〇一一
保立道久『平安王朝』岩波新書、一九九六
保立道久『物語の中世』東京大学出版会、一九九八
前田雅之『古典的思考』笠間書院、二〇一一
目崎徳衛『西行の思想史的研究』吉川弘文館、一九七八
元木泰雄『保元・平治の乱』角川ソフィア文庫、二〇一二
元木泰雄編『王朝の変容と武者』古代の人物6、清文堂、二〇〇五
安田元久『院政と平氏』日本の歴史7、小学館、一九七四
山田雄二『跋扈する怨霊』吉川弘文館、二〇〇七
山中　裕『平安人物志』東京大学出版会、一九七四
山本幸司『人はなぜ騙すのか』岩波書店、二〇一二

渡辺　治『西行』清水新書、一九九八

第二章

石井　進『鎌倉幕府』日本の歴史7、中央公論社、一九六五
石井　進『中世武士団』日本の歴史12、小学館、一九七四
石井　進『鎌倉武士の実像』平凡社、一九八七
石川一・山本一『拾玉集』上・解註（『和歌文学大系』58、明治書院、二〇〇八）
市古貞次・大島建彦校注『曾我物語』日本古典文学大系、岩波書店、一九六六
乾　克己他編『日本伝奇伝説大事典』角川書店、一九八六
上横手雅敬『院政と平氏　鎌倉政権』日本の歴史12、中央公論社
大三輪龍彦・関幸彦・福田豊彦編『義経とその時代』山川出版社、二〇〇五
岡田清一『鎌倉幕府と東国』続群書類従完成会、二〇〇六
五味文彦『武士と文士の中世史』東京大学出版会、一九九二
佐藤進一『日本の中世国家』岩波書店、一九八三
下向井龍彦『武士の成長と院政』日本の歴史7、講談社、二〇〇一
関　幸彦『「鎌倉」とはなにか』山川出版社、二〇〇三
関　幸彦『北条政子』ミネルヴァ書房、二〇〇四
関　幸彦『北条時政と北条政子』日本史リブレット、山川出版社、二〇〇九
関　幸彦「鎌倉殿頼朝の王朝へのまなざし―鎌倉と京都―」（福田豊彦・関幸彦編『「鎌倉」の時代』山川出版社、二〇一五）

高橋昌明『武士の成立　武士像の創出』東京大学出版会、一九九九
谷　知子「慈円と源頼朝」（和歌文学大系「月報」33所収、明治書院、二〇〇八）
戸田芳実『初期中世社会史の研究』東京大学出版会、一九八九
永井　晋『鎌倉幕府の転換点―『吾妻鏡』を読みなおす』NHKブックス、二〇〇〇
野口　実『武門源氏の血脈』中央公論新社、二〇一二
橋本義彦『平安の宮廷と貴族』吉川弘文館、一九九六
福田豊彦『中世成立期の軍制と内乱』吉川弘文館、一九九五
福田豊彦・服部幸造編『源平闘諍録―坂東で生まれた平家物語』〈上・下〉講談社学術文庫、一九九九・二〇〇〇
福田豊彦・関幸彦編『源平合戦事典』吉川弘文館、二〇〇六
安田元久『鎌倉幕府と源頼朝』教育社、一九七七
安田元久編『鎌倉・室町人名辞典』新人物往来社、一九九〇
山本幸司『頼朝の天下草創』日本の歴史9、講談社、二〇〇一

第三章

新井孝重『悪党の世紀』歴史文化ライブラリー、吉川弘文館、一九九七
石井進他校注『中世政治社会思想　上』岩波書店、一九九四
伊藤喜良『南北朝の動乱と王権』東京堂出版、一九九七
笠松宏至・網野善彦『後醍醐と尊氏』週刊朝日百科日本の歴史12、朝日新聞社、一九六八
笠松宏他校注『中世政治社会思想　下』岩波書店、一九九四

角川源義『語り物文芸の発生』角川書店、一九七五
黒田日出男『王の身体　王の肖像』平凡社、一九九三
川添昭二『九州の中世世界』海鳴社、一九九四
小林一岳『元寇と南北朝の動乱』吉川弘文館、二〇〇九
五味文彦『殺生と信仰』角川書店、一九九七
佐伯真一『戦場の精神史』日本放送出版協会、二〇〇四
佐伯真一「『義貞軍記』と武士の価値観」（井上泰至他編『日中韓の武将伝』勉誠社、二〇一四）
佐藤和彦『「太平記」を読む』学生社、一九九一
佐藤進一『南北朝の動乱』日本の歴史9、中央公論社、一九六五
関　幸彦『その後の東国武士団』吉川弘文館、二〇一一
関　幸彦「『鎌倉』とはなにか」〈シンポジウム中世文学と鎌倉〉（『中世文学』五九号、二〇一四）
田辺久子『関東公方と足利四代』吉川弘文館、二〇〇二
千葉徳爾『たたかいの原像』平凡社、一九九一
千葉徳爾『負けいくさの構造』平凡社選書、一九九四
栃木孝雄『軍記と武士の世界』吉川弘文館、二〇〇一
永原慶二『下克上の時代』日本の歴史10、中央公論社、一九六五
新田一郎『太平記の時代』日本の歴史11、講談社、二〇〇一
北条氏研究会編『北条氏系譜人名辞典』新人物往来社、二〇〇一
福田豊彦編『いくさ』〈中世を考えるシリーズ〉吉川弘文館、一九九三
村井章介『分裂する王権と社会』中央公論社、二〇〇三

村井章介編『南北朝の動乱』吉川弘文館、二〇〇三
森　茂暁『太平記の群像』角川書店、一九九一
安田元久編『鎌倉・室町人名事典』新人物往来社、一九九〇
義江彰夫『歴史の曙から伝統社会の成熟へ』山川出版社、一九八六

第Ⅱ部

第四章

石井　進『中世のかたち』日本の中世1、中央公論新社、二〇〇二
上横手雅敬『源平の盛衰』講談社、一九六九
小原　仁『文人貴族の系譜』吉川弘文館、一九八七
鍛代敏雄『中世日本の勝者と敗者』敗者の日本史、吉川弘文館、二〇一三
倉本一宏『摂関政治と王朝貴族』吉川弘文館、二〇〇〇
五味文彦『躍動する中世』全集・日本の歴史五、小学館、二〇〇八
坂本賞三『摂関時代』日本の歴史6、小学館、一九七四
佐伯真一『建礼門院という悲劇』角川選書、二〇〇九
佐々木恵介『天皇と摂政・関白』天皇の歴史03、講談社、二〇一一
佐成謙太郎『謡曲大観〈首巻〉』明治書院、一九三一
繁田信一『殴り合う貴族たち』柏書房、二〇〇五（角川ソフィア文庫、二〇〇八）
関　幸彦『百人一首の歴史学』日本放送出版協会、二〇〇九

関　幸彦『蘇る中世の英雄たち』中公新書、一九九八
高橋昌明『平家の群像』岩波新書、二〇〇九
竹内理三『武士の登場』日本の歴史6、中央公論社、一九六五
土田直鎮『王朝の貴族』日本の歴史5、中央公論社、一九六五
角田文衛『王朝の明暗』東京堂出版、一九七七
西野春雄『謡曲百番』新日本古典文学大系57、岩波書店、一九九八
新田一郎「中世後期の政治思想史」新体系日本史4、『政治社会思想史』所収、山川出版社、二〇一〇
橋本義彦『平安貴族社会の研究』吉川弘文館、一九七六
保立道久『平安王朝』岩波新書、一九九六
村井康彦『王朝貴族』日本の歴史8、小学館、一九七四
目崎徳衛『百人一首の作者たち』角川書店、一九八三
目崎徳衛『貴族社会と古典文化』吉川弘文館、一九九五
元木泰雄『保元・平治の乱』角川ソフィア文庫、二〇一二
安田元久『平家の群像』塙書房、一九六六
安田元久『院政と平氏』日本の歴史7、小学館、一九七四

第五章

網野善彦『異形の王権』平凡社ライブラリー、一九九三
上横手雅敬『日本中世政治史研究』塙書房、一九七〇
上横手雅敬『日本史の快楽』講談社、一九九六

上横手雅敬『平家物語の虚構と真実』塙書房、一九八六
川合　康『源平合戦の虚像を剝ぐ』講談社、一九九六
小林一岳『元寇と南北朝の動乱』日本中世の歴史4、吉川弘文館、二〇〇九
五味文彦『平家物語　史と説話』平凡社、一九八七
佐藤進一『日本の中世国家』岩波書店、一九八三
関　幸彦『承久の乱と後鳥羽院』吉川弘文館、二〇一二
高橋豊幸他編『日本軍事史』吉川弘文館、二〇〇六
豊田　武『家系』近藤出版、一九七八
永原慶二『日本封建制成立過程の研究』岩波書店、一九六一
西尾　実校訂『方丈記　徒然草』日本古典文学大系、岩波書店、一九五七
久松潜一『中世和歌史論』塙書房、一九五九
堀田善衛『定家名月記　私抄』新潮社、一九六八
本郷和人『新中世王権論』新人物往来社、二〇〇四
本郷恵子『京・鎌倉　ふたつの王権』日本の歴史7、小学館、二〇〇八
松本・小倉校注『近世史論集』日本思想体系48、岩波書店、一九七四
丸谷才一『後鳥羽院』筑摩書房、二〇〇四
目崎徳衛『史伝　後鳥羽院』吉川弘文館、二〇〇一
安田元久『鎌倉幕府』新人物往来社、一九七九
山本幸司「合戦における洗練と粗野」（清水昭俊編『洗練と粗野』）東京大学出版会、一九九五
義江彰夫『歴史の曙から伝統社会の成熟へ』山川出版社、一九八六

龍　粛『鎌倉時代の研究』春秋社、一九四四

第六章

井上宗雄『京極為兼』人物叢書、吉川弘文館、二〇〇六
今谷　明『京極為兼』ミネルヴァ書房、二〇〇三
岩佐美代子『京極派歌人の研究』笠間書院、一九七四
氏家幹人『武士道とエロス』講談社現代新書、一九九五
岡野友彦『北畠親房』日本評伝、ミネルヴァ書房、二〇〇九
河内祥輔『日本中世の朝廷・幕府体制』吉川弘文館、二〇〇七
佐伯真一『戦場の精神史』日本放送協会出版、二〇〇四
佐藤和彦『南北朝の動乱』日本の歴史11、小学館、一九七四
佐藤進一『南北朝の動乱』小学館
鈴木哲・関幸彦『闘諍と鎮魂の中世』山川出版社、二〇一〇
関　幸彦『「国史」の誕生』講談社学術文庫、二〇一四
永原慶二・大隅和雄『慈円　北畠親房』日本の名著9、中央公論社、一九八三
新田一郎『太平記の時代』日本の歴史11、講談社、二〇〇九
牧野和夫『中世の説話と学問』和泉書院、一九九一
村井章介『南北朝の動乱』日本の時代史10、吉川弘文館、二〇〇三
村井章介『中世史料との対話』吉川弘文館、二〇一四
森　茂暁『南北朝の動乱』戦争の日本史8、吉川弘文館、二〇〇七

森　茂暁『建武政権』講談社、二〇一二
森　茂暁『太平記の群像』角川文庫、二〇一三
安田次郎「永仁の南都闘乱」（『お茶の水史学』三〇号、一九八七
安田元久編『鎌倉・室町人名事典』新人物往来社、一九九〇
ルートヴィッヒ・リース（原潔・長岡敦訳）『ドイツ歴史学者の天皇国家観』新人物往来社、一九八八（のちに講談社学術文庫〈関幸彦解説〉、二〇一五）

関　幸彦（せき・ゆきひこ）
日本大学文理学部教授。一九五二年生まれ。学習院大学大学院史学専攻後期博士課程満期退学。学習院大学文学部助手などを経て現職。主な著書に、『武士の誕生』（日本放送出版協会、のち講談社学術文庫）、『北条政子』（ミネルヴァ書房）、『東北の争乱と奥州合戦』『その後の東国武士団』（吉川弘文館）、『百人一首の歴史学』（日本放送出版協会）、『「鎌倉」とはなにか』（山川出版社）ほか多数。

恋《こい》する武士《ぶし》　闘《たたか》う貴族《きぞく》

二〇一五年八月　十日　第一版第一刷印刷
二〇一五年八月二十日　第一版第一刷発行

著　者　関　幸彦
発行者　野澤伸平
発行所　株式会社　山川出版社
東京都千代田区内神田一―一三―一三
〒一〇一―〇〇四七
振替〇〇一二〇―九―四三九九三
電話　〇三(三二九三)八一三一(営業)
〇三(三二九三)一八〇二(編集)

企画・編集　山川図書出版株式会社
印刷所　株式会社太平印刷社
製本所　牧製本印刷株式会社

造本には十分注意しておりますが、万一、乱丁・落丁本などがございましたら、小社営業部宛にお送りください。送料小社負担にてお取替えいたします。
定価はカバーに表示してあります。

ISBN 978-4-634-15074-4